经世济民

诚信服务

德法兼修

高等职业教育财经商贸类专业基础课

经世济民 立德树人

新形态一体化教材

市场营销

主 编　徐汉文　袁玉玲

副主编　田淑波

中国教育出版传媒集团

高等教育出版社·北京

内容提要

本教材是高等职业教育财经商贸类专业基础课"经世济民 立德树人"新形态一体化教材，也是江苏省"十四五"职业教育首批在线精品课程配套教材。

本教材坚持职业素质与能力培养并重，坚持教材内容与职业标准对接，坚持传统与现代衔接，坚持理论与实践统一。以"走进市场营销→洞察市场机会 分析顾客价值→选择目标市场 塑造优秀品牌→设计市场营销组合策略"为编写思路，设计、编写了认识市场营销、明晰市场营销战略与管理、分析市场营销环境、管理市场营销信息、分析顾客购买行为、选择目标市场战略、塑造优秀品牌战略、产品策略：创建顾客价值、价格策略：提升顾客价值、渠道策略：传递顾客价值、促销策略：沟通顾客价值共11个单元的内容，在介绍市场营销基础理论的同时，全面融入思政育人元素，精选数字化营销案例，突出营销岗位综合技能培养，有利于深化和拓展对市场营销核心内容的理解和应用。

本教材既可以作为高等职业教育专科、本科院校和应用型本科院校财经商贸类专业及其他相关专业的专业基础课或拓展课教材，也可以作为企业市场营销相关岗位从业人员和社会人士的工作培训指导用书。

本教材配套开发有教学课件、参考答案等数字化教学资源，具体资源获取方式请见"郑重声明"页的资源服务提示。

图书在版编目（ＣＩＰ）数据

市场营销 / 徐汉文，袁玉玲主编. -- 北京 ： 高等教育出版社，2023.5
　　ISBN 978-7-04-060269-2

Ⅰ．①市… Ⅱ．①徐… ②袁… Ⅲ．①市场营销学-高等职业教育-教材 Ⅳ．①F713.50

中国国家版本馆CIP数据核字（2023）第055047号

市场营销
SHICHANG YINGXIAO

| 项目策划 | 赵　洁 | 策划编辑 | 康　蓉　贾若曦 | 责任编辑 | 贾若曦 | 封面设计 | 赵　阳 |
| 版式设计 | 李彩丽 | 责任绘图 | 马天驰 | 责任校对 | 窦丽娜 | 责任印制 | 赵　振 |

出版发行	高等教育出版社	网　　址	http://www.hep.edu.cn
社　　址	北京市西城区德外大街 4 号		http://www.hep.com.cn
邮政编码	100120	网上订购	http://www.hepmall.com.cn
印　　刷	天津市银博印刷集团有限公司		http://www.hepmall.com
开　　本	787 mm×1 092 mm　1/16		http://www.hepmall.cn
印　　张	25.5		
字　　数	520 千字	版　　次	2023 年 5 月第 1 版
购书热线	010-58581118	印　　次	2023 年 5 月第 1 次印刷
咨询电话	400-810-0598	定　　价	49.80 元

党的二十大报告明确提出："我们要坚持以推动高质量发展为主题，把实施扩大内需战略同深化供给侧结构性改革有机结合起来，增强国内大循环内生动力和可靠性，提升国际循环质量和水平，加快建设现代化经济体系，着力提高全要素生产率，着力提升产业链供应链韧性和安全水平，着力推进城乡融合和区域协调发展，推动经济实现质的有效提升和量的合理增长。"这些论述为市场营销建设和发展提出了新要求，面对新发展阶段出现的新理念、新思想、新战略，市场营销要服务于深化供给侧结构性改革，要服务于创新驱动发展战略，要服务于低碳产业发展需求，要服务于绿色消费倡导，在新技术、新渠道和新消费层面致力于推动营销理论创新，为世界贡献中国的营销智慧。

在教育部发布的《职业教育专业简介（2022年修订）》中，"市场营销"既是工商管理类（5306）、电子商务类（5307）中诸专业的专业基础课程，也是财经商贸大类（53）、旅游大类（54）等专业大类的专业核心课程和专业拓展课程，这为市场营销教材的编写提供了顶层设计与建设依据。

教材是落实课程建设的主要载体，课程是有效促进专业建设的主要抓手，而专业则是联结职业教育和经济发展的核心变量。从这一角度而言，加强市场营销教材建设是促进市场营销专业和课程建设的有效路径之一。基于以上宏观、中观背景，本教材由市场营销专业国家级教学团队结合多年的教学、研究与实践经验编写而成。编写团队更新观念，精选内容，创变体例，用心用情用力地对本教材进行了整体设计，呈现出以下特点：

1. 教材内容创新——突出理实一体与知行合一

本教材依据国家标准的具体要求，在市场营销经典理论的基础上融入了关于数字化营销的理论创新，如网络直播营销、新媒体营销、短视频营销、大数据营销等市场营销前沿内容；同时增加了市场营销技能培养相关内容，包括营销专业的就业岗位、工作内容等，强化了实践训练，以期实现学做一体、知行合一的综合育人目标。

2. 编写体例新颖——突出品德修养与兴趣培养

本教材融入社会主义核心价值观、中华优秀传统文化等课程思政元素，引导学生将所学到的知识和技能转化为内在的品德素养和职业能力。编写团队精心选用中国成语进行栏目名称创新，以使读者在学习专业理论与技能的同时能充分感受中华优秀传统文化的博大精深："提要勾玄"呈现各单元知识脉络；"正心诚意"将思政元素如盐入水般融入教材；"发蒙解惑"引导学生进行开卷有益式的案例学习与思考；"发凡举例"和"博物洽闻"着重呈现中国营销实践中的优秀内容，有效开拓学生的营销视野；"固本培元""融会贯通"和"笃行致远"三方并进，分别从习题训练、案例分析和单元实训的维度巩固学习成果；"跬步千里"引领学习者进行归纳、总结、巩固。

3. 资源丰富多样——突出便利学习与良好体验

本教材配套建设有在线开放课程，同步开发了微课视频、教学课件、图文案例等数字化资源。编者遴选其中的优质资源，以二维码形式呈现于教材中，让学习者能够随时随地实现"码上学习"，让教材立体、鲜活，为学习者带来更便捷、更舒适的学习体验。

本教材由无锡商业职业技术学院市场营销专业国家级教学团队带头人徐汉文教授和骨干教师袁玉玲担任主编并负责教材的统稿工作，田淑波教授任副主编。具体编写分工如下：徐汉文编写单元1、单元5，袁玉玲编写单元6、单元9，田淑波编写单元7、单元8，江海然编写单元2，曹丽丽编写单元3，丁敫编写单元4，张伟编写单元10，武翠编写单元11。红豆集团无锡紫杉药业有限公司总经理徐信保先生参与了项目设计，提供了企业真实案例。

本教材参考了国内外的相关文献资料，在此谨向原著作者表示感谢。也对关心、支持本书编写工作的高等教育出版社贾若曦编辑等相关工作人员，以及红豆集团等企业的专家朋友表示诚挚的谢意。

由于编者水平有限，书中难免会有错漏之处，敬请广大读者和业界专家批评指正。

编者

2023年4月

目录

模块一　走进市场营销

单元1
认识市场营销 003

1.1　市场与市场营销 006
1.2　市场营销观念 018
1.3　市场营销理论演进 024
1.4　营销伦理 032

单元2
明晰市场营销战略与管理 045

2.1　市场营销战略 048
2.2　营销管理活动 058

模块二　洞察市场机会　分析顾客价值

单元3
分析市场营销环境 075

3.1　宏观环境分析 079
3.2　微观环境分析 092
3.3　营销环境中的机会与风险 099

I

单元 4

管理市场营销信息 109

4.1 市场营销信息 111
4.2 市场营销调研 117
4.3 市场营销调研设计 125
4.4 市场营销调研报告撰写 136

单元 5

分析顾客购买行为 145

5.1 市场类型 148
5.2 消费者市场及其购买行为 150
5.3 组织市场及其购买行为 166

模块三 选择目标市场 塑造优秀品牌

单元 6

选择目标市场战略 181

6.1 市场细分 184
6.2 目标市场策略 193
6.3 市场定位 200

单元 7

塑造优秀品牌战略 211

7.1 品牌认知 214
7.2 品牌设计 221
7.3 品牌决策 226
7.4 品牌管理 232

模块四　设计市场营销组合策略

单元8

产品策略：创建顾客价值 　　249

8.1　产品与产品组合 　　252

8.2　产品生命周期 　　261

8.3　新产品开发 　　267

8.4　产品包装 　　273

单元9

价格策略：提升顾客价值 　　285

9.1　影响价格制定的因素 　　288

9.2　价格制定的方法 　　295

9.3　定价策略与调价策略 　　301

单元10

渠道策略：传递顾客价值 　　319

10.1　分销渠道概述 　　322

10.2　传统分销渠道系统 　　328

10.3　网络分销渠道系统 　　333

10.4　分销渠道的选择与管理 　　339

单元11

促销策略：沟通顾客价值 　　353

11.1　促销组合与整合营销传播 　　356

11.2　人员推销 　　361

11.3　广告 　　368

11.4　销售促进 376

11.5　公共关系 380

参考文献

395

走进市场营销

认识市场营销

学习目标

素养目标

- 树立正确的市场观、义利观、金钱观
- 建立科学的现代营销理念，提高绿色营销意识
- 培养并提升诚实守信、爱岗敬业的职业素养

知识目标

- 了解市场的概念及其产生与发展的历程
- 掌握市场营销概念，了解市场营销在企业运营中的重要职能
- 熟悉市场营销观念的主要流派和演变过程

技能目标

- 能够正确运用市场营销观念分析市场营销现象
- 能够运用现代营销观念认识企业营销职能
- 能够运用现代营销观念与思路分析企业营销问题

提要钩玄

认识市场营销

- 市场与市场营销
  - 市场
  - 市场营销
  - 市场营销的基本职能
- 市场营销观念
  - 传统营销观念
  - 现代营销观念
- 市场营销理论演进
  - 大市场营销理论
  - 市场营销组合理论
  - 绿色市场营销理论
  - 数字营销理论
- 营销伦理
  - 营销伦理的认知
  - 营销伦理的社会作用
  - 企业市场营销实践中的伦理失范
  - 营销伦理的建设

学习计划

- 知识学习计划

  _____

  _____

- 技能训练计划

  _____

  _____

- 素养提升计划

  _____

  _____

"夺冠"北京冬奥会

在2022年北京冬奥会上，中国运动健儿的表现让人惊喜不断。而在场下，"夺冠"的不仅是中国奥运健儿，还有中国体育用品行业龙头企业——安踏。北京冬奥会让安踏的关注度不断升高，甚至有业内人士如此评价："在这场体育盛会上，如果要选一个以品牌在公众中的美誉度和曝光度为衡量指标的奖牌榜，第一名必定是安踏。"

1. 与冬奥健儿齐飞，折射安踏品牌高光

当中国队运动员身穿安踏自主研发的360°全身防切割技术、被媒体称为"冰上鲨鱼皮"的装备，助力中国队短道速滑夺得首金时；在中国运动员以逆转方式拿下自由式滑雪女子大跳台项目、创造该项目夺冠历史的过程中，安踏品牌曝光度也随之达到了高峰。安踏是本届冬奥会上提供中国国家队比赛装备最多的运动品牌，包括火炬手服装、赛时制服装备、中国代表团领奖装备等，让中国品牌闪耀在"家门口"的奥运会上。在冬奥会期间，安踏持续"打卡"各项赛事，成为赛场内外"出勤率""出镜率"最高的品牌。

冬奥会期间，在微信指数、淘宝搜索、百度指数等多个关键指数中，安踏的搜索频次比平时翻了几十倍。2月8日，安踏微信指数达到惊人的2.05亿，远超国内外所有体育用品品牌。

2. 全方位奥运营销，与"Z时代"深度共鸣

"爱运动，中国有安踏"是安踏品牌的口号，"Z时代"领军运动人物成为这一趋势的核心。2021年，安踏签约了中国速滑运动员，围绕北京冬奥，从服装设计到品牌战略进行全方位营销布局：①全程直播发布北京2022年冬奥会特许商品国旗款运动服装，让更多人"零距离"感受安踏；②联合天猫超级品牌日、直播达人，为消费者带来"即秀即买"的全新体验；③开幕仪式上，通过国际奥委会主席、志愿者身穿的制服等进行展示。

在线下的安踏冠军店、安踏快闪店、安踏982创动空间等门店开启北京冬奥冰雪的互动营销。安踏希望与消费者建立"品牌共鸣"的深度链接，形成良性的品牌科技价值循环，继续推进高科技研发，代表中国运动品牌保持全球运动装备中的领先地位。

无疑，安踏是北京冬奥会上最大的品牌营销赢家。究其原因，安踏的成功与其奥运战略和对中国代表团的支持密不可分。赞助奥运，同时在线上线下开展多渠道的营销，直播、主播带货、网购，安踏在拥抱时代大潮方面从来没落后过。

　　资料来源：中国日报网.北京冬奥会中国品牌安踏与奥运健儿齐飞［EB/OL］.网易新闻，2022-02-18.

营销启示：

　　任何营销活动的成功都不只是产品销售的简单技巧，而是定位细分市场，布局营销战略，全方位而持久地开展整体营销工作，建立与顾客稳固而长久的深度连接。成功的营销活动不仅能塑造企业形象，提升产品价值，也能体现民族自豪感，彰显大国气质，提高中国品牌在国际市场的地位。

1.1　市场与市场营销

　　在当今激烈的市场竞争下，企业比以往任何时候都更加关注市场和客户需求，关注营销战略和营销部门在企业中的地位与作用。所有组织正在以前所未有的热情来研究市场与营销，以新的思考去面对市场的挑战。作为市场经济活动的主体，企业的一切市场营销活动都是在科学的市场营销经营理念指导下开展的。了解市场营销理念，认识市场营销活动全过程，全面理解现代企业市场营销活动的本质和内涵，成为掌握市场营销思想与方法的起点。

1.1.1　市场

1. 市场的概念

　　市场（Market）属于商品经济的范畴，是社会生产和社会分工的产物，哪里有商品生产和商品交换，哪里就有市场。

　　市场是现代市场经济的运行基础和基本形式，也是市场营销活动的场所、对象和载体。任何企业为保持生产经营的顺利进行，并在激烈的竞争中求得生存和发展，都必须以市场为中心，不断地与市场进行生产要素、产品及信息的转换，维持与市场环境的协调和平衡。因此，市场是企业营销活动的出发点和归宿，了解和认识市场，是企业开展市场营销活动的前提。

随着社会分工和商品经济的发展，市场的概念也在不断发展和深化，并在此过程中体现出不同层次的多重含义。

（1）市场是商品交换的场所或领域，即买卖双方发生交易行为的地点或场合。顾名思义，"市"即买卖，"场"即场所，我国古代有"日中为市，致天下之民，聚天下之货，交易而退，各得其所"（《易·系辞下》）等记载，就是对这种在一定时间和地点进行商品交易的市场的描述。这一层含义体现了市场的空间性质，对每个企业来说都很重要。

（2）市场是对某种商品或劳务具有现实或潜在需求，有一定支付能力的购买者的集合。在市场营销主体的眼中，市场就是购买者，是指对于自己经营的某种商品有需要、支付能力和购买欲望的人或组织。市场除了有现实的购买者外，还包括暂时没有购买力或是购买欲望的潜在购买者。这些潜在购买者一旦其条件成熟时就能转化成现实购买者，因而也是市场的一部分。

因此，市场包含三个要素：有某种需要的人、满足这种需要的购买力和购买欲望。市场营销学家把市场概括为人口、购买力和购买欲望构成的交集。市场构成三要素如图1-1所示。

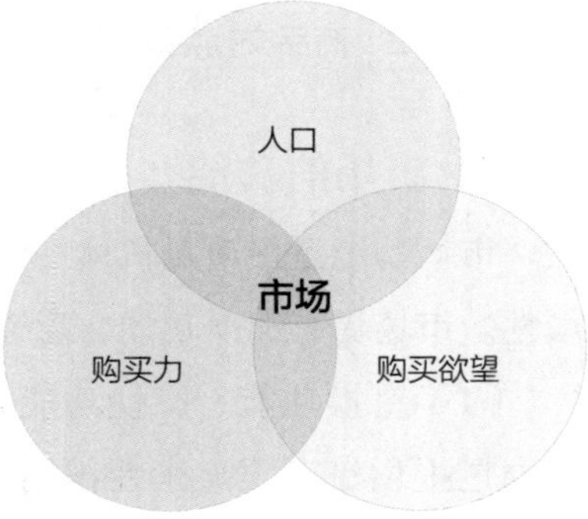

人口是构成市场的最基本要素，人口的多少决定着市场的规模和容量的大小，而人口的构成及其变化则影响着市场需求的构成和变化。因此，人口是市场三要素中最基本的要素。

图1-1　市场构成三要素

购买力是指消费者支付货币以购买商品或服务的能力，是构成现实市场的物质基础。一定时期内，消费者的可支配收入水平决定了购买力水平的高低。

购买欲望是指消费者购买商品或服务的动机、愿望和要求，是由消费者心理需求和生理需求引发的。产生购买欲望是消费者将潜在购买力转化为现实购买力的必要条件。

人口、购买力、购买欲望这三个要素共同构成企业的微观市场，成为企业研究市场营销的关键要素。

（3）市场是商品交换关系的总和。市场是各种错综复杂的交换关系的总体，包括买卖双方之间以及与中间商之间、中间商与中间商之间的关系；还包括商品在流通过程中促进或发挥辅助作用的一切机构、部门（如银行、保险公司、运输部门、海关等）与商品的买卖双方之间的关系。其实质表现为在商品交换活动中的复杂的经济利益关系，如图1-2所示。

从市场营销学的观点来看，以上市场的概念是从各个不同的角度阐述的，相互之间并不矛盾。在市场营销学者看来，卖方构成行业，买方构成市场。以企业为主体的市场营销活动的对象是市场，是消费者，是企业的顾客。市场营销学中的市场概念如图1-3所示。

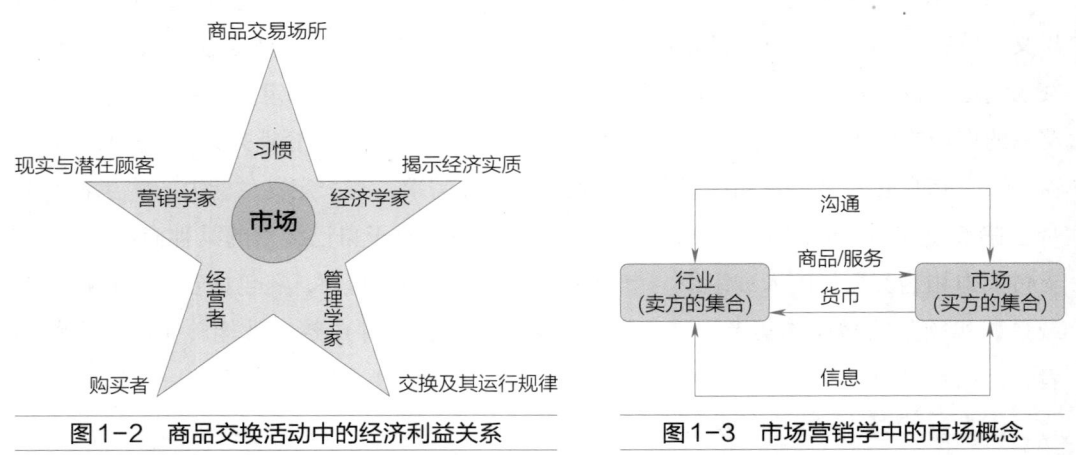

图1-2　商品交换活动中的经济利益关系　　　　图1-3　市场营销学中的市场概念

2. 市场的功能

市场功能是指市场机体在运行过程中发生的功用或效能，是市场活动所具有的内在属性。市场具有交换功能、反馈功能、调节功能。

（1）交换功能。交换功能表现为以市场为场所和中介，促进和实现商品交换。市场通过提供流通渠道来组织商品存储和运输，推动商品实体从生产者手中向消费者手中转移，完成商品实体的交换，促成和实现商品所有权交换与实体转移是市场最基本的功能。

（2）反馈功能。市场把交换活动中产生的经济信息传递、反映给交换当事人，这就是市场的反馈功能。商品出售者和购买者在市场上进行交换活动的同时，不断输入有关生产、消费等方面的信息。这些信息经过市场转换，又会以新的形式进行反馈和输出。特别是在当今数字化经济蓬勃发展的背景下，这一功能更加强大。

（3）调节功能。调节功能是指市场在其内在机制的作用下，能够自动调节社会经济的运行过程和基本比例关系。市场作为商品经济的运行载体和现实表现，本质上是价值规律发生作用的实现形式，价值规律通过价格、供求、竞争等作用形式转化为社会经济活动的内在机制。市场就在供给和需求之间，根据价格的自然变动，引导资源向着最有效率的方面进行配置。这时的市场就像一只"看不见的手"，在价格机制、供求机制和竞争机制的相互作用下，调节推动着生产者和消费者做出各自的决策。

3. 市场的类型

随着社会经济的不断进步和发展，社会分工越来越细，学者对市场的研究也从行业发展等多个角度开展，如同上述市场概念中讲到的，不同的人站在不同的研究角度对其有不同的解读，于是市场类型的研究也从形式、内容等不同方面展开，形成了不同的市场类型。

（1）按购买者的身份和购买目的来划分，可以分为以下四种类型：①消费者市场（Consumer Market），又称生活资料市场、最终产品市场，是由那些为满足生活消费需要而购买商品的所有个人和家庭所构成的。②生产者市场（Producer Market），又称生产商市场或工业市场，是由那些购买货物和劳务，并用来生产其他货物和劳务，以出售、出租给其他人的个人或组织所构成的。③转卖者市场（Reseller Market），又称中间商市场，其主体包括各种批发商和零售商。批发商是指以进一步转卖或加工生产为目的的整批买卖产品和劳务的个人和组织，它不将商品大量卖给最终消费者。零售商是指将产品和劳务直接卖给最终消费者的个人和组织。④政府市场（Government Market）。政府市场是指因政府消费而形成的一个特殊市场，是国内市场的一个重要组成部分。在许多国家，政府组织是商品和服务的主要购买者。

◈ **博物洽闻**

我国成为全球第二大消费者市场

2022年5月，中宣部举行"中国这十年"系列主题新闻发布会，聚焦"打通内外贸，构建双循环"的主题。过去十年，我国坚定实施扩大内需战略，积极促进消费，已经成为全球第二大商品消费市场，超大规模市场优势更加明显，为推动高质量发展、创造高品质生活、构建新发展格局提供了有力支撑。

党的十八大以来，扩内需促消费取得新进展，消费多年成为经济增长的第一拉动力。据国家统计局数据，2021年社会消费品零售总额达到44.1万亿元，比2012年增长1.1倍，年均增长8.8%。最终消费支出由2012年的27.5万亿元提升到2021年的62.1万亿元，占GDP的比重由51.1%提升到65.4%。

近十年来，网络零售、跨境电商、移动支付等新业态新模式新场景不断涌现，新型消费蓬勃发展不仅成为经济增长的重要引擎，也深刻改变了中国老百姓的日常生活。2021年，我国实物商品网上零售额10.8万亿元，占社会消费品零售总额的比重达到了24.5%，规模居世界第一。

我国城镇消费品零售额由2012年的18万亿元提升到2021年的38.2万亿元，年均增长8.7%；乡村消费品零售额由2.6万亿元提升到5.9万亿元，年均增长9.8%。2021年，乡村消费品零售额占社会消费品零售总额的比重达到了13.4%，比2012年提高了114%。

资料来源：中公网. 我国成全球第二大消费市场［EB/OL］. 工人日报，2022-05-21.

（2）其他划分方式。按市场供需对比情况来划分，可以分为卖方市场和买方市场。按市场上的竞争状况来划分，可以分为完全竞争市场、垄断竞争市场、寡头垄断市场、完全垄断市场。按交易对象的具体内容来划分，可以分为商品市场、技术市场、劳动力市场、金融市场、信息市场、房地产市场、服务市场、文化市场、旅游市场等。这些划分方式都是从不同的研究侧重点展开的，在此不做一一解释。

1.1.2　市场营销

1. 市场营销的含义

市场营销的概念和定义并非如数学公式那样有标准形式，通常是基于社会发展变化、观点提出人自己的理解和体会而形成的，即使是营销管理学大家，通常也会不断更新自己对于市场营销的定义。

营销学者基恩·凯洛斯曾将各种市场营销定义分为三类：一是将市场营销看作是一种为消费者服务的理论；二是强调市场营销是对社会现象的一种认识；三是认为市场营销是通过销售渠道把生产企业同市场联系起来的过程。这从一个侧面反映了市场营销的复杂性。

美国市场营销协会（AMA）的定义：市场营销是指创造、沟通、传播和交换产品中，为顾客、客户、合作伙伴及整个社会带来价值的一系列活动、过程和体系。

被誉为现代营销学之父的菲利普·科特勒在其《营销管理》一书中曾说："营销并不是以精明的方式兜售自己的产品或服务，而是一门真正创造顾客价值的艺术。"所以，从广义上讲，市场营销是一种通过创造和他人交换价值，来实现个人和组织的需要和欲望的社会和管理过程。而在狭义的商业环境中，市场营销涉及与顾客建立价值导向的交换关系，因此市场营销可以定义为：企业为获得利益回报，为顾客创造价值并与之建立稳固关系的过程。

菲利普·科特勒认为，今天不应该再从陈旧的达成销售的观念——"劝说和销售"出发，而要以"满足顾客需求"的新观念来理解市场营销。市场营销有双重目的：一是通过承诺卓越的价值吸引新顾客，二是通过创造满意来留住和发展现有顾客。从这个角度也印证了管理大师彼得·德鲁克的观点："市场营销的目的在于使推销成为多余"。

市场营销无处不在，它早已不再单凭购物中心、电视广告等传统方式影响大众消费者，而是以不胜枚举的网络平台、社交软件、智能手机应用等信息网络精准、直接、个性化地与消费者连接，成为消费者生活的一部分，并不断丰富其品牌体验，与消费者建立稳固的联系。

现代市场营销的含义应该理解为是一个过程，表现为以下三点：①市场营销的目标是为顾客创造价值并获得回报；②"交换"是市场营销的核心，是一个主动、积极寻找与顾客建立连接并稳定发展的过程；③交换过程能否顺利进行，取决于营销者创造的产品和价值满足顾客需求的程度和交换过程管理的水平。

与企业其他职能部门不同，市场营销部门着重处理与顾客相关的一切，市场营销活动都是以理解并满足顾客价值为中心展开的。在经济飞速发展的今天，数字技术、移动网络和社交媒体的发展彻底改变了消费者购物和互动的方式，这比以往任何时候都要求企业快速采用更新的营销战略和营销模式，以保证企业能与顾客建立更持久而牢固的顾客关系，从而获得更好的回报。市场营销活动过程如图1-4所示。

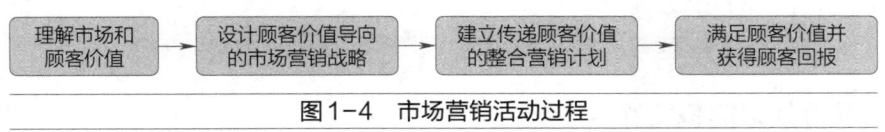

图1-4　市场营销活动过程

🔷 发凡举例

老乡鸡：200块钱的土味营销发布会

2020年3月，老乡鸡通过官方微信公众号发布了"2020老乡鸡战略发布会"视频，刷爆了朋友圈，扩大了品牌影响力，在消费者心中成功树立起有责任有担当的企业形象，有效提升了品牌的认知度和好感度。老乡鸡发布会如图1-5所示。

图1-5 老乡鸡发布会

发布会的地点选在了农村，大喇叭、红布桌、"二八大杠"、搪瓷茶杯等极具年代感的物件让发布会更接地气、更具亲和力，与受众之间建立起情感联结。在这场预算仅200元的发布会中，老乡鸡董事长引用了很多当时流行的"网络热梗"，增加了发布会的网络感，吸引了消费者的注意力，赢得了年轻消费者的好感。在轻松幽默的氛围中他讲述了老乡鸡的创业故事，并介绍了2020老乡鸡战略发布会的几个重点：战略投资总计10亿元，将加速全国市场的布局，干净卫生战略将全面升级。

老乡鸡董事长还带领观众云参观老乡鸡的第五代餐厅，向观众详细讲解了老乡鸡干净卫生的品牌细节，及时回应了社会关切，拉近了和受众之间的距离，提升了消费者对品牌的信心。老乡鸡的"土味"发布会与其品牌受众相契合，获得了很好的社会反响。

资料来源：腾讯内容开放平台. 200元"土味"发布会火了，新晋"网红"老乡鸡！[EB/OL]. 广告智库，2020-03-23.

2. 市场营销的核心概念

市场营销是个人和群体通过创造并同他人交换产品和价值，以满足需求和欲望的一种社会管理过程。市场营销作为一种复杂、连续、综合的社会和管理过程，它构建于如图1-6所示的核心概念之上。只有准确把握市场营销的核心概念及其相互之间的关系，才能深刻认识市场营销的本质。

图1-6 市场营销的核心概念

（1）需要、欲望和需求。需要、欲望和需求是三个既相互联系、又相互区别的概念，认识这组概念的关联性和差异性对营销者来说十分重要。

需要存在于人本身的生理和心理的自然状态之中。这种需要是自然性的表现，它既包括物质的、生理的需要，也包括精神的、心理的需要，具有多元化、层次化、个性化、发展化的特性。人通过消费这些物品来满足相应的生理和心理的需要。

欲望是指人希望得到对更深层次需要的满足。欲望源于需要，它生成行为动机和行为过程。欲望越强烈，越能激励人为实现欲望而采取主动、积极和创造性的行为。人的需要是有限的，但人的欲望是无限的。

需求是人对特定产品或服务的欲望。需要转化为需求必须具备两个条件：一是强烈的欲望；二是有一定的支付能力。需求会形成市场，因此，企业进行营销决策时，重要的不是有多少人需要、喜欢自己的产品或服务，而是有多少人愿意并有支付能力购买自己的产品和服务。换言之，不是提供什么产品或服务而后采取各种方式与手段将其卖出去，而是在准确预测需求的基础上，提供优质的产品、合理的价格、全面满意的服务来影响和引导需求，将潜在需要的欲望变成现实的市场。

（2）产品、服务和体验。人们对产品重要性的认识，不在于通过购买拥有其所有权，而在于通过购买获得使用它们所能提供的价值与服务。产品是获得价值与服务的载体，它涵盖那些可满足需要和欲望的有形产品、服务产品及购买体验。消费者在选择和购买产品时，实际上是在选择和购买最能满足他们需要的一种愿望和利益，它局限于有形产品，还包括销售的活动或利益——服务，更包括消费者在购买产品时的心理感受——体验。

所以，企业提供给市场的应是能满足需要和欲望的产品、服务和体验的集合。市场营销者不仅要研究自己产品和服务满足顾客价值的属性，还要通过精心整合产品和服务，创造更佳的品牌体验，建立顾客连接，实现营销目标。

❖ 发凡举例

上海大润发文案被"笑"上热搜

2022年6月1日，"上海大润发文案"冲上微博热搜榜。网友发帖称，在上海多家大润发超市内看到了别出心裁的商品文案，胡萝卜、西葫芦、土豆、上海青等蔬菜被列为"冷宫蔬菜"，小葱、可乐、薯片等商品则被称为"超市顶流"。大润发为多种商品配上了吊牌广告，精心拟定了幽默的文案，如图1-7所示。

如"西葫芦：他的锅铲子从来不属于我一个人""土豆：不是每一次发芽，都值得心欢""洋葱：宿命给了我千层铠甲，我分一层护着山河无恙"等。

图1-7　上海大润发超市内吊牌广告

这些文案用拟人化的手法，还原了这些蔬菜在人们心中的地位变化，也讲述着食材里的生活哲学。以这样可爱又生动的方式来卖蔬菜无疑博得了一大批人的好感。这不是在卖产品，而是在卖心情，很难让人不想去大润发超市逛一逛，也就不难理解它为何能冲上热搜了。

资料来源：Lila.上海大润发文案被"笑"上热搜［EB/OL］.数英网，2022−07−05.

（3）顾客价值和满意。顾客常常面对大量可供选择的产品和服务，他们会选择能提供更高的顾客感知价值的品牌。顾客价值是指与其他竞争产品相比顾客拥有或使用某种物品的总利益与总成本之间的差异。重要的是，顾客常常不能准确或客观地判断价值，而是依照感知来评判。例如，对有些消费者而言，价值可能意味着以优惠的价格买到质量过得去的产品，而对另一些消费者而言，价值却意味着以较高的价格获得优质产品。

在这里有必要就顾客、客户和消费者的概念进行说明，以便使读者理解不同语境下的名词含义差别。顾客：商店或服务行业称来买东西的人或服务对象；客户：工厂、企业或经纪人称来往的主顾；消费者：以个人消费为目的而购买商品和服务的个体社会成员，与生产者和销售者对应。本书中除在单元5中有对消费者和生产者购买行为的对应分析外，其余部分出现的顾客、客户、消费者都可一致解释为企业产品或服务的购买者。

建立持久顾客关系的关键是创造卓越的顾客价值和满意。满意的顾客更容易成为忠诚的顾客，会重复购买，并将自己的美好体验口口相传，为公司带来更大的生意份额。不满意的顾客会向其他人抱怨和贬低产品，并转而购买竞争者产品。

（4）交换和交换关系。交换是人们取得产品的最基本方式，人们以自行生产、强取、讨要、接受馈赠等方式获取产品时，并不存在市场及市场营销，只有当人们决定通过交换来满足需要和欲望时，才会产生市场与市场营销。交换行为的发生需要以下条件：存在交换双方；每一方都能提供另一方需要并有价值的东西；交换双方都具有沟通与配送的能力；交换双方都是自由人（可以自由地接受或拒绝交换）；交换双方都能在交换过程中受益。

交换不是一次性活动，而是一个过程。交换的双方都要经历一个寻找合适的产品和服务、谈判价格和其他交换条件以及达成交换协议的过程。市场营销包括与需要产品、服务、创意或其他事物的目标人群建立和维持合理交换关系的所有活动。所有市场营销者都希望在交换中通过持续传递卓越的顾客价值来建立长久而牢固的顾客关系。

（5）市场。市场由一切具有特定的欲望和需求并且愿意和能够以交换来满足此欲望和需求的现实及潜在的顾客组成。对市场的界定因人因事而异，该部分内容已在前面的内容里详细解读，不再赘述。

（6）市场营销和市场营销者。市场营销是一个社会管理过程，在这一过程中个人和群体通过创造和提供与他人交换有价值的产品与服务而满足自己的需要和欲望。此概念指出，市场营销者是指从他人处寻求资源并愿意以有价物品进行交换的个人或社会组织。市场营销者的营销活动是在多种力量影响下进行的，他既是营销活动的主导力量，又受各种外部力量的制约。市场营销者只有在内部资源与外部环境协调互助的发展过程中才能实现营销绩效的最大化。现代市场营销系统的主要行为者及影响力量如图1-8所示。

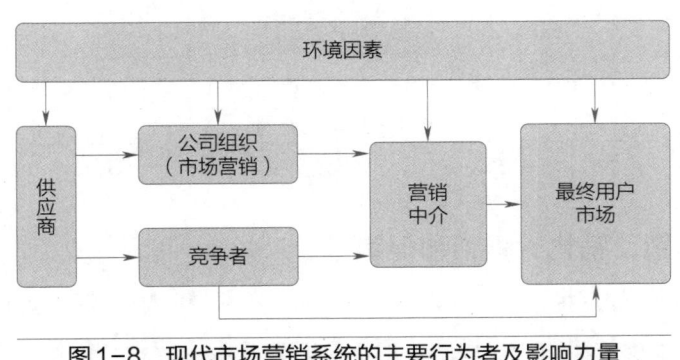

图1-8　现代市场营销系统的主要行为者及影响力量

3. 市场营销组合

市场营销组合是现代市场营销的重要概念之一，是企业希望在目标市场上产生预期效果而配套使用的一系列策略性工具，是企业设计的整合营销框架。

企业根据目标市场的需要和自己的市场定位，把对自己可控制的各种营销因素归纳为4大类：产品（Product）、价格（Price）、地点（Place）和促销（Promotion），因为这4个词的英文首字母是"P"，故简称"4P's"。企业根据目标市场的需要，可决定自己的产品结构，确定产品价格，选择分销渠道（地点）和促销方法，实现"4P"的优化组合和综合运用，使之协调配合，扬长避短，发挥优势，以取得更好的经济效益和社会效益。它体现着现代市场营销观念中的整体营销思想。企业将影响其产品需求的4P因素进行组合，4P变量如图1-9所示。

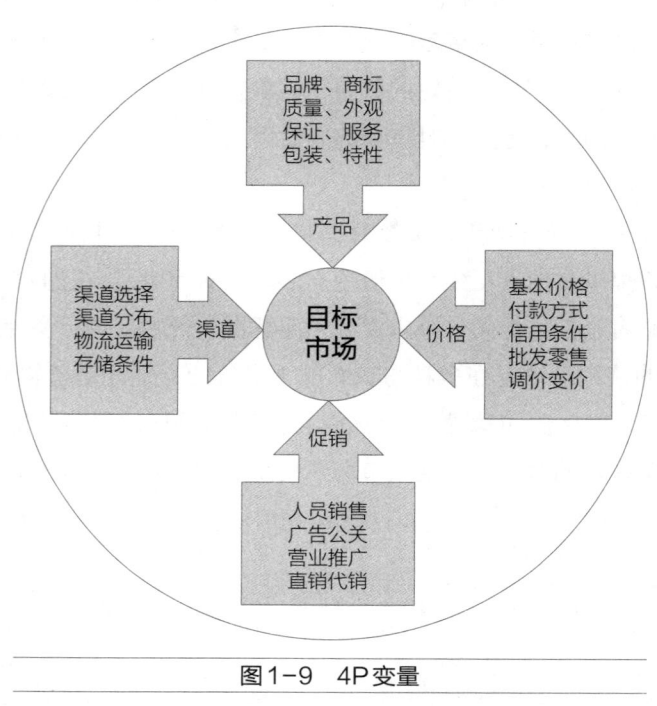

图1-9　4P变量

4. 市场营销、销售、推销和促销

社会上有一些人会将市场营销与销售、推销、促销概念等同起来，认为是一回事，显然这是对市场营销的严重误解。所以有必要将市场营销与销售、推销及促销加以区分。

市场营销（Marketing）和销售（Selling）有很大的区别。市场营销活动既发生在生产之后，也发生在生产之前。市场营销不仅是将最终产品推销给顾客，而且包括市场研究、产品设计、定价组合、品牌推广等售前活动，还包括收集顾客使用产品后的意见（以作为市场研究和产品开发时的参考）等售后活动。销售只是市场营销活动中一个环节的内容。在实际的市场营销工作中，"市场营销"经常被界定为更小的工作范畴，即把从事市场调研、市场分析、市场营销方案策划与执行等工作任务划定为市场营销部的工作范畴，而把直接从事产品销售的工作任务划分出去，作为销售部的工作任务，形成了营销部与销售部这两条业务线。

在市场营销学发展的进程中，人们对营销与推销（Promote Sales）之间的关系一直比较关注。著名管理学家彼得·德鲁克曾经指出，"某些推销工作总是需要的，然而营销的目的就是要使推销成为多余，营销的目的在于深刻地认识和了解顾客，从而使产品或服务完全地适合它的需要而形成产品自我销售，理想的营销会产生一个已经准备来购买的顾客，剩下的事就是如何便于顾客得到产品或服务"。菲利普·科特勒也认为，"营销最重要的内容并非推销，推销只不过是营销冰山上的顶点……如果营销者把认识消费者的各种需求，开发适合的产品，以及定价、分销和促销等工作做得很好，这些产品就会很容易地销售出去"。

促销（Promotion）与推销的含义比较接近，是营销者向消费者传递有关本企业及产品的各种信息，说服或吸引消费者购买其产品的过程。促销以达到扩大销量为目的，常用的手段有广告、人员推销、网络营销、营业推广和公共关系等，该部分内容将在本书后续部分详细叙述。

1.1.3　市场营销的基本职能

市场营销的内容涵盖企业营销工作全流程，其基本职能可以归纳为以下六个方面。

（1）发掘和了解消费者的现实需求和潜在需求。现代市场营销观念强调，市场营销应以消费者为中心，企业也只有通过满足消费者的需求才可能实现经营目标。因此，发掘和了解消费者的需求是市场营销的首要功能。

（2）收集有关市场营销的各种信息资料，开展营销调研，分析营销环境，为市场营销决策提供依据。

（3）根据企业的战略目标和企业内外环境分析，结合自身的资源条件，进行优劣势分析，确定企业的市场营销目标和营销方针。

（4）制定市场营销策略。具体包括市场细分、目标市场选择、市场定位；产品策略、价格策略、渠道策略和促销策略；市场开拓和发展策略、市场竞争策略等。

（5）市场营销计划的编制、执行和控制。市场营销的管理过程是企业为了满足消费者的需要，合理配置、优化组合、充分利用各种资源，最大限度地发挥自身优势，而对企业与市场有关的各种活动进行计划、组织、指挥、协调和控制的过程。

（6）销售事务与管理。即建立与调整营销组织，制订销售及一般交易的程序和手续，销售合同管理，组织售前、售中、售后服务，方便顾客，营销人员的培训、激励、分配等管理。

综上所述，市场营销的基本职能旨在适应现代市场营销环境，特别是适应现代数字经济营销环境，按照现代营销管理哲学与理论组织营销活动，运用现代科学技术，创新营销方式，面向全球市场积极实施先进营销战略，通过创造顾客满意来留住和发展现有顾客，通过培养优秀品牌和顾客忠诚建立长久的顾客关系，进而获得市场回报、实现企业盈利和长期发展。从这一角度分析，市场营销及市场营销职能如图1-10所示。

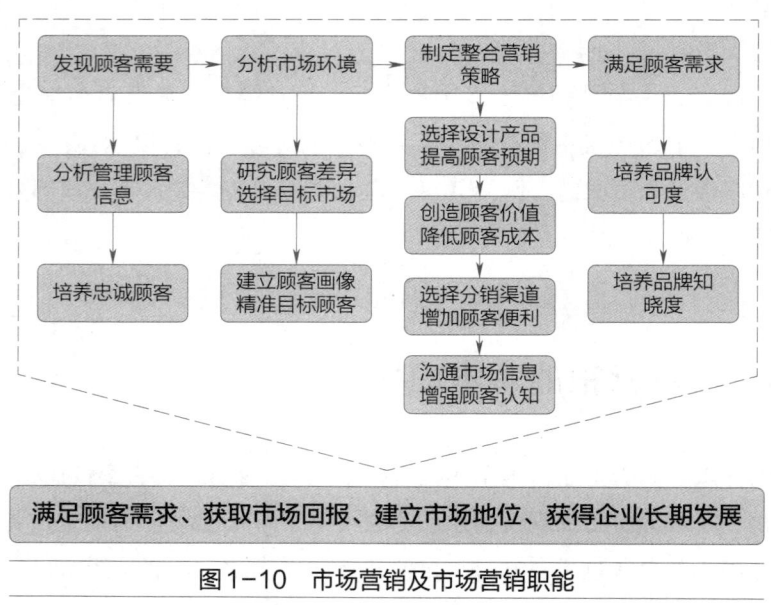

图1-10　市场营销及市场营销职能

1.2　市场营销观念

市场营销观念的核心问题是如何正确处理企业、顾客和社会三者之间的利益关系。企业在开展市场营销活动的过程中持什么样的营销观念、以什么为中心来指导市场营销活动，对企业市场营销战略的成功与否起决定性作用。本书将从传统营销观念和现代营销观念两个方面来进行分析。

1.2.1 传统营销观念

传统营销观念包括生产观念、产品观念和推销观念。以传统营销观念指导的企业市场营销活动基本是以企业自身为中心，即企业能生产什么就卖什么，企业能生产多少就卖多少。

1. 生产观念

生产观念是一种以生产为导向的经营管理思想。生产观念认为，消费者会接受任何买得到且买得起的产品。由于企业的注意力只集中在产品的价格高低与消费者购买能力的比较上，而并非关注质量、品种、外观等非价格差异，因此企业的主要精力和重点就放在如何有效利用生产资源、提高劳动效率，以及提高产量、降低成本等方面，而对如何满足顾客需要和建立顾客关系则考虑较少。

生产观念虽然曾在物资短缺、市场产品供不应求的时代产生和流行，但在今天的某些情境下依然是行之有效的。在今天，如果使用这种营销思想指导企业设计营销战略，往往会导致企业只顾及眼前利益、缺乏长远眼光而面临极大风险。

2. 产品观念

产品观念是一种以产品为导向的经营管理思想。产品观念认为，消费者会选择质量高、有创新点和功能性强的产品。奉行产品观念的企业往往将营销重点放在研究如何改善产品质量、提升产品功能上，认为只要提高了产品质量，增加了产品的功能就会使顾客盈门。所谓"好酒不怕巷子深"，就是产品观念的具体体现。产品观念往往容易让企业孤芳自赏，患上"营销近视症"，在极其强调消费体验的今天，这种观念过分地强调产品本身而忽略消费者感受，已不再适用了。

3. 推销观念

推销观念也叫销售观念，是一种以销售或推销为中心的经营指导思想。推销观念认为，消费者一般不会主动购买非必需的产品，具有购买惰性和抗拒心理，如果企业不花大力气激发消费者的购买兴趣，他们就不会购买，或者只会少量购买。所以企业非常注重商品推销相关工作，包括广告推销、人员推销和市场调查的技术等。

推销观念的基本认识是，产品是被卖出去的，而不是被买走的，注重的是达成销售交易，而非建立有价值的长期顾客关系。持这种观念的企业的目标是销售能够生产出来的东西，而不是生产能够销售（市场需要）的东西。在科学技术进一步高度发展、产品

（服务）更加丰富、需求更加多元化的条件下，这种观念就不再能适应客观需要了。

1.2.2 现代营销观念

进入到现代营销观念阶段，出现了以市场观念、社会营销观念等为代表的经营指导思想。现代营销观念的基本特征是以消费者为中心，生产什么，生产多少并不是完全由企业说了算，而是由顾客需求和市场竞争状况决定的。其中，市场营销观念是典型代表，其他观念是对市场营销观念的补充、修正、丰富和发展。

1. 市场营销观念

这是一种以消费者为中心的经营指导思想。随着科技革命和生产力的迅速发展，产品数量样式、种类剧增，市场竞争更加激烈。在这种情况下，许多企业认识到，"顾客需要"是推动企业营销活动的中心，只有主动了解消费者现在和将来的需求，并且采取措施来影响和满足这种需求，企业才能占领市场。市场营销观念强调，"不是为你的产品发现合适的顾客，而是为你的顾客发现恰当的产品。"

市场营销观念取代传统营销观念是企业经营思想上一次深刻的变革，是一次根本性的转变。新旧观念的根本区别可归纳为以下四点：

（1）出发点不同。传统营销观念从企业出发；市场营销观念则从市场出发。

（2）中心不同。传统营销观念以产品为中心，企业围绕产品的数量和结构来安排生产和购销计划；市场营销观念以顾客为中心，按照顾客需求来安排生产和购销计划。

（3）手段不同。传统营销观念以推销和促销活动为主要手段；市场营销观念则以整体市场营销为主要手段。

（4）目的不同。传统营销观念注重通过扩大销售量来获取利润；市场营销观念强调通过满足需求获取利润。

❖ 发凡举例

故宫是如何转型的？

故宫，这个曾经庄严古老、严肃低调的传统博物馆，却从2014年开始走上了品牌形象转化之路。凭借自身深厚的历史文化底蕴，借助电视节目、新媒体活动及话题、跨界文创等新营销手段，让故宫成为与当代艺术科技紧密结合的"网红"

博物馆。近几年，故宫的相关产品既保留传统文化底蕴，又增添了"接地气"的现代气息。

例如，故宫创作了一系列AR视觉场景，让历史名画"动"起来，既增加知名度又诙谐可爱。从纪录片《我在故宫修文物》到《上新了，故宫》，再到《国家宝藏》，每一部围绕故宫展开的节目都广受好评，改变了群众对故宫的固有成见。

故宫专注研发自己的文创产品。这些文创产品不仅讲究新意和质量，更能体现故宫的文化与价值。故宫文创产品颠覆了曾经旅游景点太多粗制滥造却价格高昂的纪念品留给顾客的糟糕印象，而让群众真正感知到传统文化的精髓。除了文创，故宫在与其他品牌联名方面也做得深入人心。例如，故宫淘宝店及其与农夫山泉的联名产品如图1-11所示。

图1-11　故宫淘宝店及其与农夫山泉的联名产品

总之，故宫围绕现代人的精神生活需求改变经营观念，通过一系列市场营销设计，打造出故宫特色和人格化，成就了可以引发自我传播的IP。如今的故宫，有着标志性的品牌风格和周边产品，文物、文创和风景都成为故宫优质的传播载体。它用新的方式传递着泱泱大国的历史文化，传递现代人对传统文化的重视，传递文物沉寂千年后的复兴。正是这种追求美感和文化的精神让故宫深入人心，满足了人们对传统文化在情感和精神上的诉求。

资料来源：APXIEL视觉.600岁的故宫是如何一步步发展成"网红"的？[EB/OL].搜狐网，2022-03-18.

2. 社会营销观念

社会营销观念指企业以兼顾顾客眼前利益、企业自身利益和社会整体长期利益为中心而开展营销活动的营销指导思想。社会营销观念认为，企业市场营销战略应该以维持或改善消费者和社会福利的方式向顾客传递价值。因此市场营销战略是可持续的，是承担社会利益和环境责任的市场营销，在强调满足顾客和企业当前利益需要的同时，也保护或增强可持续发展的能力，满足子孙后代需要的能力。例如，行销全球的某快餐业提供的快餐食品虽然满足了消费者的需求，但是许多食品含脂肪及盐过多，从长期来看不利于消费者的健康；此外，这些食品采用方便包装，产生了过多的包装废弃物，从而会导致污染环境，影响社会。这引起了广大消费者和企业的关注，并掀起了保护消费者利益和生态平衡的运动，使得企业营销活动必须考虑消费者及社会的长远利益。

有专业人士将这种营销理念称为"市场营销3.0"。奉行市场营销3.0理念的组织是由众多价值驱动的，正是这些价值共同汇聚成对世界状况的关心。社会营销观念如图1-12所示，企业在制定其市场营销战略时应该平衡好三种利益。

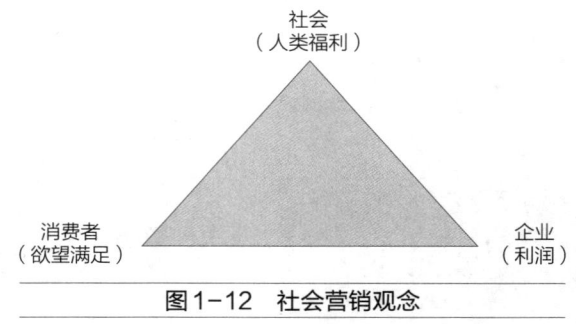

图1-12 社会营销观念

❖ 发凡举例

做慈善37年，多给社会微笑

2020年11月20日上午，国新办举行"万企帮万村"民营企业家代表中外记者见面会。在会上，福耀集团创始人回顾了几十年的创业之路和慈善之路，感到很幸福。他认为，企业家在赚钱的同时，必须兼顾到社会责任和社会效益。这是每个人都必须做的事情。

从1983年创业开始，福耀集团总共捐了超过160亿元（含股票100亿元）用于慈善工作。

在"万企帮万村"行动中，福耀集团的基金会在西藏、青海、甘肃、云南、贵州帮扶了几十个村子，建议农民利用当地资源、农副产品做加工业，从农业基础产业入手，帮助农民进行产业化脱贫，调动农民种植积极性，探索出一条脱贫之路。

福耀集团创始人说，"没有改革开放，就没有福耀，就没有我的今天。"他跟年轻企业家分享的是，"做慈善不只是捐钱，企业家要先把企业做好，管好门前的事；要多给社会微笑，能够举手之劳解决的，尽量帮他人解决"。

资料来源：腾讯新闻.福耀集团：做慈善37年，捐款160亿元，要多给社会微笑.［EB/OL］.腾讯新闻客户端，2020-11-20.

上述这五种典型营销观念的比较如表1-1所示。可以看出：前三种观念属于传统营销观念范畴，都是以企业为中心，企业首先考虑的是产品，而不是顾客；然后通过推销去出售已经生产出来的产品，把市场看作生产和销售过程的终点。后两种观念是以顾客为中心，企业首先考虑的是顾客而不是产品，然后根据顾客需要设计生产市场需要的产品，并对市场营销因素进行合理有效的组合，制定出既满足顾客需要又有利于企业长期发展的营销策略。

表1-1　典型营销观念比较

观念类型		出发点	指导思想	手段	典型特征
传统营销观念	生产观念	以生产为中心	没有卖不出去的产品，也没有生产不出来的产品	大量生产，以量取胜	以企业为中心，考虑企业自身的生产能力、销售能力，忽视消费者需求
	产品观念	以产品为中心	质优价廉的商品最好卖	大量生产，以质取胜	
	推销观念	以销售为中心	只有生产不出来的产品，没有卖不出去的产品	大量生产，强力推销取胜	
现代营销观念	市场营销观念	消费者需求为中心	一切行动围绕市场需求展开	以满足消费者需求取胜	以顾客为中心，理解市场与顾客需求，创造顾客价值，谋求共赢
	社会营销观念	兼顾企业、顾客、社会三者利益	只有企业与消费者、社会三者利益统一，才能获得长期发展	进行长期战略性市场营销管理	

市场营销观念的产生和存在都有其历史背景和必然性，都是与一定的社会经济发展水平和市场条件相联系或相适应的，是在商品经济不断发展和市场营销实践经验不断积累的基础上逐步发展和完善起来的。

随着中国特色社会主义市场经济体制的确立，许多企业逐步完成了由卖方市场向买方市场的思维转变，市场竞争日益加剧，我国企业开始树立现代营销观念。但是，仍然有一些企业奉行传统营销观念，盲目求大、浪费资源、社会效益低。在如今的市场营销活动中，企业应积极学习先进的营销理念，努力找到自己的营销特色，运用数字技术发现、创造需求，走在市场前沿，在营销观念、环保观念、文化观念、数字观念等方面上持续创新发展。

1.3　市场营销理论演进

随着经济的发展、技术的进步和市场营销理论的发展，演进出了大市场营销理论、市场营销组合理论、绿色市场营销理论、数字营销理论等内容。

1.3.1　大市场营销理论

现代世界，经济迈向区域化和全球化，企业之间的竞争范围已超越国界，据此，现代营销学者提出了大市场营销理论。大市场营销理论是对传统市场营销组合战略的发展，企业为了进入特定的市场并在那里从事业务经营，在策略上应协调地运用经济的、心理的、政治的、公关的手段，以得到各方面的合作与支持，从而实现预期目标。

大市场营销者为了进入某一市场并开展经营活动，一方面需要经常地得到具有影响力的企业高级职员、立法部门和政府部门的支持，因此须采取政治上的技能和策略；另一方面要注重公共关系，如果前者是一个"推"的策略，那么公共关系则是一个"拉"的策略，需要较长时间的努力才能起作用，从而帮助公司去占领市场。

1.3.2　市场营销组合理论

随着社会经济的进一步发展，有人提出，以产品（Product）、价格（Price）、渠道（Place）和促销（Promotion）为主的4P组合理论是站在企业的角度来看营销的，是由上而下的运行原则，重视产品导向而非消费者导向，它宣传的是"消费者请注意"，以满足客户相同或相近的需求。所以该理论的弊端在于，一是营销活动着重企业内部，对营销过程中的外部不可控变量考虑较少，难以适应市场变化；二是随着产品、价格和促销等手段在企业间相互模仿，在实际运用中很难起到出奇制胜的作用。于是，以追求顾客满意、关注消费者价值为目标的4C、4R、4V等组合理论相继诞生。

1. 4C组合理论

20世纪90年代以来，随着消费者个性化的日益突出和市场形势的变化，营销学者从顾客的角度提出了新的营销观念与理论，即4C组合理论，4C分别为：顾客的需求和期望（Consumers）、顾客的费用（Cost）、顾客购买的方便性（Convenience）、顾客与企业的沟通（Communication）。

4C组合理论注重以消费者需求为导向，以"请注意消费者"为座右铭，强调以消费者为导向，满足客户的个性化需求。与市场导向的4P组合理论相比，有了很大的进步和发展。

2. 4R组合理论

网络时代的到来使企业的营销环境发生了根本性的变化，针对这种市场环境的变化，在4C组合理论的基础上出现了一个全新的4R组合理论，4R分别为：关联（Relativity），即与顾客建立联系；反应（Reaction），即提高市场反应速度；关系（Relationship），关系营销越来越重要；回报（Retribution），回报是营销的源泉。

4R组合理论的最大特点是以竞争为导向，在新的层次上概括了营销的新框架，根据市场不断成熟和竞争日趋激烈的形势，着眼于企业与顾客的互动与双赢。它不仅积极地适应顾客的需求，还主动地创造需求，运用系统优化的思想去整合营销，通过关联、反应、关系、回报等形式与客户形成独特的联系，形成竞争优势。

3. 4V组合理论

随着高科技产业的迅速崛起，高科技化的企业、产品与服务不断涌现，营销观念、方式也不断丰富发展，并形成新经济时代的4V［差异化（Variation）、功能化（Versatility）、附加价值（Value）、共鸣（Vibration）］组合理论。该理论认为，企业应持续占领市场并保持有竞争力的价值创新，以给消费者带来"价值最大化"，实现企业的"利润极大化"。

4V组合理论首先强调企业要实施差异化营销，一方面要使自己与竞争对手区分开来，树立自己独特形象；另一方面也要使消费者相互区别，满足消费者个性化的需求。其次要求产品或服务有更大的柔性，能够针对消费者具体需求进行组合。三是更加重视产品或服务中的无形要素，如品牌、文化等，以满足消费者的情感需求。

4P、4C、4R 和 4V 之间不是谁取代谁的关系，而是不断完善和发展的关系。由于企业层次不同，情况千差万别，营销者不能把这四者割裂开来甚至对立起来看待，而应在实际应用中根据自身所处的行业和产品的特性、企业所面对的消费者以及企业自身的营销任务，灵活地选择市场营销组合理论。

1.3.3 绿色市场营销理论

绿色市场营销理论是指企业以环境保护为经营指导思想，以绿色文化为价值观念，以消费者的绿色消费为中心和出发点的营销观念、营销方式和营销策略，简称绿色营销。它要求企业在经营过程中贯彻自身利益、消费者利益和环境利益相结合的原则。

绿色营销的核心是提倡绿色消费意识，进行以绿色产品为主要标志的市场开拓，营造绿色消费的群体意识，创造绿色消费的宏观环境，进行绿色产品促销，培育绿色消费文化。

（1）绿色产品设计。所谓绿色产品，是指对社会、对环境改善有利的产品，或称无公害产品。产品策略是市场营销的首要策略，企业实施绿色营销必须以产品为载体，为社会和消费者提供满足绿色需求的绿色产品。

（2）绿色价格制定。价格是市场的敏感因素，定价是市场营销的重要策略，实施绿色营销不能不研究绿色价格制定。绿色价格的主要特征是能够反映环境问题带来的成本变化，即绿色产品通常包含与保护环境及改善环境有关的成本支出。许多情况会引起绿色价格上升，例如，使用对环保有利的原材料；用有利于环保的设备替换污染环境的设备；为推行绿色营销而改变行政管理方式及公司组织结构；落实与环保有关的法律法规也会增加成本。同时，绿色价格也可能由于其他因素的作用而降低，如由于产品及包装原材料的节约而降低成本。

（3）绿色营销渠道。绿色营销渠道是绿色产品从生产者转移到消费者所经过的通道。企业实施绿色营销必须建立稳定的绿色营销渠道。

（4）绿色促销推广。这是指通过媒体传递绿色信息，指导绿色消费，启发并引导消费者的绿色需求，最终促成购买行为。

绿色市场营销理论要求企业家要有全局、长远的发展意识。企业在制定企业发展规划和进行生产、营销的决策和管理时，必须时刻注意提高绿色营销意识，在可持续发展目标下，调整自身行为，从单纯追求短期最优化目标转向追求长期持续最优化目标，将可持续性发展目标作为企业的基本目标。

正心诚意

个人碳账户让减碳逐步进入全民时代

党的二十大报告指出："推动经济社会发展绿色化、低碳化是实现高质量发展的关键环节。"目前，无论在国内还是国际的碳市场上，关注的大多是前端生产阶段的碳减排和碳交易，减碳大都在企业层面进行。但数据显示，我国居民消费行为能耗约占能源消费总量的45%—50%，因此，2022年以来，各地纷纷推出个人碳账户，让减碳正式进入了个体时代。

个人碳账户是包含碳排放数据采集、碳核算、碳排放等级评价和场景应用等功能在内的碳减排支持体系，能够帮助企业和居民算清"碳账"，提高减排效率和意识。目前众多企业平台推出的个人碳账户，大多数是平台通过数字化手段将消费者衣食住行等绿色低碳生活产生的消费碳减排情况自动记录到个人碳账本中，使个人获得相应的绿色积分激励。这些绿色积分可兑换绿色食品、骑行卡、代金券等。

为减少消费端碳排放，2022年国家发改委等七部门印发的《促进绿色消费实施方案》提出，到2025年，重点领域消费绿色转型要取得明显成效，普遍推行绿色消费方式，初步形成绿色低碳循环发展的消费体系。到2030年，绿色消费方式要成为公众自觉选择，绿色消费制度政策体系和体制机制要基本健全。

2022年5月，中华环保联合会发布了《公民绿色低碳行为温室气体减排量化导则》，明确了涉及衣、食、住、行、用、办公、数字金融七大类别的40项绿色低碳行为，还规定了公民绿色行为碳减排量化基本原则、要求和方法，适用于公民绿色行为碳减排量化评估，指导公民绿色行为碳减排量化评估规范的编制。

资料来源：科技日报.个人碳账户让减碳逐步进入全民时代［EB/OL］.光明网，2022-09-06.

1.3.4　数字营销理论

数字营销（Digital Marketing）理论的发展与互联网的商业化应用基本同步，数字营销是使用数字传播渠道来推广产品和服务的实践活动，从而以一种及时、相关、定制化和节省成本的方式与消费者进行沟通。数字营销包含了很多互联网营销（网络营销）中的技术与实践，但它的范围要更加广泛，还包括了很多其他不需要互联网的沟通渠

　　　　　　　　　単元1　认识市场营销

道。因此，数字营销的领域就涵盖了一整套元素，如手机、短信/彩信、横幅广告以及数字户外广告等。

作为数字经济时代一种独特的营销方式，数字营销拥有深度互动性、目标精准性、平台多样性、服务个性化与定制化等特点。大数据、人工智能、VR、AR等新技术的广泛应用为数字营销行业带来了革命性的变化，各种新颖的数字营销工具、方法和策略不断涌现，数字营销的方式层出不穷，包括社会化媒体营销（微博营销、微信营销等）、移动营销（二维码营销、LBS营销等）、搜索引擎营销和优化、视频营销、直播营销、软文营销、电子邮件营销等。

⬡ 博物洽闻

营销革命4.0

营销革命4.0以大数据、社群、价值观营销为基础，企业将营销的重心转移到如何与消费者积极互动、尊重消费者作为"主体"的价值观，让消费者更多地参与到营销价值的创造中来。在数字化连接的时代，洞察与满足这些连接点所代表的需求，帮助客户实现自我价值，就是营销革命4.0所需要面对和解决的问题。它是以价值观、链接、大数据、社区、新一代分析技术为基础所造就的。营销革命4.0 面对客户购买过程中方方面面的需求，提供了具有深度和广度的"人本销售"升级版方案。

市场营销思想在过去50年发生了巨大的变化，大致可分为七个阶段：战后时期（1950—1960）、高速增长期（1960—1970）、市场动荡时期（1970—1980）、市场混沌时代（1980—1990）、一对一时期（1990—2000）、价值驱动时代（2000—2010）以及价值观与大数据时期（2010至今），在不同的阶段都出现了重要的营销理念，如市场细分、目标市场选择、定位、营销组合、服务营销、客户关系管理、社会化营销以及大数据营销等。

营销发展的过程也是客户逐渐价值前移的过程，客户从过往被作为价值捕捉、实现企业销售收入与利润的对象逐渐变成最重要的资产，和企业共创价值、形成交互型的品牌，并进一步将资产数据化，企业与消费者、客户之间变成一个共生的整体。营销与科技、数据连接越来越紧密，企业中营销技术官、数字营销官这些岗位的设置，使得相对应的人才大受欢迎，他们既要懂营销，还必须懂得如何处理数据、应用数据、洞察数据，并了解如何应用新兴科技将传统营销升级。

在我国，目前常用的数字营销方式有以下几种类型：

1. 微博营销

这是指通过微博平台为商家、组织和个人创造价值而执行的一种营销方式，也是指商家或个人通过微博平台发现并满足用户的各类需求的商业行为方式。微博营销以微博作为营销平台，每一个粉丝都是潜在的营销对象，企业通过运营自己的微博向网友传播企业信息和产品信息，树立良好的企业形象和产品形象。

2. 微信营销

微信营销是企业营销模式的一种创新，是伴随着微信的火热而兴起的一种数字营销方式。微信不存在距离的限制，用户注册微信后，可与周围同样注册的"朋友"形成一种联系。用户订阅自己所需的信息，而商家通过提供用户需要的信息，推广自己的产品，从而实现点对点的精准营销。微信营销主要以手机等移动客户端进行区域定位，商家通过微信公众平台的管理系统展示商家微官网，进行微推送，组织微活动，已经形成了一种主流的线上线下互动营销的新方式。

3. 二维码营销

二维码营销是指通过对二维码图案的传播，引导消费者扫描二维码，来推广相关的产品资讯和商家活动，刺激消费者进行购买的新型营销方式。拍摄二维码后，常见的营销互动类型有观看视频、访问电商网店、订阅信息等。

4. LBS营销

基于位置的服务（Location Based Service，LBS）是指通过运营商的无线电通信网络（如GSM网、CDMA网）或外部定位方式（如GPS）获取移动终端用户的位置信息（地理坐标，或大地坐标），在地理信息系统（Geographic Information System，GIS）平台的支持下，为用户提供相应服务的一种增值业务。

LBS营销是企业借助互联网或无线网络，在固定用户或移动用户之间完成定位和服务销售的一种营销方式。通过这种方式，可以让目标客户更加深刻地了解企业的产品和服务，最终达到企业宣传品牌、加深市场认知度的目的。

5. 搜索引擎营销

搜索引擎营销（Search Engine Marketing，SEM）就是指基于搜索引擎平台的网络营销，它利用人们对搜索引擎的依赖和使用习惯，在人们检索信息的时候将信息传递给目标用户。搜索引擎营销的基本思想是让用户发现信息，并通过点击进入网页，进一步了解所需要的信息。企业通过搜索引擎付费推广，让用户可以直接与公司客服进行交流、了解，实现交易。一般认为，搜索引擎优化设计主要目标有两个层次：一是被搜索引擎收录，二是在搜索结果中排名靠前。简单来说，SEM所做的就是以最小的投入在搜索引擎中获取最大的访问量并产生商业价值。

6. 搜索引擎优化

搜索引擎优化（Search Engine Optimization，SEO）指的是在了解搜索引擎自然排名机制的基础上，使用网站内及网站外的优化手段，提高网站在搜索引擎中的关键词排名，从而获得流量，进而产生直接销售或建立网络品牌的一种方法，它与SEM关系紧密。

7. 视频营销

视频营销是基于视频网站为核心的网络平台，以内容为核心、创意为导向，利用精细策划的视频内容实现产品营销与品牌传播目的的一种营销方式。视频营销结合了"视频"和"互联网"两者的优点，感染力强、形式内容多样、创意新颖，又有如互动性强、主动传播、传播速度快、成本低廉等优势，既容易被大众所接受，也不会造成太大的用户群体排斥性。视频营销包含电视广告、网络视频、宣传片、微电影等方式，归根到底是一种营销活动。成功的视频营销不仅要有高水准的视频制作质量更要发掘其营销内容的亮点。

8. 直播营销

直播营销是指随着事件的发生和发展，现场制作和播出的营销方式，该营销活动以直播平台为载体，互动性、真实性更强，可以有效帮助企业达到获得品牌知名度提升或是销量增长的目的。直播营销是近几年来企业选择较多的一种线上销售方式。

9. 软文营销

相对于"硬性广告"而言，软文营销是指通过特定的概念诉求、以摆事实讲道理的方式使消费者走进企业设定的"思维圈"，以计算机终端和移动终端为传播手段，以强有力的针对性软文迅速实现产品销售和口头传播的营销方式。它涵盖新闻资讯，管理思想、企业文化，技术、技巧文档，第三方评论，访谈、采访、口碑，包含文字元素的游戏等一切文字资源，追求的是一种"春风化雨、润物无声"的传播效果。

10. 电子邮件营销

电子邮件营销（Email Direct Marketing，EDM）是在用户事先许可的前提下，通过电子邮件的方式向目标用户传递价值信息的一种营销手段。EDM有三个基本因素：用户许可、电子邮件传递信息、信息对用户有价值。三个因素缺少任意一个，都不能称之为有效的EDM。电子邮件营销是利用电子邮件与受众客户进行商业交流的一种直销方式。

◈ 正心诚意

七部门联合发布《网络直播营销管理办法（试行）》

国家互联网信息办公室、公安部等七部门联合发布《网络直播营销管理办法（试行）》（简称《办法》），自2021年5月25日起施行。该《办法》旨在规范网络市场秩序，维护人民群众合法权益，促进新业态健康有序发展，营造清朗网络空间。

《办法》要求，直播营销平台应当建立健全账号及直播营销功能注册注销、信息安全管理、营销行为规范、未成年人保护、消费者权益保护、个人信息保护、网络和数据安全管理等机制、措施。同时还对直播营销平台相关安全评估、备案许可、技术保障、平台规则、身份认证和动态核验、高风险和违法违规行为识别处置、新技术和跳转服务风险防范、构成商业广告的付费导流服务等做出详细规定。

《办法》将从事直播营销活动的直播发布者细分为直播间运营者和直播营销人员，明确年龄限制和行为红线，对直播间运营者和直播营销人员相关广告活动、线上线下直播场所、商品服务信息核验、虚拟形象使用、与直播营销人员服务机构开展商业合作等方面提出具体要求。

《办法》强调，直播营销平台应当积极协助消费者维护合法权益，提供必要的证据等支持。直播间运营者、直播营销人员应当依法依规履行消费者权益保护责任和义务，不得故意拖延或者无正当理由拒绝消费者提出的合法合理要求。

《办法》提出，国家七部门建立健全线索移交、信息共享、会商研判、教育培训等工作机制，依据各自职责做好网络直播营销相关监督管理工作，对严重违反法律法规的直播营销市场主体依法开展联合惩戒。

资料来源：网信中国.国家七部门联合发布《网络直播营销管理办法（试行）》[EB/OL]，学习强国，2021-04-23.

1.4 营销伦理

营销伦理是企业管理伦理的一部分，它服从和服务于整个社会的伦理。下面将从营销伦理的认知、社会作用、失范行为和建设等方面进行深入学习。

1.4.1 营销伦理的认知

1. 什么是营销伦理

营销伦理是营销主体在从事营销活动中所应具有的基本的道德准则，即判断企业营销活动是否符合消费者及社会的利益，能否给广大消费者及社会带来最大幸福的一种价值判断标准。企业与消费者和社会的关系，最主要的是经济关系，直接表现为某种利益关系，除依靠法律外，这种关系的正确处理还需要正确的伦理观念指导。

营销伦理所要解决的实质问题是企业作为利益相关主体如何与其他利益相关者相处的学问。而决定怎样相处和相处得如何的关键是企业与其他利益相关者能否履行各自的权利和责任。营销伦理涉及企业高层管理者、营销经理和其他营销人员的道德问题，渗透到企业的每一个角落，他们的道德水准将影响企业的营销行为。营销伦理影响企业各个方面的活动，包括营销策略的制定，目标市场的选择，产品策略、价格策略、分销策略以及促销策略的制定和运用等。

2. 营销伦理的特点

营销伦理是企业伦理的一部分，反映营销活动的要求。它具有自身的特性，主要表现在以下五个方面：

（1）外显性。企业想要实现自己的目的，获得收益，必须通过营销活动向外输出产品或提供劳务。但能否获得社会的承认，不仅是营销技巧的问题，而且还是营销伦理水平的问题。

（2）广泛性。任何企业的产品都有一定范围的消费者。企业规模越大，产品越多，市场占有率越高，其营销伦理的影响面也就越广。

（3）直接性。消费者一旦购买某种产品或接受某种服务，便与该商品的生产者构成了一种权利与责任的关系，即形成了直接的利益共同体，企业的营销伦理就直接维护着这一利益共同体。

（4）互动性。因为消费者与企业之间有着直接的利益关系，因此营销伦理的作用不是单向而是双向的，表现出一种典型的互动性。这种互动的结果要么产生共鸣，要么此消彼长，要么相互抵消。

（5）持久性。一般情况下，企业都会按照一定的营销伦理水平来培养一定层面的消费者并极力维护这一共有的利益共同体，保持或扩大市场占有率，实现利润的稳定增长。实践表明，较高的伦理水平能给消费者带来超值的享受，并使消费者产生一种长期的、由衷的信赖感。

1.4.2　营销伦理的社会作用

营销伦理是社会道德体系的重要组成部分，它一方面具有社会道德的一般作用，另一方面又具有自身的特殊社会作用，具体表现为：

1. 调节职业交往中从业人员内部以及从业人员与服务对象间的关系

调节职能是营销伦理的基本职能。它一方面可以调节从业人员内部的关系，即运用职业道德规范约束职业内部人员的行为，促进职业内部人员的团结与合作，如职业道德规范要求各行各业的从业人员都要团结、互助、爱岗、敬业、齐心协力地为发展本行业、本职业服务。另一方面又可以调节从业人员和服务对象之间的关系，如职业道德规定了制造产品的工人要怎样对用户负责，营销人员怎样对顾客负责等。

2. 维护和提高本行业和企业的信誉

一个行业、一个企业的信誉，也就是它们的形象、信用和声誉，是指企业及其产品与服务在社会公众中的信任程度，提高企业的信誉主要靠产品的质量和服务质量，而从业人员的职业道德水平正是产品质量和服务质量的有效保证。若从业人员职业道德水平不高，就很难生产出优质的产品和提供优质的服务。

3. 促进本行业的发展

行业、企业的发展有赖于高的经济效益，而高的经济效益源于高的员工素质。员工素质主要包含知识、能力、责任心三个方面，其中责任心是最重要的。因此，职业道德能促进本行业的发展。

4. 提高全社会的道德水平

营销伦理是整个社会道德的主要内容。营销伦理涉及每个从业者如何对待职业和工作，同时也是一个从业人员的生活态度、价值观念的表现；是一个人的道德意识和道德行为发展的成熟阶段，具有较强的稳定性和连续性。营销伦理也是一个职业集体、甚至一个行业全体人员的行为表现，如果每个行业、每个职业集体都具备优良的道德，对整个社会道德水平的提高肯定会发挥重要作用。

1.4.3 企业市场营销实践中的伦理失范

市场竞争的结果就是优胜劣汰，这要求企业提高整体素质，包括提高营销伦理水平，运用现代营销思想来开展营销工作。但是，有些企业为了追求眼前利益，在营销活动中采取各种手段投机钻营，造成营销伦理的丧失。究其本质，这些企业缺少法律、道德意识，严重的利己主义思想在支配着他们的营销活动。具体来说，企业市场营销实践中的伦理失范主要表现在以下五个方面：

1. 市场调研的伦理失范

个人隐私保护问题是市场营销伦理中的一个重要方面。通过市场调研，营销商可以获得大量的有关顾客的个人数据。有的企业缺乏必要的用户隐私保护政策和措施，用户提供的个人身份、联系方式、健康状况、信用和财产状况等信息很容易被窃取和侵犯。甚至个别企业把这些个人信息或有偿或无偿地对外扩散，往往会对消费者的隐私构成侵害。

2. 产品策略的伦理失范

产品策略方面存在的主要伦理问题包括：消费者购买商品时追求货真价实，但一些企业对产品的真实信息存在着故意夸大或隐藏；在追求市场份额和销售量时，部分企业盲目地计划性淘汰产品，即故意把产品在实际需要升级换代前就过时，而未考虑消费者是否真正需要这种产品或能否承担由此而造成的购买费用的增加；在产品包装方面，某些企业故意用非正常尺寸的包装来吸引消费者，造成价格比较的困难，如用凹底瓶来装饮料给消费者造成错觉；在品牌冒充方面，相当数量的企业故意在品牌上造成细微差别以使消费者混淆。

3. 分销策略的伦理失范

分销策略中的伦理失范主要涉及两个方面：一是生产商与中间商之间的问题，如生产商与中间商未能完全履行相关经营合同，生产商供货不及时或供货不足，对渠道成员进行过分的压榨，中间商返款不及时等。二是经销商与消费者之间的问题，包括不兑现承诺、误导信息以及产销双方相互推诿责任等，均会侵犯消费者的合法权益。

4. 促销策略的伦理失范

由于信息不对称，企业促销时往往夸大产品的特色或性能，引诱或操纵消费者购买已滞销的廉价货物或参加事先内定结果的抽奖；采用贿赂、送礼、回扣、宴请、娱乐等不正当的行为进行促销，采用有偿新闻等不正当的手段进行公关。

5. 定价策略的伦理失范

消费者要求企业公平合理地定价，但部分企业采用价格歧视、掠夺性定价、垄断价格等定价策略攫取不正当的高额利润。价格歧视是企业对同一种产品索取两种或两种以上的价格，它是企业对其出售的产品进行差别化定价，但这种价格的差异不是由产品和服务的成本的差别造成的，而是由于信息不对称决定的。部分企业甚至故意向消费者宣传虚高的"出厂价"或"批发价"，甚至同经销商建立"价格共谋"，共同欺骗消费者。

❖ 发凡举例

关于富满电子涉嫌滥用市场支配地位垄断相关芯片市场的举报信

2021年8月，LED电子显示屏厂商深圳蓝普视讯科技有限公司（下称"蓝普视讯"）在其官方微信公众号发布公告称，已经向中国光学光电子行业协会和国家市场监督管理总局反垄断局提交了《关于富满电子涉嫌滥用市场支配地位垄断相关芯片市场的举报信》。

蓝普视讯在公告中表示，在过去数月交易中，富满电子多次无正当理由拒绝履行产品供货合同，并不断要求加价，给蓝普视讯正常经营活动造成极大伤害，严重影响了蓝普视讯生产排期、后续订单按期履行及与下游客户友好关系，严重挤压了蓝普视讯市场生存空间。富满电子芯片产品恶意哄抬价格，已经引发芯片市场秩序严重紊乱，并引起相关部门关注。

蓝普视讯认为，在上游芯片厂持续涨价的巨大压力下，富满电子致使大量

LED中小企业面临倒闭或是资金断裂发不出工资，而这也有悖于落实党中央关于"六稳""六保"的指示精神，蓝普视讯希望通过实名举报的方式再次向LED显示行业发声，鼓励更多受到伤害的LED实体企业通过合法合理的方式抵制富满电子无正当理由不履行合约和恶意哄抬价格的行为。

目前，蓝普视讯已经收到了行业内近100家受害企业的声援，9家显示屏幕企业请求参与联合诉讼。

资料来源：涉嫌垄断！200亿消费电子芯片龙头遭实名举报［EB/OL］，中国经济网．2021-08-16.

1.4.4　营销伦理的建设

营销伦理的建设非一朝一夕之功能解决，应着眼于长远，树观念、立制度、促宣传，全社会全方位进行营销伦理建设。

1. 加强企业的自觉使命感和社会责任感建设，提高企业营销职业道德水平

使命感和责任感是个人和组织建功立业的强大动力，也是古往今来能成就伟大事业的共同特征。很多企业都有自己的使命陈述，但很多公司的使命都没有转化为公司的自觉行为，没有成为凝聚公司全体成员的感召和动力。

企业使命是指企业由社会责任、义务所承担或由自身发展所规定的任务，是对自身和社会发展所做出的承诺，是公司存在的理由和依据，是企业形象的一个颇为直接的描述。这中间包含了企业经营的哲学定位、价值观凸显以及形象定位：经营指导思想是什么？如何认识事业？如何看待和评价市场、顾客、员工、伙伴和竞争对手？

使命足以影响一个企业的成败，一个强有力的组织必须要靠使命驱动。企业的使命不仅问答企业是做什么的，更重要的是为什么做，是企业终极意义的目标。崇高、明确、富有感召力的使命不仅为企业指明了方向，而且使企业的每一位成员明确了工作的真正意义，激发出内心深处的动力。例如，"格力——让世界爱上中国造"这一企业使命展现了格力公司的担当。

格力公司的品牌理念发展更新

二十年间，格力公司从一个年产值不到 2 000 万元的小厂发展到多元化、国际化的工业集团，完成了一个国际化家电企业的成长蜕变。在塑造品牌形象的过程中，格力坚持与时俱进的品牌思路，针对不同阶段的市场需求及社会现实，格力给品牌不断"注入"新理念，使得品牌始终保持着新鲜活力，其品牌理念的更新升级如图 1—13 所示。

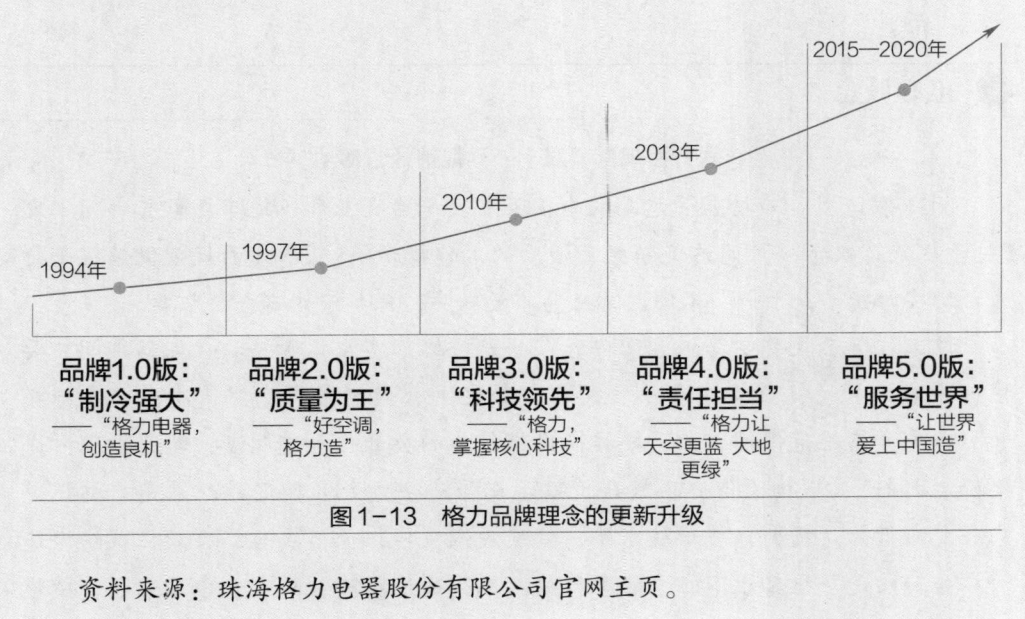

图 1-13　格力品牌理念的更新升级

资料来源：珠海格力电器股份有限公司官网主页。

当越来越多的企业意识到文化理念在企业经营管理、企业文化建设中成为不可缺少的导向、激励等积极作用，并建立起企业使命和愿景的时候，就会形成一套履行道德与社会责任的行为准则，自觉维护消费者的利益与社会福利，进而带动整个社会的进步与发展。

法律、法规只是道德规范的最起码的要求，只有确立企业使命、实施先进营销理念，才是推动企业长久发展和社会进步的内在动力。

2. 加强法治建设，建立健全维护消费者利益的机构

应进一步健全和完善法律、法规，严格依法治市，约束企业的不正当竞争行为，制裁欺骗和损害消费者权益的行为，建立有权威的保护消费者权益及监督、检查、仲裁机

构，切实维护消费者利益。

3. 加强信息宣传，营造全社会良好道德氛围，培养理性消费者

应认真解决信息不对称问题。不道德营销行为之所以能够得逞，往往是由于营销者掌握的信息较多，而消费者了解的情况较少，有关商品的知识获取渠道有限，在交易中处于不利地位。所以，要加强对消费者的宣传教育，增强其自我保护意识，积极地与违法和不道德的营销行为作斗争。应为消费者提供更多的商品知识，培养更多的理性消费者。

✦ 正心诚意

八方面规范"双十一"促销经营活动

2021年11月，市场监管总局向全国互联网平台企业和各地市场监管部门下发《关于规范"双十一"网络促销经营活动的工作提示》，从八方面规范促销经营行为，切实维护"双十一"期间网络交易市场秩序，保护消费者合法权益。

该工作提示主要包括八方面内容：一是严格落实主体责任。在促销期间，要把好平台准入关，落实审查核验义务，督促平台内经营者亮照、亮证、亮标经营。二是严格规范促销行为。要提高促销行为的公开化和透明度，禁止采取"先提价后打折"、虚构原价、不履行价格承诺等违法方式开展促销。三是严格规范广告发布行为。提升广告审核水平，杜绝虚假宣传、低俗广告，有效拦截虚假违法广告。四是严格禁止不正当竞争行为。不得通过排除、限制竞争及妨碍、破坏其他经营者合法提供的网络产品或者服务等开展促销。防止虚假交易、刷单炒信、虚假评价等不正当竞争违法行为发生。五是严格防范经营假冒伪劣商品行为。严格执行问题商品处置规则，对销售假冒伪劣商品及其经营者及时采取禁限措施，加强知识产权保护。六是严格禁止销售违法违禁商品。开展信息发布审核和实时巡查，做好违法违禁商品清查，及时下架或删除违法违规产品链接。七是妥善化解网络消费纠纷。完善高效、便捷的投诉受理、处理和反馈机制，畅通消费者投诉举报通道，及时受理、高效处理投诉举报，积极协助消费者维护合法权益。八是强化政企沟通协作。要积极配合监管部门依法查处平台内经营者相关违法违规行为，形成平台自治与政府监管的良性互动，共同引导平台内经营者提高守法经营意识。

市场监管总局同时要求属地市场监管部门加强指导，通过线下约谈、线上指

导和宣传教育等方式，督促指导平台企业履行法定义务，落实主体责任；强化监测监管，严厉查处违法违规行为，畅通12315投诉举报渠道，保护消费者合法权益，规范网络交易市场秩序。

资料亲源：学习强国，引文有删改。

固本培元

一、单选题

1. （　　）被誉为现代营销学之父。

   A. 菲利普·科特勒　　　　　　B. 基恩·凯洛斯

   C. 彼得·德鲁克　　　　　　　D. 大卫·凯恩斯

2. 市场营销中的交换是（　　）。

   A. 一次性活动　　　　　　　　B. 一个过程

   C. 一个经历　　　　　　　　　D. 一次性购买

3. 现代营销观念中的市场观念是以（　　）为中心。

   A. 生产　　　　　　　　　　　B. 销售

   C. 顾客　　　　　　　　　　　D. 产品

4. 绿色营销的核心是提倡（　　）。

   A. 绿色消费意识　　　　　　　B. 超前消费意识

   C. 节约消费意识　　　　　　　D. 自然消费意识

5. 今天，不应该再从陈旧的达成销售的观念——"劝说和销售"出发，而要以
   （　　）的新观念来理解市场营销。

   A. 满足企业利益　　　　　　　B. 满足顾客需求

   C. 创造利润　　　　　　　　　D. 创造市场

二、多选题

1. 市场营销学家把市场定义为（　　　　）构成的交集。

   A. 人口　　　　　　　　　　　B. 购买力

   C. 购买欲望　　　　　　　　　D. 购买需求

2. 社会营销观念是指将（　　　　　）三者利益相结合的营销指导思想。

    A. 消费者利益　　　　　　　　B. 企业自身利益

    C. 社会整体长期利益　　　　　D. 中间商利益

3. 作为数字经济时代一种独特的营销方式，数字营销拥有（　　　　　）等特点。

    A. 深度互动性　　　　　　　　B. 目标精准性

    C. 平台多样性　　　　　　　　D. 服务个性化与定制化

4. 营销伦理的社会作用表现在（　　　　　）等方面。

    A. 调节职业交往中从业人员内部以及从业人员与服务对象间的关系

    B. 维护和提高本行业和企业的信誉

    C. 促进本行业的发展

    D. 提高全社会的道德水平

5. 市场营销作为一种社会和管理过程，内容涵盖企业营销工作全过程，其基本职能可以归纳为（　　　　　）等内容。

    A. 发掘和了解消费者的现实需求和潜在需求

    B. 收集有关市场营销的各种信息资料

    C. 确定企业的市场营销目标和营销方针

    D. 制定市场营销策略

    E. 市场营销计划的编制、执行和控制

    F. 销售事务与管理

三、判断题

1. 数字营销包括很多不需要互联网的营销沟通渠道。（　　　）

2. 市场营销就是推销和广告。（　　　）

3. 市场营销的目标是为顾客创造价值并获得回报。（　　　）

4. 消费者之所以购买商品，只是为了获得并拥有产品本身。（　　　）

5. 市场营销是一个过程，在这个过程中，交换是市场营销的核心。（　　　）

四、简答题

1. 如何科学、准确地把市场营销的含义解释给其他人？

2. 如何理解"市场营销就是要使销售成为多余"这一论述？

3. 现代市场营销管理的基本职能和任务是什么？

红豆集团抗疫勇担当

"为党为国为人民，红豆要争分夺秒！"新冠疫情期间，全国上下打响了一场防疫攻坚战，民营企业在这场战役中也承担起了重要作用。红豆集团始终以"实业报国，八方共赢"为企业使命，积极履行社会责任，多年以来为社会捐款捐物累计超过5.5亿元，在2020年年初的防疫保供攻坚战中竭尽全力贡献力量，获得了广泛的社会认可。

红豆集团作为全国先进基层党组织，在这次抗击疫情的战斗中坚决听从党和国家统一指挥，集团100多个党支部，近1 300名党员做出了勇于担当的先锋表率作用：2020年1月30日，红豆集团党委书记通过锡山区委组织部向无锡市委组织部交纳了1 000万元特殊党费用于助力疫情防控，红豆集团的党员们也自愿向党组织捐款超过20万元。

为缓解疫情防控物资紧缺的情况，红豆集团组建起党员突击队，积极带领集团近3万名职工投入到转产中去，在有关专家指导监督下，在行业标准的基础之上，争分夺秒地成立起各类物资生产调整项目组：自2020年2月1日起，红豆集团连夜将西服生产线改为防疫工作急需的防护服生产线；2月3日，首批4万件一次性医用隔离衣正式交付并驰援武汉；2月11日，首批10万只日常防护型口罩下线……红豆集团以最快的速度生产了隔离衣、防护服、口罩以支援武汉一线。3月24日，国务院联防联控机制医疗物资保障组为红豆集团发来感谢信，并称赞红豆集团是当之无愧的抗击疫情"军工厂"，为打赢疫情防控阻击战做出了重要贡献；此外，红豆集团也积极驰援疫区，紧急联络组织湖北武汉经销商，深入武汉疫区前线，为支援火神山、雷神山医院项目建设和救援运输的车辆提供便捷、免费的轮胎更换、维修服务。

海外疫情暴发后，红豆集团第一时间向韩国、日本、加拿大、荷兰等海外客户、海外学子以及美国中国总商会等组织捐赠了数万只口罩。积极响应习近平总书记"构建人类命运共同体"的号召，向柬埔寨捐赠了100万只口罩，加深中柬两国携手同行的深厚情谊。4月14日，红豆集团口罩日产量达300万只，海外订单超亿只。

随着复工复产步伐的不断推进，红豆集团的"线上大开工"也体现出集团的新实力，集团及各子公司推行线上学习、办公、营销、直播等方式并取得了良好效果，在疫情期间有力保证了企业平稳运行的同时继续为消费者提供高质量的服务，同时也为促进国内经济大循环、振兴疫后经济做出贡献。

红豆集团作为民营企业的一员，在国家最需要的时刻急国家之所急，造人民之所需，倾力奉献红豆力量，彰显了新时代民营企业的责任与担当。

分析思考：

1. 红豆集团在抗击疫情期间的"为党为国为人民，红豆要争分夺秒！"口号体现了什么营销理念？

2. "实业报国，八方共赢"的企业使命又给我们哪些营销启发？

✦ 笃行致远

实训目标　鉴往知来，学史明志。本单元以学生实地参观、学习、体验本地著名企业或校企合作企业发展历程为主要任务，了解企业成长发展史或当地工商文化，通过亲身调查研究，体验认知市场营销。

实训背景　选择学校所在地的著名企业或当地的合作企业、工商业发展博物馆（展览馆）等进行参观拜访和调查研究，看一看、听一听企业和当地工商业发展史，身临其境地进行感知、认知。

实训要求　根据课程教学需要组建学习小组，以学习小组为单位进行团队学习，学习小组一经建立将贯穿本课程学习的全过程。分小组按要求完成每单元的实训任务，并对学习成果进行考核，在学习理论知识的同时进行知行合一的调查研究和实践训练。在小组实训过程中锻炼学生的团队意识和协作能力。

实训步骤[1]　1. 参观校企合作企业集团或当地工商业发展博物馆。

2. 参观校企合作企业集团的生产车间。

3. 听企业管理者介绍企业的成长发展经历。

4. 撰写参观学习报告，并以PPT的形式进行分享汇报。

实训成果　形成参观学习报告及PPT各一份。

1　可根据学校实际情况调整实训步骤。

学有所得　概括本单元的重要知识点

_____

_____

学有所长　概括本单元的重要技能点

_____

_____

学有所悟　在完成本单元内容学习后，对职业素养的感悟

_____

_____

明晰市场营销战略与管理

学习目标

素养目标

- 全面贯彻新发展理念，推动高质量发展
- 培养全局战略观念，树立大局意识
- 增强科学管理与规划的职业素养

知识目标

- 了解市场营销战略的内涵
- 熟悉企业营销活动管理的基本逻辑
- 掌握营销活动管理的步骤和风险点

技能目标

- 能够初步分析并选择适合企业的市场营销战略
- 能够初步制定企业的市场营销活动步骤
- 能够分析不同营销组织类型的特点

提要钩玄

```
                                            市场领导者战略
                            市场营销战略         市场挑战者战略
                                                市场跟随者战略
明                                             市场拾遗补阙者战略
晰
市
场
营
销                                              营销分析
战
略                                              营销计划制定
与                         营销管理活动            营销实施
管
理                                              营销组织
                                                营销控制
```

学习计划

- 知识学习计划

  _____

  _____

- 技能训练计划

  _____

  _____

- 素养提升计划

  _____

  _____

加大力度投资新能源，抓住行业发展机遇

2021年11月，比亚迪集团董事长在"2021红杉数字科技全球领袖峰会"上表示，在国内汽车行业变革中看好新能源市场的发展，并预测中国新能源车渗透率将超过35%。

1. 产业链面临重构

伴随着新能源汽车的高速发展，其背后的产业链也将面临重构。比亚迪集团董事长认为，在燃油车变成电动车的变革中，产业链将面临重构，尤其是电池与半导体。占据电动汽车成本30%~40%的电池已经出现了供不应求的状况，原因正是需求暴增。而在半导体方面，电动车对半导体的需求比传统车大了5~10倍，包括功率型半导体和AI芯片在内的半导体需求剧增。他分析，电动车数量的增加也是缺芯片的重要原因。

2. 战略与技术相辅相成

在行业变局中，战略方向非常重要。比亚迪集团董事长表示，在国内汽车行业变革中，只有技术过硬，才能在战略上做出正确的判断和方向把控。谈及比亚迪的产业布局，"十几年前，比亚迪就看到了机会，坚持投入，布局了电池、电机、电控、工业半导体等领域。"他认为，比亚迪近年在核心技术、核心产品方向都做了很好的布局。

比亚迪集团董事长认为，中国巨大的市场需求将培植出中国的超级品牌，同时培育出一批核心技术和产业链。绿色、电动化和智能化叠加，会形成中国未来巨大的产业，而且会走向全球。

电动化及智能化是汽车行业未来发展方向，比亚迪将通过技术革新实现新能源汽车对燃油汽车的加速替代，并通过汽车智能化领域的软硬件布局，实现传统汽车向智能汽车的飞跃。

2021年11月20日，比亚迪发布公告称，拟对全资子公司比亚迪汽车工业有限公司增资17亿美元或等值人民币。比亚迪汽车工业有限公司作为比亚迪开展新能源汽车业务的重要主体，本次增资是基于比亚迪生产经营及业务发展的需要，有利于比亚迪进一步提升其产品研发能力及运营能力，提高整体的核心竞争力，符合公司的长远规划及发展战略。

资料来源：[1]小迪快报.比亚迪再砸百亿[EB/OL].和讯网，2021-11-22. [2]张洁莹.新能源汽车未来三五年是非常好的发展机会[EB/OL].奥一新闻，2021-11-19.

营销启示：

　　企业的发展需要把握行业的走势，抓住科技进步的机会，并实现具有前瞻性的战略布局。

2.1　市场营销战略

　　市场营销战略是企业市场营销管理思想的综合体现，也是企业市场营销决策的基准。制定正确的市场营销战略，是研究和制定正确市场营销决策的出发点。菲利普·科特勒将市场营销战略定义为：业务单位意欲在目标市场上用以达成它的各种营销目标的广泛原则。其内容主要由三部分构成：目标市场战略、营销组合和营销费用预算。

　　市场营销战略的选择又取决于各个公司的规模和在行业中的地位。著名营销学者迈克尔·波特在他的《竞争战略》一书中，根据各公司在行业中的行为，把它们分成市场领导者、市场挑战者、市场跟随者和市场拾遗补阙者。其中，市场领导者掌握了40%的市场份额，拥有整个市场中的最大市场份额；另外30%的市场份额掌握在市场挑战者手中，而其正在为获得更多的市场份额而不断努力；还有20%的市场被市场跟随者所掌握，它只试图维持原有的市场份额，并不希望扰乱市场局面；剩余的10%掌握在一些市场拾遗补阙者的手中，这些公司为大公司不感兴趣的小细分市场服务。

2.1.1　市场领导者战略

　　市场领导者是指在相关产品的市场上占有率最高的企业。一般来说，大多数行业都有一家企业被认为是市场领导者，它在价格制定、新产品开发、分销渠道开拓和促销等方面处于领导地位，为同行业者所公认。它是市场竞争的先导者，也是其他企业效仿或回避的对象。这种领导者几乎各行各业都有，它们的地位是在竞争中自然形成的，但不是固定不变的。市场领导者所具备的优势包括：消费者对品牌的忠诚度高；分销渠道的建立及运行效率高；营销经验积累迅速等。

占据着市场领导者地位的企业要击退其他企业的挑战，保持第一的优势，必须从三个方面努力：一是扩大市场需求总量；二是保护现有市场份额；三是扩大市场份额。

1. 扩大市场需求总量

当一种产品的市场需求总量扩大时，受益最大的是处于市场领先地位的企业。扩大总需求的途径有：开发产品的新用户、寻找产品的新用途和增加顾客使用量。

（1）开发产品的新用户有三种方法。一是说服那些尚未使用本行业产品的人开始使用，把潜在购买者变成现实购买者。例如，有人担心电淋浴器不安全而不愿购买，企业可大力宣传它绝对不会发生意外的多重安全保护装置，将这部分潜在购买者变成现实购买者。二是进入新的细分市场。例如，男性出门大多不带包，必要时也只带拎包。女性挎包生产企业可以宣传男性携带挎包的方便实用之处，进入男性市场。三是寻找尚未使用本产品的地区，开发新的地区市场。

（2）寻找产品的新用途，是指企业应设法找出产品的新用途以增加销量。例如，某种药品被证实可以治疗另一种新发现的疾病，从而增加销量。

（3）增加顾客使用量。企业可以通过提高使用频率、增加单次使用量、增加使用场所等方法增加顾客使用量。例如，果汁营销人员应该说服人们不仅在待客时才饮用果汁，平时也要饮用果汁以增加维生素。

2. 保护现有市场份额

处于市场领先地位的企业，必须时刻防备市场竞争者的挑战，保卫自己的市场阵地。市场挑战者往往都是很有实力的，市场领导者稍不注意就可能被取而代之。

市场领导者任何时候都不能满足于现状，必须在产品创新、服务水平提高、分销渠道畅通和成本降低等方面真正处于行业中的领先地位。市场领导者也应该在不断提高服务质量的同时，抓住对手的弱点主动出击，因为"进攻是最好的防御"。

市场领导者不可能防守它在整个市场上的所有阵地，应当有选择地使用防御战略，可供市场领导者选择的防御战略有以下几种。

（1）阵地防御。阵地防御是指围绕企业目前的主要产品和业务建立牢固的防线，根据市场竞争者在产品、价格、渠道和促销方面可能采取的进攻策略制定自己的防御性营销策略，并在市场竞争者发起进攻时坚守原有的产品和业务阵地。这是一种静态的防御，是防御的基本形式。但是，它不能作为唯一的形式，单纯采用静态防御，只保卫自己目前的市场和产品，是一种"市场营销近视症"。企业更重要的任务是技术创新、新产品开发和业务领域扩展。例如，海尔集团没有局限于赖以起家的冰箱，而是积极从事多元化经营，开发了空调、彩电、洗衣机、微波炉、干衣机等一系列产品，成为我国电器行业最著名的品牌企业之一。

（2）侧翼防御。侧翼防御是指市场领导者除保卫自己的主阵地外，还建立某些辅助性的基地作为防御阵地，必要时将其作为反攻基地。例如，某超市在当地的食品和日用品市场中占据统治地位，但是在食品方面受到快餐业的蚕食，在日用品方面受到折扣店的冲击。为此，超市一面提供广泛的、货源充足的冷冻食品和速食品以抵御快餐业；一面推广廉价的无品牌日用品，在城郊和居民区开设新店，来回应折扣店的挑战。

（3）以攻为守。这是一种"先发制人"式的防御，即在市场竞争者尚未挑战之前先主动出击。这种战略可达到事半功倍的效果。其具体做法是，当市场竞争者的市场占有率达到某一危险的高度时，就对它实施行动；或者对市场上的所有竞争者实施全面攻势。例如，日本精工表把它的2 000多种款式的手表分销到世界各地，造成对市场竞争者全方位的威胁。

（4）反击防御。这是指市场领导者受到市场竞争者冲击后采取反击措施。但是要注意选择反击的时机，可以迅速反击，也可以延迟反击。如果市场竞争者的挑战行动并未造成本公司市场份额的迅速下降，可采取延迟反击策略，在弄清竞争者的意图、战略、效果和其薄弱环节后再实施反击，不打无把握之仗。

当市场领导者遭到对手发动降价或促销攻势时，不能只是被动应战，应主动反攻进攻者的主要市场阵地。例如，当康佳在四川电视机市场向长虹发动攻势时，长虹也进军广东电视机市场，还以颜色。又如，当竞争者对电冰箱削价竞销时，领导者公司不仅给电冰箱降价，其洗衣机也降价，同时还推出新产品，从多条战线发起反攻。

（5）运动防御。运动防御是指不仅防御目前的阵地，而且还要扩展到新的市场阵地，作为未来防御和进攻的中心。市场扩展一般通过以下两种方式实现。

一是市场拓展，就是企业将其注意力从现行产品转到有关该产品的基本需要上，并全面研究与开发与该项需要有关的科学技术。例如，把"石油"公司变成"能源"公司就意味着市场范围扩大了，不再局限于石油一种能源，而是要覆盖整个能源市场。但是市场拓展必须有一个适当的限度，否则将患上"市场营销远视症"，使企业发展受挫。

二是市场多样化，即进入不相关的行业，实行多元化经营。例如，美国的烟草公司由于社会对吸烟的限制日益增多，纷纷转向其他行业，如软饮料和冷冻食品等。

（6）收缩防御。是指企业主动从实力较弱的领域撤出，将力量集中于实力较强的领域。当领导者企业无法坚守所有的市场领域，并且由于力量过于分散而降低资源效益的时候，可采取这种策略。其优点是在关键领域集中优势力量，增强竞争力。

3. 扩大市场份额

市场领导者设法扩大市场份额或提高市场占有率，也是增加收益、保持领先地位的一个重要途径。一般而言，如果单位产品价格不降低而且经营成本不增加，企业利润会随着市场份额的扩大而提高。因此，许多企业要求市场占有率达到行业第一或第二，否则便会考虑撤出该市场。但是，并不是市场份额提高就一定会增加企业的利润，还应考虑以下因素。

（1）为扩大市场份额所付出的成本。当市场份额已达到一定水平时，再要进一步提高就要付出很大代价，结果可能得不偿失。有研究表明，企业的最佳市场份额是50%。因此有时为了保持市场领先地位，企业甚至要在比较疲软的市场上主动放弃一些份额。

（2）争夺市场份额时所采用的营销组合战略。如果企业实行了错误的营销组合战略，如过分降低商品价格，过高地支出公关费、广告费、渠道拓展费、销售员和营业员的奖金等促销费用，承诺过多的服务项目导致服务费大增等，都可能出现市场份额提高而利润下降的局面。

（3）违反反垄断法的可能性。许多国家都有反垄断法，当企业的市场份额超过一定限度时，就有可能受到指控和制裁。许多著名的公司都曾经因为触犯了反垄断法而被分解。如果占据市场领导者地位的公司不想被分解，就要在自己的市场份额接近临界点时主动加以控制。

总之，市场领导者必须善于扩大市场需求总量，保卫自己的阵地，防御挑战者的进攻，并在保证利润增加的前提下合理扩大市场份额。这样才能持久地占据市场领先地位。

⬡ 博物洽闻

平安银行：以领先科技为战略转型注入强劲动能

数字化转型被视为银行之间新的竞争，和业务结合得更加紧密，具有更高的战略层次。随着2022年3月10日平安银行年报登场亮相，上市银行2021年报的披露工作也将拉开大幕。

在平安银行的"科技引领、零售突破、对公做精"十二字策略方针中，科技引领居于首位。平安银行发布的2021年年报显示，其IT资本性支出及费用投入

73.83亿元，同比增长2.4%；科技人员（含外包）超9 000人，与2020年的规模相比，增幅约5.88%。在平安银行组织架构中，IT条线下设科技开发中心、科技运营中心、科技管理部，其中，科技管理部为2021年新增。

平安银行董事长在年报中指出，2016年10月，平安银行全面启动零售转型，2021年刚好是第一个五年收官之际。转型途中曾遇到诸多挑战，但得益于平安集团综合金融和科技赋能优势，零售转型的战略定力和正确路径，全行上下的坚定执行，五年后的平安银行已是焕然一新、充满希望。科技能力已经全面应用到业务、风险、运营、管理等各个方面，数字化经营的努力正不断推进产能提升、成本降低、风险可控，着力打造出"数字银行、生态银行、平台银行"三张名片。

平安银行坚持"科技引领"战略方针，以领先科技驱动全行业务发展和数字化经营，通过打造"技术、数据、敏捷、人才、创新"五项领先科技能力，助力服务营销、风险控制、运营支持和管理赋能升级。

资料来源：金科课堂.平安银行：以领先科技为战略转型注入强劲动能〔EB/OL〕.百度，2022-03-16.

2.1.2 市场挑战者战略

市场挑战者是指那些在市场上处于次要地位的企业。这些公司如欲争取市场领先地位，就要向市场领导者发起挑战。市场挑战者必须先确定自己的战略目标和挑战对象，再选择适当的进攻战略。

1. 确定战略目标和挑战对象

战略目标和挑战对象密切相关，对不同的对象有不同的目标和战略。大多数市场挑战者的目标是增加自己的市场份额和利润，减少对手的市场份额。一般来说，市场挑战者可在下列三种情况中选择：

（1）挑战市场领导者。这种策略风险大，潜在利益也大。挑战者需要仔细研究领先企业的弱点，包括有哪些未满足顾客的需要、存在哪些功能上的缺陷等，从而确定自己的挑战目标或开发出超过领先企业的新产品，以夺取市场的领先地位。例如，施乐公司用干式复印技术代替湿式复印技术，从3M公司手中夺取了复印机市场的领先地位。后来，佳能公司开发了台式复印机，又夺去了施乐公司的一大块市场。

（2）挑战与自己实力相当者。市场挑战者对一些与自己实力相当的企业，可选择其中经营不善而发生亏损者作为挑战对象，设法夺取它们的市场阵地。

（3）挑战区域性小企业。许多实力雄厚的、管理有方的公司在进入市场时，就会对一些规模小、经营不善、资金缺乏的公司发起挑战。这种现象在我国21世纪初比较普遍，尤其是刚加入WTO时，新进入的大公司或合资公司常常击败资金不足、管理混乱的弱小企业，通过蚕食小块市场达到自身发展的目的。

总之，战略目标决定于挑战对象。如果以市场领导者为挑战对象，其目标可能是夺取某些市场份额；如果以小企业为对象，其目标可能是将它们逐出市场。但无论在何种情况下，如果要发动攻势，进行挑战，都必须遵守一条原则：每次行动都必须指向一个明确的、肯定的和可能达到的目标。

2. 选择进攻战略

在确定了战略目标和挑战对象之后，市场挑战者还需要考虑采取怎样的进攻战略。可供选择的进攻战略主要包括以下五种。

（1）正面进攻。指集中全力向对手的主要市场阵地发动进攻，打击的目标是对手的强项而不是弱项。在这种情况下，进攻者必须在产品、广告、价格等主要方面大大超过对手，才有可能成功，否则就不要采取这种进攻战略。进攻者如果不采取完全正面的进攻策略，也可采取一种变通形式，即在研究开发方面大量投入，降低生产成本，从而在低价格上向竞争对手发动进攻。这是持续实行正面进攻策略最可靠的基础之一。

（2）侧翼进攻。指集中优势力量冲击对手的弱点，有时可采取"声东击西"的战略，佯攻正面，实际打击侧翼或背面。侧翼进攻寻找对手弱点的主要方法是：分析对手在各类产品和各个细分市场上的实力和绩效，把对手实力薄弱、或绩效不佳、或尚未覆盖而有潜力的产品和市场作为目标和突破口。侧翼进攻使公司的业务更加完整地覆盖了各细分市场，进攻者较易收到成效，并且避免了攻守双方为争夺同一市场而造成的两败俱伤的局面。

（3）包抄进攻。这是一种全方位、大规模的进攻战略。挑战者拥有优于对手的资源，并确信借助围堵计划足以打垮对手时，可采用这种战略。例如，某精工表公司已经在各个主要手表市场的销售中取得了成功，并且以其品种繁多、不断更新款式使竞争者无法抗衡。

（4）迂回进攻。这是一种最间接的进攻战略，完全避开对手的现有阵地进行迂回。其具体办法有三种：一是开拓新的产品线，实行产品多元化；二是以现有产品进入新地区市场，实行市场多元化；三是发展新技术、新产品，替代现有产品。在高科技领域实现技术飞跃是最有效的迂回进攻战略，可以避免单纯地模仿竞争者的产品和正面进攻造成的重大损失。公司应致力于开发新一代的技术，待时机成熟后再向竞争者实施行动，把战场转移到自己已经占有优势的领域。

（5）游击进攻。这种进攻战略主要适用于规模较小、力量较弱的企业。因为小企业无力发动正面进攻或有效的侧翼进攻，只有向较大对手的市场的某些角落发动游击攻势，才能逐渐削弱对手的实力。主要方法是在某一局部市场上有选择地降价、开展短促的密集促销、向对方采取相应的法律行动等。游击进攻能够有效地消耗、牵制和误导对手，打乱对手的战略部署，而己方不冒太大的风险。适用条件是对方的损耗将不成比例地大于己方。

上述市场挑战者的进攻战略是多样的，一个市场挑战者不可能同时运用所有这些战略，但也很难单靠某一种战略取得成功。通常是设计出一套战略组合即整体战略，借以改善自己的市场地位。但是，并非所有居于次要地位的企业都可充当市场挑战者，如果没有充分把握，不应贸然进攻市场领导者，最好是采取跟随策略而不是直接挑战。

❀ 发凡举例

全球智能手机市场，小米超越苹果成为全球第二

2021年7月16日，全球著名市场调研机构Canalys发布手机市场2021年第二季度排名，小米公司在全球智能手机市场占有率达到17%，超越苹果晋升全球第二，同比高速增长83%。由此可见，小米已经完成从挑战者到市场主导者的业务升级，并继续提升运营商市场和公开市场的渠道整合能力。

小米与苹果的全球市场竞争已持续多个季度。在2020年Q4，小米手机全球出货量为4 340万台，同比增长31.5%，首次超越苹果，重返全球第三。随后的2021年Q1，苹果以15%的市场份额升至全球第二，小米以14%的份额紧随其后，其全球出货量达到4 940万台，同比增长69.1%。

自2020年推出首款高端旗舰小米10系列以来，小米在影像、屏幕、充电、工艺、智能制造等核心技术领域的创新不断，全力突破高端市场，多方位引领了行业的演进方向。

此外，小米智能工厂一期已建成投产，它既是拥有全自动化生产线，能年产百万台高端智能手机的智能工厂，也是新工艺、新材料、新技术预研的大型实验室，还是先进制造设备和自动化产线的实验基地。

2020年，小米研发总投入超过100亿元，在2021年年初，小米就宣布将进行

史上规模最大的工程师扩招，全年招聘5 000名工程师。同时，小米还推出技术人才百万美金大奖、青年工程师奖励计划等多项人才激励措施，仅在2021年7月份，就有近700名小米青年工程师获得了1 604.2万股的股票激励。

值得一提的是，小米的全球化拓展与新零售渠道变革也成为其拿下全球第二的重要推力。据Canalys披露的全球智能手机2021年Q2数据，小米在境外市场快速扩张，在拉美同比增速超300%，在非洲超过150%，在西欧增长超过了50%。据小米集团2021年Q1财报，小米手机已经进入全球100多个国家和地区，在12个国家和地区销售排名第一，在欧洲市场排名第二，在印度市场则连续多年稳居第一。

资料来源：司晓颖.全球智能手机市场，小米超越苹果成为全球第二〔EB/OL〕.央视网，2021-07-16.

2.1.3　市场跟随者战略

市场跟随者是指那些在产品、技术、价格、渠道和促销等大多数营销策略上模仿或跟随市场领导者的公司。大多数公司喜欢选择跟随战略而不是成为市场领导者或市场挑战者，这是因为：一是可以让市场领导者和市场挑战者承担新产品开发、信息收集和市场开发所需的大量经费，减少支出和风险；二是可以避免承受向市场领导者挑战可能带来的重大损失。

市场营销学者西奥多·李维特认为，有时产品模仿（Product Imitation）像产品创新（Product Innovation）一样有利。因为一种新产品的开发者要花费大量投资才能取得成功并获得市场领先地位，而其他企业（市场跟随者）从事仿造或改良这种产品，虽然不能取代市场领导者，但因不需大量投资，也可获得很高的利润，其盈利率甚至可能超过全行业的平均水平。

市场跟随者与市场挑战者不同，它不是向市场领导者发动进攻并图谋取而代之，而是跟随在市场领导者之后并伺机选择不致引起竞争性报复的发展道路。市场跟随者战略主要有以下三类。

1. 完全模仿

指在各个细分市场和产品、价格、广告等营销组合策略上全面模仿市场领导者，完全不进行任何创新，只是利用市场领导者的投资而生存的公司。有些企业甚至发展成为仿制者，复制市场领导者的产品和包装，在黑市上销售或卖给名誉不好的经销商。在国际市场上，名牌产品的伪造或仿制对许多国际驰名的大公司是一个巨大的威胁。

2. 部分模仿

指在某些基本方面模仿领导者，但在包装、广告、价格等方面又有所不同。因为存在明显差异且体量较小，如果这样的模仿者不进攻市场领导者，市场领导者也并不介意模仿者的存在。

3. 改进

指接受领先的产品并改变或改进它们。改进者可选择将产品销售给其他不同市场，而后成长为将来的市场挑战者。许多公司通常就是这样改进市场领导者的产品并在别处发展的。

虽然市场跟随战略不冒风险，但是也存在明显的缺陷。研究表明，市场份额处于第二、第三位和以后位次的公司，与市场份额第一位的公司相比，在投资回报率方面还是有较大差距的。

2.1.4　市场拾遗补阙者战略

在现代市场经济条件下，几乎每个行业都存在一些小企业，它们关注市场上被大企业忽略的某些细小部分，在这些小市场上通过专业化经营来获取最大限度的收益，也就是在大企业的夹缝中求得生存和发展。这种有利的市场位置被称为"Niche"，即"补缺基点"或"利基"，指有利的市场位置。占据这种位置的企业就被称为"市场利基者"或"市场拾遗补阙者"。例如，在无人机市场上领先的是中国企业大疆，由于这一市场日趋繁荣和复杂，其他无人机公司纷纷寻找适合自己的补缺市场进行营销活动。

这种市场位置（补缺基点）不仅对于小企业有意义，而且对某些大企业中的较小部门也很有意义，它们也常常设法寻找一个或几个这种既安全又有利的补缺基点。

1. 理想的利基市场具备的特征

有足够的市场潜能和购买力；有利润增长的潜力；强大的公司对此市场不感兴趣；企业具有向这一市场提供优质产品和服务的资源及能力；企业既有的信誉足以对抗竞争者。

2. 市场拾遗补阙者的战略角色

一个企业寻找补缺基点的主要战略是专业化市场营销，即在市场、顾客、产品或渠道等方面实行专业化运营。市场拾遗补阙者多是弱小者，它们面临的主要风险是竞争者入侵或目标市场的消费习惯变化。

市场拾遗补阙者要完成三个任务：创造利基市场、扩大利基市场、保护利基市场。例如，某著名的运动鞋生产公司不断开发适合不同运动项目的特殊运动鞋，如登山鞋、自行车鞋、冲浪鞋等，这样就开辟了对应的利基市场；然后该公司继续在对应的市场开发不同款式的产品和品牌，以扩大市场占有率；如果有新的竞争者闻声而来的话，公司还要全力以赴保住其在该市场的领先地位。

选择市场的补缺基点时，多重补缺基点比单一补缺基点更能减少风险。因此，企业通常应选择两个或两个以上的补缺基点，以确保企业的生存和发展。

需要注意的是，在市场营销的竞争战略选择中，企业不能单纯强调以竞争者为中心，在密切关注竞争者的同时不应忽视对顾客的关注，以顾客为中心仍是重中之重。因此，企业在现代市场营销战略的制定过程中，既要注意竞争者，也要注意顾客。

◈ 正心诚意

中企拿下欧洲铁路订单

一条全新的匈塞铁路正在连接塞尔维亚首都贝尔格莱德和匈牙利首都布达佩斯。这条跨国铁路全长350公里，设计速度为200公里/小时。塞尔维亚对这项工程非常重视，政府不仅对外开出了高价，还挑选了来自20多个国家的竞标企业。最终，中国铁建从激烈的竞争中脱颖而出，一举拿下了这个订单。

这条铁路的匈牙利段也在紧锣密鼓的建设过程中，按计划，2024年年底或2025年年初匈牙利境内的路段将完成升级改造，到2025年3月匈塞铁路将全线开通。

这条铁路的开通也将助力中国更多企业进入两国市场，目前已有多个矿产、制造业企业与塞尔维亚达成了正式合作协议。塞尔维亚已表态，将在匈塞铁路建成之后把它作为中国在东欧的重要通道，未来，这条通道将会连接中国与更多东欧国家的交流与合作。这意味着"一带一路"项目在欧洲的一次重大推进，同时实现了中国铁路标准与欧盟标准的首次对接，中国的铁路建设将被更多国家认可。

这条铁路不仅给塞尔维亚带来新的发展机遇，也铺筑了中国企业通向海外市场更广阔的道路。相信未来会有更多的中国企业加入，共绘一带一路上的建设蓝图。

资料来源：华商韬略．中企强势拿下欧洲百亿订单［EB/OL］．雪球网，2022-05-26．

2.2 营销管理活动

在营销管理中除了要做好营销，也要做好管理。营销管理活动的过程包括如图2-1所示的五个营销管理职责：分析、计划、实施、组织和控制。企业首先要制定企业层面的战略规划，然后将其分解成营销计划和其他针对每个部门、产品、品牌的计划。通过实施和组织，企业把计划变成行动。控制指的是测量和评估营销活动的结果并在需要的时候采取矫正措施。此外，营销分析提供了所有其他营销活动需要的信息和评价。

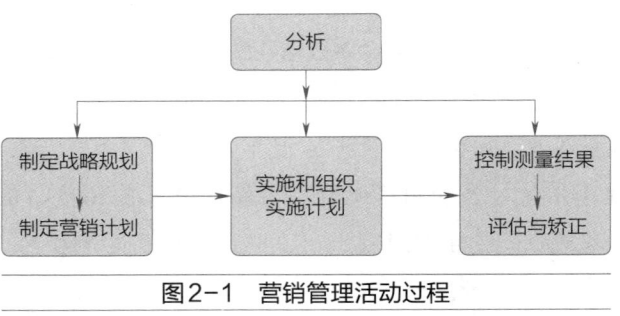

图2-1 营销管理活动过程

"京东618"带动线下门店销售大幅增长

2021年"京东618"活动组织了一系列线下门店销售激活计划，通过"实"惠百万店计划以及其他一系列让利和提升消费体验的活动，已经吸引超5亿人次进入线下门店。

为全面助推实体经济发展，激活线下消费市场，帮助门店以最小运营成本获得最大收益，京东专门针对线下门店投入了众多资源，吸引了众多消费者到店体验消费。京东官方数据显示，截至2021年年中，其旗下的七鲜超市和七鲜生活门店到店人次已达4 000万；另有超过1 000家京东LBS鲜花门店通过随手拍活动及线上引流，吸引到店人次达50万以上；京东电器超级体验店重庆店和合肥店"双城爆量"，6月1日整体成交额同比增长8倍，全渠道客流同比增长10倍。随着流量、营销等资源的持续投入，京东线下门店成为活动期间消费者关注的焦点，总计超5亿人次进入线下门店体验消费，这也催生了"京东618"线下的一个新增长点。

资料来源：TechWeb，京东618带动线下门店销售大幅增长［EB/OL］百家号，2021-06-11.

2.2.1 营销分析

在营销管理过程中，首先要对企业的情况进行全面的分析，市场分析会为其他各种营销管理职责提供信息。营销人员应该进行SWOT分析，它评估了企业整体的优势（Strengths）、劣势（Weaknesses）机会（Opportunities）和威胁（Threats）。其中，优势包含那些有利于企业服务其顾客和实现其目标的内在能力、资源和积极的情境因素。劣势则包含那些干扰和阻碍企业绩效获取的内在约束和消极的情境因素。机会是外在环境中使企业能够开发出自身优势的有利因素或趋势。而威胁是不利的外在因素或趋势，会给企业绩效的获取来挑战。

为了找到具有吸引力的机会并识别环境中的威胁，企业应该对其市场和市场环境进行分析，还要结合自身优势、劣势与当前的或可能的营销行动来判定哪些机遇是应该把握的。SWOT分析的目的是匹配企业优势与外在机遇，同时消除和克服劣势，将威胁最小化，在后续章节中会进一步介绍。

2.2.2 营销计划制定

营销计划是构成企业整体战略规划的重要组成部分，能够帮助企业达成整体战略目标。每一种业务、产品和品牌都需要一份详细的营销计划。它主要从战略（宏观）和战术（微观）两个层次进行操作。基于最佳的市场机会分析，宏观的战略营销计划主要是确立目标市场和公司的价值主张；而微观的战术营销计划则用于制定特定的营销战术，包括产品特色、促销、销售规范、定价、销售渠道和服务。

　　营销计划的开头是执行总结，是对主要的评估、目标和建议的简要总结。营销计划的主要部分是对目前的营销情况和潜在的机会与威胁进行详细的SWOT分析，接下来则要描述品牌的主要目标并列出为达成这一目标所要执行的营销策略细节。

　　营销计划包括面向目标市场、市场定位、营销组合和市场预算等的具体策略，描述了企业如何为目标顾客创造价值以获得回报。在这个部分中，计划者要阐明如何对机遇、挑战和计划中所阐述的其他关键因素做出反应。营销计划的其他部分会提供具体的行动计划以及详细的预算。营销计划的最后一个部分是控制，用于监测进度、对营销投资回报进行测量以及必要时采取矫正措施。

2.2.3　营销实施

　　制定好营销计划仅仅是成功营销的开始。如果不能很好地付诸实施，再好的营销计划也会失败。营销实施是为了实现营销战略目标，把营销战略和计划变为营销行动的过程。营销计划解决营销活动是什么以及为何这样做的宏观问题，而营销实施则侧重于由谁、在哪儿、在什么时候以及如何做的细节。

　　只有通过有效的营销实施，企业才可以赢得竞争优势。一家企业可能与另一家企业的战略相似，但是通过更快、更好地实施，它就可以打败对手。需要注意的是：制定好的营销战略相对容易，实现有效的营销实施则很困难。

1. 营销实施的步骤

　　（1）制定行动方案。为了有效地实施市场营销战略，企业必须制定详细的行动方案。明确市场营销战略实施的关键性决策和任务，并将执行决策和任务的责任落实到具体的个人或小组。此外，还应包含具体的时间表。

　　（2）建立组织结构。组织结构的建立是指将企业营销战略实施的任务分配给具体的部门和人员，规定明确的职权界限和信息沟通渠道，协调企业内部的各项决策和行动。

　　（3）设计决策和报酬制度。决策和报酬制度直接关系到营销战略实施的成败。就企业对营销人员工作的评估和报酬制度而言，如果以短期的经营利润为标准，则营销人员的行为必定趋于短期化，这将影响其为实现长期战略目标而努力的积极性。

　　（4）开发人力资源。人力资源的开发涉及人员的考核、选拔、安置、培训和激励等问题。在考核、选拔营销管理人员时，要注意将适当的工作分配给合适的人。为了激励员工的积极性，企业必须建立完善的工资、福利和奖惩制度。

（5）建设企业文化。企业文化对企业的经营思想、领导风格以及职工的工作态度和作风均起着决定性的作用。先进的企业文化和管理风格一旦形成，就具有相对积极的稳定性和连续性。

（6）市场营销战略实施协调配合。为了有效地实施市场营销战略，企业的行动方案、组织结构、决策和报酬制度、人力资源、企业文化这几大要素必须协调一致，相互配合。

2. 营销实施中的问题

（1）计划脱离实际。由于营销计划制定者和实施者之间缺乏沟通和协调，会导致营销计划脱离现实不可行，从而导致一些问题。

（2）执行力差。造成企业执行力差的原因有很多，如企业内部沟通不畅、销售人员的素质不高、没有充分调动营销人员的积极性等。

（3）缺乏具体、明确的执行方案。许多企业只考虑总体战略而忽视执行中的细节，这会导致计划过于笼统而难以执行。

（4）长期目标和短期目标相矛盾。营销战略通常着眼于企业的长期目标，但具体实施的营销管理人员通常根据其短期工作绩效，如销售量、市场占有率或利润率等指标来进行评估和奖励，从而选择短期目标，这会产生长短目标之间的矛盾。

（5）因循守旧的惰性。企业当前的经营活动往往是为了实现既定的战略目标，新的战略目标如果不符合企业的传统和习惯就会遭到抵制。

◈ 博物洽闻

超前10年的战略思维，救了沃尔沃，成就了吉利

十几年前，由于"门第悬殊"且无成功的先例可循，吉利并购沃尔沃汽车并不被外界看好，但如今，人们却不得不承认，这起"不被祝福"的跨国并购，却一路创造奇迹，创造了巨大的商业价值。

2010年，吉利控股集团斥资18亿美元，从福特手中买下沃尔沃汽车的轿车业务，并获得沃尔沃轿车品牌的拥有权，这是汽车史上著名的"蛇吞象"案例。彼时，沃尔沃汽车全年销量仅为33.5万辆，营收957亿瑞典克朗，年亏损达到51.9亿瑞典克朗。在当时看来，本就尚处于发展阶段的吉利再去扶持一个危机中的海外品牌，谈成功简直是"痴人说梦"。

但在并购之后，吉利全力支持沃尔沃汽车转型发展，巩固了沃尔沃汽车的豪华品牌地位，提高了沃尔沃汽车的盈利水平，实现了品牌复兴。沃尔沃汽车全球销量很快就翻了一番，在欧美市场销量全面增长的同时，中国也成为沃尔沃汽车第二大本土市场，2020年的销量达到2010年的5倍。

在挽救沃尔沃汽车的同时，吉利也因此获得了莫大好处：并购之后，吉利融入全球价值链体系，实现了制造、研发、采购、销售的全球布局，与全球汽车知名品牌同台竞速，成为中国首个真正意义上的全球化车企。与此同时，吉利与沃尔沃围绕汽车"新四化"前瞻技术，在动力总成、三电技术、高度自动驾驶等业务领域进行协作，也为双方在汽车电动化革命中的共同发展奠定了基础。

资料来源：道哥说车. 从"蛇吞象"到"遍地开花"沃尔沃IPO证实了吉利超前十年的战略思维［EB/OL］. 网易号，2021-10-29.

2.2.4　营销组织

企业必须建立营销组织以实施营销战略和计划。如果企业很小，一个员工便可以做所有的营销工作，如研究、推销、广告、客服等。随着企业的扩张，需要有一个营销部门来计划和实施所有的营销活动。

在大企业中，这个部门由很多专业人员组成，包括产品和市场经理、销售人员和销售经理、营销研究员、广告专家和其他的专业人员。为了领导这样庞大的营销组织，很多企业都设立了首席营销官（Chief Marketing Officer，CMO）这一职位。CMO负责企业整体的营销运作，并代表营销部门参与企业高层管理团队。CMO这一职位使得营销和其他"C-level"执行官处于平等地位，如首席运营官（Chief Operating Officer，COO）和首席财务官（Chief Finance Officer，CFO）。作为企业高级管理层的一员，CMO的职责是成为"首席顾客官"。为此，有企业甚至将其最高级别的营销岗位更名为"顾客体验总监"。

现代企业的营销部门可以采用很多种方式来组织，最常见的组织方式是职能型组织。在这种组织形式下，不同的营销活动由各职能专家来制定，包括销售经理、广告经理、市场研究经理、客服经理和新产品经理等。拥有跨国业务的国际企业通常会设立地区型组织，在不同的国家、区域和地区选用不同的销售和营销人员。这种地区型组织使得销售人员可以扎根某一市场，更好地了解当地的顾客，并且可以节省时间和差旅成本。有很多种不同产品和品牌的企业通常采取产品管理型组织架构。使用这种方法时，产品经理针对某一种产品或品牌开发并实施战略和营销方案。

对于向许多不同类型的市场和拥有不同需求和偏好的顾客销售同一产品线商品的企业，市场或顾客管理型组织可能是最合适的。市场管理型组织类似于产品管理型组织。市场部经理负责为他们的特定市场或顾客制定营销策略和计划。该系统的主要优势在于，企业是围绕特定顾客群体的需求进行组织的。很多企业成立专门的组织来管理与大型顾客群体之间的关系。

生产很多不同的产品并销售给不同地区的细分市场和消费者的大企业通常综合采用以下五种类型的营销组织形式。

1. 职能型营销组织

这是最常见的营销组织形式，是将营销职能加以扩展，选择营销职能专家组建营销各职能部门，使之成为公司整个组织的主导形式。营销组织中的专业职能部门可根据公司经营的需要进行增减，如增加精减客户管理经理、物流管理经理等。职能型营销组织形式适用于产品种类不多、目标市场相对较集中的中小企业。

（1）该类型组织的优点是：①由同类型营销专家组成，易于管理；②按功能分工，避免人员和设备重复，提高效率；③专业人员在同一职能部门，凝聚力强，容易相互影响产生积极的系统效应。

（2）该类型组织的缺点是：①各自追求本部门目标，忽略全局的最佳利益；②结构较刻板，随业务量的增大，协调难度将增加；③没有一个部门负全责，较难制定完整的计划，某些产品或市场容易被忽略；④营销副总经理经常疲于调解部门纠纷。

2. 区域型营销组织

在全国范围进行销售的公司，通常按地理区域设立营销组织。在营销副总经理主管下，按层次设全国销售经理、大区销售经理、地区销售经理、销售人员等。地区销售经理掌握区域市场环境的情报，为开拓地区市场，打开公司产品在该区域的销路而制定长、短期营销计划，并负责其计划的实施。

（1）该类型组织的优点是：①权力下放，有利于改善区域内的协调工作，取得某一区域的营销绩效；②有利于区域经理的培养和训练。

（2）该类型组织的缺点是：①需要具有全面营销策划和营销管理能力的人员，增加了最高管理者的控制难度；②区域之间市场情况存在较大差异，区域销售部门之间往往难以协调。

3. 产品型营销组织

拥有多种产品或多种不同品牌的公司，可以考虑按产品或品牌建立营销组织，即在营销副总经理下设销售经理；在销售经理下按每类产品分别设产品线经理；在产品线经理下再按每个产品品种分别设产品经理，实行分层管理。

（1）该类型组织的优点是：①产品经理能将各种营销要素较好地组合，发挥系统组合的优势；②产品经理全权负责，能够根据市场快速做出反应，及时解决问题；③弱势产品或品牌能得到全面关注；④产品经理的活动涉及公司经营的各个领域，其能力和素质均能得到快速提升。

（2）该类型组织的缺点是：①产品经理没有足够的权力取得广告部门、销售部门和制造部门的支持，容易产生摩擦和冲突；②产品经理决策工作量过大，但如果在其下方增设其他职能性专业人员，又将导致管理成本上升；③产品经理追求所负责产品销售额和利润的最大化，容易损害产品大类的总体效益；④产品经理只负责自己经营的产品或品牌，对其他产品或品牌了解较少；⑤产品经理的更替可能导致营销计划缺乏长期连续性。

4. 市场型营销组织

根据顾客特有的购买习惯和产品偏好等要素细分和区别对待不同的市场，建立市场型营销组织是公司的一种理想选择。这种组织结构的特点是由一个销售经理管辖若干个子市场经理，而功能性服务则由其他功能性组织提供。对于分管重要市场的市场经理，有时可以增设几名功能性服务的专业人员辅助其开展工作。

（1）该类型组织的主要优点是：依据满足各种不同类型顾客的需求安排和组织营销活动，有利于保证营销活动的一体化和系统性。

（2）该类型组织的缺点是：存在责权不清和多头领导的矛盾。

5. 产品—市场型营销组织

很多大规模公司会生产多种不同的产品，面向不同的市场。它们常采用产品—市场型营销组织，即一种既有市场经理又有产品经理的二维矩阵式组织。这种组织结构把产品、市场管理两者有机地结合起来，以解决产品经理对各种高度分化、高度分散的市场不熟悉，对其所负责市场的各类产品难以掌握的难题。

产品—市场型营销组织吸收了产品型和市场型两种组织的优点，适合那些多品种、多市场的公司采用。但是这种组织结构的管理费用极高，且内部容易产生矛盾与冲突。另外，公司还将面临权力与责任难以具体落实的问题。

营销组织近年来得到了广泛的关注。越来越多的企业将营销重心从品牌管理转移到顾客管理——从管理产品和品牌的盈利性转为管理顾客盈利性和顾客资产。企业不再只关注于管理品牌组合，而且还关注管理顾客和品牌互动、顾客体验以及顾客关系等方面。

2.2.5　营销控制

在实施营销方案时会出现很多意外，营销部门必须进行营销控制。营销控制是指度量和评价市场营销战略和计划的结果，及时采取修正措施以保证目标的达成。

1. 营销控制的类型

营销控制包括年度计划控制、盈利能力控制、效率控制和战略控制四种类型：

（1）年度计划控制是指营销人员随时检查营业绩效与年度计划的差异，同时在必要时采取修正行动。其重心是目标管理，即保证企业年度营销计划中规定的销售、利润和其他目标能够顺利实现。年度计划控制的方法主要有销售情况分析、市场占有率分析、营销费用率分析和用户反应跟踪。

（2）盈利能力控制是指对企业营销组合中各类因素的获利能力进行分析，以帮助营销管理者决策是否发展、缩减或淘汰某些产品及市场。具体包括：

① 营销成本分析。营销成本是指与市场营销活动有关的各项费用支出。它直接影响企业营销的利润。营销成本分析指标主要包括：直接推销费用（包括直销人员的工资、奖金、差旅费、培训费等）、促销费用（包括广告媒体成本、产品说明书、印刷费用、赠奖费用、展览会费用、促销人员工资等）、仓储费用（包括租金、维护费、折旧、保险、包装费、存货成本等）、运输费用（包括托运费、维护费、燃料费、牌照税、保险费、司机工资等）、其他营销费用（包括市场营销管理人员工资、行政办公费用等）。

② 盈利能力分析。盈利能力是经营管理者高度重视的问题，盈利能力分析指标包括销售利润率、资产收益率、净资产收益率、投资回报率等。

（3）效率控制。效率控制的目的是监督和检查企业营销活动的进度与效果。有利于及时发现问题并加以改进，从而提高企业的营销效率和经济效益。效率控制的主要指标包括人员推销效率、广告效率、营业推广效率以及分销效率等。

（4）战略控制又称市场营销审计，是指营销管理人员采取一系列行动，对企业的营销目标、政策和策略进行控制，以保证企业的可控因素与外界不断变化的营销环境和谐统一。营销审计的内容主要包括营销环境、营销战略、营销组织、营销绩效、营销计划系统、营销效率控制系统、获利能力控制系统、营销信息系统、新产品开发系统、营销管理职能等方面的审计。

2. 营销控制的步骤

营销控制包括四个步骤：首先，管理部门设定具体目标；其次，评估企业在市场上的表现；再次，总结实际表现和期望表现之间存在的差距和原因；最后，落实为减少实际表现与期望表现之间的差距而应该采取的矫正措施。这可能会需要企业改变其行动方案甚至改变营销目标。

3. 营销投资回报

营销经理必须确保他们所花费的每一分钱都能发挥作用。过去，很多营销人员在大规模的营销方案和华丽的广告活动中的花费都很随意，并不认真思考其回报。他们的目标通常只有一个，即"建立品牌和消费者偏好"，他们认为营销产生的是无形效果，其本身无法通过生产率或收益的形式衡量。

但在如今的经济形势下，这一切正在改变。与以往不同，现在的营销人员必须能够将营销战略和策略与可测量的营销产出结合起来。其中一项重要的营销绩效测量指标就是营销投资回报率（Return on Marketing Investment），简称营销ROI。营销ROI等于营销投资净收益除以营销投资成本，它能够评估营销活动所带来的利润情况。

在测度金融投资ROI时，无论回报还是成本都可以用金钱来度量。例如，当购买一件设备时，由于使用该设备导致的生产率的提高可以被直观地测量。但是，营销ROI至今尚未有统一的定义，比如广告和品牌建设的影响都很难用金钱来衡量。

企业可以通过标准的市场绩效测量指标评估其营销ROI，如品牌感知、销售额或市场份额等。很多企业正在将这种一系列的指标综合成"营销仪表盘"——由多种有意义的营销绩效指标组成的用于监视战略性营销表现的综合展示。如同汽车仪表盘会告诉驾驶者他们的汽车表现如何，营销仪表盘会告诉营销人员他们评估和改正营销策略所需要的各种详细指标。营销仪表盘不仅在关键市场跟踪自身品牌的价值和趋势，体现媒体占有率、市场占有率、网络人气和营销ROI等指标，还会关注其竞争对手的表现。

除了以营销ROI为代表的标准的绩效评估指标外，以顾客为中心的营销绩效指标正获得越来越多的重视，如顾客获取、顾客留存、顾客互动、顾客终身价值、顾客资产等。这些指标不仅能测量企业当期的市场表现，还能预测基于良好顾客关系的未来的企业市场表现。

不管营销ROI是如何被定义和测量的，它都将继续存在。无论环境是好是坏，营销人员对营销活动的产出都会越来越关注。

◈ 正心诚意

大众汽车因"排放门"被开出高额罚单

波兰竞争和消费者保护局于2020年1月15日表示，大众汽车因在排放问题上误导消费者被罚款1.206亿兹罗提（约合3 180万美元）。波兰竞争和消费者保护局负责人在当天一份声明中说，大众汽车通过操纵检测仪器证明其生产的汽车"对环境友好"，误导消费者。

这是波兰消费者监督机构开出的历史最高罚单。该负责人表示，如此力度的处罚是因为大众汽车近年来的不公平竞争行为，以及该公司并没有采取实质性措施，以求在这一问题上达成和解。

德国大众汽车集团2015年在美国曝出部分柴油车上安装了应付尾气排放检测的"作弊软件"，曾陷入"排放门"丑闻。此后，德国汽车制造商的柴油车"排放门"丑闻不断蔓延升级。

英国高等法院于2020年4月6日裁定，德国大众汽车集团利用"作弊软件"让柴油车尾气排放"符合"欧洲联盟排放标准的行为违法。英国高等法院法官表示，英国有大约120万辆大众、奥迪、西雅特和斯柯达等大众集团旗下汽车品牌的柴油车安装有"作弊软件"，人为降低尾气排放，"破坏"欧盟旨在限制污染物的尾气排放检测。这一裁定意味着大众集团恐怕要向诉讼所涉9万多名英国车主支付高额赔偿。法新社报道，大众集团将面临更大压力。因新冠疫情切断供应链、拉低需求，大众集团上月宣布打算关闭大多数欧洲工厂。

由于陷入"排放门"，大众集团面临多起诉讼，由此产生的罚款、赔偿及成本损失已超过300亿欧元。

资料来源：[1]陈丹.大众因"排放门"在英国败诉[EB/OL].新华网，2020-04-08.[2]张章，陈序.大众汽车因"排放门"在波兰被开出高额罚单[EB/OL]，环球网，2020-01-16.

一、单选题

1. 以下不属于扩大市场需求总量途径的是（　　　）。

   A. 开发产品的新用户 　　　　　B. 寻找产品的新用途

   C. 增加顾客使用量 　　　　　　D. 持续开发产品的老客户

2. 以下不属于市场进攻战略的是（　　　）。

   A. 重复进攻 　　　　　　　　　B. 正面进攻

   C. 侧翼进攻 　　　　　　　　　D. 迂回进攻

3. 营销计划的最后是控制，用于监测进度、对营销投资回报进行测量以及必要时采取（　　　）。

   A. 引导措施 　　　　　　　　　B. 矫正措施

   C. 强制措施 　　　　　　　　　D. 补充措施

4. 很多企业都设立了（　　　）这一职位以领导庞大的营销组织。

   A. 首席财务官 　　　　　　　　B. 市场研究经理

   C. 首席营销官 　　　　　　　　D. 产品总监

5. 在计算营销投资回报时，广告和（　　　）的影响都很难用金钱来衡量。

   A. 研发费用 　　　　　　　　　B. 运输成本

   C. 品牌建设 　　　　　　　　　D. 流量费用

二、多选题

1. 以下属于营销管理职责的有（　　　）。

   A. 分析 　　　　　　　　　　　B. 计划

   C. 实施 　　　　　　　　　　　D. 组织

   E. 控制

2. SWOT分析法评估了企业整体的（　　　）。

   A. 优势 　　　　　　　　　　　B. 劣势

   C. 机会 　　　　　　　　　　　D. 目标

3. 营销实施的步骤包括（　　　）等内容。

   A. 制定行动方案 　　　　　　　B. 建立组织结构

   C. 设计决策和报酬制度 　　　　D. 开发人力资源

   E. 市场营销战略实施协调配合

4. 以下属于营销实施中的问题的有（　　　　）。

A. 计划脱离实际　　　　　　B. 执行力差

C. 缺乏具体、明确的执行方案　　D. 长期目标和短期目标相矛盾

E. 因循守旧的惰性

5. 营销控制的类型包括（　　　　）。

A. 年度计划控制　　　　　　B. 盈利能力控制

C. 战略控制　　　　　　　　D. 技术控制

三、判断题

1. 营销计划主要是从宏观的战略层次进行操作的。（　　　）

2. 企业可以永久保持一种竞争优势不变。（　　　）

3. 单靠市场营销战略实施就可以为顾客创造卓越价值。（　　　）

4. 产品—市场型营销组织吸收了产品型和市场型两种组织的优点，适合所有公司使用。（　　　）

5. 制定好的营销计划仅仅是成功营销的开始。如果不能很好地付诸实施，再好的营销计划也会失败。（　　　）

四、简答题

1. 如何理解营销战略在企业发展中的作用？

2. 请简述市场挑战者战略的基本思路。

3. 请分别简述产品型营销组织的优缺点。

◈ 融会贯通

微信视频号的新功能

1. 更多流量

2021年10月底微信版本更新以来，其视频号的功能持续迭代升级，不断打通微信生态。现在的微信公众号可以插入视频号动态卡片。当更新到最新版微信后，就能在发布微信推文和朋友圈文案时输入"#"字符，后面的内容则会成为可被点击的蓝色，点进去后可以查找微信内与标签关键词相关的内容和视频。新增的话题

标签关键词功能使公众号和视频号之间可以多向引流。

2. 更友好的社交体验

视频号在朋友圈下方，入口样式也和朋友圈入口一样，一旦朋友点赞过新的内容，就会在入口处有红点强提醒。这不仅是界面样式上的统一，更重要的是，朋友赞过的视频内容，可以看成是朋友圈社交的延伸，加强了视频号的社交互动的属性。进入视频号，默认打开的是"朋友"版块，而"朋友"也是处于顶部四大信息流的中间位置。这并不是指观看朋友发的视频，而是指观看微信好友点赞过的视频，这一逻辑与微信"看一看"十分类似。在朋友的影响下，我们作为用户，很大程度上会带着刷朋友圈的轻松心态点击进入视频号，对视频内容的包容度也会更高。

3. 更简捷的变现通道

新上线的视频号直播和小商店功能为视频号提供了流畅的购物体验，无感地从直播间跳转小商店购买的过程为视频号的商业闭环加分不少，视频号号主可以开启极简的变现通道：用户通过从朋友圈、聊天页面、视频号的关注、朋友以及附近版块等渠道进入直播间，号主在直播间中带货，用户可直接付费下单；通过视频号中的种草视频、商品上架到小商店，感兴趣的用户观看后，即可在视频号主页进入小商店，在小商店中付费购买。

视频号推广帮助视频号号主把视频精准投放到更多人的朋友圈中，引来更多的流量进入闭环。在视频号直播功能上线后的一周时间里，很多主播都已经先后尝试在视频号直播带货，既给自己的视频号吸引流量，又能在直播中给带货品牌引流。

分析思考：

1. 微信推出"视频号"服务，体现了怎样的战略考量？
2. 应该如何规划微信视频号未来的发展？请结合营销战略相关理论进行分析。

❖ 笃行致远

实训目标　搜集企业战略发展的公开信息，调查研究，认识企业的战略发展规划。

实训背景　网易是中国领先的互联网技术公司，也是中国最大的电子邮件服务商，并拥有中国领先的自营品质电商品牌、中国领先的在线音乐平台、在线教育平台、资讯传媒平台，覆盖全中国超过10亿用户，在开发互联网应用、服务等方面始终保持业界领先地位。网易致力于利用最先进的互联网技术，加强人与人之间信息的交流和共享，为海量用户提供优质的产品和服务，以实现"网聚人的力量，以科技创新缔造美好生活"的使命愿景。网易员工总数超30 000名，在日本、韩国、新加坡、美国、加拿大、英国等地均设有分支机构。自2000年上市以来，网易一直保持了财务指标的稳健增长。

资料来源：网易官网，有删减。

实训要求　小组成员合作，搜集企业信息，进行调查研究，了解并分析相关企业的战略发展规划。

实训步骤　1. 小组内讨论并进行人员分工。

　　　　　　2. 以实训背景中介绍的企业为例（也可另选企业），通过网络搜集该企业的战略发展规划信息，开展调研。

　　　　　　3. 汇总搜集到的信息，结合市场营销战略理论进行分析。

　　　　　　4. 撰写企业营销战略分析报告，并以PPT形式进行分享汇报。

实训成果　形成企业营销战略分析报告及PPT各一份。

◈ 跬步千里

学有所得　概括本单元的重要知识点

_____

_____

学有所长　概括本单元的重要技能点

_____

_____

学有所悟　在完成本单元内容学习后，对职业素养的感悟

_____

_____

模块二

洞察市场机会
分析顾客价值

分析市场营销环境

学习目标

✦ 素养目标
- 培养多因素综合思考的良好习惯
- 培养思考问题的全局观念，树立大局意识
- 在做出决策时形成衡量利弊的辩证思维方式

✦ 知识目标
- 了解市场营销环境对市场营销活动的重要影响
- 掌握微观环境和宏观环境分析的主要内容
- 熟悉常见的市场营销环境分析方法

✦ 技能目标
- 能够对市场营销宏观和微观环境进行有效分析
- 能够为企业制定合理的营销对策
- 能够运用分析方法分析、评价市场机会与环境威胁

```
                                                          政治与法律环境

                                                          人口与经济环境
                            宏观环境分析
                                                          社会与文化环境

                                                          自然与科技环境

                                                          供应商

                                                          营销渠道
    分析
    市场                     微观环境分析                    顾客
    营销
    环境                                                  竞争者

                                                          营销公众

                                                          环境分析
                          营销环境中的机会与风险
                                                          企业对策
```

学习计划

● 知识学习计划

_____

_____

● 技能训练计划

_____

_____

● 素养提升计划

_____

_____

传统家电品牌如何在激烈竞争中获得海外市场认可？

中国家电出海已迎来新的增长期，数据显示，2022年中国家电出口总额为5 681.6亿元，进一步巩固了我国世界家电生产中心的地位。

1. 营销与产品齐头并进

中国知名家电品牌海信是2020欧洲杯全球官方合作伙伴。此前，海信还冠名了澳大利亚网球公开赛的三大球场之一"海信球场"（后更名为"墨尔本球场"）。2016年，海信成为欧洲杯首个中国赞助商，盛开体育前运营副总裁曾评价："有欧洲杯这样顶级赛事的背书，能为赞助商品牌省去5～8年说服海外消费者的时间。"事实印证了这一说法。数据显示，海信2021年海外收入725亿元，占集团总收入的41.3%，欧洲市场营收更是同比增长113%，其中波兰和法国等重点市场的增幅分别超过355%和185%。

格力、美的等品牌也不甘落后，在多个国际体育场馆竞标中胜出，而TCL、美菱、华帝等中国家电品牌则纷纷牵手有国际影响力的运动员或队伍，通过体育活动融入更大的国际市场和更多元的文化。

提升品牌认知度只是第一步，产品能不能真正满足海外消费者的需求更为关键。英国空气湿度较大，消费者对洗衣机烘干功能需求更迫切。为此，海信将当地市场上烘干洗衣机的转速从常规的1 200转调整为1 400转，从而加快了衣物烘干速度。

海尔对海外用户需求调查得也很透彻。在巴基斯坦市场，每逢宰牲节等重要节日，都有大量肉类需要存放，海尔研发出容积达519升的大冷柜，最多可容纳12头羊；俄罗斯用户偏好食材分储，海尔在当地市场的冰箱拥有独特的四抽屉设计，并参考当地用户身材高大、习惯加餐的特点，研发了大容量的2米高冰箱。"全球家电市场非常复杂，每个国家的税收政策、销售渠道、风俗习惯和消费者偏好都有所不同，所以在进入不同的市场时，我们采取不同的策略，根据不同的阶段有序推进。"海尔海外电器产业有限公司副总裁相关人员如是说。

2. 智能化撬动高端市场

"高端化道路有两条路径，一是通过设计、节能、结构性方面的突破引领产品发展趋势，提高品牌附加值；二是技术创新，比如智能化变革提升产品的技术附加值。"中国机电产品进出口商会家电分会秘书长说，"后者为中国品牌打开高端市场提供了新赛道和弯道超车的机会，在数字化、智能化市场，国产品牌起步时间和国际著名品牌几乎同步，甚至还有一定优势。"

通过海外并购更快切入当地市场的同时，中国家电企业朝着智能化、数字化方向积极探索，用过硬产品敲开高端市场的大门。2020年年底，美的将战略主轴升级为"科技领先、用户直达、数智驱动、全球突破"，美的国际总裁称，这种突破具体指在日本、美国、巴西、德国和东盟五大战略市场，围绕创新产品研发、数字化营销、物流售后能力搭建、品牌投入、制造布局等领域的全方位突破。

资料来源：陈平丽.传统家电品牌如何在激烈竞争中获得海外市场认可 [EB/OL]. 人民日报海外版，2021-06-25.

营销启示：

国内的家电企业靠着对海外自然、社会、政治等宏观营销环境和当地消费者偏好、营销渠道等微观环境的精准把握，在营销升级、产品升级、理念升级的基础上，取得了家电出口的亮眼成绩。

环境是指事物外界的情况和条件。企业作为一个社会经济组织，它总是在不断变化的社会经济环境下开展市场营销活动的，它既要受到企业自身资源条件的限制，又要受到外部环境条件的制约。影响和制约企业营销活动的各种外部因素的总和，就是企业的市场营销环境（Marketing Environment）。企业为了更好地生存和发展，必须依靠市场营销信息系统，分析研究市场环境变化的趋势，适时调整营销策略，以适应营销环境的新挑战。

市场营销环境主要由两方面因素构成，一方面是指那些构成市场营销活动的前提和背景的宏观环境因素，包括政治、法律、人口、经济、社会、文化、自然、科技等因素，这些因素是企业不可控制的，它可能会给企业的营销活动提供机会，也可能对企业造成威胁。另一方面是指直接影响企业营销活动的微观环境因素，包括供应商、营销渠道、顾客、竞争者、营销公众等因素。一般来说，微观环境因素受制于宏观环境因素，但它同时也以更为直接的方式制约着企业的生产经营活动，并受到企业营销活动的影响，如图3-1所示。

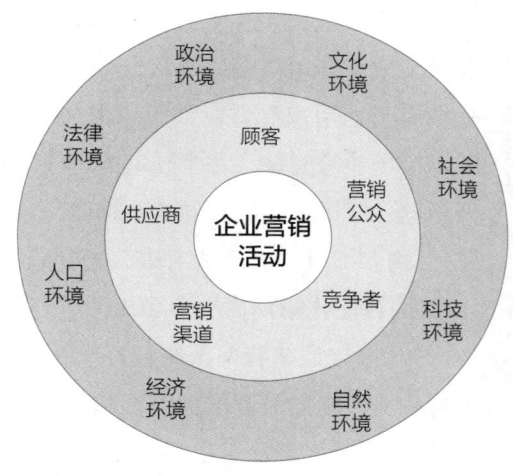

图3-1 市场营销环境因素

3.1 宏观环境分析

企业进行营销活动的宏观环境通常指一个国家或地区的社会、经济及其发展变化的状况，它虽然是企业不可控制的因素，但企业可以通过调整其内部的人、财、物等资源及产品、价格、分销、促销等可以控制的营销手段，去适应发展变化。宏观环境分析的内容如图3-2所示。

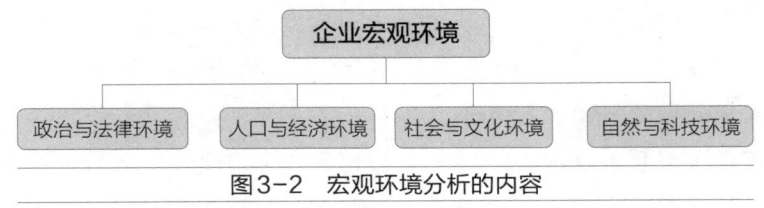

图3-2 宏观环境分析的内容

3.1.1 政治与法律环境

企业的市场营销决策在很大程度上受政治与法律环境的影响。法律是充分体现政治统治的强有力形式，政府部门利用立法及各种法规表现自己的意志，对企业的行为予以控制。

1. 政治环境

政治环境，在国际上指各国的局势及其方针、政策；在国内是指党和国家的路线、方针、政策的调整以及由此形成的政治形势。各国政府在不同时期，会根据社会经济发展需要颁布相应的经济政策，制定经济发展方针。这些方针政策不仅规定了国民经济的发展方向，也直接影响到企业的生产经营活动。因此，作为社会经济生活的组成部分，企业的营销活动必然受到政治环境的影响和制约。

2. 法律环境

对企业来说，法律是评判企业营销活动的准则，只有依法进行的各种营销活动才能受到国家法律的有效保护。国家与企业经营相关的立法目的一般有三种：一是保护良性竞争，维护企业正常经营秩序，防止不正当竞争行为的出现，如反不正当竞争法、经济合同法、商标法、广告法等。二是保护消费者利益不受损害，如消费者权益保护法、产品质量法等。

三是保护社会公众的长远利益不受损害，如大气污染防治法、环境保护法等。这些法律法规都直接影响着企业的市场营销活动，企业营销人员必须熟悉目标市场国家的有关法律、法规、条例和有关制度，密切关注与本企业有关的法律法规等，使企业的经营在合法的轨道上运行，同时，也应善于运用法律武器来维护企业的正当合法权益。

❖ 正心诚意

如何实现数据"可用不可见"的安全目标

2021年6月10日，《中华人民共和国数据安全法》经十三届全国人大常委会第二十九次会议通过，并于2021年9月1日起施行。本法是数据领域的基础性法律，也是国家安全领域的一部重要法律。

随着经济数字化、政府数字化、企业数字化的建设，数据已经成为我国政府和企业最核心的资产。随着合资企业、跨境贸易、多厂商全球合作的模式变迁，数据开始在企业与企业之间、政府与企业之间以及国与国之间流转、融合、使用。

与此同时，数据泄露也成为一大隐患。据公开报道，2020年全球数据泄露的平均损失成本为1 145万美元，2019年数据泄露事件达到7 098起，涉及151亿条数据记录，比2018年增幅284%。

数据泄漏事件影响大、损失重。数据掌控、利用以及保护能力，既是确保广大人民群众在数字化发展中获得更多幸福感、安全感，也是提升国家竞争力的核心要素。

《中华人民共和国数据安全法》的出台标志着我国将数据安全保护的政策要求，通过法律文本的形式进行了明确和强化。

资料来源：范渊.如何实现数据"可用不可见"的安全目标［EB/OL］.中国经济周刊，2021-06-16.

3.1.2 人口与经济环境

1. 人口环境

市场是由具有购买欲望与购买能力的人所构成的，企业营销活动的最终对象是购买商品的人，人的需求正是企业营销活动的基础。所以，对人口环境的考察是企业把握需求动态的关键。人口因素分析的内容如图3-3所示。

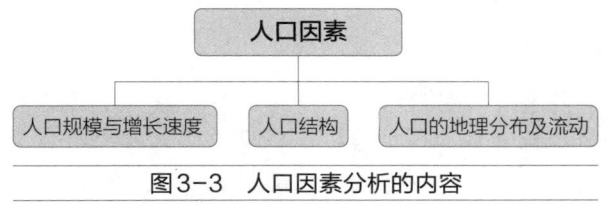

图3-3 人口因素分析的内容

（1）人口规模与增长速度。世界人口一直在持续增长。据联合国统计，2022年11月15日世界人口达到了80亿，其中大部分人口属于发展中国家。众多国家人口的进一步增长，给企业带来了市场机会，也带来了威胁。一方面，人口数量是决定市场规模和市场潜力的一个基本要素，人口越多，那些与人口紧密相关的食品、服装、家用电器、文化体育用品等商品的需求量也就越大，那么市场也就越大。东亚地区被人们誉为"最有潜力的市场"，除了因为该地区经济发展迅速外，也因为它的人口数量庞大且增长较快，使得该地区的市场需求日益扩大。我国是一个有14亿人口的国家，无疑是一个巨大的市场。但是，另一方面，人口的迅速增长也会给企业营销带来不利的影响。人口的迅速增长必然会过度消耗自然资源，使地球上的自然资源趋于短缺。尽管人口增长意味着市场的扩大，但如果人口增长对粮食和各种资源的供应形成过大的压力，企业的生产成本就会上涨，导致利润下降。

◈ 博物洽闻

"三孩"生育放开带来新机遇

中共中央、国务院印发《关于优化生育政策促进人口长期均衡发展的决定》（以下简称《决定》），实施一对夫妻可以生育三个子女政策，配套实施积极生育支持措施。2021年8月20日，全国人大常委会会议表决通过关于修改人口与计划生育法的决定，将全面"三孩"政策上升至法律层面。《决定》提出，将发展普惠托育服务体系，大力发展多种形式的普惠服务，培育托育服务、乳粉奶业、动画设计和制作等行业民族品牌等。"三孩"生育的放开，将为各行各业带来哪些新机遇？应该如何抓住这些机遇，促进相关行业长足发展，发挥好积极生育配套支持作用？

1. 发展普惠托育服务体系

根据企查查数据，目前国内存续的托育行业相关企业达38 511家。2014—2019年，全国新注册托育企业数量每年增速保持在50%以上。2020年，新注册托育企业数量达13 744家，比上年翻两番；2021年，新注册托育企业数量截至8月初已突破1.4万家，超过2020年全年水平。

2. 培育乳粉、动画等国产品牌

做大做强婴幼儿相关行业国产品牌，已成为从业者和消费者共同的呼唤。此次《决定》强调托育服务、乳粉奶业、动画设计和制作等行业民族品牌培育工作，为相关行业发展壮大提气鼓劲。

3. 消费升级与产业升级同步

业内人士指出，受益于生育政策调整，众多行业需求正处于扩张状态。相关机构发布的《2021巨量引擎母婴行业白皮书》显示，截至2021年4月，国内市场六大类母婴产品（婴儿奶粉、婴儿尿布、奶嘴、奶瓶、吸奶器、婴儿食品）销售额在12个月内保持了4.3%的年复合增长率，市场规模超160亿元。该白皮书预计，三胎出生人数增长将在未来几年为母婴行业消费市场带来巨大机遇，并在此后为不同年龄段儿童品类消费市场创造更多需求。

资料来源：李玉素."三孩"生育放开，将为各行各业带来机遇［EB/OL］.人民日报海外版·中国新闻网，2021-08-26.

（2）人口结构。人口结构包括人口的年龄结构、性别结构、家庭结构、民族结构、受教育程度和职业等。

① 年龄结构。不同年龄的消费者对于商品和服务会产生不同的需要，形成各具特色的市场。例如，儿童市场的消费重点是糖果等各类儿童食品、儿童服装、益智玩具、儿童读物、游乐场所等；青少年市场的消费重点是各种书籍、文具、服装、音像制品、自行车等；中年人市场的消费重点是家电等耐用消费品、生活用品、文化娱乐等；老年人市场的消费重点是营养保健食品、医疗保险服务等。

❀ **发凡举例**

中国人口老龄化的发展趋势和政策

"虽然挑战和压力空前，但人口老龄化也带来新的转型发展的机遇和动力。当前需要积极、理性、客观、全面地看待人口老龄化，通过政策选择来扬长避短。"中国发展研究基金会副理事长在《中国发展报告2020：中国人口老龄化的发展趋势和政策》线上发布会上表示。

"十四五"规划期间，中国将由老龄化社会进入老龄社会，到21世纪中叶，中国人口老龄化将达到最高峰,65 岁及以上老年人口占比将接近30%。大规模快速的人口老龄化,对经济和社会都将产生挑战。

该报告认为,人口老龄化既有挑战也是机遇。从现在到21世纪中叶,既是中国人口老龄化高速发展的时期,又是建设社会主义现代化强国的关键时期,积极、科学、有效地应对人口老龄化至关重要。

一方面,要构建与老龄社会相适应的社会治理体系,充分发挥中国的制度优势,坚持和完善共建共治共享的社会治理制度。另一方面,要形成老龄化社会背景下的经济增长新动能,积极扶持老龄产业发展,发挥"银发经济"作用;推动科技创新在养老服务体系、医疗卫生服务体系中的应用。此外,老年人的人力资本开发潜力不可忽视。

资料来源:王晶晶《中国发展报告2020:中国人口老龄化的发展趋势和政策》发布[EB/OL].中国经济时报,2020-06-15.

② 性别结构。人口的性别差异也会给市场消费需求带来显著的差别,不但需求不同,而且购买习惯与行为方式也有所不同,企业可以针对不同性别的不同需求,开发新的产品市场,实现营销目标。

③ 家庭结构。家庭是社会的细胞,也是商品采购和服务消费的基本单位。家庭结构影响着家庭的消费规模和结构。传统的家庭一般人口较多,往往由夫妻、子女和长辈共同组成;如今,家庭结构显现多元化的特点,并呈现家庭小型化趋势。这种变化带来新的消费现象。例如,由于家庭小型化,家庭户数增加,房屋市场就有扩大的趋势;同时,市场对电视机、空调、音响、家具等家庭耐用消费品的需求大大增加,并要求它们设计得更加精巧,以适应小家庭的需要。因此,企业应当考虑如何设计制造适应新家庭需要的产品,这是现代企业必须重视的营销课题。

④ 民族结构。人口的民族结构不同,其消费需求结构也会不同。各民族在漫长的历史发展过程中,形成了各自的民族风俗习惯,他们在饮食、居住、服饰、建筑风格、礼仪、节日等物质和文化方面各有特点,企业应根据各个民族的特点及其居住地区的地理气候条件来分析其需求状况和消费结构,从而采取相应的市场营销策略。

⑤ 受教育程度和职业。人口的受教育程度和职业不同,会表现出不同的消费行为、审美观念、价值取向等,从而影响着企业的营销活动。一方面,目标市场人口的受教育程度影响企业营销产品的技术层次、质量高低和多样化程度;另一方面,目标市场人口的受教育程度制约着企业的营销方式。一般来说,受教育程度高的消费者,购买商品时

理性程度较高，往往追求高雅、美观、新颖，而受教育程度低的消费者，往往追求价廉、实用的商品。各种职业的消费者，由于收入水平、生活和工作条件不同，对商品的设计、款式、包装、价格等的要求也不同。

（3）人口的地理分布及流动。人口的地理分布指人口在不同的地理区域的密集程度。由于各区域的自然条件、经济发展水平、市场开放程度以及社会文化传统和社会经济与人口政策等因素的不同，不同区域的人口具有不同的需求特点和消费习惯。例如，我国不同区域的居民在食品消费结构和口味上就有很大差异，俗话说"南甜北咸，东辣西酸"，也因此形成了如粤菜、川菜、鲁菜、徽菜等不同的著名菜系。

人口的地理分布并不是一成不变的，它是一个动态的概念。人口的流动会引起市场需求和购买力在不同地区间的转移。由于各国存在历史、文化、民族和区域经济发展的差异，人口的分布和流动各有特点。世界人口正在加速城市化，这是人口分布的一个普遍趋势，不少国家的人口往往集中在几个大型城市地区，那里人口密度大，消费需求比较集中。

人口的流动主要表现在农村人口向城市或工矿地区流动，内地人口向沿海经济开放地区流动。除了国家、地区、城市之间的人口流动外，在发达国家还有一个突出的现象，就是出现了人口向从城市向郊区及农村流动的趋势。对于人口流入较多的地方而言，一方面由于劳动力增多，就业问题突出，从而加剧行业竞争；另一方面，人口增多也使当地基本需求量增加，消费结构也会发生一定的变化，继而给当地企业带来较多的市场份额和营销机会。

2. 经济环境

市场不仅需要人口，还需要购买力，而购买力受宏观经济环境的制约，是经济环境的反映。经济环境是指企业市场营销活动所面临的社会经济条件及其运行状况和发展趋势，分析经济环境主要是分析影响人们购买力的各个因素。经济因素分析的内容如图3-4所示。

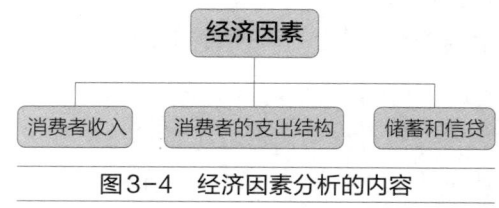

图3-4　经济因素分析的内容

（1）消费者收入。消费者收入是消费者购买能力的源泉，它是指消费者个人从各种来源所得到的货币收入，通常包括个人工资、奖金、退休金、馈赠、出租收入及其他收入等。消费者收入的水平不仅决定消费者购买力规模的大小，而且直接影响消费者的支出行为模式。消费者收入通常从以下四个指标进行分析：

① 人均国民收入。人均国民收入是一定时期内一个国家物质生产部门的劳动者人均所创造的价值，它大体上反映一个国家的经济发展水平和人民的生活状况，也在一定程度上决定商品需求的构成。

② 个人可支配收入。这是在个人收入中扣除税款和非商业性开支后所得余额，它是个人收入中可以用于消费支出或储蓄的部分，它构成实际的购买力。个人可支配收入被认为是消费开支的最重要的决定性因素，也常被用来衡量一国生活水平的变化情况。

③ 个人可任意支配收入。这是在个人可支配收入中减去用于维持个人与家庭生存不可缺少的费用和固定开支（如学费、房租、水电费、食物消费、燃料费、衣着购置费等开支）后剩余的部分。这部分收入是消费需求变化中最活跃的因素，也是企业开展营销活动时所要考虑的主要对象。因为这部分收入主要用于满足人们基本生活需要之外的开支，一般用于高档耐用消费品购买、旅游、储蓄等，它是影响非生活必需品和劳务销售的主要因素。

④ 家庭收入。家庭收入的高低会影响很多产品的市场需求。一般来说，家庭收入越高，对消费品需求越大，购买力也就越大；反之，家庭收入越低，对消费品需求越小，购买力也就越小。

（2）消费者的支出结构。消费者的支出结构指消费者各种消费支出的比例关系。社会经济的发展、产业结构的转变和收入水平的变化等因素直接影响了社会消费支出结构，而消费者个人收入则是个体消费者或家庭消费结构的决定性因素。

德国统计学家恩格尔早在19世纪就对劳工家庭的消费支出构成作了研究，根据恩格尔的观点以及后人的修正，总结出了著名的恩格尔定律。其主要内容是：①随着家庭收入的增加，用于购买食物的支出占家庭收入的比重下降，即恩格尔系数下降。②随着家庭收入的增加，用于住宅建筑和家务经营的开支占家庭收入的比重大体不变。③随着家庭收入的增加，用于服装、交通、娱乐、卫生保健、教育等方面的支出和储蓄占家庭收入的比重上升。

恩格尔定律通常用恩格尔系数反映，由此得出：

$$恩格尔系数 = \frac{食物支出变动百分比}{收入变动百分比}$$

联合国根据恩格尔系数制定了一个划分贫富的标准：恩格尔系数在59%以上者为绝对贫困化水平；在50%~59%之间的为勉强度日水平；在40%~50%之间的为小康水平；在30%~40%之间的为富裕水平；在30%以下的为最富裕水平。

随着经济的发展，我国居民消费结构也在发生变化。虽然我国当前的支出模式依然以生活必需品为主，但用于购买住房和装修布置的开支大幅度增长；卫生保健、教育培训方面的开支增大；非物质性消费如用于旅游、交通、娱乐性活动的开支增加。企业应密切注意消费结构的这种变化，及时满足人们日益增长的物质和文化生活的需要。

◎ **博物洽闻**

春节消费数据展现中国经济韧性

据央视网报道，2023年春节假期，无论是餐饮、旅游还是文化娱乐等方面的需求不断释放，消费市场繁荣兴旺。此外，2023年春节的消费数据还为中国经济复苏开了一个好头，充分展现我国的经济韧性。

1. 春节消费数据总体概况

2023年春节消费的总体情况表现优秀，已超过上年同期水平。根据国家税务总局增值税发票的数据显示：春节假期，全国消费相关行业销售收入与上年春节假期相比增长12.2%；商品消费和服务消费同比分别增长10%和13.5%；其中，生活必需品、家居升级类商品、旅游服务等消费增长较快。

2. 餐饮市场回暖，外卖消费增长

在堂食方面，中国烹饪协会于1月28日发布的调研数据显示，除夕至正月初六（1月21日—27日）受访餐饮企业营业的收入和客流量与2022年春节相比分别上涨24.7%和26%。在外卖方面，美团外卖数据显示，外卖正餐订单增速同比去年增长14.1%，其中火锅订单量同比去年增长14.6%，小吃快餐订单同比去年增长7.6%。

3. 旅游出行增长明显

文化和旅游部发布数据称，2023年春节假期全国国内旅游出游约3.08亿人次，较上年同期相比增长23.1%；国内旅游收入实现3 758.43亿元，较上年同期相比增长30%。同时，在旅行社及相关服务业销售方面，根据国家税务总局增值税发票数据称，旅游饭店、经济型连锁酒店、民宿销售收入同比分别增长16.4%、30.6%、74.2%。

4. "春节档"电影市场再现火爆场面

灯塔专业版数据显示，2023年春节档（1月21日—27日）的粗报电影票房为67.34亿，观影总人次为1.29亿，总场次为265.37万，成为影史"春节档"票房第二位。其中，《满江红》《流浪地球2》分别位列档期前两名。

资料来源：王鹏.春节消费数据展现中国经济韧性［EB/OL］.中国日报中文网，2023-02-06.

（3）储蓄和信贷。消费者的购买力也会受到储蓄和信贷的直接影响，消费者个人收入不可能全部用于消费，总有一部分以各种形式储蓄起来，这是一种推迟了的潜在购买力。当收入一定时，储蓄越多，现实消费量就越小，从而影响企业当前的销售量；反之，储蓄越少，现实消费量就越大，现实购买力就越强，给企业提供的市场机会就越多。影响居民储蓄的主要有收入水平、市场商品供给状况、消费习惯及通货膨胀等因素。企业营销管理人员应该了解这些影响因素，以便有针对性地采取营销策略，分析研究各种储蓄动机和目的，发现新的市场机会。

消费者也可以通过信贷方式来增加购买力。信贷是指消费者先凭信用取得商品使用权，然后再分期归还贷款的购买方式。它主要有短期赊销、分期付款、信用卡结算等。消费信贷的规模可在一定程度上影响着某一时期内现实购买力大小，也影响着提供信贷的商品的销售量。

3.1.3 社会与文化环境

社会文化是指一个社会的民族特征、价值观念、生活方式、风俗习惯、伦理道德、教育水平、语言文字、社会结构等因素的总和。它主要由两部分组成：一是全体社会成员所共有的社会核心文化；二是随时间变化和受外界因素影响而容易改变的社会亚文化。不同的国家或地区、不同的民族，都有各自不同的适应于其生活环境的社会生活的行为准则和生活方式，这种行为准则和生活方式就是社会文化因素，这些因素无时无刻不在深刻地影响着人们的购买行为和消费方式。例如，中国人每逢农历新年都要除旧迎新，贴春联、买年货、逛庙会、互相拜年；而西方人每逢圣诞节都要大量购进节日用的各种食品、圣诞树、礼品、互送圣诞贺卡，欢度节日。人们的这种行为就是受其传统文化的影响。

王老吉百家姓罐 文化创意加码火出圈

社会文化环境影响消费行为，还表现在习俗禁忌、避讳、信仰等方面，它涉及产品的图案、颜色、造型及包装等。企业要开拓国际市场，不仅要有优质的产品，还必须熟悉异国文化，了解和掌握目标市场的风俗习惯、商业习惯和禁忌等，否则就可能造成误会，影响国际市场营销活动。

全球经济一体化进程的加快在不同程度上影响和改变着各国的文化，在文化上表现为一定程度的共性。这种文化上的共性主要来源于两部分：一是由全球经济一体化带来的反映现代市场经济的崇尚法制、讲求民主、注重效益、以人为本的价值观念以及体现日益趋同的消费结构、心理、习惯等；二是在全球经济一体化的过程中，各国文化之间相互影响、相互渗透、相互吸收的现象日益明显。各民族文化中的精华不断补充、丰富着世界文化，这些对企业的营销都有着重要影响。

❀ 发凡举例

各国儿童节习俗

国际儿童节（International Children's Day）又称儿童节，定于每年的6月1日。

（1）中国。从1949年开始，中华人民共和国正式确定每年6月1日为国际儿童节。学校一般会为此组织相关的集体活动并要求学生正式着装，有时学校会在这天放假。

（2）韩国。韩国的儿童节始于1923年，从"男孩节"演变而来，也是韩国的公众假日，每年的5月5日这一天，孩子们可以尽情享受欢乐，父母要给孩子准备他们最想要的礼物。很多孩子也会在这天穿上韩服，体验传统的韩国文化。

（3）日本。日本的儿童节叫作"儿童日"，是一个传统节日。在每年的5月5日当天，日本的家庭都会在屋顶上悬挂鱼状的标志，用来象征儿童消除厄运，克服困难，顺利成长。日本在3月3日还有单独的女孩节，会摆放各种玩偶来庆祝。

（4）巴西。巴西的儿童节在8月15日，这一天正好也是巴西的"全国防疫日"。所以，每到这个日子，各地的医生们都要为孩子们看病，还要给5岁以下的儿童注射预防小儿麻痹症的疫苗，表明政府十分关心儿童的健康。另外，10月12日也往往被视作巴西儿童节，全国会有一些庆祝活动。

（5）哥伦比亚。哥伦比亚将每年的7月4日定为儿童节。在这个节日里，全国的学校都要举行各种生动活泼的庆祝活动，儿童们还常常戴上各式各样的假面具，扮成小丑的样子在街头玩耍，十分开心。

（6）瑞典。瑞典把儿童节分得比较细，每年的8月7日是"男孩节"，又称为"龙虾节"，意思是鼓励全国的小男孩学习龙虾的勇敢精神。这一天，孩子们要打扮成龙虾的样子，表演一些非常活泼可爱的节目。12月13日则是瑞典的"女孩节"，又叫"露西娅女神节"。露西娅是瑞典传说中专门保护女孩的女神，每到这个节日，女孩子都要打扮成女神的模样，为其他孩子做好事。

资料来源：乔娇.六一儿童节的由来和习俗 儿童节放假吗［EB/OL］.中华网，2022-05-30.

3.1.4　自然与科技环境

1．自然环境

自然环境是人类最基本的活动空间和物质来源，是影响企业营销活动的自然因素。自然因素主要包括原材料来源、能源动力供应及环境保护的状况。企业所处的自然环境不可避免地会影响企业的营销活动。

传统上，人们将地球上的自然资源分成三大类：①取之不尽，用之不竭的资源，如空气、水等；②有限但可更新的资源，如森林、粮食等；③有限且不能更新的资源，如石油、煤和各种矿物。由于现代工业文明无限度地索取和利用，导致矿产、森林、能源、耕地等资源日益枯竭。甚至连以前认为永不枯竭的水、空气也在世界某些大城市出现短缺。目前，自然资源的短缺已成为市场营销活动进一步发展的制约力甚至反作用力。

随着工业生产活动范围的扩大，同时，也由于长期以来人们对环境保护的忽视，地球的自然环境在过去几十年中遭受了不可弥补的破坏，这不仅影响了经济发展的规模、速度以及持续发展的稳定性，同时也对企业的生产经营活动形成很大的制约。企业营销管理人员必须分析研究自然环境的变化以及相关法律政策对企业营销活动的影响。

自然环境的变化引起了人们对环境认识的改变，出现了绿色市场营销，它是指企业在整个营销过程中充分体现环保意识和社会意识，向顾客提供科学的、无污染的、有利于节约资源和符合良好社会道德准则的商品和服务，并采用无污染和少污染的生产和销售方式，引导并满足顾客有利于环境保护和身心健康的需求。绿色市场营销的主要目的是通过市场营销实现生态环境和社会环境的保护及改善，其宗旨是节约原材料耗费，保护地球资源，确保顾客使用产品的安全、卫生、方便，以提高人们的生活质量，引导绿色消费，培养环保意识。从世界范围看，环境保护意识与市场营销观念相结合所形成的绿色市场营销观念正成为21世纪市场营销的新主流。

❁ 发凡举例

从中国山河景色中汲取灵感

2019年国庆前夕，某品牌携手《中国国家地理》，从中国山河美景中汲取灵感，将自然景观的配色方案和彩妆流行色彩相结合，推出国家地理眼影，开启一场别样的探寻"中国美"之旅。国家地理眼影共包含4款眼影盘，主题分别为"赤彤丹霞""粉黛高原""碧蓝湖泊""焕彩梯田"。

"赤彤丹霞"展现的是甘肃玉门丹霞的美景，"丹霞"是由中国学者发现和命名的地貌，当阳光洒落大地，灿烂霞光和红色山体融为一体，壮观美丽。

　　"粉黛高原"的灵感来源是青藏高原，从昔日海洋到今日高地，青藏高原的演化过程，是一部壮丽的大自然史诗。当粉色的彩霞与巍峨的雪山交相辉映，阳光的折射为高原增添别样魅力。

　　青藏铁路途经的安多到那曲段汇聚了许多高原咸水湖，这是"碧蓝湖泊"的配色灵感。安静而美丽的碧蓝湖面吸引了很多野生动物的栖息，形成一幅舒适、宁静与美好的画卷。

　　大自然中色彩万千，展现着灵动多样的美，"焕彩梯田"灵感源自云南元阳梯田在阳光下呈现出的炫彩颜色。在初升太阳的照耀下，梯田颜色跨度大，化作成一道可触碰的"彩虹"。

　　中国色彩与文化、历史、地理和习俗有着密不可分的关系，中国人对于色彩的认识，源于对自然万物的观察体会。暮云灰、鱼肚白、藕荷色、黛绿、柳黄……这些色彩名词灵感皆取自于中国景色，体现着古人对祖国山川河湖的热爱。该品牌将对中国元素和现代创意的独到理解融入"国家地理眼影"的产品设计中，除了色彩灵感、新颖理念让人眼前一亮，更在文化内涵、视觉效果、产品质地等方面造出新意。

　　多年以来，很多中国企业一直坚持在广阔的中华大地上，从深处挖掘代表"中国美"的气质和文化，选择具有中国韵味的配色，探寻中国美学的现代表达方式。

　　资料来源：完美日记.完美日记联名中国国家地理 实力演绎"中国美"［EB/OL］.新华网，2022-09-22.

2. 科技环境

　　现代科学技术是社会生产力中最活跃和决定性的因素，它作为重要的营销环境因素，不仅直接影响企业内部的生产和经营，而见还同时与其他环境因素相互依赖、相互作用，影响企业的营销活动。由于科技的进步，使得新产品不断涌入市场，陈旧的和老式的产品不断被新产品所替代。新技术革命的兴起造成了许多新兴行业和新的市场机会，同时也给某些行业带来威胁。例如，晶体管淘汰了电子管，彩电淘汰了黑白电视机，计算机的普及更是淘汰了许多旧的设备和行业。因此，新技术被人们称作是一种"创造性的破坏因素"。

　　科技进步对企业营销活动带来的影响主要表现为：

（1）新技术直接或间接影响国民经济各部门的变化发展，带来产业部门间的演变与交替，导致新产业的出现、传统产业的改造、落后产业的淘汰。新技术、新行业的出现使劳动密集型产业面临更大的压力。

（2）科学技术发展对企业改善经营管理提供了新条件，有利于营销决策。新的科技使促销方式多样化，尤其是广告媒体的多样化和广告宣传方式的复杂化。

（3）科技发展为消费者提供大量的新产品，同时使现有产品在功能、性能、结构方面趋于完善，以满足人们更高的要求。

（4）科技发展影响到企业营销策略的制定。新技术使产品的生命周期缩短，企业需要不断开发新产品。生产的集约化和规模化导致生产成本大幅度降低，为企业制定理想价格策略准备了条件。

◈ 博物洽闻

科技+文旅，让你"说走就走"

近年来，文化和旅游信息化发展加速，5G、云计算、大数据、人工智能等信息技术，正在有效解决文旅管理、服务及营销等方面的痛点难点问题。以数字化内容为核心的文旅信息化产品，推动着中国旅游业线上线下一体化发展。

1. 5G优化旅行质量

"玩转故宫"小程序、"一部手机游云南"智慧文旅平台、"多游一小时"杭州城市大脑文旅系统、"鲁博手礼"山东博物馆文创智造云平台……为促进科技成果向生产力转化，推动文旅行业高质量发展，文化和旅游部公布了年度文化和旅游信息化发展典型案例名单。信息技术对于文旅行业的提升、改造是全方位的，它解决的第一个痛点是文旅信息资源的不畅通问题，然后就是游客统计等数据测算问题，还有文旅行业的综合管理、安全监测、细分营销等难点问题。

2. "云端营销"大放异彩

文创产品被誉为"带得走的文化"，是文博单位创收的"重头戏"，也深受消费者喜爱。"鲁博手礼"是由山东博物馆打造的文创智造云平台，集线上交易、线下智慧生活馆、原创产品设计转化中心于一体，力求通过设计师的巧妙设计，把馆藏珍品转化为大众喜爱的产品。平台聚集了200余名签约设计师、2万余名非遗传承人和300余家制造企业，通过各类线上文创旅游商品的开发及销售，提升文旅信息化的产业推动力。

3. "5G+VR" 带来新体验

在智慧文旅的创新体验方面，5G、AI、VR、AR 等技术的渗透更是带来不一般的奇幻感觉。5G+VR 全景直播，带你站在南海馆看南海；5G+AI 游记助手，为到馆游览的观众自动生成图文并茂的个人专属游记；5G+AR 文物修复助手，让身处异地的专家隔空指导文物修复工作；5G+感知安防，通过人脸识别技术让安全隐患无所遁形……

放眼未来，科技与文旅的融合已是不可阻挡的发展潮流，但"科技＋文旅"绝不是技术的盲目照搬、简单复制和强行嵌入。文化是融合之魂，科技则是融合手段。不管用什么高科技，根本还是内容为王，必须找到每个地域、每座城市独特的"新文脉"。

资料来源：李雪钦.科技＋文旅，让你"说走就走"［EB/OL］.人民日报海外版，2020-07-08.

3.2 微观环境分析

一个企业能否成功地开展营销活动，不仅取决于能否适应宏观环境的变化，也取决于其能否适应和影响微观环境的变化。影响企业营销活动的微观环境因素主要有：供应商、营销渠道、顾客、竞争者和营销公众，如图3-5所示。

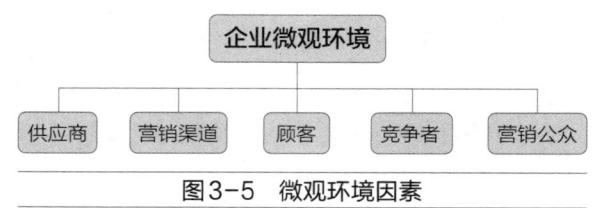

图3-5　微观环境因素

3.2.1 供应商

供应商是指向企业及其竞争者供应原材料、部件、能源、劳动力等资源的企业和个人。供应商是对企业的经营活动产生巨大影响的力量之一，他们所提供的资源数量和质量，直接影响企业产品的数量和质量；他们所提供的资源价格会直接影响产品的成本、价格和利润。企业对供应商的影响力应有足够的认识，尽量寻求在质量、价格、运输条件、信贷承诺、风险等方面综合最优的供应方，尽可能与其保持良好的关系，同时也应通过建立多个供应渠道来增加选择上的自由度，以减少由于供应商的变化而带来的损害。

因此，企业营销管理人员必须对供应商的情况有比较全面的了解。

1. 了解供应商的竞争状况，选择信誉好、交货及时、定价合理的供应商

在对供应商进行分析和选择供应商时，主要应考虑以下因素：①供应商的资信情况；②供货的稳定性和及时性；③供货的质量水平；④供货的价格变动；⑤供应商与竞争对手协议的项目及条件。只有在全面了解和深入分析供应商的基础上，企业才能做出适当的购买决策。

2. 避免依靠单一的供应商，以分散风险

供应商可以向多家企业供货，企业也可以向不同的供应商订货，所以企业应同时与各类有实力、有信誉的供应商建立长期信用合作关系，广开供应门路，以保证资源供应的可靠性和稳定性，否则就有可能受制于单一的供应商。

3. 有区别、有重点地对待不同的供应商

企业应根据供应商的重要程度，将其划分为不同等级，区别对待，对那些为企业提供必需物资的少数重点企业，应作为重点供应商来进行研究和管理，以保证重点资源的有效供应。

3.2.2　营销渠道

营销渠道是指为企业融通资金、推销产品，以及提供运输、储存、咨询、保险、广告等种种服务于企业营销活动的单位和个人，它们包括中间商、物流配送机构、营销服务机构和金融机构等，它们与企业构成的是一种协作关系。绝大多数企业的产品要经过营销渠道中的不同单位才能到达目标顾客，具体包括：

1. 中间商

中间商是指协助企业寻找顾客或直接与顾客进行交易的商业企业，它可以分为经销商和代理商，经销商又可以再分为批发商和零售商两类。中间商的主要任务是协助企业寻找顾客，为企业的产品打开销路，并为顾客提供一定的售后服务。由于中间商一头连接生产者，另一头连接顾客，所以它的服务质量、销售效率等直接影响到企业产品的销售。因此，中间商在企业的营销活动中起着十分重要的作用。关于中间商的类型、作用以及如何选择中间商将在以后的章节中详细讨论。

2. 物流配送机构

物流配送机构是指那些协助企业储存产品和把产品从原产地运往销售目的地的仓储公司和运输公司等。在我国，企业更多地采用中间商和物流配送机构相结合的方式，除分配产品外，中间商还同时负责储存和运输。无论采用哪种方式销售产品，企业都要考虑储存成本、运输费用、安全性和交货期等因素。

◈ 博物洽闻

当当与顺丰达成战略合作，领创图书物流新体验

国内知名图书电商平台当当与顺丰达成战略合作，图书配送服务进一步升级。2021年1月1日起，当当北京地区将率先实现顺丰物流全覆盖。本次合作对于双方具有互利共赢的效果，资源共享、优势互补、协作共赢、形成合力，助力当当实现物流效率及服务的双升级，提升用户体验，赋能企业发展。

据悉，当当已拥有覆盖全国的快速配送网络，全国28个城市当日达，625个城市次日达，120条干线构建全国稳健运输网，全国整体准点率达95%以上。而与顺丰达成战略合作之后，当当北京稳定送达时效将达到100%。另外，顺丰先前已纳入当当的仓储物流体系，对当当全面提升用户服务体验起到一定的推动作用。

物流配送就如电商的"翅膀"，关系企业发展，也影响用户的体验感。本次推进物流体系升级，当当正是从用户的体验感出发，更好满足用户对于配送"快速""准时"的诉求。

资料来源：中国出版传媒商报. 当当与顺丰达成战略合作，领创图书物流新体验［EB/OL］. 百家号，2021-01-05.

3. 营销服务机构

营销服务机构是指市场调研公司、营销咨询策划公司、广告代理公司以及各种广告媒介等。他们协助企业选择目标市场，并帮助企业推销产品。我国的营销服务机构起步较晚，但发展速度很快，相关服务公司如雨后春笋般地涌现。虽然一些大中型企业会自己建立有关的部门来承担营销服务机构的功能，但对于大多数中小企业来说，营销服务机构是市场营销活动不可缺少的一环。企业在营销活动中，面对众多的服务机构，要进行比较，谨慎选择，看它们中间谁最具创造性，服务质量最好，价格最合理，从而选择最能适合本企业，并能有效提供所需服务的机构。

4. 金融机构

金融机构是指对企业营销活动提供资金融通、结算或保险的各种金融企业，包括银行、信托公司、保险公司等。在市场经济条件下，企业的所有交易都不同程度地依赖金融机构来完成，企业的财产和货物要通过保险机构获得风险保障，因此，企业必须与金融机构建立密切联系，以保证资金来源和运用渠道的顺畅以及交易的灵活多样。

5. 网络渠道

根据目前电子商务的发展，网络渠道可归纳为线上直销渠道和线上间接分销渠道两大类。线上直销渠道常见模式包括独立商城、第三方平台直销等；而常见的线上间接分销平台（中间商）包括综合性电商平台、垂直电商平台、团购平台、社交平台等。网络渠道的具体内容将在单元10中详述。

3.2.3　顾客

在营销者看来，顾客就是目标市场，也就是通常所说的用户和消费者，顾客可以是个人、家庭，也可以是组织机构。顾客是企业服务的对象，是企业营销活动中的出发点与归宿点，企业的营销活动往往是以满足目标市场需求为内容展开的，不同的目标市场有不同的市场需求，所以顾客是企业最重要的环境因素。顾客的类型如图3-6所示。

顾客是市场的主体，企业丧失了顾客，就意味着失去了市场；反之就是赢得了市场。所以顾客对企业营销活动的影响最直接，分析和掌握顾客的购买行为、需求动向和变化趋势是企业营销活动不可忽视的重要课题。

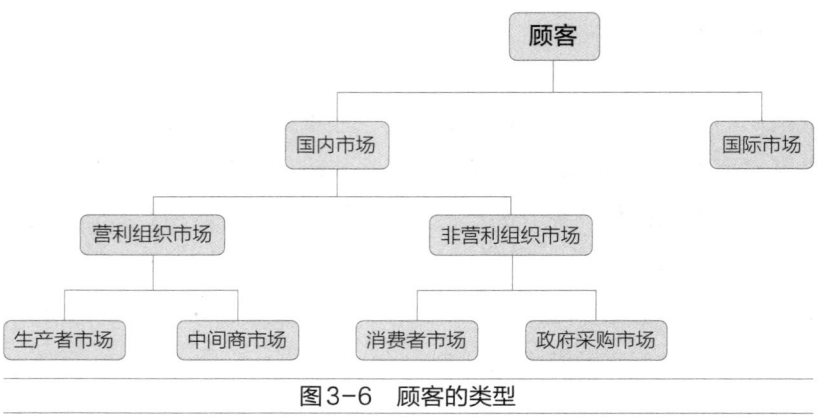

图3-6 顾客的类型

银行信用卡年轻化转型

银行正试图改变以往传统的形象，朝着年轻化转型。各家银行为赢得年轻用户的青睐可谓是"花招百出"。除推出主题信用卡外，银行正通过邀请明星、网红代言，跨界与多平台联名合作等方式重塑品牌形象。

继《葫芦兄弟》特种邮票发行后，邮储银行又将葫芦兄弟的IP运用到了信用卡中，在主题信用卡上持续发力，推出葫芦山、葫芦兄弟等主题卡面，以吸引消费者。

而2021年5月，农业银行也以"经典重燃，忆起翻天"为主题，推出大闹天宫为主题的一系列信用卡卡面，如"闹天宫""大圣抱拳""大圣偷桃""大眼猴王"等。

交通银行也不甘示弱，与虚拟偶像联名，破圈融入二次元文化，推出了洛天依主题信用卡。据了解，洛天依是国内最早实现盈利的虚拟歌手，于2012年3月就公布了形象设计。目前，B站洛天依官方账号粉丝量超过了300万，总获赞数突破1 000万，用户主要以"00后"为主。

银行费尽心思推出主题、联名信用卡后能否在业绩上有所体现？据招商银行相关负责人介绍，从招行信用卡的申卡人群样本来看，年轻化趋势十分明显。以招行信用卡2019年10月末流通户为样本，申卡年龄小于30岁的用户占比达到66.38%，总数4 000万左右。

随着信用卡市场的日趋成熟，银行试图特定兴趣或爱好的人群为目标，通过专属权益设计来服务于具有这类消费特征的小众群体，信用卡产品正朝着"窄众化"方向发展。但在形象上进行设计满足用户细分的需求之余，推出诸如汽车卡、母婴卡等满足用户刚性消费需求的产品则更为重要。

资料来源：孟凡霞.银行信用卡为了圈住年轻人能有多用心［EB/OL］.北京商报，2021-06-02.

3.2.4　竞争者

市场经济是一种竞争经济，竞争给企业带来压力，也增强了企业的活力；通过竞争可以实现企业的优胜劣汰，也实现了社会资源的优化配置。任何企业在进行市场营销活动时，不可避免地会遇到各种不同类型的竞争者的挑战。竞争者主要是指与本企业生产相同或类似产品的企业和个人。在现代社会中，市场竞争日趋激烈，企业的竞争对手，除了本行业的现有竞争者外，还有代用品生产者、潜在加入者、原材料供应者和购买者等多种力量，企业应对竞争者的具体情况，如数量、分布、竞争策略等有比较全面的了解，从而明确本企业在竞争中的地位，确定企业的主要竞争对手。因为主要竞争对手的营销策略及营销活动的变化会直接影响到企业的营销，最为明显的是竞争对手的价格、广告宣传、促销手段的变化，以及产品开发、各种销售服务的加强等都会直接对企业造成威胁，因此，企业不能放松对竞争对手的观察和分析，并在此基础上制定出相应的竞争策略。

3.2.5　营销公众

营销公众是指对企业实现营销目标有实际或潜在影响的各种群体的总称。包括金融公众、媒体公众、政府公众、当地公众、团体公众和一般公众等。企业的营销活动会影响周围的各种营销公众的利益，营销公众也能帮助或妨碍企业实现其经营目标。所以，企业的营销活动不仅要针对目标市场的顾客，而且要考虑到有关的营销公众，采取适当的措施，与周围的各种营销公众保持良好的关系。

营销公众对企业营销活动的影响，不限于现实的或潜在的顾客对营销活动的影响，而且还涉及企业对外关系的一切方面。政府各职能部门、银行或其他金融机构、物流部门、新闻出版部门、社会团体以及其他有关部门或群体都会影响企业的营销活动。例如，企业与新闻出版部门关系融洽，就可以通过新闻媒体及时地向社会公众宣传和报道企业产品和经营业绩，在社会公众中树立良好的企业形象。所以，企业要取得经营成功，就必须处理好与营销公众的关系，在消费者和营销公众中建立良好信誉，获得政府机关、金融机构、流通部门等营销公众的支持和协作。

随着我国改革开放的推进，国内许多企业都建立了公共关系部门，专门筹划与各类营销公众的建设性关系，负责收集与企业有关的营销公众的意见和态度，发布消息，沟通信息，以提高企业知名度和美誉度。如果出现不利于企业的反面宣传，公共关系部门就要立即行动，成为排除纠纷者。公共关系作为一种促销手段，在单元 11 中还会详细介绍。

正心诚意

驰援河南：80 多家企业累计捐款超 21 亿元

2021 年，河南暴雨持续牵动着社会各界的心。一方有难，八方支援。媒体平台上不仅有时时牵动万千民众心绪的援助活动进展，也有举国上下万众一心，企业驰援河南的消息。截至 2021 年 7 月 22 日上午，据不完全统计，有来自互联网、汽车、手机、地产等多个领域的超 80 家企业为河南捐款超 21 亿元。

企业方面，包括腾讯、百度等在内的诸多互联网公司纷纷捐款捐物，帮助河南抗洪救灾。随后，地产、手机、汽车、视频等行业企业纷纷行动起来，携程等 4 家在线旅游平台启动应急措施，提供免费退改服务。

此外，OPPO、小米等手机企业累计捐赠 1.55 亿元；万达等地产企业累计捐款 1.2 亿元；比亚迪等汽车企业累计捐款 1.31 亿元；欢瑞世纪等传媒公司累计 1 800 万元；喜茶等新消费企业累计捐款 1 000 万元；安踏集团等多个领域企业累计捐款 4.8 亿元。

食品公司同样积极参与援助，例如，至膳品牌紧急宣布对旗下谭鸭血等位于河南郑州及周边共计 17 家直接受灾及受到相应影响的门店，予以单店价值 2 万~5 万元的物料补贴，用于保障当地员工的人身安全、采购紧急救灾物资和灾后重建工作；并设有临时援助点，为抗洪救灾一线人员、受灾群众提供休息点和简餐。

资料来源：温梦华.驰援河南：80 多家企业累计捐款超 21 亿元［EB/OL］.每日经济新闻，2021-07-22.

3.3 营销环境中的机会与风险

在企业与市场营销环境的关系中，需要引起重视的是市场营销环境的动态性和企业对营销环境的适应性。市场营销环境包含的内容是广泛而复杂的，各因素之间又存在着交叉作用，不仅宏观环境会影响微观环境，宏观环境中的各因素也会互相影响。环境变化可能给企业带来可以利用的市场机会，也可能给企业带来一定的环境威胁。企业能否从中发现并抓住有利于企业发展的机会，避开或减轻不利于企业发展的威胁，就成为企业营销的一个重要问题。

3.3.1 环境分析

营销环境的变化是客观的，企业不能从根本上去控制环境的变化，但是，这并不意味着企业对环境无能为力或束手无策，只能消极地、被动地改变自己以适应环境。企业营销管理人员的任务就在于了解把握市场营销环境的变化趋势，主动适应环境的变化，提高市场应变的能力和企业对环境的主观能动性，趋利避害地开展市场营销活动，使企业更好地生存和发展。

分析市场营销环境的目的在于以下几个方面：①通过对市场环境的分析研究，了解把握市场环境变化发展的趋势；②努力运用企业可以控制的营销手段，及时调整市场营销策略，以适应不可控环境因素的变化，提高市场应变能力；③从市场环境的变化中发掘新的市场机会，捕捉市场机遇，牢牢把握市场时机，更好地发展企业；④及时发现环境给企业带来的威胁，采取积极措施，避免或减轻威胁给企业造成的损失。

3.3.2 企业对策

企业对市场营销环境进行分析最常用的方法是SWOT分析法。SWOT分析即态势分析，就是将与研究对象密切相关的各种主要内部优势、劣势和外部的机会和威胁等，通过调查列举出来，并依照矩阵形式排列，然后用系统分析的思想，把各种因素相互匹配起来加以分析，从中得出一系列相应的结论，而这些结论通常带有一定的决策性。

这时"S"指企业内部的能力，"W"指企业的薄弱点，"O"表示来自企业外部的机会，"T"表示企业面临外部的威胁。在运用"SWOT"分析法研究企业的战略性营销规划时，要寻找四个方面中与企业战略性营销密切相关的主要因素，而不是把所有关于企业能力、薄弱点、外部机会与威胁逐项列出和汇集起来。表3-1和表3-2提出了一个运用"SWOT"方法的参考，表中列出了与企业战略性营销规划相关的主要因素。

表3-1　SWOT分析表举例（企业内部）

企业自身能力	企业现存的薄弱点
企业独有的能力优势	没有明确的战略方向
充足的资金来源	每况愈下的竞争地位
纯熟的竞争技巧	过时的销售促进方法
购买者对产品的优质有深刻的印象	由于某种原因利润在正常量以下
市场领先者的承认	管理深度和管理才能的缺乏
达到规模经营	关键性技术和能力的丧失
与强大的竞争压力隔绝（或稍有隔绝）	影响到战略的不良经营记录
技术方面的专利	内部经营问题的困扰
成本方面的优势	低于市场水平的营销能力与技巧
竞争方面的优势	过于狭窄的产品线
产品创新能力	企业品牌对消费者留下的印象不深
经过考验的管理能力与水平	竞争方面居劣势
其他	其他

表3-2　SWOT分析表举例（企业外部）

企业面临的机会	企业面临的威胁
向新增的消费者群体的服务	新的竞争对手可能进入
进入新的市场或新的细分市场	替代性产品销售增长
扩充产品线以满足更大范围消费者的需求	不利于企业发展的政府政策
相关产品的多样化	日益增长的竞争压力
增加产品的附加部分	顾客及供应商讨价还价的能力增强
产品垂直一体化	顾客需要与爱好方面的变化
转向更优战略的能力	对于企业不利的人口因素的变化
市场销售高增长	缓慢的市场销售的增长

进行SWOT分析，至少应包括表3-1和表3-2中的四种因素。其中，具有战略意义的企业能力因素比其他因素更重要。

运用SWOT方法不仅可以分析本企业的实力与弱点，还可以分析主要竞争对手。通过企业与竞争对手在人力、物力、财力以及管理能力方面的比较，作出企业的实力与弱点对照表，结合机会与威胁的分析，最后确定企业的战略。例如，一个机械制造企业以大量的原始文件和数据为基础，先编制一份关于包括所有企业潜在的实力与弱点的目录，再将其浓缩为一份简表，用以指导形成战略性营销规划，见表3-3。

表3-3 企业实力与弱点

主要实力	主要弱点
擅长于离心机械领域的技术	市场占有率不高
拥有国际销售力量	产品标准化不够
具有重型机械加工能力	耐用消费品制造能力薄弱
有较得力的商业销售渠道和网络	企业内部上下级关系紧张
在非洲拥有设施	国内销售网薄弱
在用户中有技术精良的印象	在用户中有价格昂贵的印象

在运用这个广泛包含了企业战略所涉及的企业状况各个方面的SWOT分析的基础上，企业营销部门制定战略性市场营销规划，用以具体实施目标市场策略和市场定位策略。

1. 环境机会

环境机会广泛客观地存在于市场中，是向所有企业提供的机会，只有符合企业目标和能力的市场机会，才是本企业应选择的营销机会。但是，市场并非总是明确地存在着属于企业的营销机会，它要求企业按照正确的方向去探索和寻求，需要企业发挥想象力，发现事物背后的机会和线索，需要企业用新的观点去理解现实所发生的事物，从新的角度意识到机会的存在。

面对市场环境机会，企业可以采取的对策有三种：

（1）及时利用。是指当市场机会出现时，企业马上通过自身可控因素的调整，为目标市场提供产品或服务，以充分利用市场机会。

（2）准备条件，适时利用。是指对在一定时间内不会发生变化的市场机会，而企业目前各种条件又暂时不完全具备时，积极准备条件，待各方面条件成熟后，再利用这一市场机会。

（3）放弃不用。是指对于即使通过自身努力也无法取得理想效果的市场机会，企业则主动放弃，另觅良方。

2. 环境威胁

企业不仅要善于发现环境机会，还要注意发现环境威胁，机会和挑战总是并存的。企业营销人员要密切注意环境威胁的先兆，采取合理安排回避和降低风险的手段及对策。

环境威胁主要来自两方面：一方面是直接威胁着企业营销活动的环境因素。例如，政府颁布了新的严格的环境保护法律，它对造成环境污染的企业来说就构成了巨大的威胁。另一方面，企业的目标、任务及资源同环境机会相矛盾，如人们对燃气热水器的需求转变为对电热水器的需求，使燃气热水器厂的经营目标和资源与企业环境造成矛盾。燃气热水器企业要将"环境威胁"变成"企业机会"，就需要淘汰原来产品，更换生产设备，学习新的生产技术。

企业对面临的主要威胁有三种可供选择的对策：

（1）反抗。即企业通过自身努力，采取各种手段来扭转或限制环境不利因素的发展。如企业间联合起来，要求取消不利于行业企业发展的某项法令、政策。

（2）减轻。即通过调整营销策略改善企业对环境的适应性，以减轻环境威胁，降低风险程度。例如，对某些同类产品的竞争对手采取收购兼并、联合经营等方法，来削弱和化解威胁的严重程度。例如，原先在全球零售业排名第四的家乐福为了与全球零售业霸主沃尔玛相抗衡，与法国零售业排名第二的普罗莫德斯合并，一跃成为全球第二大零售企业，大大提高了其竞争力。

（3）转移。即将企业资源转移到风险相对较低的市场领域。例如，烟草公司面临反对吸烟的环境特征时转型进入食品和饮料市场，研发新的产品。

以上对环境威胁采取的对策都是属于防御性质的。一个企业要增强自身的竞争力，不能只依靠防御策略，而要采取积极的进攻策略，这样才能由被动转向主动，才能增强企业适应外部环境的能力。

✿ **正心诚意**

直播带货有了"行规"

2020年6月24日，中国广告协会发布并实施《网络直播营销行为规范》（以下简称《规范》）。《规范》进一步规范网络直播营销活动，为营造良好市场环境、促进网络直播营销业态健康发展提供了制度保障。

对此，人民日报发表评论说：近年来，网络直播在一定程度上拓宽了商品营销渠道，带动了直播经济。在直播营销趋热的同时，也存在着一些消费陷阱，损害了消费者权益，也影响到自身健康发展。比如，有些商家夸大其词，消费者收到商品后才发现名品变赝品、好货变水货、价廉不物美；消费者遇到产品质量问题，售后服务却跟不上；有的直播平台或主播为制造"火热假象"，不惜制造虚假数据、泡沫流量。中消协的统计数据显示，37.3%的受访者在直播购物中遇到过消费问题。保质保量、诚信经营，保障消费者权益，是直播营销必须坚守的底线。

无论技术如何迭代、渠道如何更新，直播营销也是市场营销行为，都应坚持诚信经营的价值取向。正因如此，此次发布的《规范》明确规定，"应当全面、真实、准确地披露商品或者服务信息""严格履行产品责任，严把直播产品和服务质量关""依法依约积极兑现售后承诺"。直播营销越是红火，越应该筑牢诚信经营的基石。

直播营销要赢得消费者持久青睐，重在建立与消费者稳固的信任关系。从这个角度看，直播营销只有以信任为纽带，充分理顺平台、主播、商家、消费者之间的关系，才能持续激发市场活力。

固本培元

一、单选题

1. 某企业对消费者个人的工资、奖金、退休金等收入状况进行分析，此分析属于宏观环境中的（　　　）。

   A. 政治环境分析　　　　　　B. 经济环境分析

   C. 科技环境分析　　　　　　D. 文化环境分析

2. 直接影响着企业营销活动、产品数量、成本、价格和利润的微观环境因素是（　　　）。

   A. 供应商　　　　　　　　　B. 营销中介单位

   C. 顾客　　　　　　　　　　D. 竞争者

3. "千里不同风，百里不同俗"这句话描述的主要是（　　　　）营销环境。

   A. 政治经济　　　　　　　　B. 自然

   C. 社会文化　　　　　　　　D. 科学技术

4. 与企业紧密相连，直接影响企业营销活动的是（　　　　）。

   A. 市场营销环境　　　　　　B. 微观营销环境

   C. 宏观营销环境　　　　　　D. 营销组合

5. 影响消费需求变化的最活跃的因素是（　　　　）。

   A. 个人收入　　　　　　　　B. 人均国内生产总值

   C. 个人可支配收入　　　　　D. 个人可任意支配收入

二、多选题

1. 下列属于市场营销微观环境因素的有（　　　　　　）。

   A. 供应商　　　　　　　　　B. 营销公众

   C. 人口环境　　　　　　　　D. 消费者收入

   E. 国际市场

2. 以下属于企业宏观环境因素的有（　　　　　　）。

   A. 公众　　　　　　　　　　B. 人口环境

   C. 经济环境　　　　　　　　D. 营销渠道企业

   E. 政治与法律环境

3. 营销渠道包括（　　　　　　）。

   A. 中间商　　　　　　　　　B. 物流配送机构

   C. 营销服务机构　　　　　　D. 金融机构

   E. 供应商

4. 企业面对的营销公众有（　　　　　　）。

   A. 金融公众　　　　　　　　B. 当地公众

   C. 中间商公众　　　　　　　D. 企业内部公众

   E. 一般公众

5. 面对环境机会，企业可以采取的对策有（　　　　　　）。

   A. 及时利用　　　　　　　　B. 反抗

   C. 准备条件，适时利用　　　D. 减轻

   E. 放弃不用

三、判断题

1. 企业可以按自身的要求和意愿随意改变市场营销环境。（　　）
2. 营销公众是指对企业实现营销目标构成实际或潜在影响的任何群体。（　　）
3. 宏观环境是企业可控制的因素。（　　）
4. 在一定时期货币收入不变的情况下，如果储蓄增加，消费支出也会增加。（　　）
5. 在同一个国家，不同地区企业之间的营销环境是一样的。（　　）

四、简答题

1. 影响企业市场营销的宏观环境因素都有哪些？
2. "三胎政策"属于哪一类环境因素？对市场营销有哪些影响？
3. 试对自己的大学职业生涯进行 SWOT 分析，做好规划。

◈ **融会贯通**

国产手机"芯"计划

自 2019 年开始，芯片就成了高热度和高敏感的全民话题。尤其是在疫情冲击产业链造成芯片短缺、涨价的背景之下，无论是在资本市场，还是在手机、汽车、智能终端等多个行业，芯片都成了焦点。

1. 国产手机厂商布局芯片产业链明显加速

虽然采购芯片对于手机厂商来说更加省心，性能更好、更有效率、成本更优，但也会面临同质化的问题。随着智能手机市场的竞争白热化，只有差异化才能形成核心竞争力和获得更大的利润空间。

以小米为例，早在 2014 年它就已经开启了"芯计划"，成立了专门负责芯片研发设计的松果电子。但小米的芯片之路走得并不平坦，直到 2021 年 3 月，小米才发布了自己的专业影像芯片——澎湃 C1。

2. "计算摄影"成手机竞争焦点，差异化从芯片开始

华为、荣耀、小米、OPPO、vivo 等国产品牌都在纷纷加码研发，试图在影像功能上形成差异化竞争力。

2021 年 3 月，小米发布旗下首款折叠屏手机 MIXFOLD，它率先搭载了小米独立自主研发的专业影像芯片——澎湃C1。从芯片开始打造差异化竞争力的还有vivo。2021年8月，历时24个月、研发团队投入超300人，vivo自主研发打造的专业影像芯片V1也在vivo的新系列产品上完成了首秀。而据媒体报道，OPPO代号为"马里亚纳计划"的自研芯片计划一直在推进中。

3. 面对华为空出的市场，国产手机正奋力冲击高端

对于小米、OPPO和vivo来说，发力影像能力只是一个突破口，他们更大的目标是冲击高端市场。在高端市场，但中国手机厂商也显示出了强大的竞争力。

OPPO副总裁、中国区总裁在2021年年初就提出，OPPO要在高端市场"三分天下有其一"。而vivo执行副总裁也对外表示，未来vivo的重心是把自己的产品做到高端。来自市场调研机构Counterpoint的最新数据显示，2021年7月，vivo继续领跑国内智能手机市场，占据24%的市场份额；而在600美元+价位段的高端市场，vivo位居第二，仅次于苹果。为了挺进高端，国产手机厂商们也开始了研发投入上的"竞赛"。财报显示，2020年，小米的研发投入近百亿元，2021年小米的研发投入将再增加30%—40%。

虽然技术研发投入巨大，"造芯"更是门槛高、周期长、见效慢，即使暂时还没有面临"卡脖子"的窘境，但这也是国产手机走向高端的必由之路，因此也必须迎难而上。

资料来源：孙冰.国产手机"芯"计划［EB/OL］.《中国经济周刊》官网，2021-09-22.

分析思考：

1. 国产手机"芯"计划面临哪些营销环境变化？请举例说明。

2. 如果你是其中一家手机企业的负责人，将如何应对该环境中的机会与风险？

❖ 笃行致远

实训目标 1. 深入理解SWOT分析方法在市场营销环境中的重要作用。

2. 掌握SWOT分析方法的步骤、内容和技巧，培养学生对市场营销环境研究、机遇和风险与优劣势评价分析的能力。

实训背景 分析某品牌产品在同行业中的优势与劣势及面临的机会和威胁，制作完成一份SWOT分析表，结合自制PPT进行展示和报告。

实训要求　每个小组用5分钟时间完整汇报某品牌产品对SWOT分析法的运用。

实训步骤　1. 资料准备

　　　　　　（1）教师示范汇报的主要内容和基本技巧。

　　　　　　（2）小组收集某品牌产品的SWOT分析资料。

　　　　　2. 工作任务实施

　　　　　　（1）分组进行讨论，对某品牌产品的营销环境运用SWOT分析法进
　　　　　　　　 行分析。

　　　　　　（2）每人撰写一篇某品牌产品的SWOT分析报告。

　　　　　　（3）每组推举一名学生就某产品的SWOT分析进行汇报并制作一份
　　　　　　　　 PPT。

　　　　　3. 工作检查与评价

　　　　　　（1）同学互评。

　　　　　　（2）教师进行适当点评并进行实训总结。

实训成果　形成某品牌产品的SWOT分析报告和PPT各一份。

❖ 跬步千里

学有所得　概括本单元的重要知识点

_____

_____

学有所长　概括本单元的重要技能点

_____

_____

学有所悟　在完成本单元内容学习后，对职业素养的感悟

_____

_____

管理市场营销信息

学习目标

素养目标

- 发扬唯实求真精神，认真做好市场调查研究
- 培养数字信息素养和营销创新思维
- 在市场调研中养成较强的团队合作精神

知识目标

- 了解市场营销调研的基本类型和主要内容
- 掌握市场营销调研的基本方法和程序
- 掌握市场营销调研问卷设计和调研报告撰写的方法

技能目标

- 能够运用市场营销调研理论，制定市场营销调研的方案
- 能够根据企业的需求，设计市场营销调研问卷
- 能够合理组织实施市场营销调研并撰写调研报告

提要钩玄

```
                                              市场营销信息概述
                          市场营销信息
                                              市场营销信息的内涵

                                              市场营销调研的基本范式
                          市场营销调研
  管                                          市场营销调研的常见方法
  理
  市
  场                                          市场营销调研方案
  营        市场营销调研设计
  销                                          市场营销调研问卷设计
  信
  息
                                              市场营销调研报告撰写意义
             市场营销调研报告撰写
                                              市场营销调研报告的结构
```

学习计划

● 知识学习计划

_____

_____

● 技能训练计划

_____

_____

● 素养提升计划

_____

_____

没有调查就没有发言权

1930年5月，毛泽东为了反对当时红军中存在的教条主义思想，专门写了《反对本本主义》一文，提出了"没有调查，没有发言权"的著名论断。他指出："你对某个问题没有调查，就停止你对于某个问题的发言权。""注重调查！反对瞎说！""中国革命斗争的胜利要靠中国同志了解中国情况。""速速改变保守思想！换取共产党人的进步的斗争思想！到斗争中去！到群众中作实际调查去！"

1931年，他又进一步提出："我们的口号是：一，不做调查没有发言权。二，不做正确的调查同样没有发言权。"在《实践论》和《矛盾论》这两部哲学著作中，毛泽东深刻阐明了反对主观主义特别是教条主义、坚持实事求是的重要意义，为调查研究提供了坚实的马克思主义哲学基础，为坚持党的优良传统，深入实际的调查研究提供了重要的理论指导。

2023年3月，中共中央办公厅印发了《关于在全党大兴调查研究的工作方案》，文件指出，为深入学习贯彻习近平新时代中国特色社会主义思想，全面贯彻落实党的二十大精神，党中央决定，在全党大兴调查研究，作为在全党开展的主题教育的重要内容，推动全面建设社会主义现代化国家开好局，起好步。

营销启示：

"没有调查，没有发言权"，这句话对于企业营销规划也同样适用。在市场竞争中，很多企业会寻求所谓的"标杆企业"作为参照对象，仿照"标杆企业"的管理理念和营销策略方案，但是盲目的"拿来主义"却是不可取的。不开展调查研究，一味地仿照他人，无疑是削足适履；反过来，正确的做法应是广泛开展市场调查，有效掌握市场营销信息，有的放矢。

4.1 市场营销信息

4.1.1 市场营销信息概述

如今，随着信息技术的迅猛发展，市场营销世界里充斥着各种来源的海量信息，甚至消费者本身，就能通过微信、微博、小红书、抖音和其他新媒体数字渠道，自发地提供和分享着大量信息。"大数据"这一概念顺势而生，它是指由如今日趋成熟的信息生成、收集、存储和分析技术所产生的大量的复杂数据。大数据在给市场营销者带来机会的同时，也提出了严峻的挑战。虽然评价和挖掘大数据是不可能完成的任务，但是有效利用大数据可以为公司获得丰富的顾客信息。因此，市场营销者往往不是需要更多的信息，而是需要更好的信息。

为了有效进行顾客需求洞察，市场营销者必须具有管理来自各种渠道的市场营销信息的能力，这是满足顾客价值是公司建立竞争优势的第一步。而满足顾客价值则需要市场营销者首先获得顾客新鲜的、真实的市场营销信息。

1. 市场营销信息及其相关概念

市场营销信息，顾名思义，就是关于市场营销重要元素（如顾客、竞争者、产品和市场营销方案等）的信息。在进行市场营销活动的过程中，企业决策部门时刻都需要市场营销信息，它是企业进行市场营销分析、决策、实施和控制的基础。随着大数据时代的到来，市场营销的世界里充斥着来自不同渠道的海量信息。企业要了解市场商品供求状况，了解竞争对手，了解自身运行状况，占领市场，就必须进行市场营销信息调研，掌握充分而系统的信息，并在此基础上进行科学的分析、预测和决策。

为了运用市场营销信息更好地创造顾客价值，很多公司都开始着手重构市场营销信息和调研部门，以研发更生动、更真实可行的信息决策支持系统。市场营销信息系统是其中行之有效的一套营销信息管理系统，由人和程序构成，可以有计划、有规则地收集、分类、分析、评价与处理信息的程序和方法，有效地提供有用信息，帮助决策制定者使用这些信息以获得和证实可靠的顾客和市场洞察。市场营销信息系统服务于公司的市场营销部门和其他部门的管理者，同时还可以为外部伙伴（如供应商、中间商或市场营销服务机构等）提供信息。

市场营销者可以从内部资料、市场营销情报、市场营销调研等渠道中获得所需信息。

（1）内部资料是指从公司内部收集到的、关于消费者和市场的相关信息。一般来说，可以从市场营销部门获得关于顾客特点、交易情况以及网站浏览行为等信息；可以从客户服务部门得到顾客满意度或服务问题等方面的记录；可以从财务部门取得财务报表、销售额详细记录、成本和现金流等信息；可以从运营部门获得竞争对手动态和中间商的反应等数据。

（2）市场营销情报是指系统性收集和分析关于消费者、竞争者和市场发展态势相关的可公开获得的系统性信息。市场营销情报可以帮助决策者更好地理解市场营销环境特征，评价和追踪竞争者行为并提供关于机会和威胁的早期预警，帮助营销决策者更好地制定营销计划。市场营销情报获取技术包括实地观察顾客、进行员工访谈、解构竞争者产品、监控舆情等。

（3）市场营销调研是指运用科学的方法，有目的、有计划、系统地收集、整理和分析研究有关市场营销方面的信息，提出解决问题的建议，为营销管理人员了解营销环境，发现机会与问题，作出市场预测和营销决策提供依据。本单元重点介绍市场营销调研的相关内容。

市场营销调研有狭义和广义之分：狭义的市场营销调研是以消费者为对象，用科学的方法搜集消费者购买、消费商品的实际意见、动机等有关资料，进行分析研究。广义的市场营销调研对象不仅包括消费者，还包括市场营销的一切活动，如商品计划、定价、销售方式、广告、包装等问题，都是调研的对象。因此，广义的市场营销调研是以科学的方法搜集商品从生产者转移至消费者过程中的一切与市场营销有关问题的资料，进行整理和分析，从而为经营预测提供依据的一项工作。广义的市场营销调研包括从认识市场到制定营销决策的全过程，主要具备描述、分析、预测三种功能：通过调查来描述当前市场环境与行业状况、顾客需求与目标市场状况及竞争对手经营状况等；根据描述来分析行业、市场、顾客、自身经营与竞争者的现状与投资项目的可行性，并对未来作出尽可能准确的预测，从而将决策的风险降到最低的限度，从根本上提高成功的可能性。

2. 市场营销信息的作用

市场营销信息在企业的经营活动中有着重要的作用。在企业决策过程中，市场营销信息数据的准确度受到各企业的重视，很多企业的决策都是依靠对市场营销信息的分析而作出的。因此，市场营销信息是企业了解市场和认识市场的基础，其作用主要体现在以下几点。

第一，市场营销信息可以帮助企业及时发现市场营销的机会或威胁，找出威胁产生的原因从而及时避开；识别和把握最有利可图的市场机会，为企业提供发展的新机遇。

第二，市场营销信息可以帮助企业评价市场营销计划（包括战略性计划和营销组合计划）的合理性和实施的有效性。

第三，市场营销信息可以帮助企业了解竞争对手及制定正确的竞争策略。

第四，企业通过市场营销信息，运用预测理论与方法，对决策者关心的变量变化趋势和未来可能的水平做出估计和测算，为组织决策提供依据的过程。

4.1.2　市场营销信息的内涵

市场营销信息所包含的内容非常广泛，直接或间接影响企业营销状况的因素都可以被列入其中。综合来看，市场营销信息主要包括以下内容：

1. 市场营销宏观环境信息

市场营销宏观环境信息是指影响企业市场营销的宏观环境因素，这些因素既给公司带来机会，也可能给公司造成威胁。即使再强大的公司，在营销宏观环境持续动荡的情况下，也可能不堪一击。所以企业在开展营销活动之前一定要掌握市场营销的宏观环境信息。企业跟踪最新的政治、经济、社会、文化发展动态，就可以通过市场预测把握市场未来的发展趋势，借以寻找企业新的发展机会，及早发现可能存在的威胁，做好应变准备。

◈ 正心诚意

商贸物流企业早知道

商务部、国家发改委等9部门联合印发《商贸物流高质量发展专项行动计划（2021—2025年）》（简称《行动计划》），到2025年要初步建立畅通高效、协同共享、标准规范、智能绿色、融合开放的现代商贸物流体系，使商贸物流标准化、数字化、智能化、绿色化水平显著提高，新模式、新业态加快发展，商贸物流服务质量和效率进一步提升。《行动计划》提出的一系列措施针对性强、有效性高，有助于我国商贸物流"强基础、补短板"，实现高质量发展。业内人士表示，《行动计划》的印发，为供应链物流企业发展带来了实实在在的利好。

作为零售下沉和产业上行的共同载体，物流公司正在进行新一轮物流大提速：一方面，为大、中、小城市消费者享受同等时效的极致物流服务提供便利；另一方面，通过完善基础设施建设、深化物流服务渗透，加快供应链、快递、冷链等业务下沉，助力消费升级和区域经济发展，服务乡村振兴；依托全球化的大规模现代物流设施网络和丰富的产业生态资源，打造跨境数字贸易服务平台。

资料来源：王俊岭.商贸物流将这样提质增效［EB/OL］.人民日报，2021-08-16.

2. 市场需求状况信息

现代营销企业的营销决策是以市场需求为核心的，因此市场需求状况信息是企业必须掌握的重要内容，包括消费者需要什么、在何时需要及其愿意按何种条件接受营销企业产品或服务等。消费者需要既指同营销企业所提供产品的相关方面，如产品的质量、性能、包装等，也指同企业尚未开发生产和投入市场的产品相关的需求。消费者需要的时间既指具有购买支付能力的时间，又指消费者乐意或习惯上的购买时点。消费者愿意接受的条件既指产品相应的价格水平，也指企业同时能提供的服务。当然，市场需求状况也包括影响消费者购买行为产生的其他因素，如动机、爱好、家庭、收入、受教育程度等。

3. 市场竞争情况信息

市场经济社会中，参与营销活动的企业间相互竞争是必然的，而且随着市场经济的不断发展，这种竞争将会越来越激烈。正所谓"知己知彼，百战不殆"，企业要加速自身的发展，并在市场竞争中立于优势之地，就必须想尽一切办法去获取竞争者信息。这包括对竞争对手的经营规模（如设备先进程度、生产规模、劳动效率等）、产品特点（如外观、内质、价格水平等）、应变能力（如生产多档产品、适应市场需求等）、技术设备（如技术队伍、新产品开发、试验室建设）等方面的了解。把握了竞争对手的概况，企业就把握了营销活动中的相对地位和利弊条件。

❖ 发凡举例

美妆集合店"后浪"凶猛

《2020 中国购物中心年度发展报告》显示，以创新社交场景构建消费动力的场景体验营销成为营销新趋势。老牌的美妆店如屈臣氏、万宁等，其千店一面的僵化形象已经开始让消费者产生视觉疲劳，同质化的商品已不再具备以往的吸引力。与此同时，美妆"新物种们"千店千面的风格更契合当下年轻一代的消费需求，为购物中心创造了新的"流量入口"，顺理成章成为购物中心力求引进的主力店型。而一些新锐品牌则喜欢"自立门店"，标新立异地遍布大街小巷，也颇为潇洒自在。当下，美妆集合店选品多为自带流量的品牌或网红爆品，其核心品牌主要为三类：①新锐国货电商品牌；②国际大牌小样；③国外小众网红爆品。其选品品牌自带热度及客流，品牌和载体两者之间相互赋能。

资料来源：吴勇毅.美妆集合店"后浪"凶猛［EB/OL］.销售与市场网，2021-8-31.

单元 4　管理市场营销信息

4. 顾客购买行为信息

顾客购买行为信息，主要是指与顾客的购买动机、购买欲望和购买能力相关的信息。企业掌握了顾客购买行为信息就可以分析本企业产品现实购买者和潜在购买者的基本情况。顾客购买行为信息的主要内容有：

（1）顾客的具体特征。购买本企业产品是个人还是团体；购买本企业产品的个人的年龄、性别、民族、文化程度、职业、经济收入等基本情况。

（2）顾客的购买动机、购买习惯、消费倾向、消费偏好等。

（3）顾客的购买行为，包括何时购买、在何处购买、如何购买等。

（4）顾客的消费水平及发展趋势，如随着消费水平的提高，顾客消费将如何发展、消费方式会有什么变化。

◈ 博物洽闻

低糖之后，低盐会成为下一个风口吗？

除了控糖，近几年来，"健康用盐、低盐调味"也正在成为新时代下的新消费选择。数据显示，有高达94%的中国城市消费者曾试图减少盐的摄入量。55%的人会在烹饪时少放盐，超过33%的消费者会少放味精和酱油。此外，38%的消费者会少吃方便面、香肠、薯片等加工食品以减盐。天猫超市发布的"柴米油盐"生活小趋势显示，"95后"家庭平均比"85后"家庭每天少吃3g盐，其中三成"95后"使用薄盐或减盐生抽。资料显示，吃盐过多会增加患高血压、心脏病、胃癌的风险。也因此，《中国居民膳食指南》建议，一个成年人每天盐的摄入量不超过6克，不过由于饮食习惯等原因，中国是世界上食盐摄入量最高的国家之一，人均盐摄入量高达10.5克/天，比推荐值的2倍还要多。另一方面，国家也在推动减盐。《国民营养计划（2017—2030年）》提出，到2030年要实现全国人均每日食盐摄入量降低20%的目标。

而洞察到这个趋势的企业已试图在这条赛道上追逐商机。例如，欣和六月鲜推出了4款轻盐系列酱油，以不同"盐值"匹配不同客群，通过逐级减盐让消费者得以根据不同阶段的需求，逐渐适应减盐生活。针对银发族及精致妈妈的低盐刚需人群，推出8克轻盐原汁酱油，主打"极致减"；针对时尚白领及健身人群，推荐10克轻盐原汁酱油，主打"专业减"；针对厨艺精湛，注重轻口味饮食的资深食客，推荐12克轻盐牡蛎酱油、12克轻盐昆布酱油，实现"轻松减"。除了六月鲜外，海天、李锦记、厨邦、加加等品牌也纷纷推出了相较于常规酱油产品更高端健康的低盐产品。

资料来源：徐梦迪.低糖之后，低盐会成为下一个风口吗？［EB/OL］.销售与市场网，2021-8-31.

5. 产品信息

产品信息主要是本企业所经营的产品的品质、价格、性能及款式等方面的信息，主要包括以下内容：

（1）顾客对本企业产品的评价、意见和要求。

（2）本企业所经营的产品处于生命周期的哪个阶段。

（3）本企业所经营的产品在数量、品种、型号、式样、包装、商标、性能、价格等方面与竞争者的相关产品有何区别，是否具有本企业的经营特色，以及如何改进。

（4）如何根据市场的需求改造老产品及开发新产品。

（5）如何做好本企业产品的售前售后服务工作。

4.2 市场营销调研

4.2.1 市场营销调研的基本范式

市场营销调研是指运用科学的手段对市场态势及市场活动的各个方面有效地进行分析、研究和预测。市场营销调研不仅是企业生产经营活动的依据，也是国家及相关经济机构进行咨询和决策的前提条件。

进行市场营销调研，必须遵循科学的程序。通常，市场营销调研的程序由调研准备、调研实施和调研分析三个阶段的工作内容构成，每一个阶段又包含若干个具体步骤。

1. 调研准备阶段

（1）了解调研需求。一般情况，市场营销调研公司有两种方式确定企业对市场营销调研的需求：一是企业明确地向市场营销调研公司提出市场营销调研的需求；二是企业不能够明确表达市场营销调研的需求。在后一种情况下，企业虽然认识到需要市场营销调研为其解决营销问题，但由于对市场营销知识的缺乏，不能够明确表达对市场营销调研的具体要求，市场营销调研公司需要较为深入地了解企业经营状况，帮助企业构建市场营销调研需求。

（2）明确解决问题。这是市场营销调研非常重要的一个步骤。因为明确、严谨的问题界定是市场营销调研工作成功的一半。此阶段需要调研人员细致地了解企业市场营销调研需求，充分利用现有的二手资料并与丰富的专业研究经验相结合。

（3）确定调研目标。市场营销调研目标是由界定的市场营销调研问题而决定的，是为了解决研究问题而明确的最终达到的目的。通常一个具体的市场营销调研活动就是根据调研目标而展开的，一个市场营销调研项目的目标可能只有一个，也可能有多个。

（4）设计调研方案。市场营销调研方案是市场调研的重要内容，将在4.3.1中详细介绍。

2. 调研实施阶段

（1）辨别信息的类型及来源。市场营销调研的信息从根本上来说分为两类，即原始数据及二手数据。原始数据是通过现场实施调研后得到的数据；而二手数据则是指已存在的，通过案头研究就可以实现研究目的的数据。

（2）确定信息获取方法。一旦市场营销调研的数据类型确定之后，就需要明确数据获得的方法。如果市场营销调研所需的数据是二手数据，则只需利用现有的数据资源进行分析即可；如果市场营销调研所需的数据是原始数据，则必须通过市场营销调研的现场实施来收集。一般两者应结合使用。

为实现既定的调研目标，必须决定在什么地方、由什么人、以什么方式进行调研。应探讨调研地点、调研对象、被调研者数目、抽样方法等问题。其中，最重要的是确定调研总体，草拟出数种样本方案，计算出各种方案所需的经费，并决定可容许的最大样本误差。还要分析在什么时期调研最适当，用什么方法调研最经济，如是做大规模调研有利还是做小规模调研有利，以一次调研为宜还是重复多次调研为宜等。

（3）设计问卷、访问提纲等。问卷一般有两种，一种为结构式问卷，即问卷的格式是确定的，所有问题都有具体的选项，回答者只需选出适合自己的选项即可；另一种为非结构式问卷，问题是开放式的，被访者可以根据自己的实际情况给出相应的回答。问卷或访问提纲是市场营销调研获得信息的重要工具。即使市场营销调研已明确研究目标及调研方法，但如果没有好的问卷或访问提纲，仍会导致研究绩效下降或失去调研意义。

（4）设计抽样方案及样本量。调研样本要在调研对象中抽取，由于调研对象分布范围较广，应先制订一个抽样方案，以保证抽取的样本能反映总体情况。样本的抽取数量可根据市场营销调研的准确程度的要求确定，市场营销调研结果准确度要求越高，抽取样本数量就越多，但调研费用也会越高。样本数量一般可根据市场营销调研结果的用途情况确定。

（5）实地调研。实地调研是数据收集的过程。大部分实地调研访问由经过培训的访问员进行。在访问过程中，由于访问员、研究者或受访对象的原因，经常出现非抽样误差，造成调研结果的准确性降低。任何调研都无法避免非抽样误差，需要在现场实施过程中采取有效方式尽可能控制，从而提高调研结果的可信度。

3. 调研分析阶段

（1）数据处理、分析。实地调研结束后，就进入了调研资料的整理和分析阶段。现场实施调研所获得的数据为初始数据，一般都较为繁杂，不能直接加以使用。收集好信息后，需要调研人员对调研信息资料进行逐份检查，先剔除不合格的，然后再将合格资料进行分类整理，借助一定的数据分析工具按照调研目的的要求，针对调研内容进行全面的分析。

（2）报告及结果展示。市场营销调研的最后一个步骤是在调研数据分析的基础上形成调研报告。调研报告是客户获得调研结果的最主要形式，一份好的调研报告既要充分解决客户在调研初期提出的需求，还要适时加入市场研究人员的专业判断。报告完成后，报告结果的口头陈述是市场营销调研项目结果展示的另外一种形式，这种形式需要在报告的基础上进行内容提炼，并以幻灯片、图片等方式辅助展示结果。

4.2.2　市场营销调研的常见方法

市场营销调研可根据不同的标准划分为不同的类型，通过分类，可以更好地理解市场营销调研的基本概念，同时可以帮助决策者在设定调研目标时对自身想法进行梳理。但在分类时不能局限于某种类型，每种调研都可能涉及一手资料调研、二手资料调研、定性调研或定量调研等方式。

1. 按照调研性质分类

按照调研性质，市场营销调研可以分为：

（1）探测性调研。探测性调研是一种用于探索问题或话题的调研。探测性调研对于识别问题、澄清问题本质或问题所包含的内容非常有用。它是深入问题的前置性基础工作，通常用在对市场情况不甚了解时，是一种为了发现问题、找出问题的症结，明确进一步深入调研的具体内容和重点而进行的非正式调研，可以借助一些初步的数据资料，更好地阐明某个营销问题的性质。例如，分析企业区域销售情况信息，了解消费者对产品新广告的反应，或者寻找市场份额突然下降的理由时，都可以先进行探测性调研。

探测性调研的主要缺点：它不能提供明确的或者总结性的答案。这主要是与样本和代表性有关。在探索时，调研人员很可能不具备精确判断目标人群的能力，因此不可能提供有代表性的样本。

（2）描述性调研。描述性调研的目的是更加清晰地解释特定的调研问题。通过建立一个特定情景（如关于竞争对手、特定顾客组合或政府政策等），识别、描述、解释某些调研问题或其答案。描述性调研是对需要调研的问题的有关方面进行的正式调研。它要解决的问题是说明"是什么"，而不是"为什么"。例如，对顾客需求的描述性调研，主要是搜集有关顾客的收入、支出、商品需求量、需求倾向等方面的基本情况。

与探测性调研相比，描述性调研要求有更详细的调研方案，调研人员要进行实地调研，掌握第一手原始资料，尽量将问题的来龙去脉、相关因素描述清楚；要求系统地搜集、记录、整理有关数据和有关情况，为进一步的市场研究提供市场信息。描述性调研是关于收集数据以描述人群、地点、事物、事件、环境、经历，从而回答谁、什么、何时、如何做、多少等问题的调研。因为描述性调研的决策者需要对所需要的信息有清醒的认识，所以描述性调研会有更多的明确的调研问题和目标。

（3）因果性调研。因果性调研又称相关性调研，是指为探讨营销变量之间的因果关系而进行的市场营销调研。它所回答的问题是"为什么"，其目的在于找出引起市场营销活动中某些变量变化的原因，以及它们之间的相互关系。即借助企业营销环境变化信息分析它们的企业营销活动关系。例如，对政府的方针、竞争对手的行动、消费者的爱好变化所引起的企业销售量、市场占有率的变化以及企业营销策略的调整进行分析。设计因果性调研来回答这类问题，可以使调研人员排除反面的解释并得出结论。

需要认识到，永远都不可能收集到"完美的信息"，并且调研推理有可能只是推理而不是事实，调研会被社会、营销环境以及人类行为和态度的复杂性所限制。调研目标往往不会完全局限于某一种类型。更为常见的是两到三种方法的结合，如探测性和描述性，探测性、描述性和解释性等。

2. 按照数据来源分类

按照数据来源，市场营销调研可以分为：

（1）一手资料调研。有时候又称实地调查，是指为了特定问题的研究需要而开展的资料收集或生成活动。例如，想调研某大学学生对于校园食堂服务的满意度，如果这个问题没有任何先前存在的有效资料，就需要开展一手资料调研。一手资料调研可能是描述性、探测性或者因果性的，在调研过程中既可以使用定性方法也可以使用定量方法，调研对象既可以学生群体也可以是食堂经营者。一手资料调研可采取的方式同样灵活多样，如面对面访谈、电话调研、网络问卷等都是可采用的方式。

（2）二手资料调研。又称案头调研，一种可以足不出户地进行资料收集的调研方式。二手资料调研通常分为以下四步：①寻找，识别发现与研究目的相关的现有研究资料来源；②靠近，以合法合规手段获取资料信息；③检验，评估现有资料对于研究目的的适用程度、资料自身的质量高低；④学习，通过对现有资料的利用或吸收完成调研。二手资料的来源包括书籍、期刊、各类调研报告等，既可以是来自调研组织外部的（如政府统计数据），也可以是在组织内产生的（如公司的销售数据）。二手资料调研常常是描述性调研或探索性调研，如用于探索研究问题的更广泛的背景，帮助定义问题或检验假设和观点等。

3. 按照数据类型分类

按照数据类型，市场营销调研可以分为：

（1）定性调研。定性调研通常包含丰富且具体的描述、理解和洞察，其目的是透过表面调研发现更深层的信息，被广泛用于获取人们的行为、想法、感受、欲望以及产生这些情绪的原因中。低结构化和低标准化意味着这种方法的有效度偏低，项目成本也会随之增加，如需要对采访者进行特定培训，强调个人感受、观点和原则等。因此，定性调研通常更适用于样本容量较小的研究项目，同时也因为调查结果来自调研样本，其研究结果容易存在统计代表性的争议。但是，定性调研也是严谨且系统的，它被广泛运用于关于产品、服务以及广告等研究对象的概念形成和假设构建过程，其结果有助于设计定量调研问卷。

（2）定量调研。定量调研所收集到的数据通常是数字形式的，常常在表格、图片以及图表中出现，常用于支持描述性或解释性的调研目标。定量调研可以通过普查、样本调研或小组访谈等手段收集数据，其调研结果多是结构化和标准化的。定量调研要求每次通过同样精确的方式进行提问，并在每一次访谈中都按照同样的要求进行提问。定量调研方式对于描述人口或市场的特征非常有用，如经济活动水平和消费支出模型。需要注意的是，二手资料调研的结构化和标准化使得定量调研的精确性有所提高，但是封闭式的问题可能造成受访者关于细节和背景的真实反馈的损失。

4. 按照调研组织方式分类

按照调研组织方式，市场营销调研可以分为：

（1）普查。普查是以调研项目的市场总体为对象，是一种专门组织的全面调研。它的优点是所取得的资料全面可靠，缺点是费用较高、时间较长。它适用于调研对象不多或者调研对象集中的情况，但一般来说不宜过多采用。

✣ 正心诚意

14亿人口的普查有多难？

根据《中华人民共和国统计法》《全国人口普查条例》的规定和《国务院关于开展第七次全国人口普查的通知》的要求，我国进行了第七次全国人口普查。

（1）按照"科学与可行、需要与可能、继承与创新"的原则，国务院第七次全国人口普查领导小组办公室借鉴历次普查经验，广泛征求各方意见，在全国组织开展了6项专项试点和1项综合试点，着力提高普查的科学性、规范性和可操作性，研究制定了《第七次全国人口普查方案》和7项工作实施细则，对普查内容、普查方法，以及普查各个环节的工作流程、工作任务和工作要求均做了明确规定，为人口普查工作有序开展提供了制度性保障。

（2）为提高普查工作质量和效率，领导小组办公室充分利用信息化技术手段，对普查内容和普查方式进行创新。全面采用电子化数据采集方式，由普查员使用电子设备采集，实时直接上报数据；实现普查对象通过互联网进行自主填报；强化部门行政记录和大数据的应用；充分利用互联网云技术、云服务和云应用完成数据处理工作，按照国家网络安全三级等保标准对普查数据采集、传输、存储进行安全管理，确保公民个人信息安全；首次对700多万普查人员实行线上集中统一管理。

（3）组织各级普查机构认真选聘普查人员，强化各级培训，确保其经考试合格后上岗。按时完成软件开发、户口整顿、区划绘图、入户摸底等前期准备工作。新冠疫情发生后，领导小组办公室及时研究疫情对人口普查工作的影响，制定工作预案，调整工作进度，扎实推进普查工作。从2020年11月1日到12月10日，全国700多万普查人员严格执行普查方案，认真落实常态化疫情防控的各项要求，对全国所有家庭和人口进行了全面普查，圆满完成了普查入户登记任务。

（4）第七次全国人口普查实行严格的质量控制制度，建立健全普查数据追溯和问责机制，确保普查数据可核查、可追溯、可问责。充分利用部门行政记录和企业大数据，对普查数据开展精细化比对核查。各级普查机构严格执行质量控制要求，认真开展质量验收，确保普查各阶段工作质量。为客观全面评价全国人口普查登记质量，领导小组办公室统一组织了事后质量抽查，结果显示，第七次全国人口普查人口漏登率仅为0.05%，普查结果真实可靠。

第七次全国人口普查全面查清了我国人口数量、结构、分布等方面情况，掌握了人口变化的趋势性特征，为完善我国人口发展战略和政策体系、制定经济社会发展规划、推动经济高质量发展提供了准确统计信息支持。这次普查，既摸清了我国人口总量，掌握了人口规模的变化趋势；也查清了人口结构和分布状况、人口迁移流动状况，反映了人口结构演变和人口社会变迁等情况。

资料来源：国家统计局.第七次全国人口普查公报（第一号）——第七次全国人口普查工作基本情况［EB/OL］.中国政府网，2021-5-11.

（2）随机抽样调研。这是一种随机抽取若干样本从而推算整体情况的方法。它按照随机的原则从调研对象总体中抽取一部分个体单位作为调研对象。这种方法较节省费用和时间，能获得与全面调研相接近的结果。当调研对象总体较大或无法进行全面调研时，往往可以采用这种方法。

（3）消费者固定样本连续调研。这是对被选出来的人或户逐年累月地连续调研的方法，由于每次调研的样本不变，调研反复进行，所以称为消费者固定样本连续调研。采用这种调研方法可以迅速准确地得到消费者市场各种动向的信息；可以提供相当广泛的市场营销资料，企业就好像在市场上有了一个庞大的情报网。于是，新产品渗透情况、广告投资与购买的关系、消费者对品牌忠诚度、消费者购买路线、购买方法、购买日期和购买率等信息，将源源不断地传输到企业中来。

消费者固定样本调研容易得到被调研者的支持。因为调研的次数不是一次，企业要将调研费用编入预算，给被调研人按时送样品，长期交往，调研人与被调研人之间会逐渐地建立起人际关系，故调研获得的资料也比较可靠。

5. 按照数据收集方法分类

根据数据收集方法的不同，可分为以下几种市场营销调研方法：

（1）询问调研法。这是一种用提出问题征求答案的形式向消费者和有关人员搜集资料的方法，是进行市场营销调研时较常用的方法。询问调研法又可以分为访问调研、电话调研、邮寄调研、留置问卷调研和网络问卷调研等形式。

① 访问调研。面对面收集被调研者的意见，观察其对问题的反应。这种方法比问卷回收率高，但调研结果正确与否，受调研人员的技术熟练程度影响较大。

② 电话调研。根据抽样规定或样本范围，以电话询问对方意见。这种方法可在短时间内调研多个样本，但不易获得对方的合作，无法询问较为复杂的问题。

③ 邮寄调研。将设计好的问卷邮寄给被调研者，请他们填答好后寄回。这种方法调研区域广，被调研者有充分的时间来考虑答案，但回收时间长，回收率较低，被调研者还会因误解问卷的意思而出现答非所问的情况，目前已很少采用。

④ 留置问卷调研。将问卷由调研员当面交给被调研者，说明回答方法后，留在被调研者家中填写，最后由调研员定期收回。这是一种介于访问调研和邮寄调研之间的一种方法。

⑤ 网络问卷调研。这种方法可视为前两种方法的网络化版本，能有效解决邮寄或留置问卷的不足，使用较多。

（2）观察调研法。这是一种由调研员直接观察或间接观察被调研者的行为或现场事实而搜集资料的方法。采用这种方法，多数被调研者并不知道自己处于被调研中，有利于真实地观察他们的行为，但对于影响行为的心理因素则较难观察。这种方法多用于商标、店面、橱窗设计、零售活动、广告效果及消费者购买习惯等方面的调研。

（3）实验调研法。这种方法是指在实验市场中先进行一项小规模的推销实验，然后观察、分析这种实验性的推销方法是否值得大规模进行。实验法应用范围很广，凡是一种商品在改变品质、包装、设计、价格、广告、陈列方法等因素时，都可应用实验法调研顾客的反应。这种方法比较科学、客观，但实验时间过长，费用高。

（4）统计分析法。这种方法是通过利用企业内外部的现成资料，根据统计原理分析市场及销售变化情况的方法。根据处理资料方式的不同，有趋势分析和相关分析两种基本方法。进行趋势分析是将过去资料加以整理，找出其变化趋势方向，再按此方向予以合理地延伸，以推测变化方向。进行相关分析是判断、分析统计资料中各变量彼此间有无相关关系以及相关程度的大小，根据变量的关系来推测某一变量的状况。

4.3　市场营销调研设计

4.3.1　市场营销调研方案

市场营销调研方案是指在正式调研之前，根据市场营销调研的目的和要求对调研的各个方面和各个阶段所作的通盘考虑和安排。市场营销调研总体方案是否科学、可行，关系到整个市场营销调研工作的成败。

1. 市场营销调研方案的主要内容

（1）调研目的和要求。根据市场营销调研目标，在调研方案中列出本次市场营销调研的具体目的和要求，即为何要调研，要了解和解决什么问题，调研结果有什么用处。例如，本次市场营销调研的目的是了解某产品的消费者购买行为和消费偏好情况等。

在这个阶段，调研人员明确了调研问题的定义，也知道了所需调研询问的类型。现在可以从广泛的问题过渡到更为具体的调研目标了，换句话说，需要通过调研来发现需要具体化的是什么。这个环节会明确所需要的信息类型，调研目标会因此变得更加具体和精确。

（2）调研对象。调研对象是指根据调研目的和任务确定的一定时空范围内的所要调研的总体，它是由客观存在的具有某一共同性质的许多个体单位所组成的整体。市场营销调研的对象一般包括消费者、零售商、批发商，零售商和批发商，其中，消费者一般是指使用该产品的消费群体。在以消费者为调研对象时，有时某一产品的购买者和使用者不一致，如对婴儿产品进行调研时，其调研对象应为孩子的父母。此外，还应注意到某些产品的消费对象主要针对或侧重于某一消费群体，这时调研对象应注意选择产品的主要消费群体，如对于化妆品，调研对象主要选择女性。

在调研过程的设计阶段，弄清楚感兴趣的人群非常重要，之后才可以决定选择哪种调研类型进行调研。知道了顾客需要做什么，就可以阐明帮助他们做决策。调研人员不仅要知道需要什么信息，还要知道这些信息怎么用以及在哪种情况下用。在弄清这些问题之后，就会发现具体需要的证据，因此也知道会涉及哪种或哪些调研类型。为了设计高质量、可行的调研，这些信息都是必要的。

（3）调研内容。调研内容是收集资料的依据，为实现调研目标服务，可根据市场营销调研的目的确定。如调研消费者行为时，可按消费者购买、使用、使用后评价三个方面列出调研的具体内容项目。调研内容的确定要全面、具体，条理清晰、简练，避免面面俱到、内容过多、过于烦琐，避免把与调研无关的内容列入其中。

在调研项目范围界定阶段，确保调研焦点既不过于宽泛也不过于狭隘是非常重要的。调研要能够提供与问题相关并能够用于解决问题的信息。在这一阶段，调查者需要先回答以下问题：

①商业问题或决策者的问题是什么？②调研问题是什么？③怎样运用调研结果分析问题？④调查研究的属性是什么？⑤企业寻找的是哪些答案？⑥需要哪种证据？⑦被调研者是谁？

（4）调研表或问卷。调研表或问卷是市场营销调研的基本工具，调研表或问卷的设计质量直接影响到市场营销调研的质量。

设计调研表或问卷时要注意以下几点：①调研表或问卷的设计要与调研主题密切相关，突出重点，避免可有可无的问题。②调研表或问卷中的问题要容易让被调研者接受，避免出现被调研者不愿回答或令被调研者难堪的问题。③调研表或问卷中的问题次序要条理清楚，符合逻辑顺序，一般可遵循容易回答的问题放在前面，较难回答的问题放在中间，敏感性问题放在最后的顺序；或是封闭式问题在前，开放式问题在后。④调研表或问卷的内容要简明，尽量使用简单、直接、无偏见的词汇，保证被调研者能在较短的时间内完成调研表或问卷。

（5）调研地区范围。调研地区范围应与企业产品销售范围相一致，例如，当在某一城市做市场营销调研时，调研范围应为整个城市；但由于调研样本数量有限，调研范围不可能遍及城市的每一个地方，一般可根据城市的人口分布情况，主要考虑人口特征中收入、文化程度等因素，在该城市中划定若干个小范围的调研区域，划分原则是使各区域内的综合情况与城市的总体情况分布一致。将总样本按比例分配到各个区域后，便可以在各个区域内实施访问调研。这样可相对缩小调研范围，减少实地访问工作量，提高调研工作效率，节省费用。

（6）样本的抽取。调研样本要在调研对象中抽取，一般可根据市场营销调研结果的用途情况确定适宜的样本数量。在实际市场营销调研中，以在一个中等以上规模城市进行市场营销调研为例，按调研项目的要求不同，其样本数量可选择200~1 000个，样本的抽取则可采用统计学中的抽样方法。具体抽样时，要注意对抽取样本的人口特征因素的控制，以保证抽取样本的人口特征分布与调研对象总体的人口特征分布相一致。

（7）资料的收集和整理方法。资料的收集方法应考虑调研资料搜集的难易程度、调研对象的特点、数据取得的源头、数据的质量要求等作出选择。若调研课题涉及面大、内容较多，则应选择多种调研方法获取数据和资料，既要获取现成的资料，又要获取原始资料。资料整理是对调研资料进行加工整理和系统开发的过程，其目的在于为市场分析研究提供系统化、条理化的综合资料。为此，应确定资料整理的方案，对资料的审核、订正、编码、分类、汇总、展示等工作作出具体的安排。大型的市场营销调研还应对计算机自动汇总软件开发或购买作出安排。

2．市场营销调研方案的设计

（1）设计调研方案主体部分。市场营销调研方案的构成要素包括标题、导语（或摘要）、主体和附录等。其中，主体部分主要包括以下10个方面的内容，有些内容（如调研的组织计划）亦可列入附录中。

① 确定调研的目的和任务。

② 确定调研对象和调研单位。

③ 确定调研项目。调研项目是将要向调研单位调研的具体内容。

④ 设计调研表或问卷。

⑤ 确定调研时间和调研期限。调研时间是指调研资料的所属时间，即应搜集调研对象何时的数据。调研期限是指整个调研工作所占用的时间，即一项调研工作从调研策划到调研结束的时间长度。

⑥ 确定调研类型和方法。

⑦ 确定资料整理与分析研究的方案。市场营销调研资料的分析研究是对调研数据进行深度加工的过程，其目的在于从数据导向结论，从结论导向对策研究。为此，应制订初步的分析研究方案，对分析的原则、内容、方法、要求，调研报告的编写以及成果的发布等工作作出安排。

⑧ 确定市场营销调研的进度安排。

⑨ 编制市场营销调研经费预算。

⑩ 制订调研的组织计划。调研的组织计划是指为了确保调研工作的实施而制订的具体的人力资源配置计划，主要包括调研的组织领导、调研机构的设置、调研人员的选择与培训、各项调研工作的分工等。企业委托外部市场营销调研机构进行市场营销调研时，还应对双方的责任人、联系人、联系方式作出规定。

（2）调研方案附录部分。调研方案附录主要包括调研项目负责人及主要参加者、抽样方案及技术说明、调研问卷及有关技术说明、数据处理软件及使用说明等。

4.3.2　市场营销调研问卷设计

"问卷是调研的前线工作"，简单来说，有效的调研和高质量的数据依赖于好的问卷设计，好的问卷设计不仅要能够要契合调研目的，即收集有效及可信的数据来切实解决调研问题，更要能够实现现实任务，如数据收集、数据处理和分析。问卷应该涵盖与受访者相关的问题，它应该整体上能够引起受访者的兴趣。涉及时间、问卷难度、话题敏感性这些问题时，不能让填写问卷成为受访者的负担。接下来，我们将会更细致地讲述问卷设计时需要注意的问题。

1. 问卷的设计原则

问卷的设计是否完善，直接影响到调研结果的质量，因此，在设计问卷时，应注意以下原则：

（1）被调研者愿意回答。由于市场营销调研没有法律约束力，被调研者没有必须回答问题的义务，因而只有被调研者愿意回答，才能达到调研的目的。否则，市场营销调研将流于形式。这就要求问卷所用语言和所提问题要尽量有礼貌和有兴趣，尽可能得到消费者的合作，以提高调研质量。

（2）被调研者回答方便。由于被调研者在文化水平、理解能力等方面存在差异，在设计问卷时要注意让其回答起来方便，例如，尽可能画○或×，少写文字；所提的问题应清楚明了；尽量少用专业名词；问题出现的顺序应由简到难等。

（3）便于数据整理。为了提高数据整理的方便性和准确性，问题的排列及回答的符号、位置等都应进行科学合理的设计。

❀ **发凡举例**

《MRS行为准则》：问卷设计

问卷在调研过程中扮演中心地位，《MRS行为准则》和问卷设计有着密不可分的关系。《MRS行为准则》首次出版于1954年，并随着调研实践和立法变化而持续修订与更新。其中，关于问卷设计的要点有：①所有任务和项目中成员的书面和口头保证都必须是真实准确的，并且需要由成员担保。②成员必须采取合理的程序设计出客户认可的细节化的调研。③成员必须采取合理的程序设计出符合客户认可的质量标准的调研。④成员必须负责任地确保：数据收集过程与调研主旨相符且可以给客户提出合理的建议。

问卷的设计和内容适用于被调研者。受访者能够以他们想表达的方式表达观点，提供信息，包括"不知道"或"不愿意说"。受访者不被引导至某一特定观点。回应的答案可以被清晰无误地解读。采集的个人信息是相关的，不是过量的。

资料来源：伊冯娜·麦吉温.市场调研实务［M］.李桂华，等，译.北京：机械工业出版社，2017.

2. 问卷的基本结构

一份完整的问卷一般是由说明词、问卷主体、调研证明记载等几个部分组成。

（1）说明词。说明词一般在问卷的开头，是问卷的导言或介绍词，主要包括调研人代表的单位、调研的目的、请求被调研人合作等。说明词的目的一方面是为了激发被调研者的兴趣，另一方面则使被调研人了解调研，使其回答问题能有的放矢，围绕着调研主题展开。这样既可以加速调研过程，节约时间，又可以提高调研结果的质量。所以说明词要通俗易懂、简明扼要。

（2）问卷主体。这是问卷中最主要的部分，它涉及搜集市场信息的具体内容，一般可分为三个方面，一是关于调研对象的基本资料，如有关个人的性别、年龄、社会地位、经济状况、职业、教育水准等。二是关于调研对象的行为资料，如购物、旅游、服务的具体活动与行为。三是关于调研对象本人或他人的能力、兴趣、意见、情感、动机等方面的态度资料，这类问题不询问事件本身，只要求对行为或事件进行评价或发表意见等。问卷的设计主要是问卷主体的设计。

（3）调研证明记载。主要包括调研人的姓名、调研地点、调研方式和调研时间；被调研者的姓名或单位名称、地址。采用匿名调研时则不包括被调研者姓名。

❁ 发凡举例

《MRS行为准则》：问卷介绍

在《MRS行为准则》中，关于问卷介绍的要点有：①当要使用一些名单如客户数据库时，如果有需要，名单的来源必须在访问的合适时点进行说明。这个过程比客户的隐私匿名权更重要。②如果访问过程需要被记录、监视和观测，受访者必须在被招募和访问开始前被告。③受访者在被要求合作参与时不应被误导。④受访者有权在一个调研项目的任何阶段退出。⑤访问者在与受访者沟通时必须明确：访问者的名字；确保整个访问过程都遵从《MRS行为准则》；访问的受众；访问的目的；访问可能持续的长度；受访者可能的需要。⑥受访者不应迫于压力参与调研。

资料来源：伊冯娜·麦吉温.市场调研实务［M］.李桂华，等，译.北京：机械工业出版社，2017.

3. 问卷的效度与信度

（1）效度。在问卷设计的背景下，效度是指特定测量项目或问题在调研中能够预测所需变量的能力。有以下三种测量方式。①结构效度测量。这是关于在测量什么的问题，与问题如何构成有关。即为什么要编写这些问题？是基于什么目的？②内容效度性测量。这是指关于问题测量调研要测量的数据的适用性，比结构有效性更加主观。③标准效度测量。这是指关于一个新的测量项目或问题与已建立并行之有效的测量项目或问题之间的比较。

（2）信度。信度是指调研结果的一致性。如果重复调研，或是针对不同的访问者展开调研工作是否能得到相同的结果？完全的信度依赖于每次调研都处于相同的情况，这在现实世界是很难实现的。所以必须接受可信的结果也在一定程度上存在误差。

有许多方法可以衡量问题的信度：①测试/重复测试法。因为信度是指一个问题在相同条件下产生结果的相同程度，所以一种保证其信度的方法是用同样的方法在相同的受体上再次测试。这种方法存在一些问题，会使信度降低，因为重复测试并不独立于原始测试。②多种形式选择法。同样的人群同时回答两种形式不同但功能相同的问题。根据受访者的回答检查两种测试方法是否具有相关性。高度的相关性会体现出两种测量方法是在测量相同的失误。但是设计一对功能相同的问题非常困难。③对半法。这是一种形式可转换性的测试，是应用最广泛的信度测试。对半法衡量调研的内部一致性，将样本分成两等份，并将可选择的测量方法应用于每一份，由相关性测试来检验得出的结论。

4. 问卷的问题形式

问卷的主体是问题与答案，因此，设计问卷时首先要确定问题形式，并判断每个问题与调查研究目的之间的联系等。所要问的问题一般可归纳为两大类，即封闭式问题和开放式问题。

（1）封闭式问题。封闭式问题是指在问卷中已拟定了各种可能的答案，被调研者只能从中选择的提问方式。其优点是被调研者回答问题容易，所得资料较准确，是目前进行市场营销调研的主要提问方式。缺点是问卷设计花费的时间较长，不能得到更多的信息。封闭式问题的具体形式包括：

① 二项选择式。二项选择式又称是非式，这种类型的问题只允许被调查者在给定的两个性质相反的备选答案中选取其一。最常见的是在"是否""有无""好坏""喜欢不喜欢"中选取其一。

例如：你是否喜欢××牌数字电视？（　　　）（a. 喜欢　　b. 不喜欢）

这种方法的优点是：在被调研者态度与意思不明确时可得到明确的判断，并在短暂的时间内求得答案，同时能使持中立意见者偏向选项中的一方；条目简单，易于统计。缺点是：不能表示意见程度的差别，结果并不精确。

②多项选择式。这种类型的问题需要事先给出三个或三个以上的备选答案，被调查者根据要求，结合实际情况从中选择一个或几个答案来回答。只选择一个答案的叫单项选择，它适用于答案相互排斥的情况。选择两个或两个以上答案的叫多项选择，它适用于答案互不排斥的情况。

例如：你准备购买无人机的原因是（　　）。

a. 更新　　　　　　　b. 增置　　　　　　　c. 拍照需要

d. 为亲友代买　　　　e. 送礼

这种方法的优点是：可以缓和二者必居其一的缺点，也比较便于统计。其缺点是：答案较多，不便于归类。

③排序式。排序式是要求被调查者根据自己的偏好程度判断所列答案的重要程度，并按顺序排列答案。

例如：请您按照喜欢的程度对以下品牌的洗发水进行编号，最喜欢者为1号，依此类推。

清扬（　　）　　飘柔（　　）　　力士（　　）　　海飞丝（　　）

蜂花（　　）　　潘婷（　　）　　霸王（　　）　　多芬（　　）

进行统计时，将每一品牌的商品按所得排序分数进行平均，从而得出该品牌商品在消费者心中的总体印象的平均排序。

对这类问题也可以通过让被调查者打分的形式来完成。如设定每个品牌商品应得的最高分为100，最低分为0分；被调查者认为该品牌商品应得多少分，就在相应的空格处填上自己打的分数。最后把每一品牌被调查者所打的分数进行平均，如果是80分以上，说明比较受欢迎，50~70分说明一般，50分以下说明不受欢迎。

④过滤式。问卷应是针对所有被调查者设计的，但这并不意味着每一个问题都必须适用于全体被调查者。对于只适合于或只需要对部分被调查者提出的问题，必须要事先过滤调查对象。即在要问的问题前设置一个过滤问题，对于回答"是"者回答一类问题，对于回答"否"者则回答另外的问题。

例如：请问您家有没有人在以下行业工作：（　　）。

a. 市场调查公司——继续调查，跳至问题3。

b. 广告公司——继续调查，回答问题2。

c. 均无——停止调查。

⑤矩阵式。矩阵式（双向列联式）是指有多个问题，同时又有多个备选答案，且

当每个问题可以用相同的答案回答时，就将其设计成矩阵的形式。

例如："请对下列问题表明你的态度"（在相应的括号里打"√"）

	赞成	中立	反对
药品的价格应保持不变	（　　）	（　　）	（　　）
药品的价格应降低5%	（　　）	（　　）	（　　）
药品的价格应降低10%	（　　）	（　　）	（　　）
药品的价格应降低15%	（　　）	（　　）	（　　）

上述问题也可表达成表格形式，如表4-1所示。

表4-1　矩阵式表格

项目	赞成	中立	反对
药品的价格应保持不变			
药品的价格应降低5%			
药品的价格应降低10%			
药品的价格应降低15%			

矩阵式的优点是：节省空间，对于多问题、有多答案的问题，采用矩阵式是最节省空间的表现形式；便于比较，采用矩阵式有利于同一矩阵中多个不同问题之间的相互比较；简化说明，对于如何填答矩阵问题，只需在开头说明一次，不必重复说明；节省时间，采用矩阵式有利于缩短被调查者思考和回答问题的时间。

⑥ 表格式。如果研究目的是对某一事物的若干个特征进行程度比较，则可将特征与反映特征的程度排列成表格的形式，由被调查者在表格中确定得分。最终汇总时只需要将每一特征的分数和项数统计出来，就可以知道该特征的程度。

例如：××牌果汁与您认为最好的果汁相比表现如何（在表4-2中，按您同意的程度上划"√"）？

表4-2　比较打分表

特征	理想	较理想	一般	不太理想	不理想
口味	5	4	3	2	1
包装	5	4	3	2	1
价格	5	4	3	2	1
便利性	5	4	3	2	1

很多产品对被调查者的印象并不能用简单的喜欢与不喜欢表达出来，比如对食品、茶叶味道的回答，不同的消费者有不同的判别标准，即使说味道好的消费者，对好的感受程度也不会是完全相同的，所以用特征对应表格可以更精确地体现被调查者的心理感受程度。

例如：关于口味测验的特征对应表如表4-3所示，请在对应分值的空格中打"√"。

表4-3　口味测验的特征对应表

	3	2	1	0	1	2	3	
清淡								浓烈
粗								细
新鲜								走味
酥脆								坚硬
稀								稠

这是一种观念计量的方法，它反映被调查者对某事物的感受程度。该方法的要点是将问题的答案对称排列或按序排列，以供被调查者选择。

类似口味或感受这样的问题，不宜用"是"或"否"的简单方式来回答，这会得出过于粗略的结果，从而掩盖了被调查者更深的感受和这种感受内含的差异。表4-3用定量的方法将被调查者的感受程度反映出来。统计汇总时只需要将每一对应特征的评分值相加，然后计算出它们的平均值或画出图形，就可以得到感受差异性方面的结果。

（2）开放式问题。开放式问题是指调研的问题不列出答案，由被调研者根据自己的体会或看法填写的问题，具体包括以下几种类型。

① 填空式。

例如：您家的基本情况是：

家庭人口_____　　就业人口_____　　住房面积_____　　房间数_____

② 自由回答式。这是开放型问题比较常用的形式，调查人员提出问题，不提供备选答案，由被调查者自由地表达回答。

例如：你喜欢什么品牌的彩电？为什么？

其优点是设计容易，被调研者可以根据自己的意愿自由发表意见，能搜集到更多的资料，并可以得到被调研者建设性的意见。缺点是受被调研者文化水平、态度等的影响，有时可能得不到准确的信息，不易统计处理。

市场营销调研提问技术方法很多，在设计调研问卷时，应尽量结合使用。同时，应注意调研提问要突出重点；问题必须明确、具体、便于回答；口吻要亲切，询问的内容要由简到繁，引起对方的兴趣，取得对方的合作；提问不能带有任何诱导性，要客观地提出问题，让被调研者充分发表意见；问卷设计要注意逻辑性，有利于汇总和统计处理。

5. 问卷设计应注意的问题

根据调研行业和调研方向的不同，问卷的设计在形式和内容上也有所不同，但是无论对于哪种类型的问卷，在设计过程中都必须要注意以下几个要点：

（1）明确调研目的和内容。在问卷设计中最重要的一点就是必须明确调研目的和内容，这不仅是问卷设计的前提，也是它的基础，为什么要做调研，而调研需要了解什么？市场营销调研的总体目的是为决策部门提供参考依据，其目的可能是为了制定长远性的战略性规划，也可能是为制定某阶段或针对某问题的具体政策或策略，无论是哪种情况，在进行问卷设计的时候都必须对调研目的有一个清楚的认知，并且在调研计划书中进行具体的细化和文本化，以作为问卷设计的指导。调研的内容可以是涉及意见、观念、习惯、行为和态度的任何问题，也可以是抽象的观念，或是具体的习惯、行为，如人们接触媒介的习惯，对商品品牌的喜好，购物的习惯和行为等。

（2）明确调研对象，问卷设计的语言措辞选择得当。问卷题目设计必须有针对性，对于不同层次的人群，应该在题目的选择上有的放矢，充分考虑受调人群的文化水平、年龄层次和协调合作可能性。除了在题目的难度和题目性质的选择上应该考虑上述因素，在语言措辞上同样需要注意这点，因为在面对不同的受调人群时，由于他们的各方面的综合素质和水平的差异，措辞上也应该进行相应的调整，只有在这样的细节上综合考虑，调研才能够顺利进行。

（3）避免肯定性语句。在设计问卷时，不能事先肯定被调研者有某种商品，例如：您用的自动刮胡刀架是什么品牌？您家里的计算机是兼容机还是品牌机？您爱喝什么品牌的汽水？正确的设计方法，应该在肯定性问题之前增加"过滤"问题，例如：您是否已买了自动刮胡刀架？您的家庭是否已购买了计算机？您爱喝汽水吗？

（4）避免使用引导性语句。所谓引导性语句是指所提问题中所使用的词不是"中性"的，而是向被调研者提示答案的方向，或暗示出调研者自己的观点。例如：××西服，是男人潇洒的标志，您准备购买吗？由这样的问句产生的结论，将缺乏客观性和真实性。

（5）避免使用模糊语句。下面的问法就属于模糊的语句：您经常穿T恤衫吗？您爱穿羽绒服吗?您经常喝汽水吗?这样被调研者不好回答。所以正确的问法应是:您夏天经常穿T恤衫吗?您冬天爱穿羽绒服吗?您夏天(或春天、秋天)爱喝汽水吗?这么一改,被调研者就好回答了,调研的结论也会更具准确性。

(6)要处理敏感性问题。有些问题可能会受回答者的某种倾向或偏见的影响。这时收到的答案会因为一些原因不能准确反映出受访者实际的行为、态度或观点。回应者可能会作出一些他们认为社会所广泛接受的回答,而这些回答可能并非他们本人的真实情况。此时,访问者可以通过引入第三方的提问方式处理;在面对面访谈中可以是让受访者在显示器上的问卷上做出回答或者是独自完成一张表。

即使是一份很成功的问卷,也不是一制定好就成功的,必须要经历实践的考验。所以在问卷初步设计完成时,应该设置相似环境,小范围试填写,反馈结果并及时进行修改,只有这样,才能够达到市场调研的终极目的——以准确的数据和分析来为营销策略做一个有价值的参考。

博物洽闻

在线问卷调研工具——问卷星

问卷星是一个专业的在线问卷调查、考试、测评、投票平台,为用户提供功能强大、人性化的在线设计问卷、采集数据、自定义报表、调查结果分析等系列服务。与传统调查方式和其他调查网站或调查系统相比,问卷星具有快捷、易用、低成本的明显优势,已经被大量企业和个人广泛使用,典型应用包括:

(1)企业:客户满意度调查、市场调查、员工满意度调查、企业内训、需求登记、人才测评、培训管理、员工考试等。

(2)高校:学术调研、社会调查、在线报名、在线投票、信息采集、在线考试等。

(3)个人:讨论投票、公益调查、博客调查、趣味测试等。

1. 使用问卷星做问卷调查流程

步骤1:点击"创建问卷",选择创建问卷类型。

步骤2:在问卷调查里提供四种创建方式,默认为"创建空白问卷"。

步骤3:添加和编辑完所有的题目之后,点击"完成编辑"并发布问卷。

步骤4:发布之后生成问卷链接,将链接复制给填写者作答。

步骤5:有了答卷之后到"分析&下载"—"统计&分析"里面查看统计结果;在"分析&下载"—"查看下载答卷"中可下载原始数据。

2. 在管理后台管理问卷

步骤1：发布问卷和停止问卷。

步骤2：复制问卷。

步骤3：删除问卷和恢复已删除问卷。

步骤4：文件夹管理问卷。

企业版的用户，如果问卷数量较多时，可以使用文件夹的功能对问卷星进行管理。

资料来源：问卷星官网使用手册，有删改。

4.4 市场营销调研报告撰写

撰写市场营销调研报告是市场营销调研的最后一步，也是十分重要的一步。调研数据经过统计分析之后，只是为得出有关结论提供了基本依据和素材，要将整个调研的成果用文字形式表现出来，使调研真正起到解决问题、服务于社会和企业的作用，则需要撰写调研报告。

4.4.1 市场营销调研报告撰写意义

市场营销调研报告是调研结果的集中表现。能否撰写出一份高质量的调研报告，是决定调研本身成功与否的重要环节。市场营销调研报告是市场营销调研成果的一种表现形式，它通过文字、图标等形式将调研的结果表现出来，以使人们对所调研的市场现象或问题有一个全面系统的了解和认识。

1. 市场营销调研报告是市场营销调研所有活动和成果的综合体现

市场营销调研报告是调研与分析成果的有形产品，是将调研的成果以文字和图表的形式表达出来。因此，市场调研报告是市场营销调研成果的集中体现，并可用作市场营销调研成果的历史记录。

2. 市场营销调研报告是使感性认识上升到理性认识的有效途径

比起调研资料来，市场营销调研报告更便于阅读和理解，它能把"死数字"变成"活情况"，起到透过现象看本质的作用，使感性认识上升为理性认识，有利于商品生产者、经营者了解、掌握市场行情，为确定市场经营目标、工作计划奠定基础。

3. 市场营销调研报告是为社会和企业服务的一种重要形式

市场营销调研的最终目的是写成市场营销调研报告呈报给企业的有关决策者，以便在他们决策时提供参考。一份好的市场营销调研报告能对企业的市场活动提供有效的导向作用。

4.4.2　市场营销调研报告的结构

不管市场营销调研报告的格式或外观如何，每份调研报告都应该有一些特定的主题。即报告本身在结构安排和写作手法上必须能够及时、准确和简洁地把信息传递给决策者。所撰写的报告应该尽量地简洁，特别应该避免使用晦涩的文字。市场营销调研报告的结构一般是由题目、目录、摘要、正文、结论和建议、附录等几个部分组成。报告的结构不是固定不变的，不同的调研项目、不同的调研者或调研公司、不同的用户以及调研项目自身性质不同的调研报告，都可能会呈现不同的报告结构和风格。

1. 题目

题目包括市场营销调研标题、报告日期、委托方、调研方等。一般应打印在扉页上。标题必须准确揭示报告的主题思想，做到题文相符。标题要简单明了，高度概括，具有较强的吸引力。

2. 目录

提交调研报告时，如果涉及的内容很多，页数很多，为了便于读者阅读，就要把各项内容用目录或索引的形式标记出来。这可以使读者对报告的整体框架有一个具体的了解。目录包括各章节的标题，包括题目、大标题、小标题、附件及各部分所在的页码等。

3. 摘要

摘要是市场营销调研报告中的内容提要。摘要不仅为报告的其余部分规定了切实的

单元4　管理市场营销信息

方向，同时也使得管理者在评审调研的结果与建议时有了一个大致的参考框架。摘要由以下几个部分组成：

（1）调研目的。即为什么要开展调研，为什么公司要在这方面花费时间和金钱，想要通过调研得到些什么？

（2）调研对象和调研内容。如调研时间、地点、对象、范围、调研要点及要解答的问题等。

（3）调研方法。如问卷设计、数据处理由谁完成，问卷结构，有效问卷有多少，抽样的基本情况，研究方法的选择等。

以上内容与方案设计应基本一致。

4. 正文

正文是市场营销调研报告的主要部分。正文部分必须正确阐明全部有关论据，包括问题的提出、引出的结论、论证的全部过程、分析研究问题的方法等。正文包括开头和论述两个部分。

（1）开头部分。开头部分的撰写一般有以下几种形式：①开门见山，揭示主题。在报告开始就先交代调研的目的或动机，揭示主题。②结论先行，逐步论证。先将调研的结论写出来，然后逐步论证。许多大型的调研报告均采用这种形式。特点是观点明确，使人一目了然。③交代情况，逐步分析。先交代背景情况、调研数据，然后逐步分析，得出结论。④提出问题，引入正题。用这种方式提出人们所关注的问题，引导读者进入正题。

（2）论述部分。论述部分必须准确阐明全部有关论据，根据预测所得的结论，建议有关部门采取相应措施，以便解决问题。论述部分主要包括基本情况和分析部分两部分。①基本情况，包括对调研数据资料及背景客观地进行介绍说明、提出问题、肯定事物的一面。②分析，包括原因分析、利弊分析、预测分析等。

5. 结论和建议

结论和建议应当采用简明扼要的语言。好的结论可以使读者明确题旨，加深认识，启发读者的思考和联想。结论和建议一般有以下几个方面：

（1）概括全文。经过层层剖析后，综合说明调研报告的主要观点，深化文章的主题。

（2）形成结论。在对真实资料进行深入细致的科学分析的基础上，得出报告的结论。

（3）提出看法和建议。通过分析，形成对事物的看法，在此基础上，提出建议和可行性方案。

（4）展望未来、说明意义。通过调研分析展望未来前景。

6. 附件

附件是指调研报告中正文包含不了或没有提及，但与正文有关必须附加说明的部分。它是报告正文的补充或更详尽说明。包括：①调研问卷。②技术细节说明，如对一种统计工具的详细阐释。③其他必要的附录，如调研所在地的地图等。

❖ 固本培元

一、单选题

1. 顾客购买行为信息主要是指与顾客的购买动机、购买欲望和购买能力相关的信息。其中，顾客的购买行为包括何时购买、在何处购买和（　　　）。
   A. 如何购买　　　　　　　　B. 购买习惯
   C. 消费预算　　　　　　　　D. 消费偏好

2. 根据调研性质，市场营销调研可以分为探索性调研、描述性调研和（　　　）。
   A. 因果性调研　　　　　　　B. 一手资料调研
   C. 二手资料调研　　　　　　D. 消费者固定样本连续调研

3. 下列不属于市场调查问卷基本结构的是（　　　）。
   A. 说明词　　　　　　　　　B. 附录
   C. 问卷主体　　　　　　　　D. 调研证明记载

4. （　　　）不是衡量问题信度的方法。
   A. 测试/重复测试法　　　　 B. 多种形式选择法
   C. 对半法　　　　　　　　　D. 访问法

5. 由调研员直接观察或间接观察被调研者的行为或现场事实而搜集资料的方法叫（　　　）。
   A. 观察调研法　　　　　　　B. 实验调研法
   C. 深度访问法　　　　　　　D. 座谈调研法

二、多选题

1. 以下属于询问调研法的有（　　　）。

A. 访问调研   B. 电话调研

C. 邮寄调研   D. 留置问卷调研

2. 市场营销调研报告撰写的内容包括（　　　　　）等内容。

A. 目录   B. 调查背景资料介绍

C. 摘要   D. 题目

3. 市场营销调研报告的正文要写的内容包括（　　　　　）。

A. 问题的提出   B. 引出的结论

C. 论证的全部过程   D. 分析研究问题的方法

4. 封闭式问题是指在问卷中已拟定了各种可能的答案，被调研者只能从中选择的提问方式。以下属于封闭式问题的有（　　　　　）。

A. 二项选择式   B. 多项选择式

C. 排序式   D. 过滤式

5. 按照数据类型的不同，市场调研可以分为（　　　　　）。

A. 定性调研   B. 定量调研

C. 访问调研   D. 实地调研

三、判断题

1. 市场营销调研对于企业来讲是可有可无的。（　　　　）

2. 企业在开展营销活动之前一定要掌握市场营销宏观环境信息。（　　　　）

3. 行业协会公布的行业资料、竞争企业的产品目录、样本、产品说明书及公开的宣传资料都属于一手资料调研。（　　　　）

4. 对消费者购买动机、爱好、家庭、收入、受教育程度等的进行调研属于市场需求状况调研。（　　　　）

5. 把握了竞争对手的概况，企业就把握了营销活动中的相对地位和利弊条件。（　　　　）

四、简答题

1. 什么是市场营销信息？

2. 什么是市场营销调研？

3. 市场营销调研的基本范式是什么？

临期食品市场调研

"今天你省钱了吗？"有关临期食品的话题曾多次冲上微博热搜，据相关数据显示，2020年中国零食行业总产值规模超过3万亿元，即使按1%的库存沉淀计算，临期食品行业市场规模也有望突破300亿元。临期食品为何"火"起来了？货源从哪里来？

微博上，"年轻人买临期食品来减少浪费"这一话题阅读量已突破1亿，B站上有关临期食品的视频最高播放量近60万次，知乎上"带你了解临期食品"的文章热度近2万，小红书上临期食品的相关笔记超过2 600篇……不仅如此，国家市场监管总局食品安全抽检监测司还委托食品安全权威专家，制作了科普短视频《临期食品，可以买吗》，向消费者介绍和解读临期食品安全知识，并提出合理化建议。

临期食品并不是一个新概念，早在20世纪90年代，我国就有了临期食品市场，当时以售卖临期进口食品为主，满足了一部分消费群体的多维消费需求。

目前，我国对临期食品的界定还没有统一标准。业内普遍遵循的规则来源于原北京市工商局2012年出台的《临近保质期限食品销售专区制度》。该制度规定，根据食品保质期长短，纳入临期食品范畴的食品为其保质期期满之日前45天至1天不等。

业内人士说，商超体系有一个不成文的规则，食品保质期过去三分之一，就无法进入商超流通，剩下的就会沦为临期产品，摆到各大食品折扣店的货架上。从供应端来看，临期食品的货源主要分三种，一是大型商超下架的产品；二是电商平台的退换货；三是经销商手里真正进入临期的产品。临期食品的货源并不稳定，主要根据正期食品的销售情况而定。产品在正期时卖得好，那么临期的货就会相应减少。

《2020年中国临期食品行业市场分析及消费者研究报告》显示，中国临期食品消费群体以中青年为主，其中消费者年龄为26岁至35岁的占47.8%。

资料来源：《品牌时刻》栏目.临期食品角逐愈发激烈 货源都从哪里来？[EB/OL].央视网，2021-08-16.

分析思考：请以小组为单位，根据材料中提到的临期食品市场现状，设计一套相应的市场营销调研方案。

实训目标　通过对本校方便面市场进行营销调研与分析，明确市场营销调研的意义，尝试进行问卷设计和调研报告撰写，掌握市场营销调研的程序与方法。

实训背景　大学生是方便面的重要消费群体，某品牌方便面为了更好地占领校园市场，需要进行一次市场营销调研，调研的主题是"方便面在我校"。

实训要求　1. 问卷设计与调研：事先设计好调研问卷，按照确定的抽样方案进行问卷调研。

2. 实地调研：走访学生宿舍、到校园超市和小卖部进行实地调研，内容包括竞争情况调研、大学生购买方便面的行为调研等。

3. 撰写市场营销调研报告。

实训步骤　1. 以本课程所分的实训小组为单位实施调研。

2. 每个小组要走访10个以上的宿舍和校内所有的商店或超市。

3. 由小组讨论设计问卷，要求每个学生都积极参与并认真记录。

4. 问卷的统计结果、访谈的记录以及获取的资料可以供全班学生共享。

5. 要求每个小组根据方便面的校园调研方案，完成"方便面在我校"的调研方案和调研报告，每个小组推举1名代表在全班进行讨论、交流。

实训成果　形成主题调研方案和调研报告各一份。

学有所得　概括本单元的重要知识点

_____

_____

学有所长　概括本单元的重要技能点

_____

_____

学有所悟　在完成本单元内容学习后，对职业素养的感悟

_____

_____

分析顾客购买行为

学习目标

素养目标

- 养成勤于思考、主动学习的良好习惯
- 增强分析问题的意识，培养解决问题的能力
- 树立正确的理性消费观念，倡导绿色消费

知识目标

- 掌握消费者市场和组织市场的概念与特点
- 了解消费者行为模式及其影响因素
- 熟悉消费者的购买决策过程以及各阶段采取的营销策略

技能目标

- 能够对影响消费者购买行为的因素进行有效分析
- 能够根据所学知识准确区分各类市场
- 能够科学有效地影响消费者购买行为

分析顾客购买行为

市场类型
- 消费者市场
- 组织市场

消费者市场及其购买行为
- 洞察消费者市场
- 影响消费者购买行为的主要因素
- 消费者购买决策过程

组织市场及其购买行为
- 组织市场的主要特点
- 产业市场的采购行为
- 中间商市场的采购行为
- 政府与公共团体市场

学习计划

- 知识学习计划

- 技能训练计划

- 素养提升计划

网易为何宣布退出"双十一"电商战场？

作为中国最大的网络购物节，"双十一"无疑是各大平台和品牌商们每年的必争之地。2020年，网易却发布了一则退出"双十一"的声明，以下为内容节选：

今年"双十一"，我们将退出这场大战。

又一年的"双十一"即将到来，每到11月，它总是金光灿灿，风风火火，但今年我们想给它泼一盆冷水，退出这场大战。疫情后的第一个"双十一"，我们反复思考，是该花明天的钱，为今天的欲望买单，还是回归初心，买对的，不买贵的？

我们的消费已经被绑定了太多意义，我们的欲望已经被添加了太多人为成分。但在我们看来，你消费了什么，不代表你是怎样的人，能决定你是什么人的，只有你自己：一口沉甸甸的装满食物珐琅锅，可以让家人围坐，灯火可亲；高充绒量的鹅绒被很"费鹅"，但不会让你太破费；让孩子自信快乐的，不是昂贵的穿着，而是你给他的陪伴与爱。所以，我们要退出的是这个鼓吹过度消费、为销售数字狂欢的"双十一"。

今年"双十一"，我们不做复杂优惠玩法，我们为你们搞定了全年最大力度补贴。没有养猫盖楼、组队PK、手势地图，我们为严选在"双十一"当天准备的商品是全年抄底价，一些商品还能"价保1整年"。我们希望你，走好自己的路，不要被复杂玩法套路。

今年"双十一"，我们不发战报，我们为理性消费的生活理念发声。我们希望你不需要用金额爆表的账单"犒劳"自己，不需要用昂贵的品牌增加社交安全感，不需要用花哨的概念为生活筑梦。

今年"双十一"，我们不再为销售额开庆功会，我们只为每一个用户好评而庆祝。这个节日是否值得庆祝，不该由数字定义，应该由你们定义。没有烧钱晚会、卫星升空，对我们而言，这天只是如往常忙碌的一天。我们忙着备货、加强品控、准备补贴、调集客服、强化物流。比起震撼的数字，我们更关注的是你们在这儿能否买得放心、用得开心。

今年"双十一"，我们以美好生活之名，倾听自己内心的声音。生活不靠某一天的奇迹，而是靠每一天的打理。陪你过好每一天，是严选存在的意义。

资料来源：新浪科技.网易严选发声退出双十一：不做复杂玩法不发战报[EB/OL].新浪财经，2020-11-04.

营销启示:

　　网易真的退出了"双十一"电商战场吗?从网易严选声明的标题来看,似乎是的;但是细看声明内容,其实并没有打算退出。这次的声明以退为进,引发"破窗效应",通过树立理性的品牌标签实现正向塑造,引发讨论。可以说,这是一个针对消费者购物心理的反向营销成功案例。

5.1　市场类型

　　市场是市场活动中各方参与交换的多种系统、机构、程序和基础设施的总和。市场是商品和服务价格建立的过程,它促进贸易并促成社会中的资源分配。

　　在不同的市场上,由于顾客构成及购买目的不同,需求和购买行为也不同,而要了解和分析顾客的各种需要,首先需对市场做进一步的分类。然后针对不同市场的顾客在需求和购买行为上的差异制定不同的营销策略。

　　按照市场所在地理位置的不同,可以分为国内市场和国际市场、农村市场和城市市场;按照交换对象的不同,可以分为商品市场、劳务市场、技术市场、金融市场、信息市场等;按照交易的方式,可以分为现货市场和期货市场;按照购买者购买商品目的的不同,可以分为消费者市场和组织市场。在此我们仅就后一种市场类型,即消费者市场和组织市场进行分析研究,掌握其特点,为市场营销决策奠定基础。

　　顾客是公司微观环境中最重要的行为者。整个价值传递网络的目的就在于为目标顾客提供服务并与他们建立牢固的关系。顾客包含消费者市场和组织市场,其中组织市场又由生产者市场、中间商市场、政府与公共团体市场所组成。

5.1.1　消费者市场

　　消费者市场是指个人或家庭为了生活消费而购买各种有形商品和无形服务所形成的市场。它是生产者市场及整个经济活动为之服务的最终市场,也是现代市场营销理论研究的主要对象。消费者购买行为是指最终消费者(为个人消费而购买产品和服务的个人或家庭)的购买行为。所有这些最终消费者组成消费者市场。全球各地的消费者在年龄、收入、教育水平和品位上有很大不同，所购买的产品和服务也千差万别。这些多样化的消费者如何与他人及周围各种环境元素相互联系，影响着他们在各种产品、服务和公司之间的选择。据国家统计局统计数据显示，随着居民人均收入水平的持续提升，我国消费者消费能力和消费意愿均有增长，整体消费品零售规模持续提升，使中国成为世界上最有吸引力的消费者市场之一。

5.1.2 组织市场

组织市场是由为各种生产者、中间商和政府与公共团体消费与采购而组成的市场，其购买目的是生产、销售、出租、维持组织运作或覆行组织职能。它可以进一步分为生产者市场、中间商市场、政府与公共团体市场，如图5-1所示。

生产者市场是指一切购买产品和服务并将之用于生产其他产品和劳务，以供销售、

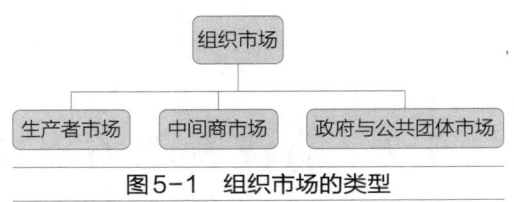

图5-1 组织市场的类型

出租或供应给他人的组织，其交易的对象主要是供企业进行生产的各种生产要素。中间商市场是指那些通过购买商品和劳务以转售或出租给他人获取利润的组织，它由各种批发商和零售商组成。政府与公共团体市场是供非生产、经营的组织集体消费的商品构成的市场。

由于这些市场中的购买主体、决策与购买方式、资金来源、购买的数量与频率、支付方式等方面的不同，每个市场都有其独特的发展变化规律，具有不同的特点。其中，生产者市场是常见且非常重要的一部分，其规模最大，也最具典型意义。消费者市场和生产者市场在以下几个方面有着明显的区别，如表5-1所示。

表5-1 消费者市场和生产者市场的比较

项目	消费者市场	生产者市场
购买者	个人或家庭	组织中的专业人员
购买目的	生活消费，不谋求盈利	生产消费，追求盈利
购买的数量	零星	大宗
市场分布	分散	集中
所处环节	最终消费	中间环节（生产性消费）

项目	消费者市场	生产者市场
需求弹性	富有弹性	缺乏弹性
购买行为	非专业性购买	专业性购买
购买决策	简单、多变	复杂、理性
主要分销方式	间接分销	直接分销
主要促销方式	广告、营业推广、直播	人员推销

由于上述差别的存在，使得消费者市场和生产者市场在需求和购买行为方面也有很大不同，企业营销人员应针对这些差别采用不同的营销策略。

5.2 消费者市场及其购买行为

5.2.1 洞察消费者市场

1. 消费市场特点

消费品市场在整个市场体系中居于基础性的中心地位。现代市场营销理论的核心是满足消费者的需求，而消费者的需求与爱好存在着明显的差异，呈现出多样化和复杂化的状态，即消费者既有物质需求，又有精神需求；既有生理需要，又有心理需要；既有生存发展的需求，又有享受的需求，从而形成了消费者市场需求的鲜明特点。

（1）分散性。消费者市场的基本购买单位是个人和家庭。一方面，由于每个家庭的人数、需求量、购买能力、存放条件，以及商品有效期等因素的限制，消费者购买一般呈现小批量、多批次的特点，尤其是购买日常消费品比较频繁。另一方面，现代市场商品供应丰富，购买方便，随时需要，随时购买，也没必要大量储存，使得消费者的购买呈现小型化的特点。另外，千家万户的消费者在空间位置上也比较分散，因而消费者市场具有分散性的特征。

（2）多样性。消费者市场不仅范围广阔，而且规模庞大，由于在地理位置、生活习惯、兴趣爱好、年龄性别、职业特点等方面存在着不同程度的差异，消费者对产品和服务的需求千差万别，他们对不同的商品和同种商品的不同规格、型号、款式、颜色、价格等都会产生多种多样的需求，而且是不断变化的，从而决定了消费者需求的多样性。企业营销人员应该认识到消费者市场中男女有别、老少有别、中外有别的需求差异，进行必要的市场细分，满足不同消费者的需要。

（3）发展性。随着经济的发展和社会的进步，人们的生活水平在不断提高，消费观念在不断更新，消费者对产品和服务的需求也在不断发展变化，需求的内容、形式、层次在不断提升，不会长期停留在原有水平上。消费者需求的这种发展性，一般是沿着由简单到复杂，由低级到高级，由数量上的满足到追求消费质量的方向前进的。消费者需求的发展性要求企业不断开发新产品，开拓新市场，认真做好市场调查和预测工作，使企业的发展适应于消费者市场需求的发展。

（4）可诱导性。消费者购买商品时容易受到个人情感以及厂家、商家促销的影响，容易受广告、商品包装，新奇的特点、降价、商店的气氛、营销人员的劝告等各种外在因素的影响。与组织市场的理性购买不同，消费者市场的购买行为更多的是情感型、冲动型的购买。他们在购买许多商品，特别是复杂的耐用消费品或新产品时，更需要卖方的宣传、介绍和帮助。不少消费品替代性强，需求弹性较大，消费者对商品规格、品质的要求也不如生产者那样严格，因此也更容易接受卖方促销活动或社会潮流的影响而改变主意。

企业营销人员应通过制订正确的营销策略，采用各种方法，正确引导和影响消费者，使消费者潜在的需求转变为现实的购买。

（5）层次性。消费者需求总是在一定支付能力和其他客观条件的基础上形成的。消费者的需求是多层次的，既包括生存、安全等低层次需求，也包括享受、发展等高层次需求。需求的层次性，一方面是指同一消费者由于支付能力和其他客观条件的影响，会有高低缓急不同层次的需求；另一方面是指同一时间、同一市场区域，不同消费者群体由于经济收入、社会地位和文化教养等方面的差异，必然表现出多层次的需求。消费者市场层次性的特征，为企业分析消费者的购买动机、购买行为，促进商品销售提供了有效的依据。

（6）时代性。消费需求不仅受到消费者内在因素的影响和制约，而且还经常会受到时代精神、风尚和环境因素的影响。时代不同，人们的消费需求也会不同，如北京冬奥会以后，滑雪板一度成为时代风尚，随之流行起来；又如当代社会对知识和人才的重视，使人们加大对教育的投入，使书籍、文化用品等商品的需求明显增加。在时尚性方面，服装的款式颜色、住宅的装修等表现得比较明显。所以，这种消费需求的时尚性和时代性也必然会反映在消费者市场上。

2. 用户画像

用户画像又称用户角色，是营销人员基于消费市场特点，勾画目标用户特征，制定个性化推销和服务策略的有效工具。在实际操作过程中用户画像往往会以最为浅显和贴近生活的话语将用户的属性、行为与期待的数据转化联结起来。作为实际用户的虚拟代表，用户画像所形成的用户角色并不是脱离产品和市场之外所构建出来的，具有一定的代表性，能代表产品的主要受众和目标群体。

传统的用户画像是一个展示人口数据的方式，例如，大众市场销售领域的多年传统是以一个人的年龄、收入、婚姻状况和教育情况等人口结构为基础去进行市场划分。在大数据时代，用户在互联网上的一切行为都在产生数据，用户信息充斥在网络中。将用户的每个具体信息抽象成标签，利用这些标签就可以将用户形象具体化，帮助企业有效地完成用户画像，从而使企业更好地理解和预测用户行为，提高营销活动的管理效率。

用户画像就是真实用户的虚拟代表，这意味着它必须是基于真实的数据而形成的，虽然它不是一个具体的人，但是它代表的角色在真实生活中应当是有例可循的。根据目标行为观点的不同，用户画像可以分为不同类型，不同类型的用户画像又可以重新组合在一起，只要把新得出的类型提炼出来，就能形成一个新类型的用户画像。通常，一个产品大概需要5~8种类型的用户画像。

◈ 博物洽闻

用户画像的要素

用户画像主要有8个要素，可以概括为"PERSONAL"：

P代表基本性（Primary）：指该用户角色是否基于对真实用户的情景访谈。

E代表同理性（Empathy）：指用户角色中包含姓名、照片和产品相关的描述，该用户角色是否有同理心。

R代表真实性（Realistic）：指对那些每天与顾客打交道的人来说，用户角色是否看起来像真实人物。

S代表独特性（Singular）：指每个用户应该是独特的，彼此间有差异性。

O代表目标性（Objectives）：指该用户角色是否包含与产品相关的高层次目标，是否包含关键词来描述该目标。

N代表数量性（Number）：指用户角色的数量是否足够少，以便设计团队能记住每个用户角色的姓名，以及其中的一个主要用户角色。

A代表应用性（Applicable）：指设计团队是否能使用用户角色作为一种实用工

具进行设计决策。

L代表长久性（Long）：指用户标签的长久性。

资料来源：阿黛尔·里弗拉.用户画像——大数据时代的买家思维营销［M］.高宏，译.北京：机械工业出版社，2021.

用户画像可以使产品的服务对象更加聚焦、专注。在没有开展用户画像之前，通常公司会期望他们的目标用户可以覆盖尽可能多的人。但如果产品适合于不同性别、不同年龄、不同收入、不同文化等差异的所有人，那么其实它是为最低的标准服务的，这样的产品要么毫无特色，要么过于简陋。每一个产品都应该为特定目标群体的共同标准服务，目标群体的基数越大，这个标准就越低。所以，这样的产品会很快走向消亡。

在成功产品的营销案例里，通常会看到特征明确的目标用户，这样在产品上就能专注地研究核心问题。比如华为Mate系列手机一直都为高端商务人群服务，目标用户有一定的事业基础、稳健、理智，华为通过长期经营赢得了这样的目标用户的口碑及市场份额。又如豆瓣网以书影音起家，提供关于书籍、电影、音乐等作品的信息，多年来专注于文艺事业，其目标用户——文艺青年的用户黏性非常高。所以，比起给广泛人群提供低标准的服务，企业更应该运用用户画像给特定群体提供专注的服务，从而更好地巩固市场份额，获得成功。

用户画像现在越来越受欢迎，因为它是一个有用的工具，有助于营销人员把目标客户看成有血有肉的人——他们也有现实中的家庭和生活，有所关心的东西。用户画像为企业和从未面对面相遇的目标用户之间架设起了人性纽带。

❖ 发凡举例

杰西卡的屋子

几年前，一家广告公司创建了一份详细的用户画像，用来描述购买其生产的汽车的消费者的典型特点。该用户画像详细地列出了一位被他们称为"杰西卡"的用户的生活、品位方式、态度和关心的东西。该团队不满足于用幻灯片或海报来展现杰西卡，他们实打实地打造了一间"杰西卡的屋子"，这里面有宜家的家具（杰西卡会用这个品牌来装饰自己的公寓），一张玻璃咖啡桌，上面摆放着她喜欢读的杂志，书架上有一个金鱼缸，还有一些小摆件和一台小电视。

这是少见的布置出一片真实的办公区域来构建用户画像的案例，但是相信坐

单元5 分析顾客购买行为

在这间屋子里开发营销方案有助于该广告公司营销人员时刻能记住：有一个真实的叫杰西卡的妇女就是其营销策略的目标。例如，在这个环境中，如果强调他们售卖的汽车拥有能装下大型犬或具有宽敞的载物空间，那么这样的建议就很容易被否定，因为营销人士可以一眼看出杰西卡很少在家（金鱼几乎不用照料），她当然更没有时间和空间来养大型宠物了。

对于很多营销人士来说，人口结构简介既是他们构建用户画像经历的开始，也是结束。不过如果能把用户在做决定方面的体验加进来，他们从用户画像中获得的价值就会多很多。营销人士可以把分配在传统广告营销上的预算和时间节省下来，用来与真实客户就他们的买车决定进行访谈。通过倾听杰西卡这类用户自己讲述的真实体验，广告公司可能会知道是什么原因促使杰西卡决定去买新车。与其猜测应该对汽车的哪些方面进行评估，不如问问真实用户他们能否接受可选择的额外消费，了解他们有哪些不满意的地方。

5.2.2　影响消费者购买行为的主要因素

消费者购买行为是指个人、家庭为满足自己生活需要而购买商品和接受服务的行为。不仅消费者市场与集团市场的购买行为不同，消费者市场上不同购买者的需求和购买行为也有所不同，分析消费者购买行为，实际上是探讨消费者产生行为的规律，从多方面研究消费行为的内容，重点在于揭示消费者心理活动的规律。

消费者市场涉及的内容千头万绪，从哪里入手进行分析？市场营销学家归纳出以下7个主要问题：

- 消费者市场由谁构成？（Who）——购买者（Occupants）。
- 消费者市场购买什么？（What）——购买对象（Objects）。
- 消费者市场为何购买？（Why）——购买目的（Objectives）。
- 消费者市场的购买活动有谁参与？（Who）——购买组织（Organizations）。
- 消费者市场怎样购买？（How）——购买方式（Operations）。
- 消费者市场何时购买？（When）——购买时间（Occasions）。
- 消费者市场何地购买？（Where）——购买地点（Outlets）。

由于后7个英文字母的开头都是O，所以它被称为"7O"研究法，也称为6W1H研究方法。

在现实中，消费者的购买行为受到多种复杂因素的影响。这些因素变量相互影响、彼此联系，共同构成复杂的因素体系。研究消费者购买行为的理论中最具代表性的是刺激—反应模式（Stimulus-Response Model），如图5-2所示。

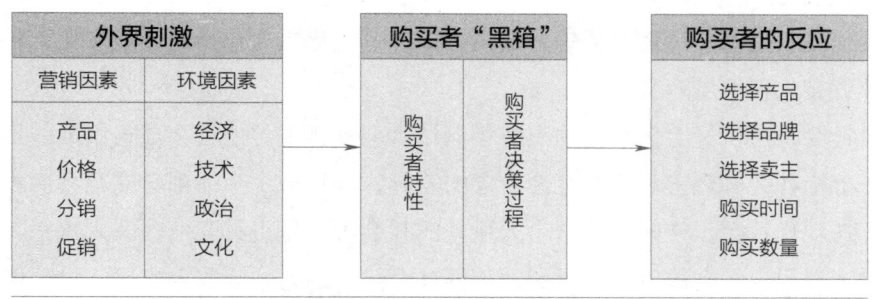

图5-2　刺激—反应模式

这一模式表明，同样的外界刺激作用于具有不同购买特性的个人时，可能使之做出不同的购买决策。企业需要了解消费者各方面的特性是怎样影响他们的购买行为的。图5-3列举了消费者的社会文化的、个人的、心理的特性因素。

图5-3　影响消费者购买行为的因素

1. 社会文化因素

社会文化是指人们在社会发展过程中形成并经世代流传下来的风俗习惯、行为规范、态度体系、生活方式、伦理道德观念、信仰等。每一历史时期的特定的文化与其社会密不可分，而这种特定的社会文化对该社会的每一个消费者都会产生深刻的影响。

（1）文化。文化是一个社会精神财富的结晶，它是决定人们需要的基本因素之一。文化是人类从生活实践中积累起来的价值观念、道德、理想和其他有意义的象征的综合体。人们文化的差异会引起行为上的差异，表现在婚丧、服饰、饮食起居、建筑风格、

麦当劳携手上美惊奇跨界　水墨动画里的汉堡美出圈

节日、礼仪等物质和精神生活方面也是各有特点。而这一切也必然反映在不同的消费者行为上。

（2）亚文化。文化是整体的概念，在一个大文化背景中，又包含若干不同的亚文化群。亚文化是指存在于一个较大社会中的一些较小群体所特有的特色文化，表现为语言、价值观、信念、风俗习惯等方面的不同。亚文化主要包括民族亚文化、种族亚文化、宗教亚文化和地域亚文化。

（3）社会阶层。社会阶层是由具有相同或类似社会地位的社会成员组成的相对持久的群体。每个社会客观上都存在社会阶层的差异，即每一个个体都会在社会中占据一定的位置。在现代社会，一般认为一个人所处的社会阶层是由其职业、收入水平、受教育程度和财产等因素综合决定的。显然，不同社会阶层的人，因收入水平、价值取向、生活背景和受教育程度不同，其生活方式、消费内容，对商品品牌服务档次和商店的选择等可能存在很大的差异。企业在营销活动中要对社会阶层进行划分，了解不同阶层的消费者在购买、消费、沟通、个人偏好等方面具有哪些独特性，以及哪些行为基本上被排除在某一特定阶层的行为领域外，哪些行为是各社会阶层成员都具有的共同行为特征等。

（4）相关群体。消费者的很多行为受到一定群体及其规范的影响。相关群体是指对于个人的态度、偏好和行为有直接或间接影响的人群。人们在生活中，无不受到各种相关群体的影响，不过由于关系的疏密不同，受到的影响程度也不同。相关群体的类型如图5-4所示。

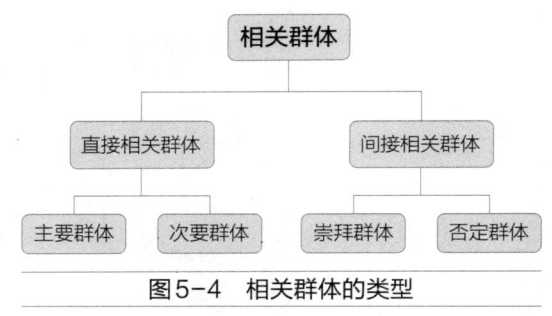

图5-4　相关群体的类型

相关群体分为直接相关群体和间接相关群体。直接相关群体又分为主要群体（基本群体）和次要群体，影响消费者购买行为的主要群体包括家庭成员、朋友、同事和邻居等，这一群体与消费者发生面对面的联系，因而对消费者的行为影响也最为直接。影响消费者购买行为的次要群体包括社会团体、职业团体等，如工作单位、消费者参加的各种团体，这一群体属正式组织，消费者归属其中，虽然对消费者的影响不如主要群体那样直接，但也间接发生作用。另外，对消费者购买行为产生一般影响的还有间接相关群体，消费者虽不属于该群体，但受其影响很大，如时代楷模、体育运动员等的影响。

相关群体对消费者购买行为的影响一般表现为三个方面：第一，相关群体成员在接触和互动过程中，通过心理和行为的相互影响与学习，会产生一些共同的信念、态度和规范，它们对消费者的行为将产生潜移默化的影响。第二，相关群体规范和压力会促使消费者自觉或不自觉地与群体的期待保持一致。比如，加入某一球迷俱乐部，不仅要参加该俱乐部的活动，而且还要购买与该俱乐部的形象相一致的产品，如印有某种标志或某个球星头像的球衣、球帽、旗帜等。第三，相关群体促使人们的行为趋于某种"一致化"，因而影响人们对某种商品品牌、花色等方面的选择。

（5）家庭。家庭是社会的基本单位，也是消费者最重要的相关群体。在正常情况下，人的一生大都是在家庭中度过的。家庭对个体性格和价值观的形成，对个体的消费与决策模式都会产生非常重要的影响。家庭对消费活动的影响主要表现在：大约80%的消费行为是由家庭控制和实施的，家庭对其成员的消费观念、生活方式、消费习惯有着深刻的影响，甚至制约着家庭成员消费支出的投向、购买决策的实施。

对消费者购买决策影响的大小，在不同类型的家庭和不同商品的购买中是不同的。社会学家按权威中心的不同，把家庭分为四类：丈夫至上型、妻子至上型、夫妻协商型、各自为主型。例如，在典型的三口之家中，传统的家用商品如食品、日用品主要由妻子采购，而丈夫在家电、汽车、住房、家具等购买方面有很大决策权。在我国，独生子女家庭较多，能满足独生子女消费需求的消费品是社会消费的热点，而且独生子女在家庭商品的购买决策上有一定的发言权；随着他们年龄的增长，购买经验的积累，独生子女有可能取代父母而成为家用商品的购买决策者。

2. 个人因素

（1）年龄。消费者处于不同的年龄阶段，其消费需求和购买行为是不相同的。例如，年轻人容易受外界各种刺激的影响而产生冲动性购买；老年人经验丰富，不容易受广告等商业信息的影响，多进行习惯型购买。

（2）职业与受教育程度。消费者的职业和受教育程度不同对其购买活动也有着直接的影响。首先，不同职业的消费者需求的主要内容不同，体力劳动者对劳动保护用品及运输服务有普遍的需求；而脑力劳动者则主要需要服饰、书籍及其他学习用品。其次，不同职业的消费者对相同类商品的兴趣、偏好也有所差异。

（3）经济状况。在市场经济社会，经济状况对个人的购买能力起决定性作用。消费者的经济状况一般包括收入水平、收入的稳定性、储蓄和债务状况等因素。收入越多的消费者，他们的购买能力越强；而收入的稳定性越大，消费者的消费支出占总体收入的比例就会越大，甚至有一部分收入稳定的消费者敢于超前消费，即靠借贷满足消费需要。储蓄与债务状况对购买活动影响深刻，但却呈相反方向，即一个消费者储蓄得越多，用于当前购买的资金就越少，用于将来购买的资金就越大；负债越多，消费者的购买活动受到的限制就会越大。

（4）生活方式。生活方式是指人们花费时间和金钱的态度及其所选择的消费模式，表现在他们喜爱从事的活动、兴趣、对问题的看法和花费时间的方式等方面。两个有相似的教育背景、年龄相近、职业和收入也一样的消费者，他们在生活消费的过程中购买的商品的品牌，闲暇时接受娱乐服务和活动的内容却有可能完全不同，其中的原因之一是他们的生活方式不同。消费者在购买商品时大都只能接受体现其独特生活方式的产品、服务和活动。例如，某人以成为艺术家为目标，必然采取艺术家特有的生活方式，具有同艺术家相似的兴趣和见解，从事各种与艺术有关的活动。

（5）个性。个性是一个人的性格特征，如自卑或自信、外向或内向、活泼或稳重、急性子或慢性子、倔强或随和等。显然，自信或急性子的人，在购物时能很快做出购买决策，而自卑或慢性子的人，购买决策过程就较长，因为要反复比较权衡，不容易拿定主意；外向型的人容易受周围人的意见影响，也容易影响他人，内向型的人则相反。有些营销学者根据顾客的个性不同，将顾客分为几乎不变换产品种类和品牌的习惯型、冷静慎重思考后购买的理智型、易受外来刺激而购买的冲动型、特别重视价格的经济型、感情和联想丰富的感情型以及缺乏主见或没有固定偏好的不定型六种类型。

3. 心理因素

（1）需要。需要是消费者行为的最初原动力，消费需要反映了消费者某种生理或心理体验的缺乏状态，并直接表现为消费者对获取以商品及劳务形式存在的消费对象的需求和欲望。例如，当人感到饥饿时会产生对食品的需要；感到寒冷时会产生对御寒衣物的需要；感到孤独时会产生对交往、娱乐活动的需要，正是为了满足形形色色的消费需要，消费者才会努力实施相应的消费行为。而当一种需要得到满足后，消费者又会产生另一种新的需要，如此往复，从而形成连续无尽的消费行为。

虽然人的需要从某种程度上说是无穷无尽的，但人的购买行为却是有限的，原因之一是需要不会直接带动行为，而必须是在需要达到某种强烈程度后形成动机，才会真正引发消费者的购买行为。

消费者的需要是复杂多变的，并且是多层次的。多层次的需要决定了购买动机的丰富性和购买行为的多样性。在需要层次的分析方面，著名心理学家马斯洛的理论是最为典型和最有影响的。

马斯洛将人类的需要分成五个层次：生理需要、安全需要、社会需要、尊重需要及自我实现的需要。它们是依照由低到高的层次组织起来的。一般来说，当低层次的需要基本满足后，就会出现较高层次的需要，人们就是在不断的追求新需要的过程中，产生新的行为动力。这种需要层次可由表5-2表示。

表5-2 马斯洛需要层次论

需要层次	需求类别	需求的主要内容
5	自我实现的需要	希望自我潜能和天赋得到完全发挥的需要（成功的成就感、能力得到体现等）
4	尊重需要	希望得到尊敬、赞美、赏识和承认地位的需要（荣誉、支配权力、地位等需求）
3	社会需要	归属感、爱情、友谊等方面的需要（朋友交往、伙伴关系、参加某些团体或集会等）
2	安全需要	对安全、安定的需要（财产安全、人身安全、职业安全、健康保障等方面的需要）
1	生理需要	对日常衣食住行的需求（为满足饥、渴而需要吃、喝，需要穿衣、休息、睡觉等）

在这五个层次的需要中，前两种属基本的物质需要，满足这种需要需消耗生活资料；后三种是精神需要，同样需消耗一定的物质资料，且是高等级的物质资料。许多市场营销学者认为，"人类需要层次论"对解释消费者的购买行为是很有用处的。例如，处于较低层次的消费者将收入的大部分花在购买食品、衣着上；处于恋爱阶段的年轻人，在衣着上比别人考究得多；希望在某学科里做出一番成就的学者，购书的费用要大于他人。

（2）动机。它是指当某种需要被意识到或被唤起之后所形成的促使人行动的内在驱使力。消费者购买动机是由人们的消费需要引发起来的，是推动人们购买某种商品以满足需要的内在动力。消费者的需要多种多样，其购买动机也是多种多样的，如从众、仰慕、自豪、占有、享受、保值、好恶、怀旧等。只有当消费者有了某种需要并期望得到满足时，才会产生购买动机。如饥饿产生了充饥的生理需要，为了满足这一需要，就会产生购买食物的动机，但是，这种需要并不能确定用哪种食物来满足，因为充饥的食物是多种多样的，生产厂家也是千差万别的，因而消费者的生理需要不是形成购买动机的唯一原因。社会文化环境、经济收入、商品本身及其销售服务的特色等，也是诱发消费者产生购买动机的重要原因。因此，企业营销人员应重视诱导消费者形成购买本企业产品的动机，并通过满足消费者的需要使这一动机不断强化，从而为维持企业产品的持续畅销打下基础。

（3）感觉。感觉是人脑对当前直接作用于感觉器官的客观事物的个别属性的反映。在消费活动中，当消费者与商品发生接触时，会借助眼、耳、鼻、舌、体肤等感觉器官感觉商品的物理属性，如：颜色、形状、大小、光滑、粗糙等以及化学属性，如：气味、味道等，并通过神经系统传递至大脑，从而产生对商品的各种感觉。感觉是消费者认识商品的基础，所以它对购买行为的影响也最直接。一个没有引起消费者感觉的商品，消费者无从对其认识，也不可能对它实施购买。

（4）学习。学习是指人在生活过程中经过实践和经历而获得的经验，能够对行为或行为潜能产生比较持久的改变过程。一个人的学习是通过驱动力、刺激物、诱因、反应和强化的相互影响而产生。由于市场营销环境不断变化，新产品、新品牌不断涌现，消费者的购买行为必须经过多方搜集有关信息之后，才能做出购买决策，这本身就是一个学习过程。

企业营销人员要善于把学习与驱动力联系起来，运用刺激性暗示和提供积极的强化手段来建立消费者对产品的需求，不断加深消费者对产品和企业的良好印象，从而帮助潜在顾客完成学习过程，使其成为现实的顾客。

（5）信念和态度。信念是人对于某一事物所持的一种看法和相信程度。消费者对产品的信念构成了产品形象，也构成了品牌形象。信念一旦形成就很难改变，它简化了消费者的购买决策过程，引导消费者习惯性地购买某些商品。

所谓态度是指一个人对某些事物、事件和环境所持有的看法、评价，以及情感上的感受和行为倾向。了解消费者的态度十分重要，因为态度形成人们对商品的喜好或反感，从而影响消费行为。消费者实施购买活动无疑是在感觉商品的各种属性后对其持有喜欢态度的时候才会实施的。当消费者置身于商品的包围中，他为什么选择这个商品而不是那个商品？消费者对商品的态度起着决定性的作用。

消费者在购买和使用商品的过程中形成了信念和态度，这些信念和态度又反过来影响人们的购买行为。

综上所述，消费者的购买行为是社会文化、个人和心理因素之间相互影响和作用的结果。其中很多因素是市场营销者无法改变的，但对这些因素的分析在识别那些对产品有兴趣的购买者方面颇有益处。所以，现代企业应重视研究产品开发、价格确定、广告设计、商品陈列、营销网点设置和品牌、包装等营销刺激因素与消费者反应的关系，深入探讨影响消费者需求和购买行为的各种因素。

5.2.3 消费者购买决策过程

消费者的购买决策是在特定心理驱动下，按照一定程序发生的心理和行为过程，这一过程通常包括若干前后相继的程序或阶段，即引起需要、收集信息、比较评价、购买决策和购后评价，如图5-5所示。

图5-5 消费者购买决策过程

1. 消费者购买行为的程序

消费者每次购买都要依次经过上述五个阶段。购买决策可能很快，也可能很慢。在经常性购买中，消费者常越过或颠倒某些阶段，这主要取决于购买者特点、产品属性和购买情境。例如，购买常用牙膏品牌的某消费者在确认需要牙膏后，会越过信息搜索和选择评估阶段，直接进入购买决策阶段。在下文中，将运用图5-5所示的标准模式，阐述消费者面临一项新的复杂的购买时所发生的全部思考过程。

消费者购买
决策过程

（1）引起需要。购买过程从购买者确认某个问题或某种需要开始。消费者的需求是引发购买行为的动因，购买决策过程开始的标志是消费者意识到对某种商品或服务有需求。这种需求可能是由消费者内在的生理或心理变化引起的，如感到口渴、寒冷，引起购买饮料和冬衣的需要。也有可能是由外界刺激引起的，如一种色香美味的食品引起人们的食欲；看了家具广告而产生购买的欲望等。还有可能是内在需求和外界刺激共同作用而产生的。实际上，在现代社会中，绝大多数需求都是来源于外部环境的影响，也就是说，外部的影响既使消费者内在的需求从可能变成现实，也激发了消费者内在的需求。

（2）收集信息。当消费者对某种产品感兴趣时，就会开始去搜寻更多的信息。如果消费者的需要很强烈或产品正好在手边，他很可能就会产生购买行为。反之，消费者会暂时将这个需要记在心里，然后搜集与之有关的信息。收集信息是购买决策的调研阶段。消费者认识到自己的需求之后，就会对他所需要的对象产生兴趣，因而有意识地去收集有关信息，加深认知。以购买手机为例：某人会对手机的信息特别注意，尤其会注意广告并且与同事购买的手机进行比较，这样就进入了加强注意阶段；此后，积极寻求产品信息，阅读材料与朋友聊天等收集产品信息。这时就好似积极收集信息状态。信息收集的程度取决于他购买手机的驱动力，掌握信息的满意程度。

消费者可从以下渠道获取信息：商业来源（如广告、销售人员、经销商网站、包装和展览）、个人来源（如家庭、朋友、邻居和熟人）、公共来源（如大众楼媒、消费者评审组织和网络搜索）、经验来源（如对产品的操作、检查和使用）。这些信息来源的相对影响因产品和购买者而异。

随着获取信息的增多，消费者对各种品牌和特征的认知与了解也逐渐增加。在对手机信息的搜索中，可能了解到许多品牌信息，这些信息会辅助消费者思考购买决策，从而剔除掉一些不适合的品牌。这也是公司花费时间和金钱经营品牌形象的重要原因。

⬡ 博物洽闻

不同信息源及其影响力分析

由于商品种类和消费者个人特征的不同，各类信息来源的影响力也不同。一般来说，商业来源通常起告知作用，个人来源和公共来源则具有评价作用，经验来源往往能用来评判商品是否有价值。企业营销者应及时掌握消费者搜集信息的过程和动向，了解各类信息源对消费者的影响力，了解现有信息对企业和产品的评价，并设法扩大对企业和产品有利信息的传播。

一般情况下，消费者得到的大多数产品信息来自商业渠道，即市场营销者所控制的来源。然而，最有效的信息来源是个人来源。很少有广告可以比朋友在你身边说句"这个产品很棒"更有效。如今，消费者自由地在各种社交网站上分享商品评论、图片和经验。购买者可以从诸如淘宝、京东、拼多多等众多网站中获得大量关于拟购买产品的用户评价。例如，在美团上，消费者可以直接看到已有消费经历的人们提供的评价，评价的对象包括当地餐厅、休闲场所、酒店民宿、艺术和娱乐活动等。尽管在美团和其他网站上，个人用户的评价常常在质量上良莠不齐，但总体上仍然能够提供较为可靠的评价，毕竟它们直接来自与自己类似的实际购买者或使用者。

资料来源：菲利普·科特勒，加里·阿姆斯特朗.市场营销——原理与实践[M].楼尊，译.北京：中国人民大学出版社，2020.

（3）比较评价。消费者从各种信息来源获取资料后，将会进行整理、分析，对各种可能选择的商品和品牌进行比较、评价，从而确定自己所偏好的品牌。消费者进行比较评价的一般步骤：①分析商品的性能和特点，特别是与其消费需要密切相关的各种属性；②根据自己的需求，分析各种属性的重要性，排定考虑顺序；③根据自己的偏好提出品牌选择方案。消费者的比较评价过程是一个反复考虑、权衡得失、不断筛选的过程。

消费者使用各种信息筛选出一组最终可供选择的品牌之后，是如何从中选择的呢？

企业需要了解评估备选方案，即消费者如何处理信息并选择品牌的过程。遗憾的是，没有适合所有购买情况的简明、单一的评估过程。

购买方案的评估根据消费者个人和特定购买情形而定。在某些情况下，消费者会精打细算，缜密思考。在其他情况下，同一位消费者却可能很少甚至不加思考，单凭直觉或冲动进行购买。有时，消费者会自行决策；有时，他们会向朋友、网上评论或销售人员寻求购买建议。假如备选的手机购买方案已被缩减到三个品牌，而且确定了侧重的属性，如价格、性能、款式和保修服务，那么自然会比较每个品牌在各个属性上的表现。有时候消费者会选择最满足所有属性要求的产品，但是实际上，每个品牌都有着不同的吸引力，消费者也许会因为某品牌在单一属性上的卓越表现而忽视了其他属性。

营销人员应通过直接访谈或用户画像去了解消费者对资料的处理过程和评价标准，以便掌握消费者的购买意向。同时，营销人员也可以帮助消费者比较评价各品牌之间的差异，发挥必要的参谋作用。

（4）购买决策。消费者通过对商品反复的比较评价后，已形成指向某品牌的购买意向，但从购买意向到购买决策之间，还会受两个因素的影响。①其他人的态度，即消费者周围的人对消费者偏好的品牌所持的意见和看法。其他人的态度会影响消费者的购买决策，其影响的程度取决于所持态度的强度及与消费者之间关系的密切程度。一般说来，反对的态度越强烈，或与消费者的关系越密切，其影响力就越大，消费者改变购买意向的可能性也越大。②意外出现的情况，即消费者购买意向是在预期的家庭收入、预期的商品价格和预期的购买满足感等基础上形成的，如果出现了失业、涨价及听到该产品令人失望的信息等意外情况，则消费者很可能会改变购买意向。消费者的购买意向是否能转化为购买决策，还受所购商品价格的高低、购买风险的大小和消费者自信心的强弱等因素影响。

（5）购后评价。一般情况下，消费者购买商品后，往往会通过使用，通过家庭成员或亲友、同事的评判，对自己的购买决策进行检查和反省，以确定购买这种商品是否明智、效用是否理想等，从中产生满意或不满意的购后感觉。这种购买后的感觉不仅影响到消费者自己会不会重复购买，而且还会影响他人购买，从而对企业能否扩大市场销售带来重大影响。如果消费者自己感到满意，他会鼓动、劝导周围的亲朋好友购买该商品；而如果消费者感到不满意，同样他也会向亲朋好友诉说购买该商品后的烦恼和不快，甚至会通过大众媒介公之于众，从而影响企业或产品的形象。因此，了解消费者的购后反应，提高消费者购买后的满意程度，应成为企业营销人员不可忽视的重要工作。

　　消费者并非在购买任何商品时都要经过上述复杂的购买决策过程，事实上，有时消费者会跳过或颠倒某些阶段。例如，购买汽车和购买食品的决策过程就大不相同。消费者在购买汽车等价值较高的商品时会十分谨慎，往往会认真比较其价格、款式、性能、售后服务、支付方式等方面的差异，然后再做出购买决策；而消费者在购买食品等日常生活用品时，就可以从确认需要直接进入购买阶段。消费者的购买决策随其购买类型的不同而变化。

2. 消费者购买行为类型

　　消费者的购买行为因购买对象的不同而不同，其中主要是因为制定购买决策的过程不同，有的商品价格低，消费者比较熟悉而有经验，购买的决策过程简单，购买行为也比较简单；有的商品昂贵，或消费者缺乏相应的购买经验，制定购买决策的过程复杂，购买行为也相对繁琐。

根据品牌间的差异程度和消费者介入程度的不同，可将消费者购买行为分为四种类型，如图5-6所示。

消费者介入程度指的是消费者在购买时的谨慎程度、花费的时间和精力以及参与购买决策人数的多少。显然，购买汽车、住房等价格昂贵，购后要使用多年，风险较大，供家庭成员共同使用的商品，消费者购买时介入程度就高。

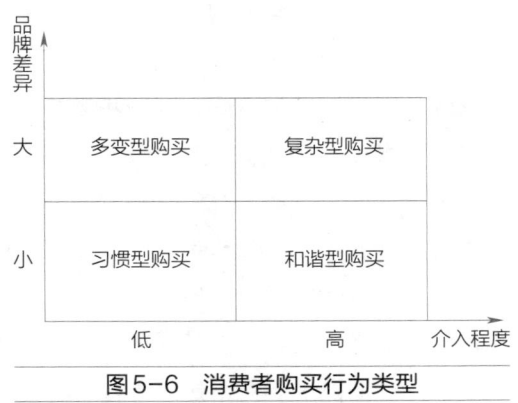

图5-6 消费者购买行为类型

不同种类商品的品牌差异度是不同的，有些商品的品牌差异度较小，如：调料、软饮料之类的商品；而有些商品的品牌差异度就较大，如：计算机、护肤用品等商品。

（1）复杂型购买。一般来说，当商品价格很高，购买风险较大，又非经常性购买，而且所购商品品牌存在明显差异时，消费者会高度参与，全身心地投入购买。此时的购买行为就是一种复杂型购买，因而需要有一个较长的学习过程，以广泛了解产品性能、特点，经过反复比较选择，才能确认其购买方案。所以，当消费者高度介入且认为品牌间存在显著差异时，将采取复杂型购买。

例如，笔记本电脑的购买者可能不知道应优先考虑何种性能，这个购买者将经历一个学习过程：首先产生对产品的信念，然后逐渐形成态度，深思熟虑之后做出购买选择。

此类产品的营销者必须了解目标用户是如何收集和评价信息的。他们需要帮助购买者了解产品属性及其相对重要性；需要突出自身品牌的特性，利用平面媒体和详细的广告文案来描述品牌优点；需要通过商店销售人员和购买者朋友的支持，从而影响购买者对品牌的最终选择。

（2）和谐型购买。又称降低失调的购买行为，发生在消费者高度介入购买，所购产品价格昂贵、有风险，但品牌间差异并不大时。例如，购买地毯可能是一个高介入决策，因为地毯价格昂贵。然而，购买者可能认为一定价格范围内不同品牌的地毯大同小异。因此，购买者可能在货比三家之后，会因为品牌间差异不大而快速作出购买决策。

但是，消费者在购买产品后有时会产生一种购后失调的感觉，因为他注意到了产品上的一些使他感到烦恼的缺点，或是听到有关其他品牌产品的一些优点。于是，他开始学习更多东西，试图证明自己的决策是正确的，以减少这种购后的不协调感。在这种情况下，营销沟通工作就显得非常重要，因为营销的目的是让消费者真正满意，以培养顾客的忠诚度。营销沟通的主要目的在于增强信念，以帮助购买者对他选择的品牌有一种满意的感觉。为了应对这种失调感，市场营销者应该注重售后沟通，提供能让消费者对他们的品牌选择感觉良好的证据和支持。

（3）多变型购买。某些购买是消费者在低度介入但品牌差异很大的情况下完成的。在这种情况下，消费者有时会经常改变品牌选择。例如，消费者在选购曲奇饼干时可能会带着某种看法，简单地选择一个品牌，然后在食用过程中对这个品牌进行评价。然而在下次购买曲奇饼干时，消费者可能出于想尝新而选择另一个品牌。品牌的转换可能并不是因为感到不满意，而是为了寻求多样性。

在这种情况下，在市场中占据领导地位的品牌和小品牌的营销战略有所不同。市场领导者通过占据主要货架空间、不断补充商品和经常投放提示性广告来鼓励习惯性购买行为。作为市场挑战者的公司则可以通过提供低价、优惠折扣、党费样品和倡导试用新鲜事物的广告，来较为寻求多样性的购买行为。

（4）习惯型购买。习惯性购买行为是消费者在低度介入、品牌间无太大差别的情况下完成的。比如购买食盐，消费者对这种产品的介入度很低，他们通常在进入商店后随意选择一个品牌购买，即使他们直接购买相同品牌，那也只是出于习惯，而不是强烈的品牌忠诚。消费者对大多数低成本、经常购买的产品介入度较低。

在这种情况下，消费者行为并不表现为通常的行为模式。消费者并没有对品牌信息进行广泛研究，也没有对品牌特点进行评价，对决定购买什么品牌也不重视。相反，只是被动地接受信息。也就是说他之所以选择这一品牌，仅仅是因为他熟悉。因为消费者对产品选择介入度低，即使购买后，他们也不大会对所做的选择作出评价。在这种情况下，市场营销者经常通过价格和促销来刺激产品的购买，或增加产品属性或强调几个关键点来差异化自己的品牌，从而提高消费者介入度。

5.3 组织市场及其购买行为

5.3.1 组织市场的主要特点

由于组织市场与消费者市场之间存在商品经济用途和购买决策的差异，因此，与消费者市场相比，组织市场具有以下的独特的特点。

1. 购买者人数较少但购买规模较大

组织市场的购买一般都是成批的、集中性购买。相对于消费者市场，其购买交易的次数要少得多，但无论就单个购买者，还是就组织市场的整体而言，其购买的数量和金额却要较消费者市场大得多。

2. 购买决策参与者多，专业人员采购

各类企业或组织都设有采购部门，有一批从事物资采购的专业人员，对一些重大的采购项目，还会成立由技术专家和相关部门负责人组成的专门采购机构，负责整个采购工作。这是因为组织市场与所购商品的技术性较强，对产品质量、规格、性能等方面都有系统的计划和严格的要求。因此，通常由技术专家和高级管理人员领导采购工作，特别是那些主要设备的采购，参与决策的人较多，决策过程更为规范。

3. 需求上具有派生性、波动性，但缺乏弹性

组织市场的需求是由消费者市场的需求派生出来的，如消费者对全棉服装的需求增加，会导致服装加工企业大量购买棉花和棉布制品，也会导致经销商大量采购全棉服装，如果这些消费品的需求减少，那么生产和经销这类消费品的市场需求也会随之下降。

由于组织市场的需求一般是一种派生需求，所以波动性较大，这种波动性一方面表现为受宏观经济波动的影响程度大于消费者市场，另一方面表现为消费者市场需求的小量变动会给产业市场需求带来巨大波动。产业市场的这种波动性增加了生产设备、原材料等投资货物的企业市场营销活动的难度。

组织市场的需求一般缺乏弹性，即需求一般不直接受价格波动的影响。这一特点一是由需求的派生性引起的；二是生产者不可能像消费者改变他们需求偏好那样经常变动他们的生产工艺；三是在组织市场顾客购买过程中，往往对产品质量、性能、规格、交货期、售后服务等方面有较高要求。相比之下，价格往往不是决定购买的主要因素。

4. 地理位置相对集中

消费者市场分散，几乎无处不在；而组织市场，特别是产业市场和中间商市场的地理位置相对集中，这是由于各地资源、交通和历史沿革情况以及生产力布局的不同造成的。例如：我国空调器的生产者，主要集中在珠江三角洲和长江三角洲；汽车工业的生产者主要集中在长春、上海、北京、天津等一些大城市。随着社会生产向专业化方向发展，组织市场地理位置集中的特点将更为明显。生产者的集中化有助于降低销售成本。

5. 直接购买和互惠购买

组织购买者往往向生产者直接采购所需商品（特别是单价高、技术复杂的设备，及大批量、连续供货商品），而一般不通过中间商采购。一方面，供应商能够保证按照自己的要求提供产品；另一方面，又能与供应商密切联系，保证在交货期和技术规格上符合自己的需求。

互惠购买即购买者和供应者互相购买对方的产品，互相给予优惠。如钢铁公司向矿务局购买煤炭，矿务局向钢铁公司购买钢材，就形成了互惠的购买关系。这样便可以建立固定的产销关系，使彼此的销路都有保障。

5.3.2 产业市场的采购行为

1. 产业市场购买决策的参与者

每一个企业都设有专门负责生产用品供应的采购组织，它由各种采购人员组成，并由采购部门经理负责管理和协调工作。企业的购买决策就是由专职人员和有关的其他人员一起参与进行的。营销学者把所有参与或影响购买决策的人员称为企业的"采购决策中心"。它通常包括以下五种成员：

（1）使用者。即企业中具体使用将要购买的产品的人员。使用者通常是最初提出购买某种产品建议的人，他们对计划购买的产品的品种、规格等方面有一定的影响。

（2）影响者。即企业内外部直接或间接影响购买决策的人员，其中最主要的是企业的技术人员、财务人员、质量管理人员等。他们通常协助决策者决定待购产品的品种、规格、标准及财务细目等。

（3）采购者。即被企业正式授权具体执行采购任务的人员。在一定条件下，他们有权选择产品和供应商，在较复杂的采购业务中，他们参与购买决策过程，执行物色供应商并同供应商谈判等方面的具体工作，但最终购买决策则要由企业的高层管理人员作出，而后由他们组织实施。采购者要熟悉采购业务的程序、洽谈及合同条款等内容。

（4）决策者。即企业中有权正式作出购买决策的人员。购买的具体情况不同，决策者的权限也有很大不同。例如，采购部经理一般只对直接重购及某些修正重购问题有决策权，而对新购以及修正重购中的某些重大问题他们只能按照企业高层管理人员的意图办事。

（5）控制者。即企业内外部掌握市场信息并能控制其流向决策者的人。如企业的采购代理、接待员、秘书等。企业内部的控制者具有为产品购买决策工作提供有关资料的任务；企业外部的控制者可以为企业的产品购买决策工作提供必要的咨询服务。

当然，并不是任何企业采购任何产品都必须有以上五种人员全部参与整个购买决策过程，任何组织的采购部门，其规模、人员组成及机构设置都会因组织类型的不同而不同。因此，营销人员必须分析购买决策参与者的情况，弄清谁是主要的决策参与者，他们影响哪些决策环节、他们的影响程度有多大，他们在决策时所使用的评价标准又是什么，这样才能确定推销的具体对象，并针对不同购买决策参与者的地位和权力以及其个人特征，制定出具体的推销方案。

2. 产业市场购买业务的种类

按采购发生的先后顺序并结合决策的复杂程度来划分，产业市场的购买业务可以分为以下三种类型：

（1）直接重购。是指采购部门根据以前的采购情况，向原供应商订购同类产品。它是利用现有的供货关系，是一种程序化的购买决策，一旦供应商的供货能满足采购方的需求，能使采购方满意，这种交易关系就可能持续下去。对于供应商来说，关键是要以高质量的产品和服务保住现有客户。新的供应商想夺取这个市场比较困难。

（2）修正重购。是指采购部门想改变采购品的规格、价格、交易条件及供应商等，其目的是寻求更低的价格、更好的服务及更有利的交易条件。这种类型的购买决策要比直接重购复杂得多，会有更多的人参与购买决策。修正重购会给原供应商带来威胁，原供应商需采取最有效的措施维护原有的地位；同时，也给其他供应商提供机会，其他供应商可采取提供新产品、提出更优惠的交易条件等方法来争得一席之地。

（3）全新采购。是指采购部门为企业新增的生产项目或更新设备而首次购买某种产品和服务。全新采购的成本费用或购买风险越大，参与决策的人数和所需的信息也越多，购买决策所需的时间就越长。这类购买最为复杂。企业的全新采购活动构成了一个新的市场，对供应商来说，这是一个最好的机会，营销人员要主动接近尽可能多的对全新采购有影响的决策人，并向企业提供市场信息，帮助解决企业遇到的疑难问题，以争取早日获得订单。由于在全新采购状态下营销工作具有复杂性，供应商有必要成立一支由高素质营销人员组成的专门营销队伍，运用整套的营销手段来争夺这一新市场。

3. 产业市场的购买决策过程

产业市场的购买决策过程根据其购买类型的不同而有所不同。一般来说，对于直接续购和修正重购的购买过程相对简单，而对于大宗货物的全新购买，一般需要经过以下八个步骤：

（1）认知需求。是指企业在某些内部或外部因素的刺激下，认识到需要购买某种产品或服务，以解决某一问题或满足某一需求。内部因素主要包括：①企业开发新产品，需要新设备和原材料；②要更新设备，需要替换或增加新部件；③想购买物美价廉的商品，需要寻找新的供应商。外部因素主要是指供应商的广告宣传、上门推销、展销会、展览会等。

营销人员一方面要及时了解买方内部存在哪些问题，有哪些购买需求；另一方面要通过广告或上门访问等方法来刺激买方认知需求。

（2）确定需求。是指确定所需产品的性能和数量。对标准化的产品而言比较容易确定，但对复杂的产品，就要组织有关的生产人员、工程技术人员、采购人员、市场调研人员等进行组织研究，进一步分析需求，确定所需产品的种类、性能及数量等，对所需产品进行一般的描述。营销人员应主动向买方介绍产品的特性，协助买方确定购买要求。

（3）说明需求。企业采购部门在确定所需要的产品以后，就要对所需产品进行价值分析，看所需要购买的产品能否以较低成本获得较高的功能，即获得较高的价值和经济效益。由于生产用品在技术性能、成分、使用方向等方面要求高、内容复杂，因此必须由企业采购部门的专家小组写出所需产品的技术说明书，以作为采购人员选购产品的依据。

（4）寻求供应商。企业采购部门对所需购买的产品做出具体规定以后，就要寻找合适的供应商。准备购买商品的价值越高，技术越复杂，企业越应广泛地、慎重地寻求供应商。寻求供应商的基本途径很多，可以通过工商企业名录、商业咨询机构查找；可以通过其他企业推荐、商业广告、展览会等途径查找；也可以通过互联网络更方便快捷地寻找合适的供应商。

营销人员应通过各种途径宣传介绍产品，扩大企业的知名度，并要注意发现正在寻找供应商的买方。

（5）征求建议。企业采购部门在物色好一批合格的供应商之后，就要开始征求他们对供货的意见和建议，并邀请他们提交报价建议书，通过分析供应商的报价和意见，来了解他们的供货能力和条件等。

营销人员必须重视报价建议书的编写和报价单的填报工作，准确地把企业形象和产品的优点表达出来，力求体现更强的说服力，使买方接受本企业的报价。

（6）选择供应商。企业在报价建议书的基础上综合考虑供应商的产品质量、价格、信誉、交货期、技术服务及其交易的积极性等，初步选择比较合适的供应商，然后通过与那些较中意的供应商进一步洽谈，争取更低的价格和更好的条件。许多企业都乐于同时选择几个供应商，并在他们中间分配份额，这样既可免受一个供应商的控制，减少供货风险，又可利用供应商之间的竞争，得到更多的优惠条件。

营销人员应主动配合买方的考察，在谈判中灵活运用营销策略，并做出有诚意的承诺，使自己成为最具吸引力的供应商。

（7）正式采购。这是购买过程中的实际购买阶段。一般是以买卖双方正式签订合同的方式完成。在合同中应详细列明产品的技术规格、需求数量、价格、交货时间、交货方式、付款方式、技术服务等具体要求。现在企业日益趋于采取"一揽子合同"（又称无库存采购计划）的订货方式，与供应商建立长期关系。在这种情况下，供货商应按照采购方的要求以双方协定的条件重复供货。这样，存货由供货商保存，采购方可以减少库存量，降低存货成本，加速资金周转。

营销人员可与买方签订长期供货合同，建立起稳定的供货关系，阻止竞争者加入其中。

（8）绩效评价。企业购进产品之后，采购部门会主动与使用部门联系，对所购产品的使用情况和供应商履行合同情况进行检查和评估，根据对供应商的评估，来决定是延续、修正还是终止向该供应商采购。

4. 影响产业市场购买决策的因素

产业用户在做出购买决策时会受到许多因素的影响，归结起来主要有环境因素、组织因素、人际关系因素和个人因素，如图5-7所示。

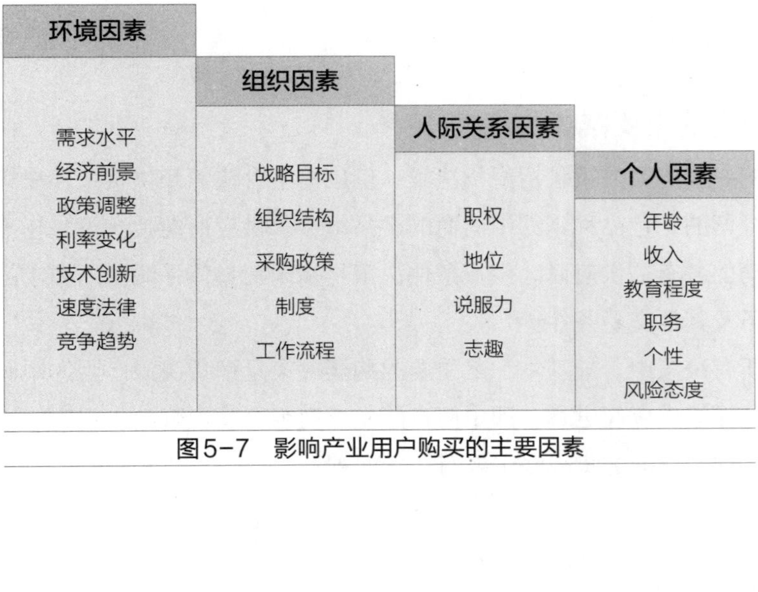

环境因素	组织因素	人际关系因素	个人因素
需求水平			
经济前景			
政策调整	战略目标		
利率变化	组织结构	职权	年龄
技术创新	采购政策	地位	收入
速度法律	制度	说服力	教育程度
竞争趋势	工作流程	志趣	职务
			个性
			风险态度

图5-7　影响产业用户购买的主要因素

5.3.3　中间商市场的采购行为

中间商市场也称转卖者市场，它是由所有以营利为目的，从事转卖或租赁业务的商业企业和个人组成，主要包括批发商、代理商和零售商。中间商具有生产者和最终消费者所不能替代的特殊作用。在市场经济条件下，生产者所生产的产品有少部分自产自销，直接由制造商卖给最终顾客，但绝大部分产品都要通过若干中间商转卖给最终顾客。

1．中间商市场的特征

（1）中间商市场的需求也是派生的，受最终消费者购买的影响而使销路不定，不过，由于离最终消费者更近，这种派生需求反映比较直接。

（2）中间商市场的需求弹性比产业市场大。中间商市场比产业市场在价格上敏感得多，因为产品价格的变化会直接影响消费需求，而专门从事商品交换的中间商比起生产者能更及时地发现、了解这种变化，从而及时调整购买决策。

（3）中间商必须大量购进和大量销出。由于只赚取销售利润，单位产品增值率低，所以必须大进大出和快进快出。

（4）对交货期、信贷条件等要求较高。中间商购买商品的目的是再销售并从中获利，为了抓住有利的销售时机，减少商品滞销积压的风险，加快资金周转，对交货期限和信贷条件等要求较严。

（5）转卖者由于财力有限及不专营一家企业产品，故往往需要生产厂家协助做产品广告，扩大影响。

（6）中间商一般不擅长技术，所以需要供货方提供退货服务、技术服务或返修商品服务。

2．中间商的主要购买决策

中间商的主要购买决策包括配货决策、供应商组合决策和供货条件决策。配货决策是指确定拟经营的花色品种，即中间商的产品组合。供应商组合决策是指确定打算与之从事交换活动的各有关供应商。供货条件决策是指确定具体采购时所要求的价格、交货期、相关服务及其他交易条件。

在以上所有决策中，最基本、最重要的购买决策是配货决策。因为中间商经营的货品会影响到从哪家供应商进货，即中间商的供应商组合，影响到中间商的市场营销组合和顾客组合。中间商的配货战略主要有以下四种：

（1）独家配货。指中间商决定只经营某一家制造商的产品。

（2）专深配货。指中间商决定经营许多家制造商生产的同类的各种型号规格的产品。

（3）广泛配货。指中间商决定经营种类繁多、范围广泛但尚未超出行业界限的产品。

（4）任意配货。即中间商决定经营范围广泛且没有关联的多种产品。

关于中间商市场的具体内容，将在销售渠道相关章节中作更详细的介绍。

5.3.4　政府与公共团体市场

政府是社会组织的一个极重要的组成部分，在许多国家里，政府组织和公共团体是商品和服务的重要购买者。各国政府通过税收和财政预算掌握着相当大一部分的国民收入，形成了一个独特的、规模较大的集团消费市场。

1. 政府与公共团体市场的特点

在大多数情况下，政府与公共团体市场是非营利市场，特别是政府市场，它同产业市场、中间商市场相比具有以下特点：

（1）预算制约。政府与公共团体采购的资金来源主要来自政府预算。预算制定的时间、数额都对政府与公共团体的采购有着决定性的影响。如果采购商品是没有列入预算的必购品，那么即使是价格高些，采购也能进行。

（2）公众监督。各级政府机构的开支来自财政拨款，财政拨款来自社会公众的税收，产品主要用于公共事业。因此，社会公众有权以各种形式对政府机构的购买活动加以监督，要求政府富有效率，公正、廉洁，能以最低标准的购物数量实现政府的各项职能。企业要想打入政府市场，就必须详细了解各国政府机构的组成、各级机构的职责及其采购程序。

（3）购买目的的特殊性。这个市场的购买目的不同于产业顾客、中间商和最终消费者，它完全是为执行其职能而购买，如提高国防实力、保卫国家和人民财产安全、保证经济持续稳定发展等，各级政府在购买商品时除了考虑质量、性能、价格等经济性因素外，还要追求其他政治性、军事性、社会性目标。购买商品的范围也很广，从民用品到军需品、从工业品到消费品、从有形的商品到无形的服务，几乎无所不包，因而对任何企业和中间商来说，政府市场都是一个很大的市场。

（4）优先购买本国产品。在国际贸易保护主义下，各国政府一般优先采购本国公司的产品，然后再考虑国外的供应商，许多国外企业常常联合东道国的供应商共同投标。数额巨大的政府采购可以拉动国内需求，增加就业，促进本国经济的发展。国际上也有要求将政府采购纳入自由贸易的观点，如联合国和WTO颁布的《政府采购协议》《政府采购与建筑示范法》等，倡导在世界范围内采购政府产品。

2. 政府与公共团体市场主要的购买方式

政府机构购买商品是为了有效地履行其维护社会安全，保护社会公众利益，建设及维护公共设备等职能，购买的商品种类繁多，数量巨大，购买行为深受社会关注，购买方式也较为特殊。

（1）公开招标竞购。公开招标竞购指政府部门以向社会公开招标的方式择优购买商品和服务。一般的程序是先由政府的采购机构在媒体上刊登广告，说明要采购的商品的名称、品种、规格、数量等具体要求，再邀请供应商在规定的期限内投标，最后由政府的采购机构在规定的日期开标，选择报价最低又符合要求的供应商成交。

（2）议价合约选购。议价合约选购指政府采购机构和一个或几个供应商接触，经过谈判协商，最后只和其中一个符合购买条件的供应商签订合同，进行交易。一般而言，当政府的采购业务的计划复杂、风险较大、竞争性较小时，比较适合于采用这种购买方式。

（3）例行选购。政府部门对维持日常政务正常运转所需的办公用品、易耗物品和福利性用品，多为经常性、常规性连续购买，其花色、品种、规格、价格、付款方式等都相对稳定，大多采取例行选购的方式，向熟悉的和有固定业务联系的供应商购买。

⬡ **正心诚意**

中国已成为世界第一大实物消费市场

中国社会科学院发布的2021年《社会蓝皮书》显示，"十三五"期间，中国居民消费持续保持升级态势，成为推动经济发展的基础性力量。2019年，中国社会消费品零售总额达41.2万亿元，已成为世界第一大实物消费市场，最终消费支出对经济增长的贡献率保持在60%左右。"十三五"期间，城乡居民消费结构持续改善、生活质量显著提升。恩格尔系数从2015年的30.6%下降到2019年的28.2%。

经过改革开放以来40多年发展，我国经济快速成长，国内大循环的条件和基础日益完善。从需求潜力看，我国已经形成拥有14亿人口、4亿多中等收入群体的全球最大最有潜力市场，随着向高收入国家行列迈进，规模巨大的国内市场不断扩张。从供给能力看，我国储蓄率仍然较高，拥有全球最完整、规模最大的工业体系和完善的配套能力，拥有1.3亿户市场主体和1.7亿多受过高等教育或拥有各种专业技能的人才，研发能力不断提升。从供求双方看，我们具备实现内部大循环、促进内外双循环的诸多条件，必须利用好大国经济纵深广阔的优势，使规模效应和集聚效应充分发挥。市场是全球最稀缺的资源，我们构建新发展格局和扩大内需，可以释放巨大而持久的动能，推动全球经济稳步复苏和增长。

资料来源：观察者网.社会蓝皮书：中国已成世界第一大实物消费市场 [EB/OL].百家号，2021-12-21.

❖ 固本培元

一、单选题

1. 消费者市场的基本购买单位是个人和（　　）。

   A. 集体　　　　　　　　B. 家庭

   C. 社会　　　　　　　　D. 单位

2. （　　）是社会的基本单位，也是消费者最重要的相关群体。

   A. 群体　　　　　　　　B. 社会

   C. 模型　　　　　　　　D. 艺术

3. 组织市场包括（　　）。

   A. 产业市场　　　　　　B. 中间商市场

   C. 政府市场　　　　　　D. 以上全部

4. 组织市场需求的波动性（　　）消费者市场需求的波动性。

   A. 小于　　　　　　　　B. 大于

   C. 等于　　　　　　　　D. 以上都不对

5. 在企业中，有权决定产品和供应商的人是（　　）。

   A. 决策者　　　　　　　B. 影响者

   C. 使用者　　　　　　　D. 控制者

二、多选题

1. 消费者市场的主要特点有（　　　　）等。
   A. 广泛性　　　　　　　　　B. 分散性
   C. 多样性　　　　　　　　　D. 发展性

2. 亚文化主要包括（　　　　）。
   A. 语言亚文化　　　　　　　B. 宗教亚文化
   C. 民族亚文化　　　　　　　D. 种族亚文化
   E. 地域亚文化

3. 相关群体是指对于个人的态度、偏好和行为有直接或间接影响的人群，可以分为（　　　　）。
   A. 基本群体　　　　　　　　B. 次要群体
   C. 崇拜群体　　　　　　　　D. 否定群体

4. 消费者的购买行为是（　　　　）之间相互影响和作用的结果。
   A. 社会文化因素　　　　　　B. 个人因素
   C. 心理因素　　　　　　　　D. 个性

5. 产业市场的购买业务的主要类型有（　　　　）。
   A. 直接重购　　　　　　　　B. 修正重购
   C. 全新购买　　　　　　　　D. 间接重购

三、判断题

1. 一般而言，人类的需要由低层次向高层次发展。（　　　）

2. 家庭成员、朋友、同事和邻居等是最典型、最主要的次要群体。（　　　）

3. 两个有相似的教育背景、年龄相近、职业和收入也一样的消费者，他们购买的商品的品牌，消费的娱乐服务和活动的内容却有可能完全不同。（　　　）

4. 产业市场的购买决策过程不会因购买类型不同而产生差异。（　　　）

5. 政府机构购买商品只是为了有效履行其维护社会安全的职能。（　　　）

四、简答题

1. 消费者市场的特点有哪些？

2. 消费者购买决策是如何形成的？

3. 组织市场的主要特点有哪些？

"从保守到接受"

"在所有的广告渠道中，电视仍然提供了最好的投资回报率。"说这话的，是全球第13大广告主，可口可乐全球首席营销官。可口可乐算是近年来在数字营销领域最为积极的品牌。一个最为经典的案例是，借由社交媒体的传播，昵称瓶和歌词瓶成了一时的爆款。但在纽约举行的一个饮料行业会议上，可口可乐CMO却表示，电视对于可口可乐仍然"非常，非常重要"。他说，自2014年以来，可口可乐在电视上每投入一美元能换来2.13美元的回报，而数字媒体带来的回报仅为1.26美元。相较数字媒体，电视的回报率高出近七成。

然而，2021年，中粮可口可乐相关负责人表示，中粮可口可乐"可乐Go"平台已经实现了订单全流程数字化，该平台以客户为中心，完善了"中粮可口可乐—合作伙伴客户—终端客户—消费者"的闭环生态圈建设。通过"可乐Go"项目，公司在年内首次打通了线上线下及自贩机设备，升级了传统营销方式，提升中粮可口可乐触达消费者能力，并进一步推动企业数字化转型。

资料来源：[1]36氪.可口和宝洁居然说数字营销效果差？！[EB/OL].时间财富网，2017-2-3.[2]品类和数字化战略推动可口可乐在中国市场强劲增长[EB/OL].新华网，2022-03-16.

分析思考：请运用消费市场的相关知识，分析可口可乐对数字营销的观念和态度发生转变的原因。

◈ 笃行致远

实训目标　选择一次重要的购买经历，根据消费者购买决策的五个阶段，即引起需要、收集信息、比较评价、购买决策和购后评价，分析个人购买决策以及前后的心理变化。

实训背景　消费者的购买决策是在特定心理驱动下，按照一定程序发生的心理和行为过程，这一过程通常包括若干前后相继的程序或阶段，请结合本单元所学内容分析这一决策过程以及心理变化。

实训要求　1. 用消费者购买决策五个阶段的相关理论分析个人购买决策过程。

2. 对比个人购买决策前后的心理变化，分析影响消费者购买决策的重要因素。

实训步骤　1. 用消费者购买决策五个阶段完整记录个人的一次重要性购买经历。

2. 分析购买经历中个人购买行为变化所受影响的重要因素。

3. 根据背景资料，撰写500字左右的消费者购买决策分析报告，谈一谈如何树立正确的消费观。

实训成果　形成消费者购买决策分析报告一份。

◈ 跬步千里

学有所得　概括本单元的重要知识点

_____

_____

学有所长　概括本单元的重要技能点

_____

_____

学有所悟　在完成本单元内容学习后，对职业素养的感悟

_____

_____

模块三

选择目标市场
塑造优秀品牌

选择目标市场战略

学习目标

✦ 素养目标

- 培养敏锐的市场洞察力，提升对目标市场的综合判断能力
- 增强法律意识和道德观念，避免盲目定位

✦ 知识目标

- 了解市场细分、目标市场选择和市场定位的概念
- 熟悉市场细分的原则和市场定位的主要任务
- 掌握市场定位的策略和方法

✦ 技能目标

- 能够应用市场细分工具调整营销组合策略
- 能够帮助企业进行目标市场的初步评估
- 能够根据市场定位的差异化要求，寻找产品的独特"卖点"

提要钩玄

选择目标市场战略
- 市场细分
  - 市场细分的含义
  - 市场细分的意义
  - 市场细分的依据
  - 市场细分的原则
- 目标市场策略
  - 目标市场的评估
  - 目标市场选择策略
  - 目标市场营销策略
  - 影响目标市场营销策略选择的因素
- 市场定位
  - 市场定位的概念
  - 市场定位策略
  - 市场定位的主要任务

学习计划

- 知识学习计划
  _____
  _____

- 技能训练计划
  _____
  _____

- 素养提升计划
  _____
  _____

纯电动微型汽车搅动中国新能源车市场

据中国乘用车市场信息联席会发布的数据显示，2021年以来，纯电动微型汽车的批发销量持续增长，占纯电动汽车的份额也越来越高。虽然空间小是纯电动微型汽车的短板，但在面对交通拥堵、停车位紧缺的城市出行痛点时，这却成了它的优点。在一般城市，纯电动微型汽车完全能满足日常出行需要。随着人们的消费日趋理性，纯电动微型汽车被越来越多的消费者看重。如今包括比亚迪、吉利、五菱等主流车企已纷纷把目光投向纯电动微型汽车市场，并取得良好的市场成绩。

上汽通用五菱相关负责人透露，除了受国内消费者喜爱外，该企业的新能源微型车系列产品也受到了海外市场的热切期盼，目前上汽通用五菱已经收到来自亚洲、欧洲、美洲、非洲等60多个国家和地区的116家机构发来的新能源车需求咨询。

受纯电动微型汽车热销影响，越来越多的车厂纷纷投身入列，抢占该细分市场的红利。目前，布局纯电动微型汽车细分市场的车企既有"老牌"选手，也有新造车企业，还有升级转型的低速电动车企，市场将面临激烈竞争。

资料来源：周满男.纯电动微型汽车为何能搅动中国新能源车市场［EB/OL］.中国新闻网，2021-04-19.

营销启示：

基于对汽车市场及其消费人群的分析，纯电动微型汽车成为细分市场的新明星。面对激烈的汽车市场竞争，如何设计目标市场战略，成为车企要解决的重要问题。

除了垄断的行业以及少数市场面极其狭窄的行业之外，对于大多数行业而言，一个企业是很难去满足其全部市场需求的，因为会受到企业资源和能力的限制，也就是说，企业只能去满足该市场上一部分消费群体的需求。因此，企业首先要按照一定的标准对整个市场进行细分，然后根据企业环境和自身条件，选择"最佳的竞争战场"和"最弱的竞争对手"，选择那些能发挥自己优势的市场作为目标市场。一般来讲，在任何一个成熟稳定的市场上都会有几家竞争对手同时存在，企业要想在这样的市场当中占据一席之地，就必须在某个方面形成特色，以区别于竞争对手，形成自己鲜明的市场定位。

以上就是现代市场营销所关心的核心问题：STP策略，即S——Market Segmentation（市场细分），T——Targeting Market（目标市场），P——Market Positioning（市场定位）。STP策略是现代市场营销的核心战略，是企业决策的关键。

6.1 市场细分

6.1.1 市场细分的含义

所谓市场细分，是指根据整体市场上顾客需求的差异性，以影响顾客需求和欲望的某些因素为依据，将一个整体市场划分为两个或两个以上的顾客群的过程。每一个顾客群就是一个细分市场，亦称"子市场""分市场"或"亚市场"，各个细分市场由需要与欲望基本相同的顾客所组成。

要准确掌握市场细分的含义就必须明确以下两点：

（1）市场细分的实质是辨别不同的消费群体并加以分类的过程，它不是通过商品分类来细分的，这是因为商品是用来进行交换的劳动产品，它只有在满足人们一定需要时才会被人们所接受。只有抓住消费需求的差异性，才能把握市场细分的规律。

（2）市场细分的目的是挖掘市场机会，而不是为了细分而细分。有的市场消费需求在客观上存在差异，甚至是很小的差异也会被消费者所重视，这时市场的细分越小越好。有的市场需求差异并不大，市场分得太细，会使产品设计、生产和销售都趋于复杂化，使产品生产成本和销售成本都会增加，导致企业收入减少，甚至可能超过市场细分所增加的收益，这时就不能继续细分了。

市场营销学家们认为，市场上包含着无数的购买者，每个购买者的需求和欲望千差万别，他们的购买着眼点各不相同，这就是消费需求的"异质性"理论，它是市场细分的基础和依据。

6.1.2 市场细分的意义

市场细分现在已经成为市场营销的一个核心内容并成为营销成败的一个关键性问

题。它对于企业而言具有重要的现实意义。

1. 市场细分有利于企业深刻地认识市场

市场由消费者组成，而每一个消费者都集多种特征于一身，每一种特征都可能与一部分的其他消费者相一致，与另一部分的其他消费者不一致。消费者的不同特征和不同需求纵横交错，市场由此而变得极其复杂。只有深入地进行分析，才能深刻认识市场。市场细分为企业提供了极好的分析工具，通过按不同标准细分，既能清晰地认识每一个部分，又能了解各部分之间的联系。企业在市场细分的基础上，可以对市场整体有既清晰又全面的把握，可以详细分析每一个细分市场层面的需求及其满足情况，寻找适当的市场机会。

2. 市场细分有利于企业分析和捕捉新的市场机会，发掘新市场

企业根据市场竞争状况，通过市场调查与研究，分析各细分市场的消费需求满足程度，从而发现那些尚未得到满足或满足得不够的需求，这往往是企业成功的良机，如果企业能够抓住这个机会，制定相应的营销策略，就能在竞争中处于有利地位。

3. 市场细分有利于中小企业开拓市场，使各类企业在竞争中同存共进

在现代社会，每个国家都存在大量的中小型企业。这些企业的资金和经营能力有限，往往在整体市场上缺乏竞争力。但是，这些为数众多的中小型企业在激烈的竞争中不但没有被吞并，而且以它们的生存和发展极大地促进了社会经济的发展。原因就在于他们具有灵活转向的特点，可以在营销过程中不断发现市场空隙，拾遗补阙。而市场空隙的发现就有赖于市场细分，中小型企业在此基础上发掘那些特定的顾客，推出相应的产品和服务以满足其需求。

4. 市场细分有利于企业确定目标市场，制定有效的市场营销组合策略

通过市场细分，企业可以深入了解顾客需要，结合自身的优势和市场竞争情况进行分析比较，从细分市场中选择确定企业的目标市场。在确定经营服务对象后，企业就能有的放矢，有针对性地制定有效的市场营销组合策略，提高企业经营管理水平，增强市场竞争力。

5. 市场细分有利于企业合理配置和使用资源

企业根据市场细分确定目标市场的特点，扬长避短，将有限的人力、物力、财力集中于少数几个或者一个细分市场上，选择既有潜力又符合企业资源能力范围的理想顾客

群作为目标，有的放矢地进行营销活动，可避免分散使用力量，取得事半功倍的经济效果，发挥最大的经济效益。

6.1.3 市场细分的依据

市场细分的依据（标准）是由若干细分变量或因素所构成的。因为消费者市场和生产者市场的顾客需求及其影响因素不同，对消费者市场和对生产者市场进行细分的依据自然也有所不同。

1. 消费者市场细分的依据

消费者市场上的需求是千差万别的，其影响因素也是错综复杂的，消费者市场细分所依据的一般标准可以概括为四个方面，即地理环境、人口状况、消费者心理和购买行为，每个方面又包含了一系列的典型细分因素，如表6-1所示。

表6-1　消费者市场细分的一般标准

划分依据	典型细分因素
地理环境	• 国界　• 区域　• 地形　• 气候　• 城乡　• 城市　• 人口密度 • 交通条件　• 其他
人口状况	• 国籍　• 种族　• 民族　• 宗教　• 性别　• 年龄　• 收入 • 家庭生命周期　• 职业　• 教育　• 其他
消费者心理	• 社会阶层　• 生活方式　• 性格　• 购买动机　• 其他
购买行为	• 追求利益　• 对广告的反应　• 购买频率　• 使用频率　• 使用者地位 • 渠道信赖度　• 价格敏感程度　• 品牌忠诚度　• 其他

（1）地理环境。按消费者生活的地理环境来细分市场，是一种传统的细分方法。俗话说："一方水土养一方人"，消费者居住的地区和地理条件不同，其需求和欲望也就不同。生活在草原和山区、内陆和沿海、温带和寒带、城市和乡村的人们有各自不同的需求和偏好。例如，在乡村，人们不仅把自行车当作一种交通工具，有时还把它当作运输工具。因此要求自行车结实、耐用、价格实惠；而在城市，作为一种代步工具，人们更关注自行车的品牌、款式、颜色和轻便性，而对价格则不太敏感。又如，由于地理位置的不同和气候的差异，我国北方居民爱吃咸的，南方人口味则比较清淡；在我国也有"南鲜、北咸、中辣、东甜、西酸"之说。

地理环境是一个静态因素，往往容易辨别，对于分析研究不同地区消费者的需求特点、需求总量及其发展变化趋势有一定意义，有助于企业开拓区域市场。但是，即使居住在同一国家、地区、城市的消费者，其需求与爱好也并不相同，差别很大，因此还要进一步按其他标准细分市场。

（2）人口状况。根据人口状况细分市场，就是按人口统计变量因素进行市场细分，如表6-2所示。由于不同国籍或民族的、不同年龄和性别的、不同职业和收入的消费者，其需求和爱好是大不相同的，因此，人口统计变量与消费者对商品的需求爱好和消费行为有密切关系。由于人口统计变量资料比较容易获得和进行衡量，人口状况是市场细分中常用以区分消费者群体的主要标准。例如，性别细分一直运用于服装、理发和化妆品领域；以收入水平细分市场是汽车、服装、旅游等行业的长期做法；按年龄将消费者分为青年、中年、老年等不同的消费者群体在食品、娱乐等行业很普遍。

表6-2　按人口状况标准细分市场

项目	主要变量	营销要点
性别	男女构成	了解男女构成及消费需求特点
年龄	婴儿、儿童、少年、青年、成年、老年	掌握年龄结构、比重及各档次年龄的消费特征
收入	白领和蓝领；高收入、中高收入和低收入者	掌握不同收入层次的消费特征和购买行为
家庭生命周期	单身阶段、备婚阶段、新婚阶段、育儿阶段、空巢阶段、鳏寡阶段	研究各家庭处在哪一阶段、不同阶段消费需求的数量和结构
职业	工人、农民、军人、学生、干部、教育工作者、文艺工作者	了解不同职业的消费差异
教育	未受教育、小学、中学、大学等	了解不同文化层次人群购买种类、行为、习惯及结构

此外，在按年龄细分市场时应该注意，随着社会经济发展和人们物质和精神文化生活的提高，生理年龄已不能完全表明一个人的健康、工作、兴趣等状况，而心理年龄日益发挥更大作用，企业不应只看生理年龄，还应注意心理年龄。例如，玩具、电子游戏已不再是儿童的专利，更多的成年人加入了玩具和电子游戏市场。又如，福特汽车公司曾按购买者年龄来细分汽车市场，针对想买跑车的年轻人推出了该公司的"野马"牌汽车。令人惊讶的是，许多中、老年人也争相购买"野马"车，调查后得知，原来年纪大的人认为驾驶"野马"车可使他们显得年轻。

激活银发浪潮的市场发展潜力

人口老龄化是社会发展的重要趋势，是人类文明进步的重要体现，也是我国今后较长一个时期的基本国情。党的十九届五中全会将积极应对人口老龄化确定为国家战略。2021年，我国60岁及以上的老年人口总量超2.67亿，"十四五"期间预计将超过3亿。努力挖掘人口老龄化给国家发展带来的活力和机遇，既要注重发挥老年人作为劳动力、人力资本和创新主体的作用，也不应忽视老年人作为消费者群体产生的需求拉动作用。从这个角度看，老龄化会带来各方面挑战，但应对得当，也可以把挑战变为机遇，激活隐藏在老龄化过程中的市场发展潜力。

随着老年人口基数的不断增长，老年人经济需求和潜在购买能力将带动可观的市场消费。据预测，未来10至15年是养老产业快速发展的黄金时期。医疗健康、生活照料、老年用品、休闲旅游等产业将会迎来规模庞大的消费需求，进而拉动经济增长。与此同时，仅依靠家庭对老年成员提供养老照料已显不足，需要大力发展社会化和专业化的养老服务。从这个意义上讲，人口老龄化也意味着消费市场的提档升级，这是前所未有的新机遇。促进养老、健康、体育、文化、旅游等产业融合发展，鼓励各地发展具有比较优势的特色老龄产业，更好地满足老年人多样化、个性化需求，老龄产业将发展成一片风光无限的新蓝海。

资料来源：白剑峰.激活银发浪潮的发展潜力［EB/OL］.人民日报，2022-05-12.

（3）消费者心理。这是按照消费者心理因素来细分市场，即根据消费者的个性、生活方式、购买动机、消费习惯等进行市场细分。

消费者的个性往往影响了其购买决策和购买行为，可以说，消费过程就是他们自觉和不自觉地展示自己性格的过程。为此，营销者越来越注意给他们的产品赋予品牌个性，树立品牌形象，以符合相对应的目标消费者的个性，以求得其目标市场的认同。

生活方式是指一个人或家庭对消费、工作、娱乐的特定习惯和倾向性态度。生活方式是影响消费者的欲望和需求的一个重要因素。人们的生活方式不同，对商品的需求也就不同。一个消费者的生活方式一旦发生变化，他就会产生新的需求。因此，越来越多的企业按照消费者不同的生活方式来细分市场，并按照生活方式不同的消费者群体来设计不同的产品和安排市场营销组合。

消费者购买特定商品都是受到购买动机的驱动，满足自己的特殊利益要求。例如，就消费者购买洗发用品而言，有的是为了去头屑、止痒，有的是为了使头发柔顺、飘逸，也有的是为了营养发质等，宝洁公司根据这种购买动机的差异进行市场细分，分别推出了"海飞丝""潘婷""飘柔"等个性鲜明的品牌产品。企业根据心理因素细分市场，可为不同细分市场设计专门产品，采用有针对性的营销组合策略。

消费者心理是比较复杂的动态因素，企业必须根据消费者的不同心理变化，随时进行调查研究，获得可靠的资料，从而确定自己的目标市场。

（4）购买行为。这是根据消费者不同的购买行为来细分市场。即企业按照消费者购买或使用某种产品的时机、消费者所追求的利益、使用者情况、使用频率、对品牌的忠实程度等行为变量来细分市场。消费者购买某些商品往往有特定的时机，例如，在我国，春节、中秋节、端午节、元宵节等节日形成了某些特定的商品购买的高潮，这为企业提供了不同时机的细分市场。

企业可以根据顾客对商品的使用情况将顾客划分为"从未使用者""曾经使用者""准备使用者""初次使用者"和"经常使用者"五个细分市场。也可以根据顾客对商品的使用次数或数量，将市场细分为"少量使用者""中量使用者"和"大量使用者"等。不同的情况需要区别对待，例如，潜在使用者和经常使用者需要不同的营销方法。一般来说，市场份额高的公司，特别注重将潜在的使用者变为实际使用者，以扩大其市场份额；而较小的公司则设法吸引经常使用者，以维持其市场份额。企业可以根据这些购买行为因素细分市场，推出适合细分市场所需要的产品。

需要指出的是，以上这四种主要的细分依据只是对企业市场细分理论实践的总结和概括。在实际操作中，选择细分依据是一个创造性的工作，绝不能按部就班，一成不变。这些细分依据往往也是相互影响的，不能完全分开。例如，一个消费者在购买商品时，总与他的收入、性别、年龄、职业、个性、购买动机等因素有关，也必然处于某一特定的地理位置。因此，在实际工作中，市场细分不能只考虑某个方面的因素，也并非要考虑所有因素，要根据产品特点，选择使消费者之间产生明显差别的若干因素，结合起来进行市场细分，这样才能选出比较理想的目标市场。

❀ **发凡举例**

个性化"自定义"造车

进入智能互联时代，年轻化的汽车消费主力群体正在崛起。数据显示，当下"90后"汽车用户占比高达41%，成为汽车用户结构中最主要的部分。正因为如此，新生代的独特个性和生活方式开始越来越多地融入汽车消费中，如何满足这一差异化需求便成为各大车企角逐的重要战场。

2020年，一汽大众相继推出了高尔夫8黑武士版和奥迪A3联名版官方定制化车型，取得了不错的市场反应，甚至出现加价购买的现象。这表明，在个性化消费需求的牵动下，个性化与定制化相结合的汽车产品显现出了极大的潜力。

上汽名爵负责人表示，名爵身上的赛道基因、运动性能这些标签，与年轻人心理上更快的速度、更高更强的诉求相契合。他说，目前上汽名爵用户的消费结构呈现出了和以往紧凑型轿车用户不一样的特点。名爵6的"90后"用户占比超过了80%，颜色的多样化选择代表他们对潮流有自己的想法，1.5T产品的热销则说明他们对性能也有更大的诉求。为此，名爵提出了"让一个名爵容得下所有年轻人"的产品理念，积极响应年轻人的想法，尽可能满足他们的个性化需求。

长城欧拉品牌则公开宣布聚焦女性汽车消费市场，将"做全球最爱女人的汽车品牌"作为自己的目标，推出了黑猫、白猫、好猫以及极具复古风格的芭蕾猫和好猫GT木兰版等契合女性审美需求的产品。

资料来源：李志勇.汽车市场细分赛道对接更多商机［EB/OL］.新华网，2021-11-12.

2. 产业市场细分的依据

许多用于细分消费者市场的变量同样适用于产业市场，如追求的利益、使用者情况、使用数量、品牌忠诚度和态度等。但是，产业市场毕竟具有不同于消费者市场的特点，它比消费者市场更加复杂，交易数额巨大，因此，产业市场的细分依据也有其独特性，如表6-3所示。

表6-3　产业市场细分的依据

划分依据	典型细分因素					
行业类别	• 轻工 • 电子	• 冶金 • 纺织	• 煤炭 • 汽车	• 军工 • 航空	• 机械 • 船舶	• 服装 • 化工	• 食品 • 其他
用户规模	• 大型企业 • 小客户	• 中型企业	• 小型企业	• 大客户	• 中客户	
地理位置	• 国界 • 城市规模	• 区域 • 生产力布局	• 地形 • 交通条件	• 气候 • 其他	• 资源	• 自然环境	• 城乡
行为标准	• 使用者地位 • 购买周期 • 对价格敏感程度	• 追求利益 • 购买目的 • 对服务的反应	• 使用频率 • 品牌忠诚度 • 其他	• 购买频率 • 对渠道的信赖度	• 购买批量	

（1）行业类别。行业类别包括农业、轻工、食品、纺织、机械、电子、冶金、汽车、建筑等。用户的行业不同，其需求有很大差异。例如，军工与民用对同一产品的质量要求就不同。前者要求产品质量绝对可靠，供应准确及时，对价格则不太在意，后者要求质量良好，服务周到，价格适中。针对上述不同要求，企业应在市场细分的基础上采取不同营销策略。

（2）用户规模。包括大型、中型、小型企业，或者大用户、小用户等。不同规模的用户，其购买力、购买批量、购买频率、购买行为和方式各不相同。一般来说，大用户数目少，但购买额大，对企业的销售有着举足轻重的作用，应予以特殊重视，可保持直接的经常的业务联系；对小用户则相反，数目众多但单位购买量较少，企业可以更多地利用中间商来进行产品推销工作。

（3）地理位置。用户所处的地理位置对于企业的营销工作，特别是产品的上门推销、运输、仓储等活动有很大的影响。地理位置相对集中，有利于企业营销工作的运筹、开展。每个国家和地区，由于自然资源、气候条件和历史等因素的影响形成了具有某些特点的区域。如我国山西等省的煤炭工业区形成了对矿山机械的需求市场；类似的还有东北的重工业区、新疆的纺织工业区等。按用户的位置细分市场，有助于企业将目标市场选择在用户集中地区，提高销售量，节省推销费用，节约运输成本。

（4）行为标准。包括追求利益、使用率、品牌商标忠诚度、使用者地位（如重点户、一般户、常用户、临时户等）、购买方式等。

6.1.4　市场细分的原则

根据以上细分变量，可以将某个市场细分成若干个子市场。企业要有效地细分市场，寻找最有用的、具有实用价值的细分标准，就必须依据以下的基本原则：

1. 可区分性

可区分性即以某种标准进行细分后的各个子市场范围清晰，其需求程度和购买力水平是可以被度量的，并同其他子市场有明显差异。这里特别要强调的是，所选择的标准必须使细分后的市场是有意义的，细分市场中的特定需求确实存在且不可替代。这样才可以使企业能通过对特定需求的满足来达到对该细分市场的控制。

2. 可进入性

可进入性即以某种标准进行细分后的各个子市场是企业的营销辐射能力所能够触达的，消费者能接触到企业的产品和营销活动。可进入性的另一含义就是该市场不存在实力很强的竞争对手，从而使企业依据目前的资源状况，通过适当的营销组合进入这一市场时，相对比较容易。

3. 可盈利性

可盈利性即以某种标准进行细分后的各个子市场拥有足够的潜在需求，能使企业有利可图，实现其利润目标。也就是说，子市场应该是值得企业为之设计专门的有效规划方案的尽可能大的同质消费者群体。

◈ 正心诚意

当心"养老"变"坑老"

随着养老市场的快速发展，一些养老机构逐渐暴露出营销手法、合同内容和服务体系的问题，"坑老""伤老"等侵犯老年消费者权益的现象不时出现。针对近年来养老服务投诉较多的问题，广东省消委会指出，养老服务主要存在诱导消费、合同违规、虚假宣传三大问题，并特别发出养老服务消费警示。

（1）全面了解养老院信息，勿选信用不良机构。消费者在选择养老机构前，除查看机构的注册登记信息外，还应通过企业信用信息公示系统等政府网站或渠道查询、了解养老机构是否被列入经营异常名录、严重违法失信企业名单，因违法行为被行政处罚或诉讼等。对于存在不良信用信息的养老机构，建议不要选择或慎重考虑。

（2）理性看待亲情营销，谨防"孝心陷阱"。老年人往往由于子女工作繁忙缺少亲情陪伴，特别是单身老人，更容易生产孤寂感。一些不良商家和销售人员大打"亲情牌"，用小恩小惠、关心慰问、情感陪护等方式骗取老年人信任，进而推销商品或服务，诱导老年人仓促付款，或碍于情面被动消费。老年人要时刻保持警惕，理性看待"亲情营销"，认清销售人员真实意图，避免落入"孝心陷阱"。

（3）签订合同要当心，口头承诺莫轻信。老人签订养老服务合同协议务必注意：遇到商家密集式强势推销时，应在征询家人意见后再做决定，有必要的话还可以电话咨询消费者组织；商家在养老服务合同中要载明服务内容、服务方式、收费标准、服务期限和地点等，特别是对销售人员口头承诺的事项，要以书面方式在合同中明确；应充分考虑自身的身体状况，如可能出现因生病治疗而无法入住、一段时间或后续全部时间不接受养老机构服务的情形，应在合同中详细约定解约、退款等事宜；要了解预付款可能发生退款难、卷款跑路的风险，在支付服务费用时建议选择押金加定期支付的模式，尽量少交或不交大额预付款。

资料来源：陈晓莹.当心"养老"变"坑老"［EB/OL］.中国消费者报，2021-07-05.

6.2 目标市场策略

市场细分的主要目的是选择目标市场，所谓目标市场是企业为满足现实或潜在需求而开拓和准备进入的特定市场，即企业在市场细分的基础上，根据自身资源优势准备为之服务的那部分顾客群体。通过市场细分，企业首先要认真评估各个细分市场，然后根据自己的营销目标和资源条件选择适当的目标市场，并决定相应的目标市场策略。

6.2.1 目标市场的评估

评价细分市场是进行目标市场选择的基础，企业要选择目标市场，首先要确定有哪些细分市场是可供选择的，因为并不是所有的细分市场都适合本企业。因此，在确定目标市场之前，要对细分市场进行分析评估。企业评估细分市场主要从以下三方面考虑：

1. 市场规模和潜力

企业在评估细分市场时首先要考虑的是细分市场有没有适当的规模和良好的发展前景。适当规模是相对于企业的规模和实力而言的。较小的市场相对于大企业来说，不值得涉足；而规模较大的市场相对于小企业来说，又缺乏足够的资源来进入，并且小企业在大市场中也无力与大企业竞争。市场潜力则决定着企业能否在这个细分市场上持续稳定地发展。如果细分市场属于没有发展前途的夕阳产业，或是细分市场中的产品处于生命周期的衰退期，即使这个细分市场目前还有较大的销售量，对于企业来说，也是没有前途的市场。

2. 市场结构的吸引力

市场结构的吸引力是指由某一细分市场内经营者的数量与质量、市场进入与退出的限制、产品销售与供应状况等因素所组成的市场结构对其长期盈利能力的影响。如果某个市场已有为数众多、实力强大的竞争者，该市场就会失去吸引力；如果某个市场可能吸引新的竞争者加入，他们将会投入大量资源来争夺市场，提高市场占有率，则这个市场没有吸引力；如果某个市场存在现实的或潜在的替代产品，这个市场也不具有吸引力。例如，目前我国的冰箱、彩电、空调、微波炉等家用电器市场，竞争者众多，实力雄厚，其整体生产能力大大超过了市场需求，处于饱和状态，对于采取常规的方式进入其中某一细分市场的企业来说，一般是无利可图的。

3. 细分市场的特征与企业总目标和资源优势的吻合程度

企业进行市场细分的根本目的就是要发现与自己的资源优势能够达到最佳结合的市场需求。企业的资源优势表现在其资金实力、技术开发能力、生产规模、经营管理能力、交通地理位置等方面。既然是优势，必须是胜过竞争者的。消费需求的特点如果能促进企业资源优势的发挥就是企业的良机；否则，会出现事倍功半的情况，浪费企业的资源，严重时，甚至会造成很大的损失。

◎ **博物洽闻**

懒人调料：年轻人的"下厨神器"

近年来，随着"烹饪小白"更为频繁地走进厨房，复合调味料契合了厨房新手"低技能、高要求"的现实需求，使用场景也从餐厅后厨一步步扩展到年轻人的料理台。对于创业者来说，年轻人的味蕾需求正在"开拓"新的市场。

如今，在超市货架上任意拿起一袋复合调味料，大都能看到与"一包做出拿手菜""一键复刻美味"类似的表述，在这种调味料包装上还会"贴心"地配上图文并茂的推荐食用方法。

活跃的营销推广背后是蓬勃发展的复合调味料市场。近几年来，调味料行业的传统品牌，以及从食品、内容平台等领域跨界而来的企业，都力图在复合调味料行业占据一席之地。中国农业大学食品科学与营养工程学院有关人士曾表示，要留意复合调料营养成分表里的钠含量，建议用淡味食物来配浓味食物。不断追求重口味的人，身体早晚都会亮起红灯，健康需要自己长期的经营。

　　资料来源：李璇.厨艺不精调料凑？懒人调料：年轻人的"下厨神器"［EB/OL］.中国新闻网，2021-12-14.

6.2.2　目标市场选择策略

　　企业在对细分市场进行评估比较后，还要决定自己是以全部细分市场，还是以某些或某个细分市场作为自己的最佳目标市场，这就是在选择企业目标市场策略时所要考虑的问题。市场选择通常有五种模式，如图6-1所示。

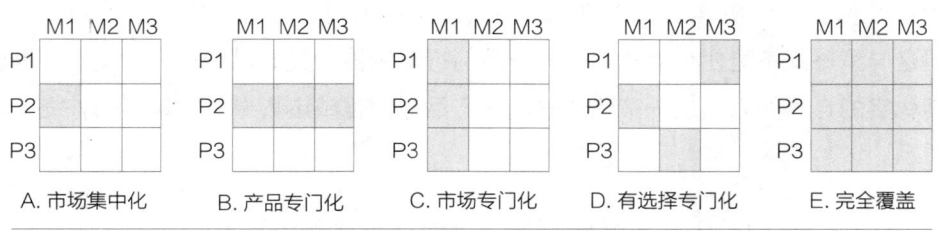

图6-1　市场选择的五种模式

1. 市场集中化

　　如图6-1A所示，企业选择一个细分市场，集中力量为之服务。这是小企业、新创企业通常选择的一种目标市场类型。新创企业往往会先在这一目标市场上站稳脚跟，再向其他细分市场进行辐射。较小的企业一般用这样的策略专门填补市场的某一部分。集中营销使企业深刻了解该细分市场的需求特点，采用具有针对性的产品、价格、渠道和促销策略，从而获得强有力的市场地位和良好的声誉。但同时市场单一，也隐含较大的经营风险。

2. 产品专门化

　　如图6-1B所示，企业集中经营某一类产品，并面向所有顾客销售。例如，某服装企业只经营高档服装，为青年、中年和老年等不同年龄的高端消费群体提供不同种类的高档服装产品和服务，而不经营其他档次的服装。这样，企业就会在高端服装这一类产品的经营方面实现专门化，树立较高的声誉，进而成为高端服装市场的领导者企业。但一旦出现其他品牌的替代品或消费者流行的偏好转移，企业就将面临危机。

3. 市场专门化

如图6-1C所示，企业专门服务于某一特定顾客群体，尽力满足他们的各种需求。例如，某企业专门为老年消费者提供各种档次的服装。企业专门为某一特定顾客群体服务，对目标顾客进行深入了解，提供量身定做的产品和针对性的服务，形成企业独特的竞争优势，使企业和顾客之间形成长期稳定的合作关系。得客户者得天下，这一策略被越来越多的企业所重视和运用。但一旦目标顾客群的潜在需求量和特点发生突然变化，企业就要承担风险。

4. 有选择专门化

如图6-1D所示，企业选择几个细分市场，每一个细分市场对企业的目标和资源利用都有一定的吸引力。但各细分市场彼此之间很少或根本没有任何联系。这种策略能分散企业经营风险，即使其中某个细分市场失去了吸引力，企业还能在其他细分市场盈利。但这一策略既不能使企业成为一类产品的行业领袖，又难以和任何一类消费群体建立长期稳定的合作关系。这一策略通常作为产品专门化或市场专门化策略的补充，如图6-2所示。

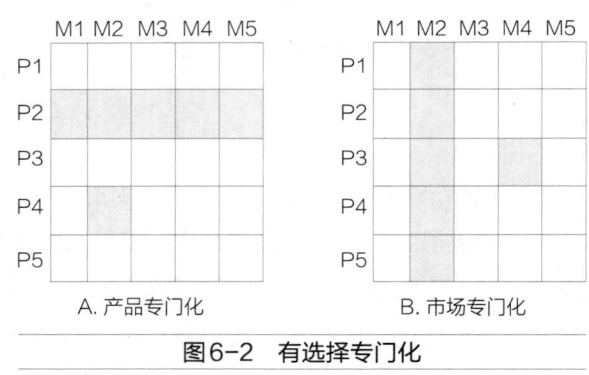

图6-2 有选择专门化

5. 完全覆盖

如图6-1E所示，企业力图用各种产品满足各种顾客群体的需求，即以所有的细分市场作为目标市场，在上例中，如果服装厂商为不同年龄层次的顾客提供各种档次的服装，就是完全覆盖。一般只有实力强大的大企业才能采用这种策略，开发众多的产品，满足各种消费需求。

6.2.3 目标市场营销策略

在目标市场选择好之后，企业必须决定如何为已确定的目标市场设计营销组合，即采取怎样的方式，使自己的营销力量到达并影响目标市场。一般来说，可供企业选择的目标市场营销策略主要有三种：

1. 无差异性营销策略

就是将整个市场视作一个整体，不考虑消费者对某种产品需求的差别，它致力于寻找顾客需求的相同之处而忽略不同之处。为此，企业设计一种产品、施行一种营销组合计划，来迎合最大多数的购买者。它凭借单一的产品、统一的包装、价格、品牌，广泛的销售渠道和大规模的广告宣传，树立该产品长期稳定的市场形象。这种策略被喻为是"一把钥匙打开所有的锁"。实施这种策略的企业有时在包装、价格等方面也会作一些改变，但产品实体本身并没有什么变化。

企业采用无差异性营销策略的目的，是为了降低产品的营销成本，以期用一种产品满足各种细分市场的共同需求。例如，可口可乐公司从前在相当长的一段时间内，因拥有世界性的专利，只生产一种单一口味、统一市场售价、同一种瓶装的饮料来面向所有的顾客。又如，在中华人民共和国成立后的很长一段时间内，长春第一汽车制造厂基本上只生产单一车型、单一规格、单一价格的解放牌汽车，向全国销售。无差异性营销策略如图6-3所示。

图6-3　无差异性营销策略

无差异性市场营销策略的最大优点是成本的经济性。大批量生产和运输可以降低单位产品生产成本；统一的广告宣传可以节省促销费用；以整个市场作为目标市场，可以节省市场细分所需的调研费用、多种产品开发设计费用，使企业能以物美价廉的产品满足购买者的需要。

无差异性市场营销策略的不足主要表现在：不能满足消费者的差别需求和爱好；容易导致其他竞争者进入，引起激烈的市场竞争，从而减少企业利润。正是由于这些不足的存在，使得这种策略对大多数产品不适用，对一个企业来说，一般也不宜长期使用。

2. 差异性营销策略

差异性营销策略与无差异性营销策略截然相反，它充分肯定消费者需求的不同，并针对不同的细分市场分别进行营销活动。采用这一策略的企业，是把整体市场划分为若干个细分市场，从中选择两个以上乃至全部细分市场作为自己的目标市场，针对目标市

单元6　选择目标市场战略

场上购买者需求上存在的差异性，设计、生产和销售不同规格、款式、色彩和包装的产品，来多方位或全方位地满足购买者的需要。这种策略被喻为是"多把钥匙打开多把锁"。差异性营销策略如图6-4所示。

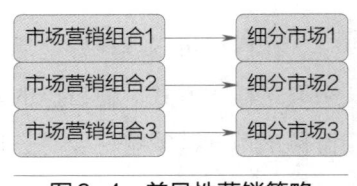

图6-4　差异性营销策略

差异性营销策略的优越性主要表现在：一方面，它能较好满足不同消费者的需求和爱好，从而扩大产品的销售量，使企业获得更多的利润；另一方面，企业把经营目标分散在几个细分市场上，使自己在激烈的市场竞争中有较大的回旋余地，即使某一细分市场的需求、竞争态势发生了变化，也不会使企业完全陷入困境。由于这种策略能较好地满足不同消费者群的需求和爱好，适应了市场需求的发展变化，因而在现代市场上，越来越多的企业转向采用这一策略，以求通过满足目标市场的需求而得到较好的生存和发展。

差异性市场营销策略的缺点主要表现在：一方面增加企业的各种营销成本，随着产品品种的增加，市场调研和广告宣传、分销、促销等营销活动的扩大和复杂化，企业的生产成本、管理费用、销售费用等方面必然会大幅度增加；另一方面，容易受到企业资源力量的限制。拥有较为雄厚的财力、物力，较强的技术力量和素质较高的营销人员，是企业实行差异性营销的必备条件，这就使得相当一部分企业，特别是实力较弱的中小企业无力采用此种策略。

3. 集中性营销策略

集中性营销策略指企业集中所有力量，在某一细分市场上实行专业生产和销售，力图在该细分市场上拥有较大的市场占有率。企业运用此策略是遵循"与其四面出击，不如一点突破"的原则，例如，比亚迪汽车公司集中于小型电动汽车市场的开拓和经营，华为公司专攻高价的交换机市场，都是集中性营销策略的成功范例。这种策略被喻为是"一把钥匙打开一把锁"，它特别适用于力量有限的企业。集中性营销策略如图6-5所示。

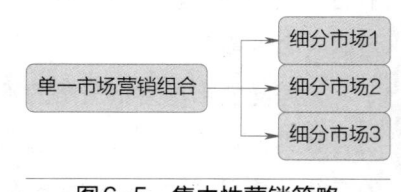

图6-5　集中性营销策略

集中性营销策略的优点主要表现在：①有利于提高市场占有率。由于市场目标明确，精力集中，可以集中优势，生产出适应消费者需要的产品，并通过有效的营销策略打开销路，建立稳固的市场地位，提高在目标市场上的占有率。②有利于提高盈利水平。在目标市场上，企业在组织生产、选择销售渠道、确定产品价格和运用促销策略上得以专门化，因而生产成本低、销售费用少，经营效率高，提高了盈利水平。③有利于创出名牌。企业在目标市场上针对顾客的需求，采用强有力的营销手段，提供优质的服务，可以大大提高企业产品在顾客心目中的地位，树立起良好的企业形象，从而有利于创出名牌产品。

集中性市场营销策略的缺点主要表现在：①经营风险较大。因为这一策略将企业的一切都置于某一狭窄的目标市场上，一旦目标市场发生变化，如消费者的需求偏好突然发生改变，或出现了实力更强大的竞争对手，或产品价格猛跌等，企业就会因没有回旋余地而陷入困境，甚至导致亏损或破产。②企业发展受到限制。由于企业市场区域相对较小，企业发展具有一定的局限性。

6.2.4　影响目标市场营销策略选择的因素

目标市场营销策略的三种类型各有优缺点，因而各有其适用的范围和条件。一个企业究竟采用哪种战略，应根据企业资源、产品特点、市场特点、产品所处的生命周期阶段、竞争对手的目标市场战略等具体情况来决定。

1. 企业资源

如果企业规模较大，资金、技术、人力等实力雄厚，就可以考虑采取差异性营销策略或无差异性营销策略；反之，如果企业实力不强，规模较小，则最好采用集中性营销策略。企业初次进入市场时，往往采用集中性营销策略，在积累了一定的成功经验后再采用差异性营销策略或无差异性营销策略，扩大市场份额。

2. 产品特点

如果企业所生产的产品属同质产品，即不同竞争者所生产的这类产品不存在多大差异，有其相似性和同质性，如面粉、矿泉水、普通钢材等，企业可采用无差异性营销策略。反之，若企业生产的产品属差异性产品，企业可采用差异性营销策略或集中性营销策略。

3. 市场特点

包括市场规模、市场需求、市场位置等。如果市场上消费者的需求和偏好相似，企业则可以采用无差异性营销策略。反之如果企业面对的市场是差异性市场，消费者之间的需求特性相差很大，则企业应在细分市场后，采用差异性营销策略或集中性营销策略。

4. 产品生命周期

产品生命周期包括引入期、成长期、成熟期、衰退期四个阶段。处在引入期和成长期的产品，市场营销的重点是启发和巩固消费者的偏好，最好实行无差异性营销策略；当产品进入成熟期后，市场竞争激烈，消费者需求日益多样化，可改用差异性营销战略或集中性营销战略以开拓新市场，满足新需求，延长产品生命周期。

5. 竞争者的营销策略

企业在选择目标市场营销策略时，必须考虑竞争对手的状况及采用的策略。一般来说，企业的目标市场营销策略应与竞争者有所区别。如果强大的竞争对手采取无差异性营销策略，企业则可以实行集中性营销策略或差异性营销策略；如果企业面对的是较弱的竞争者，必要时可采用与之相同的策略，凭借实力击败竞争对手。当然，这只是一般原则，并没有固定模式，营销人员在实践中应根据竞争力量对比和市场具体情况做出灵活选择。

6.3 市场定位

企业在经过市场细分并选定目标市场后，还面临着如何对待当前与未来的众多的竞争者的问题。在激烈的竞争中，企业如何脱颖而出，以鲜明的特色吸引目标顾客，占据一席之地或保持长期的领先地位？这就关系到企业的竞争优势问题，科学的市场定位是其中的关键。

6.3.1 市场定位的概念

市场定位是指企业根据所选的目标市场的竞争情况和自己的优势，塑造企业和产品在目标顾客中的良好形象和确立企业合适的竞争地位。也就是说，这里所指的"位"，是产品在消费者感觉中所处的地位，是一个抽象的心理位置的概念。市场定位的实质在于对已经确定的目标市场，从产品特征出发进行更深层次的剖析，进而确定企业营销方案，最终要落实到具体产品的生产和推销上。企业的任务就是创造产品的特色，使之在消费者心目中占据突出的地位，留下鲜明的印象。

企业产品的市场定位是否准确，直接关系到营销过程的成败。定位正确，可以发挥企业的资源优势，拥有足够的市场，确保生产经营活动的顺利进行；定位失误，寻找不到合适的市场，即使投入较高的营销费用，仍不能拥有相当的购买者，这会使企业陷入不利的生产经营境地。

企业市场定位的核心内容是设计和塑造产品的特色或形象。这种特色或形象可以是实物方面的，也可以是心理方面的，或两者兼而有之。有的可以从产品实体上表现出来，如形状、尺寸、成分、色彩、性能和构造等方面；有的可以从价格水平上表现出来，如高价、低价、满意价、折扣价和地区价等方面；还有的可以依据消费者的心理来反映，如显示产品的时髦、朴素、清淡、典雅、热烈等；有的还可以通过质量、档次、包装等来反映。很显然，产品不同，产品特色或个性的表现形式也会有所不同。随着市场上商品越来越丰富，与竞争者雷同、毫无个性的产品，将无法吸引消费者的注意，也就无法在市场上有立足之地。

◎ 博物洽闻

国潮——用中国方式表达，传递中国韵味

近年来走红的故宫文创、国风彩妆等国潮产品，折射出新一代消费者的文化自信和民族认同感。国潮消费的兴起也是中国文化自信崛起的表现。阿里研究院发布的《2020中国消费品牌发展报告》显示，中国本土品牌线上市场占有率已经达到72%。同时，根据《百度2021国潮骄傲搜索大数据》报告，国潮在之前10年里的关注度上涨了528%。国货正当"潮"，国潮消费越来越成为新一代消费者的重要选择。

在商务部国际贸易经济合作研究院服贸所的研究员看来，国潮就是以国有品牌为载体、以优良品质为内涵，在以现代信息技术为支撑的强劲营销下，既能满足年轻消费者个性张扬以及对时尚的追求，又有助于传统文化回归而产生的一种潮流。

中国传媒大学广告学院副院长分析说，新一代的消费者有很强的代际标签和代际归属感。他们迫切希望建立与父辈、兄长不一样的代际特征。新一代年轻人尤其"Z世代"的重要特征就是，勇于尝试、喜欢接受新鲜事物但难以深入。因而从品牌角度来讲，内涵的外显化就非常重要，那些能一眼识别的国潮产品更容

易 "火" 出圈。当下国潮的流行设计元素满足了年轻人内涵外显化的需求。他们乐于穿上国潮服装，让外界一下子就能识别自己的身份差异性。

中国国力越来越强盛，文化也在日益崛起。这样的大背景给当代年轻人一种很强的时代感召，年轻人愿意去建立属于这个时代的文化归属感，彰显自己所在群体和其他社会群体的不同。在未来，一定会有更多的国潮产品以更丰富的表现形式传递中国韵味，彰显中国形象与品质力量。

资料来源：邹晓菁.年轻人为何热衷国潮［EB/OL］.光明日报，2022-03-22.

6.3.2 市场定位策略

1. 抢占或填补市场空位策略

这种策略是指企业把产品定位于目标市场的空白处。例如，在 "金利来" 进入内地市场时，就是填补了当时男士高档衣物的空位。这种定位战略的明显优势是可以避开激烈竞争的压力，风险小、成功率高。因为填补市场空位定位是合理避强，其目标市场不是竞争者已经占领或正要占领的领域，而是被竞争者所遗忘和忽略的市场，企业产品能够迅速在市场上站稳脚跟，并能在消费者或用户心目中迅速树立形象。同时，这种定位策略从其本来意义上讲就是创新，而创新一旦成功，就能很快地确立企业的竞争地位，且由于局部的垄断还可以获取相当的超额利润。在采用这种策略前，企业应明确以下三个问题。

（1）市场空位中的潜在顾客数量。市场出现空位，也许并非其他竞争者熟视无睹，而是该处缺乏需求，市场容量太小，这一点尤其值得注意。

（2）技术上的可行性。企业应该有足够的技术能力生产市场空位中的需求产品，否则，企业选择了这种策略也只能是望洋兴叹。

（3）经济上的合理性。即企业填补市场空位要有利可图。

2. 与现有竞争者共存的策略

这种策略是指企业把自己的产品定位在现有竞争者的同一位置上，与现有竞争者和平共处。对于竞争者来说，如果有足够的市场份额，而且其既得利益没有受到多大损害，一般是不会在乎市场上多出一个竞争对手的。因为激烈的对抗常常会两败俱伤，很多实力不太雄厚的中小企业经常采用这种定位策略。

企业采用这种策略的好处是：由于竞争者已开发出相同的或类似的产品，本企业可以节省大量的研究开发费用、降低成本，同时也能节省一定的推广费用，减少可能带来的风险。企业采用这种策略前应该明确两个前提：一是该市场的需求潜力还很大，还有很大的未被满足的需求；二是企业推出的产品要有自己的特色，能与竞争产品一较高下，这样才能立足于市场。

3. 逐步取代竞争者的策略

这种策略就是逐步将竞争者赶出原有位置并取而代之。如果企业实力十分雄厚，有比竞争者更多的资源，能生产出比竞争者更好的产品，不甘于与竞争者共享市场，则可以采取这种取代策略。企业要实施这种定位策略，必须有比竞争对手更明显的优势，提供比竞争者更加优越和有特色的产品，并做好大量的推广宣传工作，提高本企业产品的知名度和美誉度，冲淡顾客对竞争者产品的印象和好感。当然，采用这种策略的风险是相当大的。如果成功了，企业可以独占鳌头；一旦失败，则可能会使企业陷入进退两难或两败俱伤的境地。因此，采用这种策略的企业应做好充分的准备。

6.3.3　市场定位的主要任务

为获得竞争优势而进行的市场定位包括以下主要任务：一是要确定企业可以从哪些方面寻求差异化；二是为企业产品寻求独特的"卖点"。

1. 寻求差异化

差异化是指设计一系列有意义的差异，以使本企业的产品同竞争对手的产品区分开来的行动。雷同、相近的东西很难让人记忆深刻，只有显著的差异才使人难以忘记。企业在实践中要突出自己与竞争对手的差异性，有以下几种基本的途径：

（1）产品差异化。企业可以使自己的产品区别于其他产品。尤其像汽车、服装、家具、商业建筑等产品可以实现高度差异化。这种产品差异化可以通过以下方式获得：增补产品的基本功能、提高产品的性能价格比、延长产品的预期使用寿命、提高产品的可靠性以及改变产品的风格与设计方式等。

（2）服务差异化。竞争的激烈和技术的进步，使实体产品上的建立和维持差异化越来越困难，于是，竞争的关键点逐渐向增值服务上转移。服务差异化日益重要，主要体现在订货方便、交货及时和安全、安装、客户培训与咨询、维修养护等方面。例如，某医疗器械公司不仅仅向医院出售昂贵的X光设备并负责安装，还对设备的使用者进行认真培训，并提供长期服务支持。

（3）渠道差异化。通过设计分销渠道的覆盖面、建立分销专长和提高效率，企业可以取得渠道差异化优势。例如，格力电器就是通过开发和管理高质量的直接营销渠道而实现差异化的。

（4）人员差异化。培养训练有素的人员，是一些企业，尤其是服务性行业中的企业取得强大竞争优势的关键。例如，海尔公司打破业界常规，培养了一大批高素质的售后服务人员，以其良好的服务赢得了口碑。

（5）形象差异化。形象是公众对企业及其产品的认识与看法。企业或品牌形象可以对目标顾客产生强大的吸引力和感染力，促其形成独特的感受。有效的形象差异化需要做到：建立一种产品的特点和价值方案，并通过一种与众不同的途径传递这一特点；借助可以利用的一切传播手段和品牌接触方式（如标志、文字、媒体、气氛、事件和员工行为等），传达触动顾客内心感受的信息。例如，小米因其卓越的形象，在需求变化快的青年市场保持了吸引力。

2. 寻求独特的"卖点"

任何产品都可以进行各种程度的差异化。然而，并非所有商品的差异化都是有意义或有价值的。有效的差异化应该能够为产品创造一个独特的"卖点"，即给消费者一个鲜明的购买理由。有效的差异化必须遵循以下基本原则：

（1）重要性。该差异化原则能使目标顾客感受较高让渡价值带来的利益。

（2）独特性。该差异化原则竞争者并不直接提供，或者以一种与众不同的方式提供。

（3）优越性。该差异化原则明显优于消费者通过其他途径而获得的相似利益。

（4）可传播性。该差异化原则能被消费者看到、理解并传播开。

（5）排他性。竞争者难以模仿该差异化原则。

（6）可承担性。消费者有能力为该差异化原则付款。

（7）盈利性。企业将通过该差异化原则获得利润。

◈ 博物洽闻

品 牌 定 位

在这个充满商业气息的时代，一个品牌首先要定义"我是谁"，然后围绕着"我是谁"这个点，从多个多方面去丰满品牌定位。就像在生活中，我们要定义

"我的角色是什么"一样。

例如，农夫山泉的定位为来自千岛湖的天然弱碱性水，名字"农夫山泉"听着就很天然，通过"我们从不生产水，我们只做大自然的搬运工"这句口号把品牌定位传递得非常清晰。又如，红牛定位为功能特饮，首先是"红牛"这个名字本身就具有很强的力量，然后是金色的标识，具有足够的爆发力，最重要的是"困了累了就喝红牛"的广告语直接表达了这个品牌的定位。

这些品牌的广告把使用产品的感受放在一个"舒服"的位置上，用愉快的感受来吸引消费者，一下子就开启了消费者的心智开关，激发了消费者的购买欲望。

资料来源：财经早餐.品牌定位3个要点［EB/OL］.搜狐网，2022-09-28.

一般地讲，企业在定位时必须避免以下几种主要的错误：

（1）定位不足。企业差异化设计与沟通不足，消费者对企业产品就难以形成清晰的印象和独特的感受，认为它与其他产品相比没有什么独到之处，甚至不容易被消费者识别和记住。

（2）定位过窄。指企业将自己的产品定位过于狭窄，不能使消费者全面地认识自己的产品。例如，一家同时生产高、低两种价位产品的企业使消费者误以为只能提供高档产品。定位过窄限制了消费者对企业及其产品的了解，同样不利于企业实现营销目标。

（3）定位模糊。指由于企业设计和宣传的差异化主题太多、或定位变换太频繁，致使消费者对产品的印象模糊不清。混乱的定位无法在消费者心目中确立产品鲜明、稳定的位置，必定失败。

✿ 正心诚意

火爆冬奥的"冰墩墩"是中国形象的情感对应物

2022年北京冬奥会期间，吉祥物"冰墩墩"圈粉无数，与"冰墩墩"相关的特许商品更是一度卖断货。

"冰墩墩"的卡通形象将被誉为动物界"活化石"的大熊猫和航天科技等元素完美融于一身，具有和平、健康、快乐的美好寓意。可以说，"冰墩墩"既是中国特色文化与时代科技融合的化身，也契合了疫情背景下世界各国人民"一起向未来"的共同心愿，更与奥林匹克运动的最高目标相吻合，即通过体育活动，促进

"冰墩墩"
全球圈粉
让世界感知
中国

交往、增进友谊，培育人们坚忍不拔的进取精神，实现世界的团结、和平与进步，受到青睐也就成为必然。

如果说2008北京第二十九届夏季奥林匹克运动会刻意向世界展现一个古老、传统、深厚的古典中国形象，那么2022年北京冬奥会则巧妙地向世界传达一个美好自信、命运与共、携手未来的现代中国形象。"冰墩墩"表达的现代中国意象是通过北京冬奥会这种盛大的仪式性活动所建构起来的一种"集体欢腾"，成为强大的国家仪式浸入平民生活的沟通媒介。因此，购买、收藏、赠送"冰墩墩"的个体行为成为个人参与举国盛事的行动意志，成为个人分享国家成就的文化实践，成为消费者彼此之间交流国家集体荣誉感的沟通方式。

消费者通过消费行为参与国家大事，通过自下而上的个体行为体现了"冰墩墩"国家意象的情感价值和符号价值。"冰墩墩"特许商品的热销不仅带火了2022年北京冬奥会相关经济的繁荣，"冰墩墩"更成了中国形象的文化使者和象征友谊的和平使者，进一步提升中国文化的软实力，很好地展现中国的文化亲和力。

资料来源：高士佳.火爆冬奥的"冰墩墩"是中国形象的情感对应物［EB/OL］.人民网，2022-02-09.

❖ 固本培元

一、单选题

1. 同一细分市场的顾客需求具有（　　）。

   A. 较多的共同性　　　　　　B. 绝对的共同性

   C. 较少的共同性　　　　　　D. 较多的差异性

2. （　　）差异的存在是市场细分的客观依据。

   A. 产品　　　　　　　　　　B. 价格

   C. 需求　　　　　　　　　　D. 细分

3. 能否依据目前的资源状况，通过适当的营销组合去占领目标市场，即企业所选择的目标市场是否易于进入，这是市场细分的（　　）原则。

   A. 可营利性　　　　　　　　B. 可进入性

C. 可实现性　　　　　　　　D. 可区分性

4. 采用（　　）的模式的企业应具有较强的资源和营销能力，整体实力强大。

    A. 市场集中化　　　　　　　B. 产品专门化

    C. 市场专门化　　　　　　　D. 完全覆盖

5. 在市场定位策略中，把产品定位于目标市场空白处的是（　　）。

    A. 与现有竞争者共存策略　　B. 逐步取代竞争者策略

    C. 填补市场空位策略　　　　D. 市场专门化策略

二、多选题

1. 市场细分的意义主要包括（　　　　）等方面。

    A. 有利于企业深刻认识市场

    B. 有利于企业分析和捕捉新的市场机会

    C. 有利于中小企业开拓市场，同存共进

    D. 有利于企业确定目标市场，合理配置资源

2. 无差异营销战略（　　　　）。

    A. 适宜于绝大多数产品　　　B. 具有成本的经济性

    C. 只强调需求共性　　　　　D. 适用于大企业

3. 市场定位的主要任务之一是寻求差异化，它具体包括（　　　　）。

    A. 服务差异化　　　　　　　B. 价格差异化

    C. 形象差异化　　　　　　　D. 人员差异化

4. 按消费者心理因素细分，主要是指根据消费者的（　　　　）等进行市场细分。

    A. 购买动机　　　　　　　　B. 消费习惯

    C. 社会阶层　　　　　　　　D. 生活方式

5. 对于目标市场的评估，企业应该同时考虑（　　　　）。

    A. 市场规模和潜力

    B. 市场结构的吸引力

    C. 市场特征与企业总目标和资源优势的吻合程度

    D. 市场能否识别那些服务成本较低的顾客

三、判断题

1. 消费者市场细分所依据的一般标准可以概括为四个方面，即地理环境、人口状况、消费者心理和购买行为。（　　）

2. 企业进行市场细分的根本目的就是要发现与自己的资源优势能够达到最佳结合的市场需求。（　　　）

3. 差异性营销策略充分肯定消费者需求的不同，并针对不同的细分市场分别进行营销活动，这与无差异性营销策略并无二致。（　　　）

4. 企业市场定位的核心内容是设计和塑造产品的特色或形象，这种特色或形象只能是实物方面的。（　　　）

5. 企业在定位时必须避免的错误主要有定位不足、定位过窄和定位模糊。（　　　）

四、简答题

1. 什么是市场细分？为什么要进行市场细分？

2. 选择目标市场策略时应考虑哪些因素？

3. 什么是市场定位？市场定位的策略有哪些？

✥ 融会贯通

破局崛起，中国企业如何加速走向世界

近年来，从中国制造到中国创造，从中国速度到中国质量，越来越多的中国品牌走出国门、享誉世界，在国际市场上成为闪亮的国家名片。如何让中国制造成为最"出圈"的中国品牌？中国企业应该如何提升海外品牌影响力？

1. 制定精准战略

"中国制造"面对的全球市场可以分为四大细分市场，可依此制定精准化战略。

（1）优势细分市场——对"中国制造"产品的感知价值高、亲善感高的海外目标市场。总体上看，中亚国家、巴基斯坦、部分非洲国家和东南亚国家等是中国制造的优势细分市场。针对优势细分市场的针对性、精准化营销战略主要有：首先，将中国自主品牌打造成为声望品牌；其次，将中国自主品牌打造成能代表当地人先进生活方式的文化象征。

（2）竞争性细分市场——对"中国制造"产品的感知价值高但亲善感低的海外市场。印度是"中国制造"产品典型的竞争性细分市场，"中国制造"产品在印度市场充满不确定性。面对竞争性细分市场，中国企业需要有计划地提升品牌的道德形象，建立当地公众对中国企业、品牌的道德认同，以此提升他们对中国品牌的正

面态度。

（3）包容性细分市场——对"中国制造"产品的感知价值评价低但亲善感高的海外目标市场。欧洲市场相对于美国市场，对"中国制造"或中国企业就表现出更多的包容，可视为中国制造的包容性细分市场。中国的多个行业名片企业（包括华为、海尔等）在拓展国际市场时，都不约而同选择欧洲市场作为切入点，而且取得的市场业绩也更令人满意。

（4）陷阱细分市场——对"中国制造"产品的感知价值和亲善感都低的海外市场。可以说，日本和美国是"中国制造"产品典型的陷阱细分市场。首先，要以过硬品质、领先技术打开陷阱细分市场的大门。其次，先打造过硬的品牌，再提升品牌对公众的影响力。

2. 塑造中国品牌魅力

品牌可形象地理解为企业派遣到市场上，与消费者、公众等利益相关方沟通的使者。为了与市场建立亲近关系，企业往往通过营销手段为品牌塑造人格形象。中国企业创建世界一流品牌时，应分析海外目标市场的文化价值观，在遵循文化价值观基础上塑造中国品牌在当地的人格形象。

3. 聚焦优势领域

创建世界一流品牌的目标是将所在产业打造成全球样板产业。当国际上提到某种产业时，如果全球消费者、公众第一时间想到中国，那么中国的这个产业就成了全球样板产业。中国就能享受到该样板产业的国际市场溢价和无形资产、软实力等影响力，还能对产业的国际安全起到防震减震作用。

要建成全球样板产业，中国必须在该产业拥有自主品牌并建立绝对优势的全球市场份额。中国需要确定自身有优势、未来有前景的少数几个特定产业，以此为突破创建世界一流品牌，打造全球样板产业，提高中国企业在海外市场的抗风险能力。

资料来源：王海忠.破局崛起，中国企业如何加速走向世界［EB/OL］.人民论坛，2021-09-26.

分析思考：

1. 要进入国际市场，中国企业可以采用何种市场战略？

2. 中国企业在海外市场应该如何找准定位？

实训目标　进行市场细分、目标市场选择和市场定位策略实践

实训背景　现在要以我校学生为主体，注册一个学生创业园，作为我校学生了解社
　　　　　会的窗口和营销实习、实训的试验田。你觉得应当如何利用我校学生的
　　　　　优势来运营该创业园？

实训要求　分析市场环境，进行市场细分、目标市场选择和市场定位策略，结合自
　　　　　制PPT进行陈述。

实训步骤　1. 请以学习小组为单位进行该创业园设立可行性的市场调查，进行环境
　　　　　　　分析以论证其可行性。
　　　　　2. 请为该创业园进行市场细分、目标市场选择、市场定位。
　　　　　3. 请列举希望学校提供的支持资源。
　　　　　4. 撰写创业园项目策划方案，制作PPT。

实训成果　形成创业园项目策划方案及PPT。

学有所得　概括本单元的重要知识点

_____

_____

学有所长　概括本单元的重要技能点

_____

_____

学有所悟　在完成本单元内容学习后，对职业素养的感悟

_____

_____

塑造优秀品牌战略

学习目标

素养目标
- 提高品牌建设人文素养，提升品牌审美能力
- 做好中国品牌，增强民族自豪感、爱国情怀和法律意识
- 树立品牌意识和战略思维，养成良好职业规范

知识目标
- 了解品牌的相关概念及其内涵
- 掌握品牌设计的原则
- 掌握品牌决策的主要策略

技能目标
- 能够根据品牌设计原则，进行品牌名称和标志的设计
- 能够为企业的品牌管理提出品牌决策建议与具体策略
- 能够根据市场现状提出品牌管理建议

提要钩玄

学习计划

- 知识学习计划

_____

_____

- 技能训练计划

_____

_____

- 素养提升计划

_____

_____

华为是如何与传统文化融合提升品牌内涵的？

近几年，随着国潮的兴起，让众多品牌企业都看到了与传统文化结合提升品牌定位的路径。华为就是将产品与文化"深度融合"，让技术成为文化传承与发扬的载体，提升品牌的内涵。

2022年12月，华为官方发布视频《取色古今，共绘山海》，通过华为平板电脑跨应用取色赋活中国颜色，向世界表达了中国流传千年的浪漫，在视频中，华为与三位画师合作，使用华为MatePad Pro取河南博物院千年文物上的中国古色绘制《山海经》中的神兽，以中国传统颜色展现《山海经》中的奇幻世界。

华为借势传统文化，通过技术创新将产品、文化与用户的需求做深入融合。《山海经》展示的远古文化勾勒出了中国上古时期的文明与文化状态，此次华为MatePad Pro在文物上取色还原《山海经》中的奇幻世界和神兽，让色彩跃出冰冷，在数字世界舞动，讲"活"了中国故事。华为通过科技手段对中国颜色进行传承与应用，传递了中国式审美的浪漫与诗意，让中国颜色与背后的传统文化"永不褪色"。

基于技术深厚累积与消费者需求洞察，华为平板电脑的产品已经构建了从入门到高端的全矩阵，这也让时下年轻人在选购产品时有了更多选择。同时在国潮兴起的当下，华为致力于不断创新和发展，这样既能发挥好自身技术优势，又能融入文化力量，提升消费者的使用体验。

华为平板电脑在技术上的创新也正在激发年轻消费者对传统文化的兴趣，提升他们对传统文化的认同感。而华为的一次次与传统文化的融合也让更多人产生了对华为品牌的信赖。

资料来源：周靖杰.讲好中国故事，华为平板"天生会画"传递国潮新色彩［EB/OL］.新华网，2022-12-15.

取色古今，
共绘山海
华为平板用
科技讲好中
国故事

营销启示：

华为品牌通过科技手段对中国色彩进行传承与应用，是将产品、文化与用户的需求深入融合，通过技术创新传递中国传统文化，从而提升品牌的内涵，也让消费者产生了对华为品牌的信赖。同时，华为品牌的数字化推广策略也深入人心，向世界表达了中国颜色流传千年的浪漫，激发消费者对传统文化的情感。所有这些综合起来就形成了华为品牌的内涵。

7.1　品牌认知

如今，市场已经进入品牌竞争时代，品牌是企业竞争力的一种体现，特别是在大众消费品市场，各家竞争对手提供的产品和服务的品质差别不大，这时消费者会倾向于根据品牌来决定购买行为。

7.1.1　品牌与品牌战略

正确认识和深刻理解品牌的概念，是正确开展品牌经营，建立强势品牌的基础。

1. 品牌概念

品牌俗称牌子、厂牌、牌号等，是制造商或经销商给自己的产品确定的商业名称。美国市场营销协会对品牌的定义：品牌是一种名称、术语、符号、象征或设计，或是它们的组合运用，其目的是用来辨别某个销售者或某群销售者的产品或服务，使之与竞争对手的产品或服务区别开来。品牌是一个集合概念，主要包括品牌名称（Brand Name）和品牌标志（Brand Mark）两部分。

（1）品牌名称。品牌名称是指品牌中能用语言称呼表达的部分。例如，格力、长虹、海尔等。它主要产生听觉效果。

（2）品牌标志。品牌标志也称为 logo，是指品牌中能被识别，但不能用语言直接称呼的部分。包括专门设计的符号、图案、色彩、文字等，如蔚来汽车的"天空"车标、蜜雪冰城的"雪王"图案等，它主要产生视觉效果。

🔷 博物洽闻

品牌的起源

品牌的英文单词 Brand，源出古挪威文 Brandr，原意是"烧灼"。最初，人们用这种方式来标记家畜等需要与其他人相区别的私有财产。到了中世纪，欧洲手工艺人用这种打烙印的方法在自己的手工艺品上烙下标记，以便顾客识别产品的产地和生产者，并以此为消费者提供担保，同时向生产者提供法律保护。这就产生了最初的商标。1266 年，英国法律要求在每一块面包上做记号。1597 年，已有专门的法律规定对冒用他人标记的人施以严厉惩罚。至19世纪下半期，产品的品牌已成为必要。

2. 与品牌相关的概念

（1）商标（Trade Mark）。商标是产品的文字名称、图案记号，或是两者相结合的一种设计，是企业在有关部门注册登记后，经批准享有其专用权的标志。商标有注册商标与非注册商标之分。注册商标是指受法律保护、所有者享有专用权的商标；非注册商标是指未办理注册手续、不受法律保护的商标。

在我国，国家知识产权局商标局主管全国商标注册和管理工作，任何能够将自然人、法人或者其他组织的商品与他人的商品区别开的标志，包括文字、图形、字母、数字、三维标志、颜色组合和声音等，以及上述要素的组合，均可以作为商标申请注册。商标一经商标局核准即为注册商标。商标注册人享有商标专用权，受法律保护，任何人未经商标注册人许可，皆不得仿效或使用其商标，假冒商标、仿冒商标、抢先注册都构成商标的侵权。商标使用人应对其使用商标的商品质量负责。

商标与品牌既有密切联系，又有所区别，严格地说，商标是一个法律名词，是指经过注册登记而受到法律保护的品牌或品牌的一部分。商标作为区别不同企业商品的标志，往往印在商品的包装、标签上。而品牌是一种商业称谓，侧重于名称宣传，以提高企业知名度。两者从不同角度指称同一事物，因此两者常被混淆。但品牌比商标有更广的内涵，品牌代表一定文化，具有一定的个性，而商标则只是一个标记。

（2）名牌。所谓名牌，就是社会公众通过对组织及其产品的品质和价值认知而确定的著名品牌或强势品牌。名牌是品牌中的一种，是品牌发展壮大的结果。如华为、安踏、海尔、美的等均可称之为名牌。

名牌要有较高的品牌知名度、品牌美誉度和品牌忠诚度，并达到这"三度"的统一。品牌知名度是使潜在顾客认识并记住某一品牌，并将它与产品品质等同的能力，是创建名牌的最低层次。品牌美誉度是指消费者对该品牌持有好的观点和好印象的程度，涉及消费者对该品牌的态度，是创建名牌的较高层次。品牌忠诚度是指消费者对品牌的信任和忠实程度，是创建名牌的高级层次，它以品牌知名度和品牌美誉度为基础；同时，企业通过对品牌忠诚度的管理来提高品牌销量，扩大品牌资产，实现名牌的长远发展。

名牌也是品牌动态发展的特定过程和阶段。任何企业组织都有将品牌打造为著名品牌的主观愿望。应该说，名牌是品牌发展与壮大的最高境界，是品牌发展与扩张到这种境界的外在表征。

3. 品牌战略

所谓品牌战略，就是企业将品牌作为核心竞争力，以获取差别利润与价值的企业经营战略。品牌战略是纲领性的、指导性的，也是竞争性和系统化的，它不是具体的战术性执行方案，更不是简单的一句口号或一个目标。

近年来，企业纷纷运用品牌战略，取得竞争优势并逐渐发展壮大，从而确保企业的长远发展。塑造品牌的目的在于累积作为企业无形资产之一的品牌资产，从而获取品牌资产所带来的有形价值与收益。可以说，品牌是一项长期的投资，塑造品牌已成为一个完整的商业系统，它需要企业在研发、生产、销售、传播与服务等每个环节上作出正确的决策与行动。

对于意欲打造强势品牌的企业要将品牌运作上升到战略层面，品牌运营需要战略规划，更需要从战略管理的角度对之进行科学管理，从分析、规划、实施到评估与控制。品牌战略的确立应该是围绕企业的竞争实力来进行的。企业要根据自己的情况，根据行业的特点、市场的发展和产品的特征，灵活地探寻合适的战略。

7.1.2　品牌的内涵

从本质上说，品牌是销售者向购买者长期提供的一组特定的特点、利益和服务的允诺。最好的品牌传达了质量的保证。然而，品牌还是一个更为复杂的符号，它由品牌外部标记、品牌识别、品牌联想、品牌形象等内容构成。它能表达六层含义：属性、利益、价值、文化、个性、用户。

1. 属性

属性是品牌最基本的含义，品牌首先代表着特定的商品属性，一个品牌对于顾客来讲，首先给他/她带来的是使用这个品牌的产品属性，如"海尔"代表适用、质量和服务等。属性是顾客判断品牌接受性的第一个因素。因此，在为品牌定位的时候，营销者首先要考虑为品牌赋予恰当的属性，因为顾客购买任何品牌的产品首先是要适合自己使用的需要。

2. 利益

品牌体现了特定的利益。可以说，顾客不是在买属性而是买利益，这就需要将属性转化为功能性或情感性的利益。因此，品牌的每种属性都需要体现顾客利益。例如，为什么顾客要购买"耐用"这个属性？因为他/她认为"可以用很长时间"的品牌商品"节约了购买价格"。显然，"耐用"作为一个属性体现了"减少购买实际支付"的顾客利益。根据这个原理，营销者在考虑赋予品牌属性的时候，应根据顾客购买特定产品所要求的利益进行决策和选择。

3. 价值

品牌在提供属性和利益时，也包含营销价值和顾客价值。营销价值就是市场上的"品牌效应"，一个品牌如果越被目标顾客喜爱，用它来标记任何产品时，营销活动就越容易组织，营销者不必再为此过多花费促销费用。如果品牌有较高的营销价值和转让价值，那么品牌的资产价值就比较高。

4. 文化

品牌可附加象征一种文化或文化中某种令人喜欢或热衷的东西。在文化属性中，最能使品牌得到市场高度认可和赞同的是体现文化的核心价值观。例如，"大疆"能够代表科技发展的无限性；"海尔"能够代表中国文化中追求的和祥亲善；"长虹"则能体现出中华民族自尊自强的要求。

◈ **发凡举例**

特仑苏的品牌故事

在《乐府诗集》中有一篇南北朝时期的《敕勒歌》："敕勒川，阴山下。天似穹庐，笼盖四野。天苍苍，野茫茫。风吹草低见牛羊。"它歌咏了北国草原壮丽富饶的风光，抒发了敕勒人热爱家乡、热爱生活的豪情。在蒙古草原深处诞生了一个牛奶高端品牌蒙牛特仑苏，它的导购员会讲述"特仑苏"的品牌故事：阴山脚下，茫茫的大草原上，野花恣意地盛开，蔚蓝的天空，飘着几团洁白的云朵，从草原深处吹来的风，把茂盛的草丛吹低了，风停处，一群奶牛沐浴着和煦的阳光，在悠扬的音乐声里，气定神闲地喝着山泉水，苍穹、大地，奶牛与大草原浑然一体，和谐共生……好山好水好牛奶，除此之外，如此心情愉悦的奶牛，所产牛奶，一定与众不同。而当顾客听完这个故事，脑海中一定会浮想联翩，相对于价格，健康自然更重要，也就自然而然地接受了企业的高定价。蒙牛特仑苏所讲述的好牛奶的品牌故事，将《敕勒歌》中的文化内涵传承下去，在不断改善产品品质的基础上，更好地满足客户的需求，也更好地创造销量和利润。

资料来源：崔自三. 故事营销，讲好故事销产品［EB/OL］. 中国营销传播网，2021-08-12.

5. 个性

不同的品牌会使人们产生不同的联想，这是由品牌个性所决定的。品牌的个性表现为它的独特性，让使用者能具有对这样的个性的认同或归属感。例如，"海尔"那两个拥抱儿童的标记，容易使人联想到亲切和睦的人际关系。塑造品牌个性，通常用联想、暗示、喻义等方法来实现。

6. 用户

品牌暗示了购买或使用产品的消费者类型。品牌通过属性、个性、文化等维度的综合，形成特定的品牌形象，必然表现为它应该有特定的使用者。品牌一旦归属到特定的使用者后，一方面限制了其用户群；另一方面也能够形成品牌忠诚者。

品牌的六个层次指明了企业营销人员在营销活动中应该从什么角度去塑造品牌的特征和整体性，进而提供可被目标顾客辨识的品牌——这是品牌得以成功的基础。品牌引入的基础是属性，而品牌最持久的因素是它的价值、文化和个性，它们构成了品牌的实质。

7.1.3 品牌的功能

品牌的功能可从多个方面来研究。下面分别从消费者和企业这两个角度进行分析。

1. 品牌对于消费者的功能

（1）识别功能。品牌有助于消费者识别产品的来源或制造厂家，使其区别于同类产品，从而使消费者能够更有效地选择或购买产品。

（2）导购功能。品牌可以帮助消费者迅速找到所需要的产品，从而减少消费者在搜寻产品过程中花费的时间和精力。

（3）购买风险降低功能。消费者都希望买到自己称心如意的产品，同时还希望能得到周围人的认同。选择信誉好的品牌则可以帮助消费者降低购买过程中的精神风险和金钱风险。

（4）契约功能。品牌是为消费者提供稳定优质产品和服务的保障，消费者则用长期忠诚的购买回报制造商，双方最终通过品牌形成一种相互信任的契约关系。

（5）个性展现功能。品牌经过多年的发展，能积累独特的个性和丰富的内涵，而消费者可以通过购买与自己个性气质相吻合的品牌来展现自我。

2. 品牌对于企业的功能

（1）存储功能。品牌可以帮助企业存储商誉、形象。品牌就是一个创造、存储、再创造、再存储的经营过程。

（2）维权功能。通过注册商标，品牌可以受到法律的保护，防止他人损害品牌的声誉或非法盗用品牌。换言之，品牌有利于保护品牌所有者的合法权益。

（3）增值功能。品牌是企业的一种无形资产，它所包含的价值、个性、品质等特征都能给产品带来重要的价值。即使是同样的产品，贴上不同的品牌标识，也会产生不同的价格。

（4）形象塑造功能。品牌是企业塑造形象、知名度和美誉度的基石，在产品同质化的今天，为企业和产品赋予个性、文化等许多特殊的意义。

（5）成本降低功能。品牌可以通过与顾客建立品牌偏好，有效降低宣传费用和新产品开发的成本。可以帮助企业节约新产品开发时投入的成本；借助成功或成名的品牌，还可以扩大企业的产品组合或延伸产品线。

◈ 正心诚意

建设品牌强国

品牌，是企业乃至国家竞争力的重要体现，也是赢得世界市场的重要资源。

"强化品牌意识""推进标准化、品牌化""促进农牧业产业化、品牌化"……无论是参加重要会议，还是赴地方考察，品牌建设都是习近平总书记关注的重点。

习近平总书记高度重视品牌建设，多次提出殷切期许。2014年5月10日，习总书记在河南考察时提出了"推动中国制造向中国创造转变、中国速度向中国质量转变、中国产品向中国品牌转变"的重要战略。

为大力宣传知名自主品牌，讲好中国品牌故事，提高自主品牌影响力和认知度，自2017年起，我国将每年5月10日定为中国品牌日。2021年中国品牌日主题是"中国品牌，世界共享；聚力双循环，引领新消费"。

7.1.4　数字化品牌

在数字经济时代，数字技术推动数字化转型，企业面临巨大的挑战和机遇。面向全球市场的数字营销生态链基本形成，大数据、区块链、虚拟现实、物联网、云计算在营销领域的应用态势良好，数字化的传播手段和传播内容对数字营销行业正产生深刻的影响，市场营销进入了数字化时代。此时，品牌如何持续发展创新，成为企业营销首要思考的问题。

数字化品牌是指通过数字媒体进行品牌表达的形式，也包括通过数字媒体进行品牌建立、维护和扩大的过程。简略地说，就是品牌的数字媒体表现形式。数字媒体的互动能力，使数字化品牌更容易成长。

在数字时代，传统的广告媒介已经无法满足消费者希望深度参与虚拟实践的需求，他们更愿意作为营销的主体来表达自己的观点，彰显自己的个性，这也恰恰是数字营销所能满足的。数字营销的互动性、超越时空性、去中心性使得创意与传播、传播与营销一体化，同时也使得万千被营销的对象成为数字化品牌营销的主动参与者。

如果某个实体表现出以下任何一种特性，它就具备自主性：自我修复、自我保护、自我维护、自我控制、自我改进。在近十年高速发展中，品牌已经呈现出一定程度的"生命特质"。就品牌而言，社会化媒体赋予了它自我修复的能力，用户生成内容赋予了它自我改进的能力。大数据、云计算使品牌监控的自动化、智能化成为可能，这是自我维护的典型表现。精准投放、位置定位、物联网又为品牌的自我控制提供了基础。

博物洽闻

品 牌 智 能

如今，品牌正处于"生命初始化"阶段，品牌智能正在加速进化。从目前来看，品牌智能已经在8个重要领域初现端倪。

（1）品牌的交互展示智能：它为品牌注入多媒体表达、交互感应和情感体验，让品牌具备与消费者交流、互动的能力。

（2）品牌的游戏玩乐智能：它为品牌引入游戏思维，用游戏机制全面再造品牌体验和营销传播活动，让品牌变得更有趣、更好玩，让消费者能够在与品牌的互动中收获自由、单纯与快乐。

（3）品牌的移动定位智能：它借助移动互联网和定位技术，赋予品牌运动机能及情境关联需求分析的能力，使品牌与消费者的接触能够做到随时随地、应需而生。

（4）品牌的搜索应答智能：它依托搜索引擎核心技术，向有明确需求或有意向的消费者有针对性地呈现品牌的相关信息，使品牌具备基于需求的响应能力。

（5）品牌的社交情感智能：它借助各种社会化媒体和社交网络应用，品牌以人的角色融入消费者的社交圈子，以人的方式与消费者互动交流，赋予品牌以社会交往和编织关系网络的能力。

（6）品牌的电子商务智能：它以电子商务渠道体系的搭建为契机，倒逼传统的包括产品研发、生产方式、运作机制、管理架构、营销模式在内的整个商业系统实施改革，赋予品牌信息时代的商务运营智能。

（7）品牌的内容共生智能：它把有关商业、品牌、产品、服务的信息包装成消费者喜闻乐见的网络内容，或者让这些信息本身具备病毒性传播的属性，依靠消费者的主动转发和传播产生广泛、深入的影响力。

（8）品牌的协同创新智能：它为品牌赋予一种可供无限开发利用的工具价值、一种可供加工创造的产品元素、一个可供讨论的话题或者一个可供围观参与的事件，甚至把产品研发和品牌再造的主动权交到消费者手上，让品牌具备与消费者协同进化、共同成长的能力。

如果说传统的营销传播是对品牌实施工具性运作，那么，数字营销传播正越来越呈现出复杂的、超越单纯工具的机械特性，成为一种带有人类活性的运作系统。营销传播的目的不再是为品牌做推广，也不是管理品牌和创意，在这种情况下，最明智的选择是把生命的基因注入品牌，赋予品牌以智能和智慧，让品牌像人一样会交流、会学习、会成长、会创造，有情感、有喜恶、有关系，让品牌以有温度的生命的形态与消费者共存共生。

7.2　品牌设计

品牌主要由两个部分构成：一是品牌名称；二是品牌标志。企业一旦决定使用自己的品牌，就要对品牌进行命名和标志设计。

7.2.1 品牌设计的原则

企业的品牌名称和标志如何，关系到产品的销售，一个良好的品牌设计应符合如下原则：

1. 简明性
这是品牌设计的最基本要求。品牌的首要功能是它的识别功能和传播功能，要让顾客很容易地通过品牌来识别产品并且通过各种途径广为流传，这就要求品牌的设计必须简洁明了、易读、易认、易记。

2. 暗示性
品牌的名称或标志必须与产品本身有某种联系，能暗示产品所具有的某些特征、性能或优点。如"奥林匹克花园""江畔明月"等房地产品牌在一定程度上暗示了其产品的特征。

3. 独特性
好的品牌要有新颖独特的风格，应该与众不同，能反映产品个性特色，这样才能给消费者以强烈的印象，而且独特的品牌也便于记忆和识别。

4. 适应性
品牌的设计应考虑不同国家、文化背景、宗教信仰和语言文字的差异，根据不同的时间、空间采取不同的设计方案，以适应不同顾客的变化，否则会产生沟通障碍。

总之，品牌设计应满足造型美观，构思新颖、简单、明显，符合传统文化，为公众喜闻乐见的基本要求。

7.2.2 品牌名称设计

目前市场上品牌数量众多，一个优秀的品牌名称能够让消费者迅速地识别产品，与竞争对手区分开来，激发消费者的好奇心和兴趣，并促进品牌联想。因此，品牌命名是非常重要的。

好的品牌名不仅能打开市场，也能留下经典。品牌命名基本都有三个考量：第一，要利于传播；第二，要突出品牌特色；第三，要能引发消费者的美好联想。

例如，小鹏汽车董事长曾坦言，如果回到当年创业的时候，他也不想以自己的名字给产品命名。小鹏汽车品牌名的问题不在于用创始人名字命名，而在于"小鹏"这两个字，让品牌显得朴实无华，缺少气势，也没有突出品牌的特色，更没有引发消费者的美好联想。

品牌命名常见的几种方法：

（1）产品效用命名。依据产品的主要性能、功能或作用命名，使消费者可望文生义，迅速理解产品效用，且便于联想和记忆，如"三九胃泰""咳立停"等。

（2）地名及名胜古迹命名。这样的品牌能直接显示产品的产地和地方特色，如长城（汽车）、黄山（烧饼）、崂山（绿茶）等，使消费者一看便知产品的产地。但要选择众所周知的、有特色的地名来命名。

（3）厂商字号命名。以商号为品牌，可以扩大企业影响，提高企业声誉。如我国的中华老字号"老凤祥"珠宝、"同仁堂"中药等。但所用商号必须具有传统特色，并为广大消费者所熟悉，才能起到既宣传产品，又宣传企业的作用。

（4）词汇命名。以词汇作为品牌时，企业应选择寓意深刻、音韵动听的词汇或创造无特殊意义、但可作为市场传播的语义符号的词汇作为品牌，如"美加净""佳洁士"等，其品牌简洁易懂，被誉为商品品牌的文字佳作。

（5）动植物命名。以珍稀动植物、名花、名草为品牌，能使人产生许多美好的联想，并能提高产品身价。如"熊猫""雪莲"使人感觉珍奇，"孔雀""水仙"使人容易联想到美好的事物，给人以深刻印象。

（6）神话、传说和传奇故事命名。从神话、传说和传奇故事中提炼出来的品牌很容易使人联想到某段历史故事或传说，激发消费者浓厚兴趣，如"凤凰"自行车、"麒麟"芯片、"阿芙"精油等。

（7）人名命名。用创始人或发明人的名字命名的品牌名称也很多，如"李宁""福特""松下"等品牌。

（8）数字命名。借用人们对数字的敏感性和联想为品牌命名易于推广，容易加深印象。例如，"999"感冒灵、"柒"牌男装、"六个核桃"等。

（9）译名命名。例如，"西门子""可口可乐"的品牌名分别是由Siemens、Coca-Cola翻译而来。

经典品牌名称翻译

一个好的译名，不仅可以准确表达品牌定位，让受众快速了解产品属性，提升品牌优势，也有利于品牌的营销推广，最大范围影响目标群体。给品牌译名绝非一件易事，成功的译名更是可遇而不可求。

1. 宜家

IKEA 的中文名字取自《诗经·国风·周南·桃夭》中的"之子于归，宜其室家"，象征着对家和生活的美好期盼，也与宜家的定位完美符合。

2. 兰蔻

Lancôme 的译名按照 Lancôme 的发音从字词里选取了"兰蔻"二字，"兰"意指香草、兰花，象征着典雅高洁；"蔻"为豆蔻，也有少女之意。总体来说是个大方规矩的翻译，不过与兰蔻标志性的玫瑰相结合，更是多了几分浪漫气息，营造出了一种豆蔻少女"当窗理云鬓"的意境。

3. 露华浓

Revlon 被翻译成"露华浓"，是品牌名称翻译的一个神来之笔。它出自李白的《清平调》："云想衣裳花想容，春风拂槛露华浓。"对于一个化妆品品牌而言，这个名字既能体现产品属性、又有好的品牌联想，还有文化内涵。

资料来源：FAKESHION.那些巧妙的品牌译名原来都是这么来的 [EB/OL].搜狐网，2018-04-08.

7.2.3 品牌标志设计

品牌标志是品牌形象核心部分，是表明事物特征的识别符号，它以单纯、显著、易识别的形象、图形或文字符号为直观语言，并与产品相映生辉、相得益彰。

品牌标志设计是在一定的策略性原则前提下，选择特定的表现元素，结合创意手法和设计风格而成。所谓设计方法，主要考虑表现元素和创意手法。典型的设计方法有两种：文字和名称的转化、图形象征寓意，它们产生三种类型的设计标志：文字型、图案型以及图文结合型。

1. 文字和名称的转化

文字（包括西方文字和中国汉字）和名称的转化方法是直接运用一些字体符号或单纯的图形作为标志的组成元素。所采用的字体符号可以是品牌名称，也可以是品牌名称的缩写或代号。这种方法的优点是识别力强，便于口碑传播，容易为消费者理解含义。在创意上，为了增强其美感和接受度，往往借助象征、装饰点缀和色彩的力量。这方面成功的设计有李宁体育用品的"L"标志、麦当劳的"M"标志等。

2. 图形象征与寓意

以图形或图案作为标志设计的元素，都是采用象征寓意的手法，进行高度艺术化的概括提炼，形成具有象征性的形象。图形标志因为其视觉意念较易被人理解接受，故也得到普遍运用。特别是一些作为象征物的最普通客体，如太阳、眼睛、星星、王冠、手、马等，在世界文化的广泛国际化进程中受到了重视。虽然，这些标志在不同的国家里，其象征意义有所不同，但普通大众对它们的熟知排除了跨国传播的障碍。例如，腾讯选用小企鹅作为品牌图案，瑞幸使用小鹿剪影的图案等，都鲜明生动，给人留下了实体形象感。

标志的设计还要结合色彩的运用，以强化传达感觉和寓意的功能。

正心诚意

不得作为商标使用和注册的标志

《中华人民共和国商标法》第十条规定，下列标志不得作为商标使用：

（一）同中华人民共和国的国家名称、国旗、国徽、国歌、军旗、军徽、军歌、勋章等相同或者近似的，以及同中央国家机关的名称、标志、所在地特定地点的名称或者标志性建筑物的名称、图形相同的；

（二）同外国的国家名称、国旗、国徽、军旗等相同或者近似的，但经该国政府同意的除外；

（三）同政府间国际组织的名称、旗帜、徽记等相同或者近似的，但经该组织同意或者不易误导公众的除外；

（四）与表明实施控制、予以保证的官方标志、检验印记相同或者近似的，但经授权的除外；

（五）同"红十字""红新月"的名称、标志相同或者近似的；

（六）带有民族歧视性的；

（七）带有欺骗性，容易使公众对商品的质量等特点或者产地产生误认的；

（八）有害于社会主义道德风尚或者有其他不良影响的。

县级以上行政区划的地名或者公众知晓的外国地名，不得作为商标。但是，地名具有其他含义或者作为集体商标、证明商标组成部分的除外；已经注册的使用地名的商标继续有效。

第十一条还规定，下列标志不得作为商标注册：

（一）仅有本商品的通用名称、图形、型号的；

（二）仅直接表示商品的质量、主要原料、功能、用途、重量、数量及其他特点的；

（三）其他缺乏显著特征的。

前款所列标志经过使用取得显著特征，并便于识别的，可以作为商标注册。

7.3　品牌决策

为了使品牌在市场营销中更好地发挥作用，必须采取合适的品牌决策。在企业的品牌决策中一般涉及：品牌化决策、品牌使用者决策、品牌统分决策、品牌战略决策、品牌重新定位决策。各决策之间既彼此独立又相互影响。如图7-1所示[1]。

7.3.1　品牌化决策

品牌化决策也称品牌有无决策，是指企业首先决定是否给其产品建立品牌。这是企业品牌决策所面对的第一个问题。企业通常可以选择的策略有：

1. 无品牌策略

无品牌策略是指企业在经营活动过程中不使用任何品牌。在市场经济发展初期，许

1　其中，"品牌重新定位决策"将在7.4.1品牌定位中介绍。

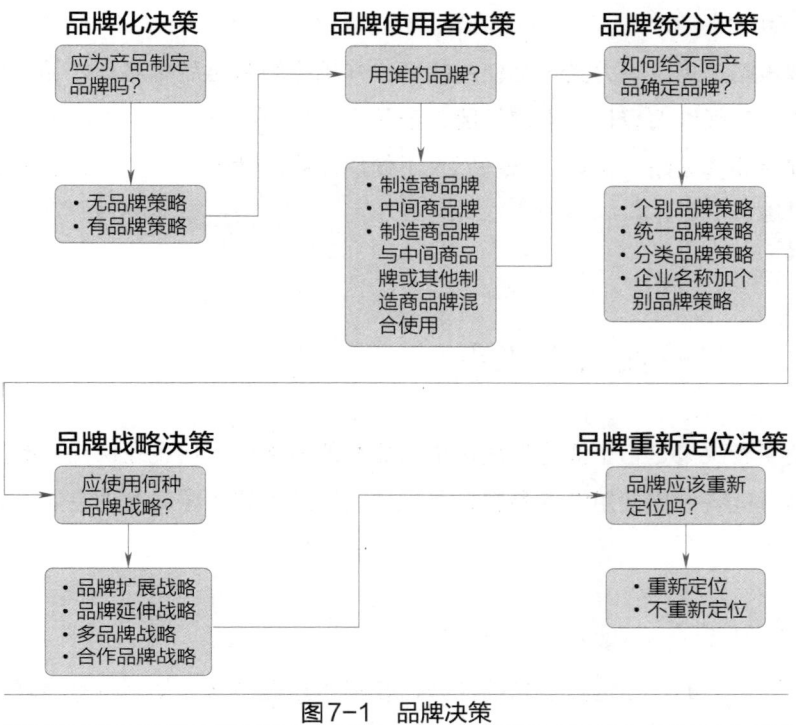

品牌化决策　　　品牌使用者决策　　　品牌统分决策

应为产品制定
品牌吗?

用谁的品牌?

如何给不同产
品确定品牌?

- 无品牌策略
- 有品牌策略

- 制造商品牌
- 中间商品牌
- 制造商品牌
  与中间商品
  牌或其他制
  造商品牌混
  合使用

- 个别品牌策略
- 统一品牌策略
- 分类品牌策略
- 企业名称加个
  别品牌策略

品牌战略决策　　　　　　　　品牌重新定位决策

应使用何种
品牌战略?

品牌应该重新
定位吗?

- 品牌扩展战略
- 品牌延伸战略
- 多品牌战略
- 合作品牌战略

- 重新定位
- 不重新定位

图7-1　品牌决策

多产品都曾经不使用品牌。但随着市场竞争的出现和日渐激烈,越来越多的企业在经营中开始使用品牌。尽管如此,市场上仍然有大量无品牌商品。一般来说,无品牌策略多用于以下几种情形:

(1)未经加工的原料产品。企业在这一过程中发挥的作用仅仅是采掘或运输,并未对产品质量的提升发挥重要作用,产品的质量主要取决于原产地。这样的原料产品包括煤、铁矿石、原木等。

(2)难以形成特色的产品。此类产品遵循统一的标准要求,不同企业提供的产品在质量上并没有太大的差异,没有必要用品牌进行区分,如电力、水泥等。

(3)生产简单、价格低廉的小商品。这些商品本身价格很低,没有必要使用品牌,如一些单位产品价格较低的电工工具、炊事用具等日杂用品等。

(4)消费者习惯上不予考虑品牌差异的商品。这些商品在出售过程中即使有品牌,消费者也不会太多关注,如蔬菜、水果、海产品等。

(5)临时性或一次性生产和销售的产品。这些产品在之后不再出售,不需要通过品牌赢得顾客。

2. 有品牌策略

有品牌策略是指企业为其产品使用品牌，并相应地给出品牌名称、品牌标志，并在政府部门进行商标注册登记。当前，随着产品竞争的日益激烈，越来越多的企业从无品牌策略转向有品牌策略。例如，一些原来不使用品牌的蔬菜、肉类厂家也开始为自己的产品树立品牌。

7.3.2 品牌使用者决策

品牌使用者决策是指企业选择使用谁的品牌的策略。一旦企业决定以品牌作为重要的营销策略，就要考虑使用谁的品牌，可以使用制造商或是中间商的品牌，也可以混合使用。

1. 使用制造商品牌策略

制造商为自己的产品选择适当的品牌，在销售过程中独立使用。就全球市场的发展趋势来看，大部分的制造商更愿意使用自有品牌。好的品牌本身就是企业的一种资源，越来越多的制造商更愿意在经营过程中积累自身在品牌方面的资源，使用自己的品牌。

2. 使用中间商品牌策略

这是指制造商不为产品选择品牌，而是将产品出售给中间商，中间商在出售这些产品时采用自己的品牌。对制造商而言，采用中间商品牌策略主要有三种情形：①制造商在一个不了解本企业产品的新市场推销产品；②制造商的影响力远不及中间商；③制造商品牌的价值小，设计、制作、广告宣传、注册等费用高。通常来说，实力弱、知名度不高的制造商，常常选择使用中间商品牌。

3. 制造商品牌与中间商品牌混合使用策略

制造商在商品销售过程中不仅使用自有品牌，还使用中间商的品牌。具体包括三种情形：①在出售的商品上同时标记制造商的品牌和中间商的品牌，兼收两种品牌单独使用的优点，增加信誉，促进产品销售。在产品进入国际市场的过程中，制造商常常使用该策略。②制造商在出售的一部分产品上使用自有品牌，而将另外一些产品出售给中间商，由中间商使用其自己的品牌进行销售。在生产能力过剩的情况下，制造商常常借此扩大销售。③制造商先让中间商以其自己的品牌销售产品，等到产品打开销路，有了一定的市场地位后，再改用制造商品牌。企业在进入新市场的情况下，有时会选择采取这一策略。

4. 制造商自有品牌与其他制造商品牌混合使用

制造商对出售的一部分产品使用自己的品牌，而对另外一部分商品使用同行其他制造商的品牌进行销售。一些企业为了扩大市场销售规模，不仅借助自己的渠道销售自有品牌的产品，还为其他企业加工产品。另外，一些生产同类产品的企业会建立联盟，统一使用知名企业的品牌。对知名企业而言，可以获得一定的使用权出让收益，并扩大市场影响力；对联盟的其他企业而言，可以扩大销售。

❖ **发凡举例**

人民日报联名北京稻香村

中秋节，早已走出诗意的浪漫，更多的是丰富的情感共鸣与文化认同，"家国于心人月两圆"，人民日报与北京稻香村联手推出系列中秋月饼礼盒，以月饼相邀，取团圆之义，同守一轮明月，守望万家团圆。

人民创意作为人民日报社主管主办的文化领域创新品牌，致力于传承和弘扬中华优秀传统文化。北京稻香村作为中华老字号品牌，以传承为己任，双方携手通过带来传统节日的文化味道，让每一个人都把自己摆进这场历史的书写中，传承家国情怀，积蓄力量继续前行。

此次人民日报与北京稻香村联手，共同推出了三款月饼礼盒，每一款都是匠心打造，在品尝月饼之香甜的同时，更能感受寄托于"馅"内的情与思。

"人民岁月"款月饼礼盒融合了人民日报的"报"款设计，致敬6种不同职业中的英雄。他们是最强大的守护者，也是最美的逆行者，他们是无畏辛苦的科研专家，是和死神赛跑的白衣天使，是坚实可靠的中国军人，是平凡英雄外卖小哥，是立德育人的人民教师，是无私奉献的志愿者。"中国力量"款月饼礼盒蕴含着更为铿锵的中国力量。我们用永不服输的精神向世界传递崭新的中国符号。"我爱我的祖国"款月饼礼盒以月亮绘制佳节团圆，"七星追月"则代表中华儿女心系故乡，心向祖国。

一盒月饼，一头连接着千千万万的普通家庭，另一头连接的是历史的传承、国家的富强、民族的复兴。

资料来源：酷仔.人民日报人民创意联名北京稻香村，献礼人民守护者[EB/OL].天天快报，2020-08-24.

单元7　塑造优秀品牌战略

7.3.3　品牌统分决策

使用自有品牌的制造商面临着进一步的选择，就是如何确定品牌，是不同产品使用同一个品牌，还是分别使用不同品牌？这就是品牌统分决策，可供选择的策略主要有以下几种。

1．个别品牌策略

企业对各种产品分别使用不同的品牌。例如，宝洁公司生产的各种日化产品，分别使用汰渍、奥妙、碧浪等不同品牌。其优点是没有将企业的声誉系在某一产品品牌的成败之上。假如某一品牌的产品失败了或者出现了情况，不会损害制造商的名声，也不会连累其他的产品。缺点是品牌的设计、制作、广告宣传、注册费用较高，在不同品牌对应的商品功能相似的情况下，企业的不同品牌之间会形成竞争关系。

2．统一品牌策略

企业所有产品都统一使用同一个品牌，也称为整体的家族品牌策略。例如，海尔对其公司的全部家电产品都采用"海尔"这同一个品牌。其优点是建立一个品牌后，引进一个新产品的费用比较少，因为不需要为建立新的品牌认知和偏好而花费大量的广告费，有利于节省费用。缺点是部分产品的质量问题会影响到所有产品的销售。因此，使用这一品牌策略的企业必须确保每一产品都有可靠的质量保证。

3．分类（系列）品牌策略

分类（系列）品牌策略是指企业对同一系列或同一类的产品使用共同的品牌名。例如，伊利的高端牛奶的品牌名是金典，而植物奶的品牌名是植选。分类品牌策略有利于企业节省品牌制作、广告宣传等费用，企业推出的同系列新产品可凭借原有品牌声誉迅速打开销路。当然，同一系列品牌下的某些产品质量不好时，会直接影响到整个系列产品的销售。

4．企业名称加个别品牌策略

企业名称加个别品牌策略是指企业对其不同的产品分别使用不同的品牌，而且在各种产品的品牌前面还会冠以企业名称。这是统一品牌与个别品牌同时并行的一种方式。在产品的品牌名称前冠以企业名称，可使产品正统化，既享有企业已有的信誉，又可使产品各具特色。例如，比亚迪的新能源汽车品牌名为"比亚迪＋朝代名"，包括"比亚

"迪汉""比亚迪宋""比亚迪元"等。

7.3.4 品牌战略决策

当企业选择品牌战略时，可以有下面几种不同的战略决策。

1. 品牌扩展战略

品牌扩展战略是指企业将现有品牌用于新推出的不同类产品中，新推出的产品与原有产品之间存在较大差异。例如，海尔将其在冰箱、洗衣机等领域形成的知名品牌用于空调、净化器等产品。

2. 品牌延伸战略

品牌延伸战略是指企业将现有品牌用于经过改进的同类产品或者升级换代新产品，以促进销售。新推出的产品与原有产品之间存在密切联系。例如，长虹将其品牌一步步延伸至纯平彩电、超平彩电、大屏幕彩电等产品上。

3. 多品牌战略

多品牌战略是指企业在同类的产品项目中使用多个品牌。例如，花王公司在洗发水产品中有五个品牌，可以为不同的目标顾客提供需求，还可以占领更多的分销商的货架。

❖ **发凡举例**

小罐茶推出全新的子品牌

2022年6月，小罐茶推出了"年迹·年份茶""茶几味·新国民生活茶""C.TEA.O智能泡茶机"三个全新的子品牌。

小罐茶问世之初一直以"一罐一泡"和"大师作"为主要卖点，经过精心的包装和宣传，小罐茶树立了"高端特质，大师制茶"的品牌形象。过去，单一品牌的小罐茶更多地活跃在礼品市场上。在京东平台上，小罐茶有十万条评价是"送礼佳品"。如今，小罐茶在原来单个品牌的基础上拓展出三个子品牌，通过四个品牌，形成"一罐、一袋、一饼、一机"，可以覆盖不同价格带、不同的消费群体。其中，"年迹·年份茶"专注年份普洱茶和年份白茶，"茶几味"是小罐茶旗

4. 合作品牌战略

　　合作品牌战略是指两个或更多的品牌联合使用在一个产品上。企业期望通过品牌的联合来增强产品对顾客的吸引力。

7.4　品牌管理

7.4.1　品牌定位

1. 品牌定位的概念和内涵

　　品牌定位即指为某个特定品牌确定一个适当的市场位置,使商品在顾客的心中占领一个有利的位置,当某种需要一旦产生,人们就会先想到该品牌。例如,购买创可贴时选择云南白药,购买安全的汽车时选择吉利沃尔沃。企业要由市场转向消费者心智,全力以赴地让品牌在消费者的心智中占据某个类别或特性的定位,成为该类产品的代表和首选品牌。

　　品牌定位是在综合分析目标市场与竞争情况的前提下,对其特性、品质和声誉等给予的明确界定。它是建立一个符合原始产品的独特品牌形象,并对品牌的整体形象进行设计、传播,从而在目标消费者心中占据一个独具价值地位的过程或行动。其着眼点是目标消费者的心理感受;途径是对品牌整体形象进行设计;实质是依据目标消费者的特征,设计产品属性并传播品牌价值,从而在目标顾客心中形成该品牌的独特位置。

　　成功的品牌定位能够为企业建立声誉,培育品牌竞争力,赢得顾客的青睐。

伊利斩获"亚洲质量卓越奖""伊利即品质"深入人心

花西子成世界经济论坛首个中国美妆品牌会员

2022年7月15日，中国美妆品牌花西子宣布其成为世界经济论坛新领军者社区成员企业，这是中国美妆品牌企业首次成为该组织成员。

花西子是伴随着中国文化自信和数字经济崛起而快速成长起来的中国美妆新品牌。基于"东方彩妆，以花养妆"的独特品牌定位，花西子将东方美学、中医药文化等与现代美妆科技创新相结合，并通过与领先的全球供应商、研究机构和专家合作，创造出了一系列具有丰富美学和文化体验的高品质产品，快速成为中国销量排名前列的中高端彩妆品牌。

创新优秀的产品力和浓厚的东方文化属性，让花西子收获了全球消费者的喜爱，自2021年品牌出海以来，已经有超过100个国家和地区的消费者购买花西子的产品，其海外销售额近40%来自美国和日本等高度成熟的美妆市场。花西子牌的产品还多次代表中国亮相世博会、世园会等平台，成为官方馈赠国际友人的"新国礼"之一。

资料来源：黄昂瑾.花西子成世界经济论坛首个中国美妆品牌会员［EB/OL］.央广网，2022-07-15.

2. 品牌定位的原则

（1）消费者导向原则。只有顾客才能成为定位主体，即有权决定是接受还是拒绝销售者提供的品牌，销售者不能替代顾客定位，不能将品牌理念强加给顾客，销售者必须从顾客的角度去思考和策划品牌定位，销售者必须善于引导顾客朝着他们策划的方向发展。

（2）差异化竞争优势原则。品牌定位在本质上展现其相对于竞争者的优势，通过向消费者传达差异性信息而让品牌引起消费者注意和认知，并在消费者心智上占据与众不同的有价值的位置。

（3）个性化原则。赋予品牌独特的个性以迎合相应的顾客需求。品牌的个性是通过定位赋予这个产品的，同时，品牌所表现的个性要与消费者的自我价值观吻合，要得到消费者的认同。

（4）动态调整原则。品牌定位不是一成不变、一劳永逸的。因为整个市场都在不断发生变化，产品在不断地更新换代，消费者的需求在不断改变，市场上不断有新的同类产品加入竞争，产品在自身生命周期中所处的阶段也在不断演进。因此，品牌定位要根据市场情况的变化不断做出调整，使品牌永远具有市场活力。

3. 品牌定位的策略

品牌定位策略多种多样，但企业常用的有以下几种：

（1）差异定位策略。差异定位，就是建立自己的品牌区隔，使之能够显著地区别于竞争对手。具体分为产品特性定位、独特制作定位和市场专长定位。

（2）首席定位策略。首席定位即追求品牌成为本行业中领导者的定位。如广告宣传中使用"正宗的""市场占有率领先"等口号，就是首席定位策略的运用。首席定位的依据是人们对"第一"印象最深刻的心理规律。首席定位能使消费者在短时间内记住该品牌，并促进以后的销售。

（3）比附定位策略。比附定位就是企业通过各种方法，与某个知名品牌建立一个内在联系从而使自己的品牌迅速得到消费者的认可，从而达到"借鸡生蛋"的目的。比附定位策略有利于品牌的迅速成长，一般适用于品牌成长的初期。

（4）空当定位策略。空当定位即寻找为许多消费者所重视的、但尚未被开发的市场空间。任何企业的产品都不可能占领同类产品的全部市场，也不可能拥有同类产品的所有竞争优势。市场中机会无限，谁善于寻找和发现市场空当，谁就可能成为后起之秀。品牌经营者可以从时间空当、年龄空当、性别空当、使用量空当等不同角度加以考虑。

（5）对比定位策略。对比定位是通过与竞争品牌的客观比较来确定自己的市场地位的一种定位策略。企业要设法改变竞争者品牌在消费者心目中现有的形象，找出其缺点或弱点，并用自己的品牌与之进行对比。

4. 品牌重新定位

品牌重新定位也称品牌再定位，即使某一个品牌在市场上的最初定位很好，但随着时间的推移和市场环境的变化，也必须适时地进行重新定位。

企业在进行品牌重新定位时，要全面考虑两方面的因素：第一，产品品牌从一个细分市场转移到另一个细分市场的费用，如品质改变费、包装费用、宣传推广费等，一般来说，重新定位的距离越远，费用就会越高。第二，企业新定位的品牌能获利多少，这取决于此市场的顾客数量、平均购买率、竞争者的实力及数量等。企业应对各种品牌重新定位方案进行分析，权衡利弊，优中选优。

《云顶对话》揭示新东方转型背后的强大生命力

2022年6月，央视网全新推出场景式纪实访谈节目《云顶对话》。在该节目中，主持人对话新东方创始人新东方在线CEO以及东方甄选主播，带领观众了解新东方的情怀、坚韧、智慧和勇气。

东方甄选的粉丝从100万飙涨到2 000万，这是发生在6月的奇迹。而能让东方甄选在一众直播间里脱颖而出的，便是"知识型带货"的新模式。新东方在成立之初就坚信"读书改变人生"的理念。如今转型直播带货，我们可以看到东方甄选的主播们一边举着一口方锅，一边与网友聊"诗和远方"与人生哲学，用标准的英语发音谈莎士比亚的十四行诗。这种形式，在目前所有的直播场景中是独一无二的，是"稀缺"的供给，但又恰恰是新东方的"看家本领"。

除了一以贯之的"知识的力量"，还能在东方甄选的直播间里看到熟悉的、亲切的，也是新东方坚持了近30年的风格，那就是幽默诙谐、旁征博引、寓教于乐。这种风格也在喧嚣的直播带货领域散发出知识经济的魅力，让大家再一次看到了文化的重要性。

回看过去激荡的30年，新东方曾接连遇到挑战与挫折，却又凭借顽强的生命力不断地学习和迭代，跨越了无数个坎，无数次得以"重生"。东方甄选此次调整赛道进入农产品领域，是因为"觉得能够帮助农民是好事，能够给消费者提供优质的农产品也是好事"。

在全新的赛道"异军突起"，新东方用一堂生动的"蝶变课"让人们看到它强大的生命力以及它迸发"新希望"背后的坚持、智慧和勇气。

资料来源：周运.用滔滔才华搅动滔滔流量,《云顶对话》揭示新东方转型背后的强大生命力［EB/OL］.中国网，2022-06-29.

7.4.2 品牌传播

1. 品牌传播的概念和内涵

所谓品牌传播，是指企业把关于品牌的信息通过一定的传播渠道传递给目标消费者和社会人群的过程。在品牌传播过程中，传播的内容、方式和受众对于企业而言都十分重要。

品牌传播是一个双向互动的过程。一方是品牌信息的发送方；另一方是品牌信息的接收方，在品牌信息由发送方流向接收方的过程中，企业或其传播组织会对品牌信息进行编码，在这些信息编码传递给接收方后，接收方会进行解码。但是，品牌信息从发送方流向接收方只是完成了品牌信息的一次单向流动；之后，接收方还应当将对所接收的信息的反应反馈给发送方。当发送方收到接收方的信息反馈时，才表明品牌完成了一个回合的信息传播过程。在此之后，这种"发送、接收、反馈"的信息互动过程可能会持续许多次，有时甚至会经历很长的时间才能完成。这种反复进行的品牌信息传播表明了品牌传播的复杂性和系统性。如图7-2所示。

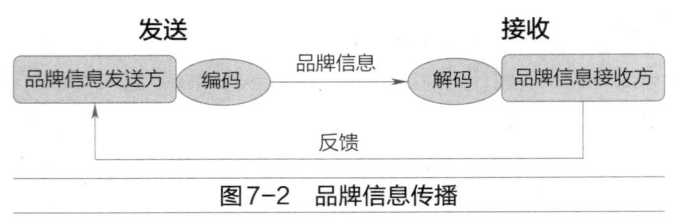

图7-2 品牌信息传播

2. 品牌传播的特点

（1）信息的聚合性。品牌表层因素如名称、图案、色彩、包装等，其信息含量是有限的，但产品的特点、利益与服务的允诺、品牌认知、品牌联想等品牌深层次的因素，却聚合了丰富的信息。它们构成了品牌传播的信息源，也决定了品牌传播本身信息的聚合性。

（2）受众的目标性。对于品牌传播者来说，他所寻找的目标受众既是目标消费者，又是品牌的关注者，只有确定了明确的目标受众，受众的需求才能得到满足，相应的品牌传播才会是卓有成效的。

（3）媒介的多元性。在传播技术革命性变革的今天，网络媒介迅猛发展，无处不在。传统的大众传播媒介，如报纸、杂志、电视、广播、路牌、海报等，魅力犹存，对它们的选择组合本身就具有多元性；而由互联网所带来的新媒体的丰富性与传统媒介的新生，则共同打造出一个传播媒介多元化发展的新格局。

（4）操作的系统性。品牌传播系统的构成主要包括品牌所有者与品牌受众，两者由特定的信息、媒介、传播方式、传播效果（如受众对品牌产品的消费、对品牌的评价等）、相应的传播反馈等信息环节彼此关联。由于品牌传播追求的不仅是近期传播效果的最佳化，还是长远的品牌效应，因此品牌传播遵循系统性原则，总是在品牌所有者与受众的互动关系中进行操作，并周而往复地使品牌不断增加活力。

3. 品牌传播的方式

品牌有多种传播方式，品牌经营者主要通过广告传播、公关传播、销售促进传播、口碑传播、互联网传播和整合营销传播等方式来传递、分享品牌内涵。而企业在制定具体的传播方案时往往是综合运用多种方式。

（1）广告传播。广告作为一种主要的品牌传播手段，是指品牌所有者以付费方式，委托广告经营部门通过传播媒介，以策划为主体，以创意为中心，对目标受众所进行的以品牌名称、品牌标志、品牌定位、品牌个性等为主要内容的宣传活动。

（2）公关传播。公关是公共关系的简称，公共关系是指企业在品牌推广中正确处理企业与社会公众的关系，以便树立品牌及企业的良好形象的活动。公关传播是品牌传播的一种有效解决方案，包含投资者关系、员工传播、事件管理以及其他非付费传播的内容。

✿ 正心诚意

鸿星尔克捐款事件

2021年7月21日，鸿星尔克官方微博发布声明向河南捐款5 000万元物资以援助抗灾。7月22日晚，有网友评论"感觉你都要倒闭了还捐这么多"，引起网民共鸣，推动话题"鸿星尔克的微博好心酸"冲上微博热搜榜第一。当日鸿星尔克淘宝直播间观看人次超过200万，单场直播带货的销售额超过1 022万元。鸿星尔克在抖音直播间的销售额也超过了1 500万元。7月23—24日，鸿星尔克品牌官方旗舰店淘宝直播间销售额突破1.07亿元，总销量达64.5万件，直播间观看人次近3 000万。同时，鸿星尔克抖音直播间点赞量达4.2亿，创下当时的抖音直播最高纪录。还有大批网友冲进鸿星尔克的实体店大举购物，用自己的热情"回馈"这家民族企业。鸿星尔克总裁对此向大家表达了谢意，并且呼吁大家理性消费。他表示：鸿星尔克是中国埋头创业的千万家企业之一，不忘初心、牢记使命是他们企业的原则，希望大家把更多的目光投向受灾的群众。

大多数的媒体和网民都表示了对鸿星尔克捐款救灾这一行为的赞赏和肯定，认为该品牌是国产品牌的骄傲，在经营状况不佳的情况下依然捐出相当数额的物资，值得肯定。7月26日，中央纪委国家监委网站发表文章《鸿星尔克爆红：善引发善的动人故事》：支持鸿星尔克，实际上是人们对善良价值的坚守，是对"好人有好报"正义观的执着坚持。"为众人抱薪者，不可使其冻毙于风雪"，这是中国人朴素而可贵的价值观，也是几千年流传下来的崇德向善文化的重要内涵。

资料来源：优质财经领域创作者.鸿星尔克捐款事件后销售额破亿元［EB/OL］.《中国经济周刊》杂志社官方账号，2021-07-30.

（3）销售促进传播。销售促进是指企业在短期内刺激消费者或中间商产生大量购买的促销活动。典型的销售促进活动一般用于短期的促销工作，其目的在于解决当下某一具体的问题，采用的手段往往带有强烈的刺激性，因而销售促进活动的短期效果比较明显。

（4）口碑传播。口碑传播是指具有感知信息能力的非商业传播者关于一个产品、品牌、组织和服务的非正式的人际传播。在现实生活中，消费者有时宁愿相信亲朋好友的口碑传播，也不愿相信广告，尤其是那些总价高昂或消费周期长的耐用消费品，如房产、汽车、家电等。口碑传播是人与人之间最直接的沟通，是形成品牌美誉度的重要途径。在品牌传播的方式中，基于人际沟通的口碑传播最容易为消费者所接受。

（5）互联网传播。随着移动互联网时代的到来，门户网站、网络视频、移动智能终端、微博、微信的相继崛起吸引了更多的消费群体。越来越多的零售商搭建了网上商城，越来越多的消费者会运用移动终端获得更全面、更优惠的商品信息。

品牌常用的互联网传播方式包括品牌官方网站与移动应用、网络广告、电子邮件、微博、社交网络等。品牌经营者通过对自身与市场的有机结合分析，可以采取更适合自己的特色互联网传播方式。总之，品牌传播与传播方式的选择及设计密切相关，如果传播方式选择不当、设计不合理，就不可能收到好的传播效果。因此，企业进行品牌的互联网传播时一定要把传播方式的选择和设计放在重要的位置上。

（6）整合营销传播。整合营销传播一方面是把广告、促销、公关、直销、包装、新闻媒体等一切传播活动都涵盖到营销活动的范围之内；另一方面则是使企业能够将统一的传播资信传达给消费者。所以，整合营销传播也被称为"用一个声音说话"，即营销传播的一元化策略。

整合营销传播的中心思想是以满足消费者需要的价值为取向，确定企业统一的营销传播策略，协调使用各种不同的传播手段，发挥不同传播工具的优势，使企业的价值形象与信息以最快的时间传达给消费者，实现企业营销传播的低成本化与强冲击力。

整合营销传播的步骤与方法：

① 建立消费者和潜在消费者的资料库。资料库的内容至少应包括人口统计资料、消费者态度信息和以往购买记录等。因为无论是销售量还是利润成果，最终都依赖消费者的购买行为。

② 分析消费者及潜在消费者的行为。将消费者行为资料作为市场划分的依据，可以将消费者分为三类：本品牌的忠诚消费者、其他品牌的忠诚消费者和游离不定的消费者。

③ 确定消费者沟通的时机和方式。最重要的是决定如何、何时与消费者接触，以及采用什么样的方式与消费者接触。

④ 制定明确的营销传播目标。对一个擅长竞争的品牌来说，营销目标就可能包括以下三个方面：激发消费者试用本品牌产品的兴趣；积极鼓励消费者在试用过后继续使用并增加使用量；促使其他品牌的忠诚消费者转换品牌，并建立起对本品牌的忠诚度。

⑤ 营销工具的创新。整合营销传播将多样的营销工具创新并整合策划，使企业达成品牌传播目标。

⑥ 传播手段的组合。选择有助于达成品牌传播目标的传播手段，除了广告传播、公关传播、销售促进传播及口碑传播以外，更要组合运用互联网传播手段，只要是有助于达成品牌传播目标的方法，都是整合营销传播中的有力手段。

7.4.3 品牌维护

1. 品牌维护的概念和意义

品牌维护，是指企业针对外部环境变化给品牌造成的影响所进行的维护品牌形象、保持品牌的市场地位和品牌价值的一系列活动的统称。

品牌作为企业的重要资产，其市场竞争力和品牌价值来之不易。但是，市场不是一成不变的，因此需要企业不断地对品牌进行维护。

品牌维护具有以下意义：①有利于巩固品牌的市场地位；②有助于保存和增强品牌生命力；③有利于预防和化解危机；④有利于抵御竞争。

2. 品牌的经营维护

品牌的经营维护是指企业经营者在具体的营销活动中所采取的一系列维护品牌形象、保持品牌市场地位的活动。品牌形象的塑造和市场地位的确立是在一系列经营活动中完成的，因而品牌经营者要在经营过程中树立品牌保护意识，采取有效措施对品牌实施保护。不同的品牌，由于其所面临的内部和外部环境的差异，经营者所采取的保护活动自然也各不相同，具体的保护措施要根据企业实际情况而定。

（1）以市场为中心，全面满足消费者需求。品牌的经营维护要以市场为中心，满足消费者需求，这要求品牌经营者们建立完善的市场监察系统，随时了解市场上消费者的需求变化状况，及时调整自己的品牌战略，以便使品牌在市场竞争中获胜，顺利完成品牌维护的工作。

（2）苦练内功，维持高质量的品牌形象。大多数消费者对品牌的信赖主要是对产品质量的信赖，企业必须巩固和不断提高产品质量，才能在市场竞争中立于不败之地。品牌企业应全力贯彻实施内部质量管理体系，从根本上了解消费者对品牌产品的意见和建议。产品设计要考虑顾客的实际需要，随时掌握消费者对质量要求的变化趋势，并从品牌广告、营销、公关、策划等多种角度出发，建立高质量形象。

（3）适应变化，进行品牌再定位。因为品牌在发展过程中会受到社会环境、市场环境、消费形态等多方面变化的影响，品牌维护的一个重要方面是必须进行品牌定位的调整，对于维护过程中的品牌而言，大多数的定位活动其实是重新定位。

（4）不断创新，提升企业活力。创新是企业品牌的灵魂，是企业活力之源。只有不断创新，才能让品牌具有无穷的生命力和永不枯竭的内在动力，以发展和壮大企业。创新是企业品牌经营维护当中最为有效的策略，是一个系统工程，包括许多方面的内容，主要有观念创新、技术创新、质量创新、管理创新、服务创新、市场创新、组织创新、制度创新等。对于企业来说，要想创立名牌，就必须把技术创新作为一个重要内容，以保护和维护产品技术的领先性和独创性。

（5）保持品牌的独立性。品牌的独立性是指品牌所有权的排他性、使用权的自主性以及转让权的合理性等方面的内容。由于品牌是企业的无形资产，所以企业要保持品牌的独立性。在市场上享有较高知名度和美誉度的品牌能给企业带来巨大的经济效益，而只有保持品牌独立性，才能保持品牌形象，使品牌不断地得以发展壮大。

（6）实施品牌扩张，保卫品牌阵地。品牌扩张是企业实现市场扩张和利润增长的"高速路"，它强调的是企业对已获得的基本品牌资源的深入开发和利用，以使品牌生命不断得以延长，品牌价值得以增加，市场份额不断扩大。很多知名企业正是因为成功地运用了品牌扩张策略，才取得了市场竞争的优势地位。品牌适时适地地进行扩张，就可以把市场做大，塑造成功的品牌。

3. 品牌的法律维护

品牌的法律维护也称法律保护，是指企业在具体经营活动中运用法律手段保护品牌市场地位的活动。因为法律保护具有权威性、强制性和外部性，所以它是品牌保护最强有力的手段。

广义上的品牌法律保护包括对商品特质形成的精神成果及该种特质商品外部标志所

共同代表的权利利益的保护。而狭义上的品牌法律保护具体是指对品牌外部标志的保护，即对商业标记的保护，它包括对企业商标、商号、企业徽标、知名商品特有的名称、包装装潢、域名、地理标志、商业广告语等因素的法律保护。

品牌的法律维护着眼点在于使企业品牌的名称与标志等得到法律的确认和保护，巩固并提高品牌的竞争力与市场影响力，延长其市场寿命，使品牌资产不断增值。对企业而言，就是要求其善于通过法律手段，了解、掌握与品牌保护相关的法律法规，运用法律保障自己的合法权利，为品牌的发展营造一个良好的外部环境。

（1）要树立事前防御、主动保护的法律意识。在品牌保护的过程中，企业首先要树立起事前防御、主动保护的意识。品牌法律保护分为事前保护、事中保护和事后保护。事前保护的意义在于"防患于未然"。建立起必要的事前保护手段有利于使企业在品牌保护中处于主动地位，防止陷于复杂的诉讼或维权纠纷中，因此事前保护的意义大于事中保护和事后保护。企业要能从思想意识上认识到法律保护的前瞻性意义，这对企业建立完整的品牌法律保护系统是非常有利的。

（2）及时注册商标及域名。商标保护是品牌法律保护的核心，商标专有权的确立是品牌得以保护的根本保证。企业应做到以下几方面：①在品牌初创阶段及时注册商标及域名，获得商标、域名的专用权。②重视企业商标的域外注册。③利用商标注册的优先权原则把握注册先机。④扩大商标注册范围。

（3）积极进行驰名商标认定。驰名商标通常是指在市场上享有较高声誉并为相关公众所熟知的注册商标。《驰名商标认定和保护规定》明确：驰名商标是指在中国为相关公众所熟知的商标。对于消费者而言，驰名商标代表着良好的商品质量和商业信誉；对于商家而言，驰名商标意味着较高的市场占有率和经济利益，所以，驰名商标认定越来越具有重要的法律意义和经济价值。

我国对驰名商标制定了有别于一般商标的特殊保护规定，对驰名商标扩大了保护范围，是跨类别的保护。获得"中国驰名商标"认定，可以加强对较高知名度商标的保护，解决商标争议，限制其他品牌"傍名牌"的行为；可以形成品牌效应，促进销售增长，提升企业形象，使企业的无形资产增值；还可以帮助企业走向国际化，给企业的发展带来更大的机会与空间，走可持续发展之路。

✿ 正心诚意

驰名商标的法律保护

《中华人民共和国商标法》第十三条规定，为相关公众所熟知的商标，持有人认为其权利受到侵害时，可以依照本法规定请求驰名商标保护。

就相同或者类似商品申请注册的商标是复制、模仿或者翻译他人未在中国注册的驰名商标，容易导致混淆的，不予注册并禁止使用。

就不相同或者不相类似商品申请注册的商标是复制、模仿或者翻译他人已经在中国注册的驰名商标，误导公众，致使该驰名商标注册人的利益可能受到损害的，不予注册并禁止使用。

同时，第十四条规定，驰名商标应当根据当事人的请求，作为处理涉及商标案件需要认定的事实进行认定。认定驰名商标应当考虑下列因素：

（一）相关公众对该商标的知晓程度；

（二）该商标使用的持续时间；

（三）该商标的任何宣传工作的持续时间、程度和地理范围；

（四）该商标作为驰名商标受保护的记录；

（五）该商标驰名的其他因素。

此外，生产、经营者不得将"驰名商标"字样用于商品、商品包装或者容器上，或者用于广告宣传、展览以及其他商业活动中。

❖ 固本培元

一、单选题

1. 企业利用其成功品牌的声誉来推动经过改进的同类产品或升级换代新产品的销售，称为（　　）。

   A. 品牌扩展　　　　　　　　　B. 品牌转移

   C. 品牌更新　　　　　　　　　D. 品牌再定位

2. 宝洁公司的日化产品使用了汰渍、奥妙、碧浪等多个品牌名称，这种品牌策略叫作（　　）。

   A. 统一品牌策略　　　　　　　B. 多品牌策略

   C. 个别品牌策略　　　　　　　D. 品牌延伸策略

3. 品牌中可以用语言称呼、表达的部分是（　　）。

   A. 名牌　　　　　　　　　　　B. 商标

        C. 品牌标志   D. 品牌名称

4. 以下产品中，不适宜采用无品牌策略的是（   ）。

    A. 未经加工的农产品   B. 没有特色的矿产品

    C. 生产简单的日用小商品   D. 高档品

5. 品牌有利于保护（   ）的合法权益。

    A. 商品所有者   B. 生产商

    C. 品牌所有者   D. 经销商

二、多选题

1. 品牌标志是表明事物特征的识别符号，一般设计品牌标志的类型包括
   （   ）。

    A. 文字型   B. 图案型

    C. 创意型   D. 图文结合型

2. 品牌对于企业来说具有的功能包括（   ）。

    A. 维权功能   B. 增值功能

    C. 形象塑造功能   D. 成本降低功能

    E. 存储功能

3. 在品牌战略决策方面有以下几种选择：（   ）。

    A. 品牌扩展战略   B. 品牌延伸战略

    C. 有无品牌战略   D. 合作品牌战略

    E. 多品牌战略

4. 品牌定位的原则包括（   ）。

    A. 消费者导向原则   B. 差异化竞争优势原则

    C. 个性化原则   D. 动态调整原则

5. 常用的品牌传播的方式有（   ）以及整合营销传播。

    A. 广告传播   B. 公关传播

    C. 销售促进传播   D. 口碑传播

    E. 互联网传播

三、判断题

1. 品牌就是商标，商标就是品牌。（   ）

2. 品牌设计雷同，将有助于提高消费者的品牌忠诚度。（   ）

3. 只有保持品牌独立性，才能保持品牌形象。（　　　）

4. 统一品牌策略有利于节省费用。（　　　）

5. 数字化品牌是指通过数字媒体进行品牌表达的形式，也包括通过数字媒体进行品牌建立、维护和扩大的过程。（　　　）

四、简答题

1. 品牌表达了哪六层的含义？

2. 品牌设计的原则有哪些？

3. 品牌整合营销传播的步骤有哪些？

✦ **融会贯通**

打造用户品牌"我们"

2021年5月，吉利汽车正式成立用户品牌"我们"，启动"与用户共创logo"计划，同时首发全新吉利汽车App，新增积分和商城功能，打造"我们"品牌阵地，进一步彰显出对车主的重视与关爱。

在汽车产品逐渐同质化的当下，消费者对汽车的消费需求更为精细，产品体验、服务感受等成为他们的关注重点。吉利汽车始终坚持以用户为中心，把用户作为品牌建设的一部分，与用户建立了长达24年的深厚感情。如今，吉利汽车用户品牌"我们"的公布，成为全球首个发布用户品牌的汽车厂商，将用实际行动与用户开展更为密切的互动，拉近与用户的距离。

用户品牌"我们"将以用户主理、用户选举、用户运营的全新模式打造，并将用户品牌"我们"标识的话语权、最终决定权也交于用户手中。至此，"我们"将成为首个开放共创的品牌标识。与此同时，吉利汽车还将成立用户品牌共创基金，品牌运营收益也由用户共享，实现真正意义的用户共创，让用户成为吉利汽车梦想合伙人，激发用户参与感、权益感，让大家"在一起，就很吉利"。

用户品牌"我们"的发布，是吉利以实际行动践行对用户的承诺。吉利汽车还将继续秉承用户思维，开展一系列用户活动，以用户感受和体验为先，让用户尽享"中国吉利，美好生活同行者"的共创体验，收获更多惊喜。

资料来源：吉利汽车正式公布用户品牌"我们"打造用户共创共享新体验

［EB/OL］.吉利汽车官方网站，2021-08-02.

分析思考：

1. 吉利汽车为什么要成立用户品牌"我们"？
2. "我们"的品牌标识将如何产生？
3. 用户品牌"我们"将如何运营？

❖ 笃行致远

实训目标　学生分组实训，根据小组的兴趣选择相对熟悉的产品中的知名品牌，可以查阅网络资料了解企业品牌管理活动过程，进行品牌形象分析和整合营销传播实践训练。

实训背景　通过品牌形象分析和整合营销传播实践训练，能够对现实中的品牌形象塑造提出针对性意见，设计合理的整合营销传播策略；学会运用品牌管理理论去分析和解决企业品牌运营活动中出现的问题，培养学生对品牌运营中各种问题的认知能力和操作能力。

实训要求　1. 分组讨论并选择品牌。

2. 小组针对所选择的品牌设计调研问题，展开品牌调研，根据调查结果，结合所学理论知识对该品牌的形象和运营活动进行分析评价。

3. 根据品牌形象塑造和整合营销传播的理论，团队合作进行品牌形象塑造规划，设计整合营销传播方案。

实训步骤　1. 在教师指导下，每组选择1个经老师确认的品牌作为研究对象。

2. 品牌形象调查模块：

（1）调查所选的品牌形象概况，编制品牌形象调查问卷，并进行样本选择等。

（2）根据品牌形象调查结果，总结分析该品牌形象，完成报告。

3. 品牌形象塑造模块：

（1）根据调查结果，对比、分析品牌运营环境和自身特点。

（2）提出规范的品牌形象塑造设计方案。

4. 品牌整合营销传播模块：

　　（1）根据品牌形象塑造的方案和品牌运营的结果，规划整合营销传播的方式和实施流程。

　　（2）完成整合营销传播方案。

5. 完成任务并制作、提交课件，选派代表在课堂上进行汇报演示。

实训成果　形成品牌形象调查分析报告、品牌形象塑造设计方案和品牌的整合营销传播方案各一份。

❖ 跬步千里

学有所得　概括本单元的重要知识点

_____

_____

学有所长　概括本单元的重要技能点

_____

_____

学有所悟　在完成本单元内容学习后，对职业素养的感悟

_____

_____

设计市场营销组合策略

产品策略：创建顾客价值

学习目标

素养目标

- 提升产品审美能力，培养创新思维，强化团队合作精神
- 树立质量意识、环保意识、法律意识，提高职业人文素养
- 培养精益求精的工匠精神，与时俱进，建立数字化产品观

知识目标

- 熟悉产品的整体概念和产品的分类与组合
- 掌握产品生命周期各阶段的特点和对应的营销策略
- 掌握新产品开发和产品包装策略的基本内容

技能目标

- 能够运用产品组合理论，对企业的产品组合策略提出建议
- 能够为企业的产品提出生命周期各阶段的营销策略建议
- 能够根据市场现状提出新产品开发建议，进行产品包装策划

提要钩玄

产品策略：创建顾客价值

- 产品与产品组合
  - 产品整体概念
  - 产品的分类
  - 产品组合

- 产品生命周期
  - 产品生命周期的概念
  - 产品生命周期各阶段的特点
  - 产品生命周期各阶段的营销策略

- 新产品开发
  - 新产品的概念
  - 新产品的分类
  - 新产品开发的程序
  - 新产品开发的策略

- 产品包装
  - 包装及分类
  - 包装的设计
  - 包装标签与产品标识
  - 包装策略

学习计划

- 知识学习计划

- 技能训练计划

- 素养提升计划

"红豆0感舒适衬衫"因何入选纺织创新产品?

2022年11月,"2022年度十大类纺织创新产品"由中国纺织工业联合会正式发布,红豆集团旗下3件产品入选,其中,"红豆0感舒适衬衫"入选"舒适功能产品类"创新产品。

针对传统衬衫易皱、易变色、无弹力、透气差、质感硬、不贴身等消费痛点,红豆集团全新推出的"红豆0感舒适衬衫",一经上市便引爆市场,销量持续攀升,单品销量突破30万件。这款由红豆男装与世界服装设计大师联合设计的衬衫,斩获中、法、美、意四国设计大奖,试图通过具有颠覆性的产品设计创意和思路,让舒适成为一种时尚,为男衬衫市场带来变革,从而真正做到用科技创新实现舒适突破,让更多人穿上舒适衬衫。

红豆以领先的战略目光、敏锐的消费者洞察以及不断精进的自身工艺与创新技术打造新产品,用"精品"打动消费者。红豆在面料、版型、设计、工艺和辅料五大维度进行科技赋能,单在面料研发上就融入多种先进科技,选用功能纤维混纺新材料,采用红豆自主研发的超细纤维配比,带给消费者干爽、透气、轻盈、柔软的舒适体验,高度适配各个场景的穿着需求。

拥抱"舒适",是红豆的匠心传承,也是红豆的品牌基因。由于对舒适男装的深刻洞察、把握及实践,红豆男装还被中国服装协会授予"舒适男装赛道开创者"称号。11月24日,第三届江苏质量大会正式对外发布"江苏精品"认证获证企业名单,"红豆0感舒适衬衫"又荣获"江苏精品"认证。

资料来源:肖大.自主创新兴民族品牌,红豆集团三大单品荣获"2022年度十大类纺织创新产品"[EB/OL].新华网,2022-11-23.

营销启示:

红豆集团能够洞悉消费需求变化的新趋势,以舒适为核心、以科技为驱动,研发新产品,以创新为产品内在驱动力,在面料、版型、设计、工艺和辅料等维度实现突破,解决了传统衬衫的穿着痛点。所以才能实现新品上市后销量一路走高,入选纺织创新产品的成功。

8.1 产品与产品组合

8.1.1 产品整体概念

传统的产品是指具有某种特定物质形状和用途的物品，如汽车、食品、家具、机器等。但事实上，人们购买一件产品，并不只是要得到一个产品的有形实体，而且还要从这个产品上得到某些其他利益和欲望的满足。例如，女性购买化妆品，想得到的不仅是化妆品产品本身，还想满足变得更加美丽的愿望。又如，人们购买洗衣机，也不仅是购买洗衣机这个产品，想满足的更是轻松洗衣的愿望。

产品不仅仅是物质实体，还包括能满足人们某种需要的服务和数字化产品，所以，产品是一个整体概念，是指能够提供给市场的、用于满足人们某种欲望和需要的任何事物。产品在市场上包括有形产品（如服装、食品、房屋等）、服务（如美容美发、餐饮等）、数字化产品（如电子书、网络课程等）、地点（如公园、旅游景点等）、组织（如足球队、舞蹈社团等）、思想（如管理理论、经济分析方法等）、创意（如营销策划、广告策划等）等。现代市场营销理论认为，产品整体概念包含核心产品、形式产品、期望产品、附加产品和潜在产品五个层次，如图8-1所示。

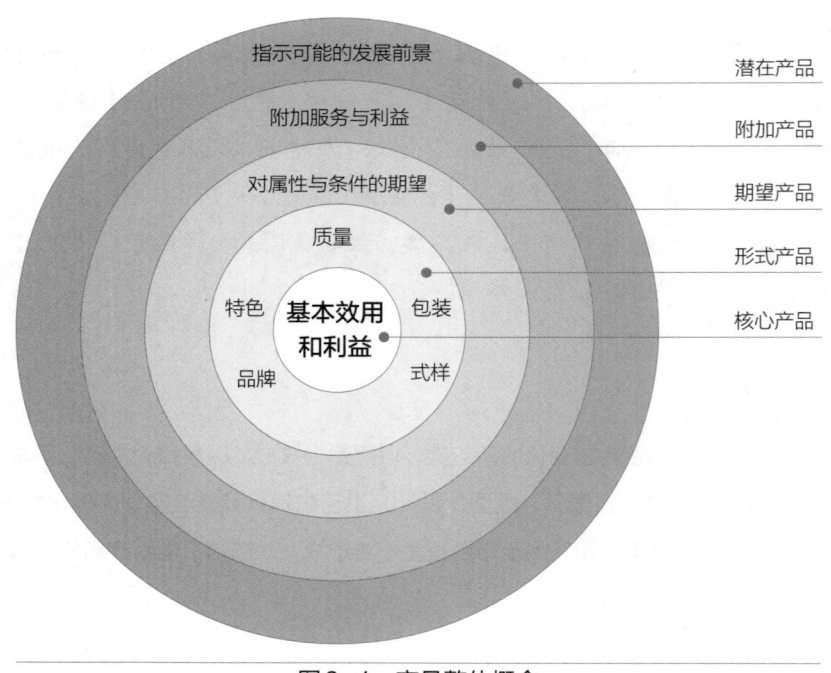

图8-1 产品整体概念

252

1. 核心产品

核心产品又称实质产品，是指向顾客提供的能够满足其需要的基本效用和利益。核心产品是产品整体概念中最基本、最主要的部分。顾客购买某种产品，不只是为了产品的实体，还是通过产品实体获得某种功效，以满足自己的需要。研究核心产品，就是为了研究消费者的消费感受，通过对核心产品的分析，可以验证产品使用的实际效果如何，并以此来改善、丰富产品。如果企业无视核心产品层次的存在，就容易患上"营销近视症"。

2. 形式产品

形式产品是指产品的具体形态，也是指核心产品的表现形式。形式产品包括品牌、特色、质量、包装、式样等。产品的基本效用在一定程度上通过产品的形式部分才能体现出来，如手机的核心功能是通信，但要配之以一定的颜色、形状、款式等，因为并不是具备了通信功能就能让顾客满意。

3. 期望产品

期望产品是指顾客购买产品时期望得到的东西。它实际上是指消费者对属性与条件的期望。例如，对于宾馆的客人来说，期望产品就是干净的床、柔软的毛巾、可以洗澡的卫生间和安静的环境。

4. 附加产品

附加产品又称延伸产品，是指顾客购买产品时所能得到的附加服务与利益。经济利益附加、文化附加、安装调试、送货、维修、保单、提供信贷、售后服务等都属于附加产品的范畴。例如，某公司提供的计算机产品，不仅是提供计算机本身，还包括所附带的服务，如软件系统、程序设计服务、维修服务等。如今，不同企业提供的同类产品在核心产品、形式产品和期望产品层次上越来越接近，企业要赢得竞争优势，应想办法提供比竞争对手更多的附加产品。

5. 潜在产品

潜在产品是指可能发展成为未来最终产品的处于潜在状态的产品。它是指产品未来可能的演变，指示可能的发展前景。例如，手机可发展为智能终端控制器，在这个角度上它就是一种潜在产品。

产品整体概念是市场营销理论的重要发展，它的五个层次清晰地体现了以顾客为中心的现代市场营销观念。这一概念的内涵和外延都是以消费者需求为导向的，它强调企业在研发核心产品的同时，还要重视形式产品、期望产品、附加产品和潜在产品的研究与开发，全方位地满足消费者的需要。可以说，没有产品整体概念，就不可能真正贯彻现代市场营销观念。

⬡ **博物洽闻**

一个杯子的N种卖法

第1种卖法：卖产品本身的使用价值，只能卖3元/个。如果将一只普通的杯子放在一个普通的商店，用一种普通的方法销售，也许它最多只能卖3元钱，这就是没有价值创新的结局。

第2种卖法：卖产品的文化价值，可以卖5元/个。如果将杯子设计成今年最流行的款式，可以卖5元钱。因为杯子"有文化"，消费者愿意多掏钱，这就是产品的文化价值创新。

第3种卖法：卖产品的品牌价值，就能卖7元/个。如果能将它贴上著名品牌的标签，就能卖7元钱。因为杯子是有品牌的东西，几乎所有人都愿意为品牌付钱，这就是产品的品牌价值创新。

第4种卖法：卖产品的组合价值，卖50元/个没问题。如果将三个杯子全部做成卡通造型，组合成一个温馨、精美的家庭套装，起名叫"我爱我家"，一只叫父爱杯，一只叫母爱杯，一只叫童心杯，卖50元一组没问题。小孩子会拉着妈妈去买。这就是产品组合的价值创新。

第5种卖法：卖产品的延伸功能价值，可以卖80元/个。如果杯子是用磁性材料做的，那可以挖掘出它的磁疗、保健功能，卖80元，这就是产品的延伸价值创新。

第6种卖法：卖产品的细分市场价值，卖188元/对也不是不可以。如果在具有磁疗保健功能的杯子上印上十二生肖，并且准备好时尚的情侣套装礼盒，取名"成双成对"或"天长地久"，针对过生日的情侣，可以卖188元/对，这就是产品的细分市场价值创新。

第7种卖法：卖产品的包装价值，卖288元/对还能卖得更火。如果把具有保健功能的情侣生肖套装杯做成三种不同包装：实惠装188元/对，精美装238元/对，豪华装288元/对，这就是产品的包装价值创新。

资料来源：博教智.一个杯子的8种卖法[J].智富时代，2017（12）．

8.1.2　产品的分类

在市场营销活动中，要根据不同产品制定不同的营销策略。而要科学地制定有效的营销策略就必须先对产品进行科学分类。产品的分类有很多种，下面介绍两种主要分类方法。

1. 按产品的有形性和耐用程度分类

按产品的有形性和耐用程度，可分为耐用品、非耐用品、服务和数字化产品。

（1）耐用品。耐用品是有形的实体物品，是能多次使用、寿命较长的商品，如电视机、电冰箱、音响设备、计算机等。消费者购买这类商品时，决策较为谨慎。生产这类商品的企业，要注重技术创新，提高产品质量，提供多种服务和保障，如送货、维修服务及三年保修等。

（2）非耐用品。非耐用品也是有形的实体物品，但是使用次数少、消费者需要频繁购买，如香皂、食盐、饮料和化妆品等。这些产品单位价值较低，使用量大，消费者需要随时购买，因而企业必须广设零售网点，以方便消费者的购买；企业还应薄利多销，并大力做广告，以吸引消费者试用并建立品牌偏好，进而形成习惯性购买行为，扩大企业产品的销售面。

（3）服务。服务是非物质实体产品，通常是指为出售而提供的活动、利益和满足感等无形商品，如理发、美容、旅游、文艺演出、娱乐活动等服务行业的产品。服务具有无形、不可分离、可变和易消失等特征，因此，企业要特别强调质量管理并注重信誉。

❖ 发凡举例

红色旅游受青睐　特色产品很红火

端午小长假期间，四川省广安市的红色旅游、乡村旅游、端午文化活动和美食体验受青睐，广安主要景区共接待游客46.98万人次，实现旅游收入7 381.19万元。

数据显示，端午节期间，邓小平故里景区共接待游客4.62万人次，华蓥山旅游区接待游客2.53万人次，实现经营收入297.43万元。当地的翰林院景区举办了以"走进端午，体验民俗"为主题的端午活动；广安区承办了"我和祖国共成长，诗意粽情闹端午"，前锋区开展了"浓情迎端午·粽香进桂香"趣味活动；岳池县举行了"迎端午、惠民生、多彩非遗"文艺演出；邻水县五华山旅游区推出了"高考遇上端午、祝君高'粽'"系列优惠活动……蕴含当地文化意义的活动让小长假的旅游市场格外热闹。

据了解，从6月5日起，广安市节日消费明显，商品市场交易量明显增加，比平时增加了30%左右。游客在广安特色农产品店里购买了咸鸭蛋、盐皮蛋和广安柚香粽子等特色产品。

资料来源：邓林灵，刘甜甜.广安：红色旅游受青睐.特色产品很红火［EB/OL］.四川新闻网，2019-06.

（4）数字化产品。数字化产品是指信息、计算机软件、视听娱乐产品等可数字化表示并通过计算机网络传输的产品或劳务。在数字经济时代，这些产品（劳务）不再通过实物载体形式提供，可通过计算机网络传送给消费者。它既具有有形资产的特征，也具有无形资产的性质；但同时它既不同于有形资产，又不同于无形资产。数字化产品的特征包括存货形态无形化、生产过程虚拟化、收益模式自由化、销售过程网络化。

依据数字产品的用途和性质，可将其分为内容性产品、交换工具、平台产品和数字化服务等类型。内容性产品指表达一定内容的数字产品，主要有新闻、书刊、电影和音乐等形式。交换工具指代表某种契约的数字产品，如数字门票、数字化预订等。平台产品指能通过自身的资源优势拉动其他产品的数字产品。如网站、App等。数字化服务主要指数字化的交互行为，如远程教育、网络游戏等。

❀ **发凡举例**

小红书成为"种草机"

小红书于2013年6月在上海成立，同年12月推出海外购物分享社区，2017年6月成为苹果商店购物类App下载排行第1名，用户首次突破5 000万，2018年6月完成超3亿美元新一轮融资，估值超过30亿美元，2020年6月的月活跃用户数过亿。

经过多年的发展，小红书用户的兴趣点已经从美妆独大变为渗透生活领域的各个方面，目前活跃用户规模前5名分别是时尚、美食、生活记录、美妆和出行，用户也在小红书养成了四大行为习惯，分别是发现、创作、分享和搜索。

"种草"成了小红书用户公认的平台标签，81%的用户曾在App上浏览产品/服务后产生购买欲望，被种草品牌/产品，被种草新奇特，被种草改变了印象，被种草一种新生活方式，所以小红书被称为年轻的"种草机"。小红书用户的TOP5使用场景也多围绕着种草展开，是一部浓缩的种草进化史，从熟人到陌生人，从线下到线上，从实体到虚拟，再到全方位的渗透融合。甚至有的用户从无意被种草，到主动求种草，到渴望被种草。

资料来源：布兰德老白.小红书种草割草指南［EB/OL］.零售圈，2022-03-19.

2. 按产品的用途分类

根据用途，产品可分为消费品和产业用品两大类。

（1）消费品。消费品是指个人和家庭为满足生活消费而购买的商品和服务。消费品的种类繁多，通常按消费者的购买行为和购买习惯分为以下四类：

①便利品是指消费者日常生活所需，购买次数多，不刻意去比较和选择，能立即决定并就近购买的产品。如食盐、饮料、日化用品等。②选购品是指价格比便利品贵，消费者在购买过程中愿意花较多时间对商品的样式、品质、适用性、价格和耐用性等进行刻意比较后才购买的产品，如家用电器、服装和鞋帽等。③特殊品是指具有特殊效益、特定品牌或独具特色，对消费者具有特殊意义、特别价值，消费者愿意特别花费精力或代价认定其品牌而购买的产品，如品牌服装、名车、具有收藏价值的艺术品、特殊邮票、纪念币和结婚戒指等。④非渴求品是消费者目前尚不知道，或者虽然知道却没有兴趣购买的产品，如刚上市的新产品、各种专门化保险产品、丧葬用品等。

（2）产业用品。产业用品是指由企业和组织购买，用来进一步加工或直接用于企业经营的货品和服务。根据产业用品参与生产过程的程度及其相对成本，可分为以下几类：

①材料和部件是指完全参与生产过程，其价值全部转移到最终产品中的物品，包括原材料以及加工过的材料和部件。②资本项目是辅助购买者生产和运营，其实体不形成最终产品，而是通过折旧、摊销的方式部分转移价值到最终产品中的那些产业用品，包括装备和附属设备。③供应品和服务是指不形成最终产品，价值较低、消耗较快的物品。其中服务包括维护和维修服务以及商务咨询服务（如培训、策划等）。

8.1.3　产品组合

大多数现代企业的产品不会只是一种或几种产品，而是一个产品群。例如，娃哈哈集团生产销售蛋白饮料、包装饮用水、碳酸饮料、茶饮料、果蔬汁饮料、咖啡饮料、植物饮料、特殊用途饮料、罐头食品、乳制品、医药保健食品等十余个大类200多个品种的产品。当一个企业想由一种产品扩充成一个产品群，或是需要提高现已拥有为数众多的产品的效率和效益时，就要对产品群加以剖析和整理，使用产品组合策略来提高整体的效益。

1. 产品组合概念

产品组合是指企业生产经营的所有产品线和产品项目的组合方式，即全部产品的结构。产品组合由各种各样的产品线组成，每条产品线又由许多产品项目构成，如图8-2所示。

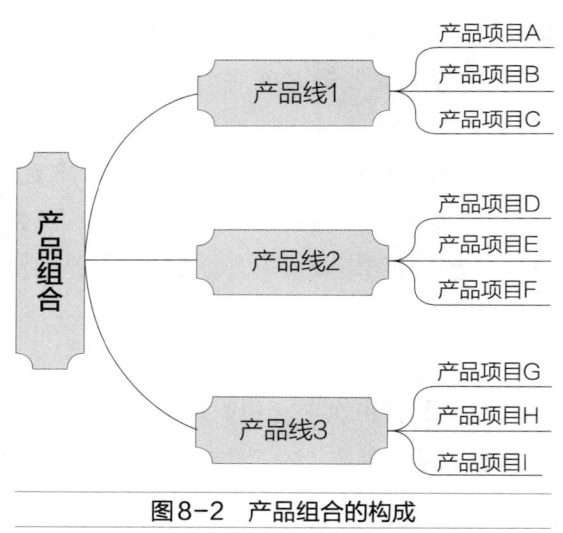

图8-2　产品组合的构成

（1）产品线是指密切相关的、满足顾客同类需求的同一组产品。如海尔集团不仅生产冰箱、洗衣机，还生产空调、电视等多种产品。一个企业可能经营一条或许多条不同的产品线。

（2）产品项目是指企业产品目录上列出的各种不同质量、品种、规格和价格的特定的具体产品。企业在其产品目录上列出的每一个产品都是一个产品项目。

2. 产品组合变量

产品组合包含四个变量：宽度、长度、深度和关联度。现以表8-1海尔集团的产品组合为例，来说明这些概念的含义。

表8-1 海尔集团的产品组合

产品线	产品项目
空调	挂机、柜机、移动空调、中央空调
冰箱	对开门、十字门、三开门、多开门、双门、单门
洗衣机	波轮、滚筒、洗烘一体、洗烘套装、母婴迷你、干衣机
热水器	燃气热水器、电热水器、空气能热水器、小厨宝
电视	全面屏、超薄、前置音箱、窄边框
油烟机	顶吸式、侧吸式、自清洁、自开合、智能遥控
洗碗机	台式、独嵌两用式、嵌入式、抽屉式
燃气灶	台嵌两用、利防干烧
消毒柜	嵌入式、台式

资料来源：海尔官方旗舰店，有修改。

（1）产品组合的宽度：又称产品组合的广度，指产品组合中所拥有的产品线的数目。产品组合的宽度越大，说明企业的产品线数目越多。例如，表8-1中海尔家用电器拥有9条产品线，分别空调、冰箱、洗衣机、热水器、电视、油烟机、洗碗机、燃气灶、消毒柜，表明产品组合的宽度为9。（实际上，此表只列出部分海尔家用电器，仅做示意用，海尔集团还有许多其他的产品线。）

（2）产品组合的长度：指产品组合中产品项目的总数，即企业所有产品线长度之和。在表8-1中海尔家用电器共拥有37个产品项目，即该企业产品组合的长度为37。

（3）产品组合的深度：在理解此概念之前，要先了解产品线长度的含义。产品线长度是指企业该条产品线所拥有的产品项目的数目。在本例中，海尔空调产品线拥有4个产品项目，所以，该产品线的长度为4。

产品组合的深度指企业平均每条产品线所含产品项目的多少，一般用平均数来表示，即以产品项目总数除以产品线数就可以得到产品组合的深度。本例中，产品组合的深度约为4.1。

（4）产品组合的关联度：指各产品线在最终用途、生产条件、分销渠道或其他方面的关联程度。一般来说，产品组合的宽度越窄、深度越浅，产品的关联度就越大；而实行多元化经营的企业，往往产品组合既宽且深，其各类产品线之间的关联度较小。本例中，由于海尔家用电器都通过同样的分销渠道出售，据此可以认为，该企业的产品线具有较强的关联性。

一般来说，企业增加产品组合的宽度，就相当于增加产品线和扩大经营范围，可以增加竞争优势，尤其是大企业的资源和技术可以得到充分利用，还可以分散投资风险。企业增加产品组合的深度，会使各产品线具有更多规格、型号和款式的产品，更好地满足顾客的不同需要和爱好，从而扩大市场占用率；企业增加产品组合的关联度，则可提高企业在某一地区或某一行业领域的竞争力和声誉。

3. 产品组合策略

产品组合策略是指企业根据市场情况、自身资源条件和竞争态势对产品组合的宽度、长度、深度和关联度进行不同的组合。主要包括产品项目的增加、调整或剔除；产品线的增加、延伸和淘汰；产品线之间关联度的加强和减弱等。一般可供选择的产品组合策略有以下几种：

（1）扩大产品组合策略。对那些销售形势很好的产品，企业可以采取扩大产品组合的策略，满足市场需求。这种策略通过扩大产品组合的宽度或深度来增加产品线或产品项目，扩大经营范围，从而提高企业的经济效益。扩大产品组合策略主要有以下几种：

① 垂直多样化策略。这种策略不增加产品线，只是向产品线的深度扩展，增加产品线的长度。具体有向上延伸、向下延伸、双向延伸三种情形。向上延伸是指在定位于低档的产品线中增加中高档产品。向下延伸是指在定位于高档品的产品线中增加中低档品。双向延伸是指在定位于经营中等质量和价格的产品线上同时增加高、低档产品项目。

② 相关系列多样化策略。即根据产品组合的相关性原则，增加相关的产品线。如日化品企业在肥皂产品线外增加洗衣粉、清洁剂两条产品线；汽车制造企业除生产卡车外，又生产小轿车、客车等。其目的在于利用原产品线的相关资源，以较低成本扩大市场范围，满足顾客的不同需求，争取更大利润。

③ 无关联多样化策略。指在扩大产品线时不考虑相关性原则，增加与原产品线无关的产品，开拓新市场，创造新需求。如原来生产经营家用电器产品的企业进入汽车行业，增加小轿车产品线。其目的主要是追求新增产品线的高利润。

（2）缩减产品组合策略。当市场繁荣时，较长较宽的产品组合会给企业带来较多的盈利机会；当市场不景气时，缩减产品组合反而能使总利润上升。所以，企业应随着市场需求和企业内部条件的变化，主动合并、减少一些销售困难，不能为企业创造利润的产品线和产品项目，集中优势兵力经营市场需求较大，能为企业获取预期利润的产品。

（3）淘汰产品策略。这是企业对一些已经确认进入衰退期的产品线和产品项目采取的策略。这些产品既不能满足市场需求，又不能为企业带来经济效益，企业理应果断淘汰和放弃，以免蒙受更大的损失。具体做法有：

① 立即放弃。当确认产品已进入衰退期，无发展前途；该产品如果继续存在，将危害其他有发展前途的产品；该产品的市场售价已不能补偿成本这三种情况发生时，企业应立即放弃该产品线和产品项目。

② 逐步放弃。如果立即放弃没有前景的产品可能对企业造成巨大损失，并给顾客造成被突然抛弃的印象，这种情况下应采取逐步放弃策略，有计划地逐步减产直到淘汰产品，使顾客的使用习惯能逐步得到适应，也使企业的资源能有计划地逐步转移，在生产和财务管理上平稳过渡。

③ 自然淘汰。即企业不主动放弃产品，而是仍留在市场上，直至产品完全售罄被市场淘汰为止。采取这种策略，企业在短时期内仍可获得一定的销售量和利润，但是也面临着丧失市场新机遇的风险。

8.2 产品生命周期

8.2.1 产品生命周期的概念

产品生命周期

当企业研发出一种新产品并将它投放市场后，总是希望该产品能保持旺盛的生命力，为企业带来更多的利润。但是，由于技术的进步、市场的发展、消费者的需求变化等各种因素的影响，产品在市场上会呈现出一个由成长到衰退的过程，这种变化规律正像生物的生命一样，从诞生、成长到成熟，最终走向衰老死亡。因此，研究产品的生命周期，对企业的发展具有深远意义。

在市场营销学中，产品的生命周期是指一种产品从试制成功并投入市场开始，直到最终被淘汰，退出市场为止所经历的全部时间。产品的生命周期与产品的使用寿命是完全不同的两个概念。前者指的是产品的市场寿命，是产品在市场上存在的时间，其长短受顾客需求变化、产品更新换代的速度等因素的影响；而产品的使用寿命是指产品从投入使用到损坏报废所经历的时间，受产品的自然属性和使用频率等因素的影响。

根据产品生命周期的变化规律，典型的产品生命周期一般可划分为四个阶段，即引入期、成长期、成熟期、衰退期，如图8-3所示。

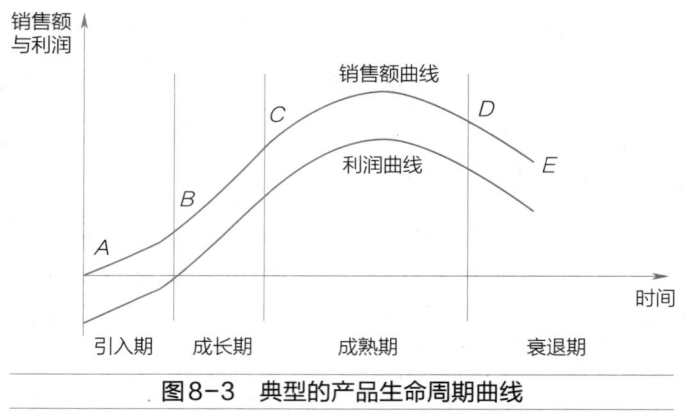

图8-3　典型的产品生命周期曲线

A—B为引入期。在这一阶段，由于产品刚刚投放市场，销售额增长缓慢，企业投入较多，一般来说没有利润。待产品销售量开始迅速增长，利润由负变为正时，引入期结束，进入成长期。

B—C为成长期。这时产品开始被消费者接受，市场需求迅速增长，销售额大幅上升，企业利润也大大提高。

C—D为成熟期。此阶段市场趋向饱和，销售增长放缓。销售额在达到顶峰之后开始回落，销售增长率下降，利润也开始呈下降趋势。

D—E为衰退期。这个时期产品逐渐退出市场，一般表现为销售量和利润的骤减。生产者要考虑开始推出新产品或替代产品。

不同产品的生命周期常常是不相同的，数码产品生命周期可能只有几年或几个月，而汽车的产品生命周期长达10余年。只有了解了不同产品的产品生命周期曲线，才能采取相应的营销战略。

产品的生命周期通常还受到一个国家和地区的发展水平的影响，即同一种产品在不同的国家或不同的地区，它的生命周期可能处于不同的阶段。例如，在经济发展不平衡的国家，城市和农村经济发展水平相差较大，当彩电在大城市已进入成熟期甚至衰退期时，在边远农村却仍处于成长期。

8.2.2　产品生命周期各阶段的特点

对企业经营者而言，确定产品所处的不同阶段，从而制定不同的营销策略来适应市场，这是十分重要的。产品生命周期各阶段的特点如表8-2所示，与新产品的市场扩散过程密切相关。

表8-2　产品生命周期各阶段的特点

项目	引入期	成长期	成熟期	衰退期
销售量	低	剧增	最大	衰退
销售速度	缓慢	快速	减慢	负增长
成本	高	一般	低	回升
价格	高	回落	稳定	回升
利润	低	提升	最大	减少
顾客	创新者	早期使用者	中间多数	落伍者
竞争	很少	增多	稳中有降	减少
营销目标	建立知名度 鼓励试用	最大限度地 占有市场	保护市场 争取最大利润	压缩开支 榨取最后价值

1. 引入期的主要特点

产品刚进入市场时消费者或用户对其了解甚少，大部分顾客不愿意改变既定的购买模式。产量和销售量都低，技术不稳定且不成熟，产品生产成本高；分销网络还没有全面、有效地建立起来；企业为迅速打开产品销路需组织大量的促销活动，促销费用和其他营销费用高；因为销售额低，而生产成本和销售费用高，因此企业利润低；生产企业少甚至是独家生产，一般没有同行竞争。

2. 成长期的主要特点

在成长期，消费者对产品已经比较熟悉，消费习惯已初步形成。产品销量迅速增加，利润迅速提高；随着销量的增大，企业生产规模也逐步扩大，单位产品生产成本下降，产品设计和工艺已基本定型，产品成本显著下降；为了适应竞争或维持市场的持续成长，需要保持或稍微增加促销费用，但单位产品的促销费用增速开始下降；有利的市场前景吸引了大批竞争者加入，市场竞争加剧，使同类产品供给量增加，市场价格下

　　　　　　　　　　　　　　　　单元8　产品策略：创建顾客价值

降；已建立起较稳定的分销渠道并继续扩大。

3. 成熟期的主要特点

在成熟期，产品销售量逐步达到最高峰，并逐渐出现下降的趋势，利润也从最高点开始下滑，但上升和下降速度都比较缓慢；绝大多数销售属于现有顾客的重复购买，只有少数迟缓购买者刚进入市场；生产成本逐步降到最低点，但销售费用不断增加；市场上竞争者增多，竞争非常激烈，甚至达到"白热化"程度，各种品牌、各种款式的同类产品不断出现。

4. 衰退期的主要特点

衰退期产品的销量由成熟期的缓慢下降变为迅速下降；消费者的兴趣和消费习惯完全发生转变，转向新产品或期待新产品上市；销售利润大幅度下降，不少企业由于无利可图被迫退出市场；生产能力过剩，市场竞争突出地表现为价格竞争，产品价格被迫不断下跌，直至降到最低水平。

8.2.3　产品生命周期各阶段的营销策略

1. 引入期的营销策略

引入期产品销量低、成本高、利润少，这一阶段企业的主要任务是发展和建设市场。在制定营销策略时，主要考虑三个问题：一是要把握市场变化情况，投入必要的资源，保证企业的生产能力和销售渠道畅通；二是要通过广告宣传，吸引消费者试用新产品；三是要重视产品的市场风险。由于新产品在投入期失败的概率比较高，所以要迅速使其进入成长期。

就产品营销组合中的促销策略和价格策略而言，企业在引入期主要有四种营销策略可以运用，如图8-4所示。

（1）快速掠取策略：即采用高价格、高促销费用的方式推出新产品，以求迅速扩大销售量，取得较高的市场占有率，快速收回投资。企业采用这种策略的条件是：产品有特色和吸引力，但其知名度不高；产品的市场需求较大；市场上无替代产品或更优质的同类产品。同时，了解此产品的消费者急于购买，可以接受高价格。企业同时也面临潜在竞争对手的威胁，需要尽快使顾客对产品形成偏好，树立品牌形象。

（2）缓慢掠取策略：即采用高价格、低促销费用的方式推出新产品，目的是使企业

	低	高	促销
高	缓慢掠取策略 (高价格、低促销费用)	快速掠取策略 (高价格、高促销费用)	
低	缓慢渗透策略 (低价格、低促销费用)	快速渗透策略 (低价格、高促销费用)	

图8-4　产品引入期的营销策略

获得更多的利润。采用这种策略的条件是：市场规模有限，市场的竞争不激烈；该产品具有一定独创性并有一定知名度；消费者的选择余地小；大多数消费者已熟悉该产品，愿意花高价格购买。

（3）快速渗透策略：即采用低价格、高促销费用的方式推出新产品。如果企业的目标是快速占领市场，就可以采用这种策略，然后随着销售量和产量的扩大，使产品成本降低，取得规模效益，获得尽可能高的市场占有率。采用这种策略的条件是：产品的市场规模较大；潜在竞争对手威胁较大；产品单位成本可随着生产规模和销售量的扩大而大幅下降，企业有降价的空间；与此同时，消费者对该产品不熟悉，但对价格十分敏感。

（4）缓慢渗透策略：即采用低价格、低促销费用的方式来推出新产品。低价格可扩大销售量，低促销费用可降低营销成本，增加利润。采用这种策略的条件是：产品的市场容量很大，存在某些潜在的竞争对手，但威胁不是很大；消费者对该产品熟悉，也对价格敏感。

2. 成长期的营销策略

在成长期，新产品已被消费者所接受，产品的结构和工艺也基本定型，大批量生产能力形成，生产成本降低，企业的销售量和利润大幅度上升，同时竞争对手出现并日渐增多。因此，企业的策略要紧紧围绕如何保持市场地位这一目标展开。成长期有以下几种策略可供企业选用：

（1）产品策略。即通过改进产品质量和增加特色来增强产品的竞争能力，以达到提高产品市场占有率的目的。

（2）价格策略。即分析市场价格趋势，研究竞争者的价格策略，在此基础上保持原价格或适当调低价格，以争取更高市场占有率。

（3）渠道策略。即开辟新渠道或开拓新市场，增加销售途径和网点，以方便消费者的购买，从而赢得更多的顾客。

（4）促销策略。即加强产品的品牌宣传，侧重于建立品牌形象，也就是从知觉广告转变为偏好广告。

3. 成熟期的营销策略

成熟期时间一般比较长，是产品获利的黄金时期，同时也是竞争异常激烈的阶段，同行业内生产能力开始出现过剩。因此，企业这一阶段的主要任务是集中一切力量，尽可能延长产品生命周期，扩大市场，增加销售量，为企业获取更多现金收入。另外，在重视老产品潜力的同时企业还要考虑新产品的开发。这一阶段有以下三种策略可以采用：

（1）市场改进。即通过发现产品的新用途，创造产品新的消费方式等方法增加产品使用者人数及频率，进入新的细分市场，提高使用频率及使用量，吸引非用户并将其转变为用户。

（2）产品改进。即包括改进产品的质量、特色、款式和服务等，通过产品自身的改变，更好地满足顾客的不同需要，从而扩大产品的销售量。

（3）营销组合改进。通过改进营销组合要素来增加销售和利润。例如，增加分销渠道和广告费用、更改媒体、变化广告时间及频率、改进促销方式、降低价格、提高服务品质等。

成熟期的营销策略如果应用得当，可使产品出现"循环—再循环"的曲线效应，这样就延长了产品的生命周期，在保持产品市场占有率的同时，使企业保持良好的竞争态势。

4. 衰退期的营销策略

衰退期有四种营销策略可供选择。

（1）维持策略。也称自然淘汰策略，它是指企业继续沿用过去的策略，按照原来的细分市场，使用相同的销售渠道、定价和促销方式，直到该产品完全退出市场为止。当企业在该市场中占有绝对支配地位，且竞争者退出市场后该市场仍有一定潜力时，通常可以采用这种策略。

（2）集中策略。就是缩短产品营销战线，将人力、财力、物力等集中在具有最大优势的细分市场，从最有利的局部市场获得尽可能多的利润，这样有利于缩短产品退出市场的时间。

（3）收割策略。当某种产品处于衰退期但在市场上还有一些顾客时，企业可维持该产品一定的生产能力，但大幅度降低促销水平，尽量减少销售费用，在不增加成本的前提下获得眼前的利润，保证近期的良好收益。

（4）放弃策略。新产品取代老产品是必然趋势，当老产品无法为企业带来利润的时候果断放弃，仅保留必要的维修和售后服务，这样才能维持企业的良好声誉，有利于企业的长远发展。

8.3　新产品开发

新产品开发

企业要谋求生存和发展，保持旺盛的生命力，就必须不断地去开发新产品，并以新产品的新特性抵御竞争对手的冲击。随着时代的进步和经济的发展，顾客的需求更加多样化；随着科学技术的日新月异，产品的生命周期也越来越短。在这样竞争激烈的市场环境中，不进则退，企业只有不断创新，不断地为市场提供适销对路的新产品，才能够长久地生存和发展。

8.3.1　新产品的概念

在市场营销学中，新产品是从市场和企业两个角度来理解的，它与因科学技术在某一领域的重大发展所产生的新产品不完全相同。对市场而言，第一次出现的产品即为新产品；对企业而言，第一次生产销售的产品也称新产品。

综上，新产品可以定义为：企业向市场提供的，在结构、性能、材质、工艺等某一方面或几个方面比老产品有明显改进，或者是采用新技术原理、新设计构思，从而显著提高了的性能或扩大了使用范围的产品称为新产品。

8.3.2　新产品的分类

新产品的分类有着不同的标准，常用的分类方法有以下几种

（1）按照地域范围划分，新产品一般可分为三类：①世界级新产品。是指在全世界范围内第一次研制成功并投入市场的新产品。这种新产品有重大价值，国家应予以保护和支持，企业应申请专利以防止其他国家和企业侵权。②国家级新产品。是指其他国家已经试制成功并投入使用，但在本国尚属首次设计、试制、生产并投入市场的新产品。③地区级新产品。是指在国内其他地区已经试制成功并投入市场，而在本地区尚属首次研制、生产的产品。发展这类产品要进行详细的市场调研，防止重复投入，导致供大于求。

（2）按照产品的新颖程度，新产品一般可分为四类：

① 全新型新产品，指应用新技术、新原理、新结构和新材料制造的，与现有产品完全不同的开创全新市场的新产品。例如，飞机、汽车、电话、电视机、计算机等的第一次出现，都属于全新型新产品。全新型新产品往往伴随着科学技术的重大突破而问世。一个全新型新产品的出现，从理论到应用、从实验到批量生产，不仅要经历很长的时间，而且需要投入大量的人力、物力、财力。这样的新产品，绝大多数企业很难提供。

② 换代型新产品，指在原有产品基础上，采用或部分采用新技术、新结构和新材料研制的，在性能上有显著提高的产品。例如，洗衣机从单缸发展到双缸，又发展到全自动滚筒洗衣机。相对于全新型新产品，开发换代型新产品相对容易些，而且由于增添了新的功能，换代产品比原有产品能更好地顺应市场需求的变化。

③ 改进型新产品，指采用各种改进技术，对原有产品的结构、性能、款式及包装等做一定改变的新产品。改进型新产品或性能更加优良、或结构更加合理、或使用更为方便。例如，改用不同规格或档次的包装，以满足不同顾客的需求。改进型新产品是企业较容易依靠自身实力开发的新产品，而且市场效果比较好。企业研制的新产品大多数属于此类。

④ 仿制型新产品，是指对市场上已经存在，但本企业尚未生产过的产品进行仿制生产的新产品。仿制可以是部分仿制，也可以是全部仿制。这类产品的开发，一般不需要太多的资金和技术，但企业在仿制时应注意改造原有产品的不足和缺陷，同时，还要充分注意产品侵权问题。

❖ **发凡举例**

喜茶还原《梦华录》同款茶饮

在网剧《梦华录》中，贯穿全剧的茶文化成了不少观众关注的焦点，点茶、斗茶、茶百戏……传统中式茶饮以一种全新的方式进入大众视线。2022年6月，喜茶与《梦华录》联名茶饮正式上线，推出首日就卖出了近30万杯。

喜茶推出了两款新品，高度还原剧中的同款茶饮，分别命名为"紫苏·粉桃饮"和"梦华茶喜·点茶"。其中，紫苏·粉桃饮灵感来自《梦华录》剧中的招牌产品"紫苏引子"。而另一款梦华茶喜·点茶则出自宋代兴盛的点茶文化。喜茶将传统茶百戏融入新品，以抹茶粉作画，作出"顾""盼""遮""梦"等联名主题字。贴在杯子上的标签有两层，揭开第一层之后可以看到梦华录版喜茶的logo，正应了"半遮面"这个联名主题。

资料来源：Lila.喜茶×梦华录联名卖爆［EB/OL］.数英头条，2022-07-06.

8.3.3　新产品开发的程序

新产品开发是企业在激烈的技术竞争中赖以生存和发展的关键，是实现"生产一代、试制一代、研究一代和构思一代"的产品升级换代宗旨的重要阶段。它对企业产品发展方向、产品优势、开拓新市场和提高经济效益等方面起着决定性的作用。所以新产品开发必须严格遵循产品开发的科学管理程序，即新产品创意、创意筛选、产品概念形成与测试、初步营销计划制定、商业分析、新产品研制、市场试销、批量上市，如图8-5所示。

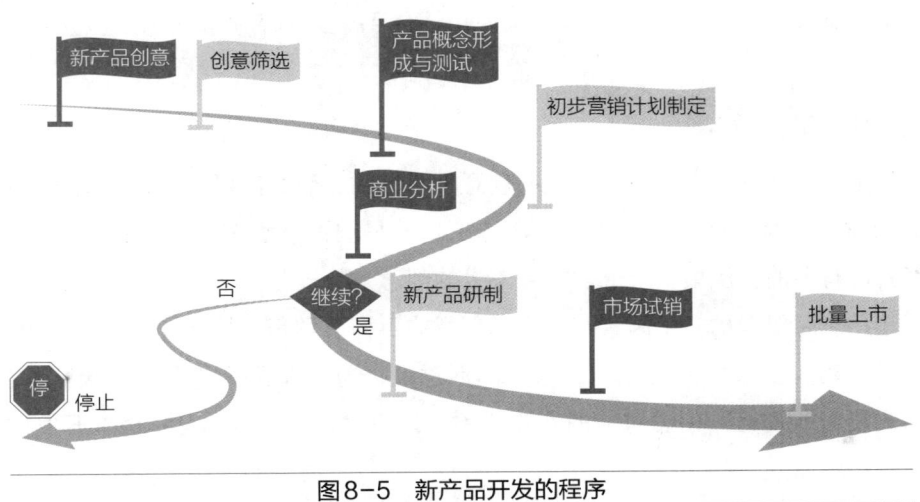

图8-5　新产品开发的程序

1. 新产品创意

新产品创意的产生是指系统化地思考新方案的过程。绝大多数产品创意来源于消费缺憾，对新产品创意的思考必须系统地进行而不能随意化。否则，尽管企业能发现许多创意，但绝大多数会与企业所在的行业不匹配。企业高层管理机构应审慎地确定新产品开发战略，以避免这种创意的不确定性和非系统性。

满足消费者需求是新创意产生过程中必不可少的条件。越来越多的企业开始主动把消费者的需求放在创新过程中的核心地位上。任何成功的产品和服务都应该建立在消费者的真实需求上。

◆ 博物洽闻

用户需求哪里来?

用户需求对于产品设计十分关键，只有足够了解用户需求才能设计出一款深入人心的产品，但是用户的这些需求是从哪里来的呢?

发现需求，无非就是要从身边抓起，发现生活中尚未解决的问题，或者那些解决得还不够好的问题是否还有更好的解决方案。例如，著名商业设计师在经历2岁女儿被开水烫伤的惨剧后，心痛难当，经过一番痛苦的反思、自责，发现了普通水杯的不便之处，突发灵感，创造了55度恒温水杯。该产品发布后，还出现了"10分钟售罄""货源不足"的局面，一时间成为爆款。发现需求，发现用户生活中存在的共性问题并解决它，可化需求为商机。

资料来源：听水.用户需求哪里来［EB/OL］.人人都是产品经理，2022-05-09.

2. 创意筛选

取得足够多的创意之后，要对这些创意加以评估，研究其可行性，并挑选出可行性较高的创意，这就是筛选工作。创意筛选的目的是要淘汰那些不可行或可行性低的创意，将公司有限的资源集中于成功机会较大的创意上。

筛选创意时要考虑三个因素：①产品创意的目标市场和市场规模、竞争情况、市场风险、发展趋势及市场潜力如何。②产品创意是否与企业目标和企业市场营销目标有关。③开发和研究这一创意有关的必要资源，如原材料、资金、分销商、开发能力等，是否具有可获性。

3. 产品概念形成与测试

经过筛选保留下来的产品创意需要进一步发展才能成为产品概念。所谓产品概念，是指已经成型的产品设想，需要进一步发展使其能被消费者所理解，且能够用文字、图形或模型予以具体描述。它包括目标顾客、产品特色、价格档次、市场定位、竞争定位等。

产品概念确定后，需要对它进行测试，以了解顾客的反应。测试即企业让某一顾客群体对所得的产品概念进行评价。测试主要是为了了解产品概念的描述是否清楚、特点是否便于了解、产品投放市场后是否会受到欢迎等。

4. 初步营销计划制定

在确定产品概念之后，新产品投产之前，需要制定初步的市场营销计划，具体内容包括：①描述目标市场的规模、结构和行为，计划中的产品定位、销售量、市场份额，开始几年的利润目标。②描述新产品的计划价格、分销策略和第一年的市场营销预算。③描述预期的长期销售量和利润目标，以及不同时间的营销策略组合。④制定相应的营销策略，包括渠道选择、价格策略制定、市场定位、市场占有率目标确立、促销策略选择等。

5. 商业分析

商业分析是指分析新产品的预计销售量、预期成本和利润等情况，以了解其是否符合企业的目标。

（1）预计销售量。通过对类似产品过去的销售情况及目标市场情况做深入考察，估计最大和最小销售量。在估算时，既要考虑新产品的性质，还要考虑竞争对销售量的影响。

（2）预期成本和利润。产品成本与销售量有很大关系，根据量、本、利之间的关系，可测算成本和利润。

6. 新产品研制

新产品研制是指将通过商业分析的新产品概念送交生产部门，研制模型或样品，使新产品概念转化为实体，同时还要进行包装的研制和品牌的设计，对产品进行严格的功能测试和消费者测试。在测试的基础上对样品做进一步改进，以确保具有产品概念所规定的所有特征，并达到质量标准。

7. 市场试销

在测试合格后，就可以将产品及其营销方案投入市场环境中，进行市场试销，为产品正式投入市场打好基础，为企业是否可以大批量生产该产品提供决策依据。市场试销的主要决策涉及试销地点的选择、试销时间的长短、试销所需费用的多少、试销的营销策略以及试销成功后应进一步采取的战略行动。

并非所有的新产品都需要进行试销，当产品由比较简单的产品线扩展而来，或是模仿竞争者的产品而生产，成本很低，且企业对新产品非常有信心时，可以不进行试销或只进行少量的试销就批量上市。但是，对于投资很大的产品或企业对产品/营销方案信心并非很足时，就必须进行时间较长的试销。市场试销成功，意味着新产品很可能会被消费者迅速接受，进而为企业带来可观的利润。

8. 批量上市

新产品经试销获得成功后，便可批量生产，正式推向市场，实现新产品的商业化。在此阶段，能否正确选择投放时机、投放地区、目标市场和营销策略就成为新产品上市成功与否的关键。

在新产品开发过程中，自始至终都要有营销活动参与，时机不同、地域不同、目标市场不同、社会环境不同等，营销策略也会相应地不同。

总之，开发一项新产品要想获得成功，必须有一套科学的程序，有计划、有步骤地进行。

✦ 正心诚意

自主创新，增强企业核心竞争力

2020年10月，习近平总书记在广东考察时强调："自主创新是增强企业核心竞争力、实现企业高质量发展的必由之路。""面对世界百年未有之大变局，面对国内外发展环境发生的深刻复杂变化，我们要走一条更高水平的自力更生之路，实施更高水平的改革开放，加快构建以国内大循环为主体、国内国际双循环相互促进的新发展格局。"

广东省佛山市顺德区格兰仕厂区一派繁忙景象，100多个货柜正被运往港口。格兰仕集团董事长说："我们一季度的自主品牌出口增长超过30%，目前订单排到了6月份。"把坚持高质量发展作为动力源，企业有信心应对挑战，实现全年稳定增长。

以前，珠三角家电长期以贴牌生产为主。格兰仕开启了自主创新高质量发展转型，从出口产品品类上入手，走自主创新自主品牌国际化道路。继2020年上半年增资建成年配套1 100万台高端家电的智能制造基地后，格兰仕进一步在芯片、边缘计算、智能工厂等方面加快创新提速。目前，集团高端智能家电已经搭载了自主研发设计的芯片。

资料来源：李刚.激发创新活力　培育优质企业（中国品牌　中国故事）〔EB/OL〕.人民网，2022-05-08.

8.3.4　新产品开发的策略

新产品开发具有一定的风险，所以企业在进行新产品开发时，必须考虑市场需求、竞争情况和企业自身的能力，这样才能使新产品开发获得成功。新产品开发有以下五种策略：

（1）改进现有产品。也就是开发改进型新产品。其特点是：费用较低，取得成功的把握较大，但是只能适用于程度较少的改进。

（2）扩大现有产品的品种。即在提供基本产品的同时，向市场提供新的不同的变种产品，这也是改进型新产品的一种。其特点是：弥补原有品种的单一，满足不同偏好的顾客的需求。

（3）增加产品种类。即增加产品线，利用企业现有的销售渠道和促销方式，为顾客提供与现有产品完全不同的新产品。其特点是：利用已有的市场和企业的良好声誉，消除顾客对新产品的疑虑。

（4）仿制。也就是开发仿制型新产品。其特点是：能缩短企业的研发投入，加快缩短与先进技术水平的差异，但要注意避免侵权行为。

（5）挖掘顾客潜在需求。即通过挖掘市场潜在需求，创造出新的市场。

8.4　产品包装

8.4.1　包装及分类

1. 包装的概念与作用

包装是指产品的容器或外部包扎。它有两方面的含义：其一，包装是指盛装产品的容器或包装物；其二，包装是指采用不同的容器或物品对产品进行包容或捆扎。

包装作为产品不可缺少的部分，在市场营销中发挥以下作用：

（1）保护产品。保护产品是包装最基本的作用。产品在运输过程中会遇到震动、挤压、冲撞及风吹、日晒、雨淋、虫蛀等损害或污染，适当的包装就起着防止各种可能的损害、保护产品使用价值的作用。对于一些易燃、易爆、易腐、放射、易蒸发的特殊产品，包装所起的保护作用就更加显而易见。

（2）便于储运。有的产品外形不固定，可能是液态、气态、固态或胶态等；它们的理化性质也各异，甚至可能是有毒的、有腐蚀性的；外形上可能有棱角等危及人身安全的形状。若不对上述产品进行包装，则无法运输和储藏。因此，良好的包装有助于储运。

（3）促进销售。产品包装以后，首先进入顾客视觉的往往不是产品本身，而是产品的包装。产品能否引起顾客的兴趣，触发其购买动机，在一定程度上取决于产品的包装。可以说，包装是产品无声的推销员。

（4）增加盈利。有许多产品本身并不能使人产生美感，通过精心设计的包装可美化产品，提高产品档次，吸引顾客以较高的价格购买；并且包装材料本身也包含着一部分的利润。因此，包装能增加企业利润。

2. 包装的分类

按照在流通过程中的作用不同，包装可分为运输包装和销售包装。

（1）运输包装（外包装或大包装）主要用于保护产品品质安全和数量完整。

（2）销售包装（内包装或小包装）多为零售包装，它不仅要保护商品，更重要的是要美化和宣传商品，便于陈列和吸引顾客，方便消费者认识、选购、携带和使用。

8.4.2　包装的设计

1. 包装的设计原则

（1）安全原则。安全原则要求，包装设计要遵循保护产品、防止泄露和外溢的客观规律。另外，商品包装的防伪措施也是提高安全性的一种方法，如一次性、破坏性的包装拆解方式。

（2）便利原则。包装伴随着产品的使用会成为消费者的无声帮手，消费者使用方便是包装设计的重要原则。包装各部分的比例、尺寸应考虑人的生理功能来科学设计，否则就会在使用上带来不便。

（3）利销原则。商品包装的目的在于促进商品的销售，即利销。商品包装的利销原则应该涵盖所有的视觉设计内容和方法，醒目的商品名称可以强化消费者的注意；色度高的鲜艳色彩可以吸引消费者的关注，这都有效地体现了利销原则。

（4）整体原则。包装设计要考虑包装物的整体风格与特色的塑造。包装的文字、图形和色彩之间的风格确立以及组织结构的编排同样存在整体性的问题。因此，整体性是包装设计的重要原则。

（5）创新原则。在遵循科学的包装构造规律的基础上，要勇于打破常规观念，寻求更多渠道、更广范围和更新层面的包装理念和方法，并有效地进行嫁接、借鉴。

（6）系列包装原则。系列包装设计的主要特征是成组、成套、成一定规模的统一设计，使系列产品的包装风格统一、既有变化又相对稳定，实现可持续发展。

❖ 发凡举例

王老吉"高考罐"

王老吉为2022年高考生特别推出了高考定制罐，还录制了一个高考祝福短片，为高考生加油打气。

相比上一年将祝福语印在瓶身上，2022年王老吉更是细分了场景，特别上线了"高三班吉罐""高考学科罐"和"万试大吉罐"这三款特殊定制罐。

"高三班吉罐"在每个瓶身上印有班级号，加强对应班级的群体归属感，印着不同班级的"高三班吉罐"见证着同学们高中奋斗的回忆。

"高考学科罐"包括语数外、政史地、理化生三种。无论是文科生还是理科生，都能借助"高考学科罐"给自己加油打气。这样带有吉祥字眼的学科罐，赋予了产品"好运"属性。

"万试大吉罐"更是巧用谐音梗，祝福考生考试旗开得胜。

王老吉高考定制罐传递了王老吉凉茶的吉祥文化，不只链接起品牌与消费者情感，更能给考生和家长传递积极向上的力量。

资料来源：格局心理.王老吉出高考罐，算是把瓶身营销玩明白了［EB/OL］.搜狐网，2022-05-30.

2. 包装设计的注意事项

（1）色彩的运用搭配。进行包装设计的时候，色彩的搭配运用是不可或缺的重要部分，色彩有很多种，在进行设计的时候采用哪种色彩更合适？最好的方法就是先对产品的特性优势进行分析，再根据产品的不同特性，消费群体的不同定位以及企业不同的文化内涵针对性地进行定制设计。同时要注意不同色彩的运用带来的视觉冲击效果也不同，因此在运用色彩时要慎重。

（2）图案的设计。产品的包装设计不仅是把图形和色彩等多种因素相结合，而是在各个因素结合的基础上将企业的文化或者产品的优势特色展现出来。合理的图案设计可以很好地引导消费者，提升视觉美观感，同时也可以加强产品的市场竞争力，提高企业的形象和品牌的知名度。

（3）内涵的体现。在进行包装设计时，一定要体现出内涵。产品的包装设计不仅是为了吸引消费者，激发消费者的购买欲，也是企业文化内涵的一种体现，这是企业提升品牌形象的关键。

8.4.3 包装标签与产品标识

1. 包装标签

包装标签是指附在包装上的文字、图案、符号及其他说明。包装标签的重要功能就是产品信息展示，通过产品文字介绍，搭配合适的图案来表达。好的包装标签还可以增强包装的外观展示效果。

互联网新技术的加持使得包装标签开始承担更多新的任务，消费者的购买体验不再局限于包装本身。例如，二维码标签可以增加互动体验，为消费者提供更多信息，讲述更具说服力的品牌故事，满足消费者对产品知识和信息的渴望。

⬢ 博物洽闻

EAN 商品条形码

商品条形码（barcode）是将宽度不等的多个黑条和空白，按照一定的编码规则排列，用以表达一组信息的图形标识符。常见的商品条形码是由反射率相差很大的黑条（简称条）和白条（简称空）排成的平行线图案。商品条形码可以标出物品的生产国、制造厂家、商品名称、生产日期、类别、日期等许多信息，因而在商品流通等许多领域都得到广泛的应用。

EAN 商品条形码也称通用商品条形码，由国际物品编码协会制定，是国际上使用最广泛的一种商品条形码。我国在国内推行使用的也是这种商品条形码。

EAN商品条形码的编码遵循一对一原则，以保证在全世界范围内不重复，即一个商品项目只能有一个代码，或者说一个代码只能标识一种商品项目。不同规格、不同包装、不同品种、不同价格、不同颜色的商品只能使用不同的商品代码。

EAN商品条形码分为EAN-13标准版（如图8-6所示）和EAN-8缩短版两种。EAN-13一般由国家代码、厂商代码、商品代码和校验码组成。

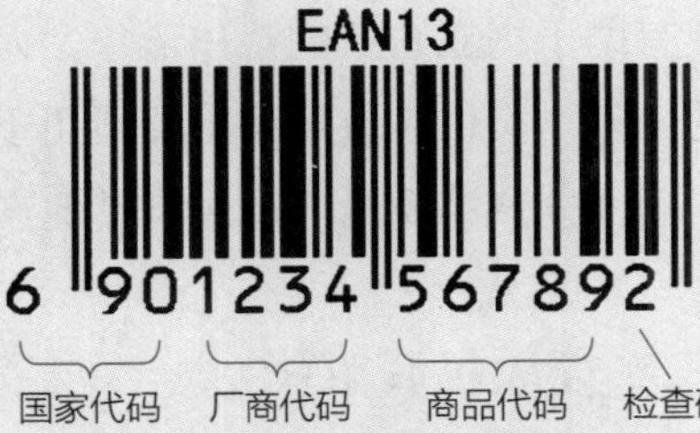

图8-6　EAN-13标准版

商品条形码对于提高企业现代化管理也具有促进作用。商品有了条形码，企业营销系统就要安置条形码电子扫描系统，促使企业加强现代化管理设施的建设。企业有了条形码电子扫描系统，就可以科学地控制商品的销售量和类别，进行现代化的信息控制管理。

资料来源：北京中码国际知识产权.EAN商品条形码的概念，中国商品条形码申请需要get的步骤及流程［EB/OL］.搜狐网，2021-01-27.

2. 产品标识

产品标识是用于表明产品信息的各种表述和指示的统称。尽管销售者喜欢简单的产品标识，但法律文件往往会要求提供更多内容。产品标识主要表现为产品的名称、产地，生产企业的名称、厂址，产品的主要成分、规格型号，以及生产日期、失效日期，警示标志等。产品的标识既可以标注在产品上，也可以标注在产品包装上。其内容应符合《中华人民共和国产品质量法》和其他的相关要求。

产品标识包括以下4种。

（1）指示性标识。例如：向上、小心轻放、防潮等。

（2）解释性标识。例如：速溶咖啡——无咖啡因，罐头——无防腐剂等。

（3）警告性标识。例如：小心易爆品，吸烟有害健康等。

（4）鼓励性标识。例如：真棒、优秀、经典传承等。

8.4.4　包装策略

常用的包装策略有以下几种：

1. 类似包装策略

类似包装策略是指企业所生产的各种产品都采用相同或类似的包装，如使用同一材料、图案、颜色、标记和其他共有特征等。其优点在于：能节省包装的设计和生产成本，有助于树立企业的整体形象。尤其是在新产品推广时，可以利用已有产品带动新产品的销售。类似包装策略主要适用于同样等级和质量的产品，若产品质量相差悬殊，则可能因个别产品质量下降影响其他产品的销量。

2. 等级包装策略

等级包装策略是指企业对不同质量等级的产品分别使用不同的包装，以适应不同的购买力水平；或者按产品的质量等级不同，采用不同的包装，如优质产品采用高档包装，一般产品采用普通包装等。这种包装策略突出了产品特点，区分了产品档次，便于顾客选购；但缺点是增加了包装成本。

3. 配套包装策略

配套包装策略也称组合包装策略，是指企业根据消费者的购买和消费习惯，将几种相互关联的产品放入同一个包装物中，同时出售。例如，将牙刷、漱口杯、梳子、镜子等洗漱用品放在一个精美的包装袋内，以便于出差人士购买和携带；还有将各种常用工具放在一个工具箱内出售。这种策略的优点是可增加企业的产品销量，同时便于顾客购买、携带和使用；另外也适应顾客以馈赠为目的的购买。但是配套包装时要注意产品关联度以及顾客购买能力，切忌任意搭配。

4. 再使用包装策略

再使用包装策略又称为双重用途包装策略，是指产品的包装物还可以做其他用途。如咖啡包装瓶还可用作茶杯；珠宝的精美外包装袋还可用作手提袋等。这种策略的优点是：使顾客得到额外的使用价值，引起顾客的购买兴趣，增大产品的销量；同时包装容器还可以长期为企业起广告宣传的作用。

5. 附赠品包装策略

附赠品包装策略是指在产品的包装物内附奖券或实物赠品，以吸引消费者购买，如在食品包装中放入玩具等。这种策略的优点是：使顾客有额外获得感，有较强的促销作用。尤其适用于儿童和青少年，不少儿童常常为了获得包装物内赠送的小玩具而购买产品。

6. 不同容量包装策略

不同容量包装策略是指企业根据产品的性质、顾客购买力大小和顾客使用、购买的习惯，按产品的重量、分量、数量设计多种不同大小的包装，以便于顾客购买。如洗发水的包装分为大小不同的容积，以分别适应消费者家庭、个人，或者是偶然少量的使用。

7. 更新包装策略

更新包装策略是指企业根据市场需要，采用新的包装技术、包装材料、包装设计等，对产品原来的包装进行改进。例如，将原有塑料包装改为纸质包装，以适应环保的要求；或者将原有的片剂包装改为胶囊包装等。这种策略不仅更方便顾客使用，而且还有助于提升产品形象，吸引更多顾客。特别是当产品销路不畅，或是长期使用一种包装时，新的包装形象会使顾客产生新鲜感，从而促进产品的销售。商品包装的改进如同产品本身的改进一样，对市场营销有着重要的作用。因此，企业应注重收集市场上有关包装的信息，不断改进产品包装，及时采用新材料、新技术，精心设计新造型，发挥包装的各种功能。

❖ 固本培元

一、单选题

1. 产品逐渐为用户熟悉，销量迅速增加，盈利也增加，此时产品处于（　　）。

    A. 介绍期   B. 成长期

    C. 成熟期   D. 衰退期

2. 产品组合的长度是指（　　）的总数。

    A. 产品项目   B. 产品品种

    C. 产品规格   D. 产品品牌

3. 企业生产的各种产品在包装上均采用相似的颜色，使用同一材料，体现共同的特征，这种包装策略叫作（　　）。

    A. 等级包装策略   B. 类似包装策略

    C. 配套包装策略   D. 复用包装策略

4. 一个家电企业生产4种电冰箱产品、8种洗衣机产品、5种空调产品，那么这个企业的产品线有（　　）。

A. 1条　　　　　　　　　　B. 3条

C. 17条　　　　　　　　　D. 8条

5. 在产品整体概念中，形式产品是指产品的具体形态，也是指（　　　）的表现形式。

A. 核心产品　　　　　　　B. 包装

C. 担保和服务　　　　　　D. 安装

二、多选题

1. 企业进行产品组合决策时需要考虑的变量因素是产品组合的（　　　）。

A. 宽度　　　　　　　　　B. 深度

C. 关联度　　　　　　　　D. 长度

2. 由于有些产品的销售形势很好，企业可以采取扩大产品组合的策略，满足市场需求。以下扩大产品组合的策略属于相关系列多样化的有（　　　）。

A. 爽口果汁公司推出了"0糖0脂"的气泡水

B. 光明洗衣粉厂增加了生产香皂的生产线

C. 牡丹彩色电视机厂增加了生产摩托车的生产线

D. 万胜家具公司增加了生产保险柜的生产线

3. 按照产品的新颖程度，新产品一般可分为（　　　）。

A. 换代型新产品　　　　　B. 全新型新产品

C. 仿制型新产品　　　　　D. 改进型新产品

4. 在产品生命周期的引入期，主要营销策略有（　　　）。

A. 快速掠取策略　　　　　B. 快速渗透策略

C. 缓慢渗透策略　　　　　D. 缓慢掠取策略

5. 包装作为产品不可缺少的部分，在市场营销中的作用有（　　　）。

A. 保护产品　　　　　　　B. 增加盈利

C. 促进销售　　　　　　　D. 便于储运

三、判断题

1. 新产品就是在市场上待出售的产品。（　　　）

2. 一旦新产品市场试销成功，则意味着新产品一定能够迅速被消费者接受，企业一定能获得丰厚的利润。（　　　）

3. 专卖店的产品线很少，但一般产品组合的深度较深。（　　　）

4. 继续生产已处于衰退期的产品，企业完全无利可图。（　　）

5. 产品生命周期不同阶段的特点与新产品的市场扩散过程密切相关。（　　）

四、简答题

1. 针对产品不同生命周期阶段应采取哪些营销策略？

2. 请简述新产品开发的程序。

3. 常用的包装策略有哪些？

❖ 融会贯通

纯电动汽车安全的守护者——比亚迪e平台

汽车作为现代社会的主要交通工具，其安全性一直深受人们重视，在传统燃油车时代，汽车安全性主要体现在碰撞安全等主被动安全上。随着新能源以及智能化技术的快速发展，汽车安全已经进入到多维度并行的安全领域。

作为新能源汽车领导者，比亚迪的e平台安全技术是一大特色，e平台的安全性包括碰撞安全、动力电池安全、高压安全和信息安全等，全方位的安全防护可以给消费者提供安全可靠的用车环境。

动力电池安全是新能源汽车安全最重要的组成部分，比亚迪e平台建立起七维四层的动力电池安全防护机制，从四个层级、七个维度对可能引发动力电池热失控的情况进行全面把控，防止热失控现象发生。通过对电芯安全性不遗余力地研究、探索，比亚迪成功研发了刀片电池，此电池在针刺测试中不起火、不冒烟的优秀表现广获赞誉。

高压安全同样不容忽视。比亚迪建立九层高压安全保障体系，确保高压线路稳定运行，即使在严重撞击事故中，也可以在第一时间切断高压供电，保障消费者和救援人员的安全。

汽车智能化的发展也要建立在可靠的信息安全体系基础上。作为一款开放的车机系统，比亚迪DiLink智能网联系统容纳众多第三方娱乐、生活App，给消费者的生活带来了极大的便利，深受消费者喜爱。给消费者提供便利的背后是比亚迪对信息安全的全面防护。全新升级的DiLink3.0智能网联系统拥有银行级安全保障，通过安全芯片、安全网关、总线加密等建立全方位安全体系，同时与360、阿里云等领先合作伙伴展开安全合作，全面保障消费者的信息安全，在方便消费者的同时也为智能化的发展做好准备。

作为全球新能源汽车领导者，比亚迪用e平台技术提升新能源汽车安全标准，推动新能源汽车行业行稳致远，给消费者带来更加安全、可靠的新能源汽车，用行动支撑起"用技术创新，满足人们对美好生活向往"的企业理念。

资料来源：央广网.纯电动汽车安全的守护者——比亚迪e平台［EB/OL］.百家号，2020-09-09.

分析思考：

1. 比亚迪e平台的安全性能包括哪些内容？

2. 比亚迪如何通过产品实现"用技术创新，满足人们对美好生活向往"的企业理念？

❖ 笃行致远

实训目标	通过产品整体设计实训，使学生加深对产品整体概念的理解，明确树立整体产品概念对市场营销活动的重要性；掌握产品市场生命周期、产品组合、新产品开发、品牌与包装等策略的原理与应用。
实训背景	在生活中常见的产品（如化妆品、服装、饮料、手机等）中任选一种相对熟悉的品牌产品，根据产品整体概念的五个层次进行产品整体设计，并回答以下问题： （1）某品牌产品的产品整体概念可以怎样表述？ （2）该品牌产品处于生命周期的什么阶段？ （3）该品牌产品有何进一步开发的机会？ （4）该产品的品牌能否延伸，包装是否可以进一步调整？
实训要求	1. 按之前的分组选择1个品牌产品，经教师确认作为研究的对象。 2. 小组针对所选品牌产品的整体概念、市场生命周期等问题收集市场信息，针对该品牌产品的竞争和营销现状提出建议，策划产品整体设计方案。

实训步骤　1. 按小组选择需要研究和设计的品牌产品。

2. 小组同学收集品牌产品的整体概念、市场生命周期等问题的市场信息，确定所研究品牌产品的整体概念和市场生命周期阶段，对企业现有产品组合与产品品牌、包装、生命周期分析，并针对该产品的竞争和营销现状提出建议。

3. 策划整体产品创新，明确产品设计要求。产品设计要求内容完整，设计合理，具有一定的新颖性，符合现代市场营销观念的要求。另外，要思路清晰，字迹工整，独立完成，并形成书面材料上交。

4. 成果汇报。从上交上来的实训报告中抽取比较好的若干小组进行汇报，供全班学生交流讨论。

实训成果　形成产品营销分析报告和整体产品策划方案。

◈ 跬步千里

学有所得　概括本单元的重要知识点

_____

_____

学有所长　概括本单元的重要技能点

_____

_____

学有所悟　在完成本单元内容学习后，对职业素养的感悟

_____

_____

单元8　产品策略：创建顾客价值

价格策略：提升顾客价值

学习目标

✦ 素养目标

- 遵纪守法，树立正确的价格竞争理念
- 养成正确运用价格竞争方法的意识，明码标价
- 积极参与支持绿色发展的价格政策的制定

✦ 知识目标

- 了解影响产品定价的主要因素
- 熟悉企业的定价和调价策略
- 掌握各种定价方法的原理

✦ 技能目标

- 能够在定价过程中正确分析影响因素
- 能够灵活运用各种定价策略
- 能够针对市场变化提出合理的价格调整建议

提要钩玄

价格策略：提升顾客价值
- 影响价格制定的因素
  - 内部因素
  - 外部因素
- 价格制定的方法
  - 成本导向定价法
  - 需求导向定价法
  - 竞争导向定价法
- 定价策略与调价策略
  - 定价策略
  - 调价策略

学习计划

- 知识学习计划

  _____

  _____

- 技能训练计划

  _____

  _____

- 素养提升计划

  _____

  _____

遍布全国，蜜雪冰城的成功秘密是什么？

2022年，蜜雪冰城在全国开设了超过2万家加盟店，这个门店数量把其他奶茶品牌远远甩在后面。

曾经喜茶一度被当成消费升级和网红经济的典型案例。事实上，蜜雪冰城才是饮品消费升级的"前辈"，在饮品花样相对匮乏的十几年前，它可能是很多年轻消费者喝到的第一杯现调茶饮。从瓶装饮料到现调饮料，谁说不是消费升级呢？低价，才是"消费升级"的真谛。目前，市场上的奶茶定价大致分为三层：单杯定价20元以上的高价位；定价10~20元的中价位；以蜜雪冰城为代表的定价10元以下的低价位。平均客单价6元，十几年来蜜雪冰城的价格几乎没有上调过。当越来越多的消费者对花6元钱买一杯现制茶饮而不需要有任何纠结的时候，市场用巨大的成长速度给这种诚实的低价模式以回报。

在消费者基数最大的下沉市场，蜜雪冰城3元的甜筒、4元的柠檬水、6元的奶茶，一下子就击穿了"用户心智"。因为低价，蜜雪冰城的加盟店能够迅速渗透到县城和乡镇；此外，大学城也是蜜雪冰城的主要阵地。因为它的价格天然符合了学生群体的消费能力。业内有一种说法，只要有蜜雪冰城的地方，其他奶茶店都不敢在附近开店，因为价格，很容易被秒杀。

蜜雪冰城的规模优势源自低价。一方面，冰淇淋、奶茶这些产品的原料成本本来就不高，蜜雪冰城和茶农又有深度合作，可以用稳定的采购量拿到低价。另一方面，蜜雪冰城有自己的工厂和仓储物流，不使用经销商和代理商，原材料可以直接运送到加盟店中，大大降低了供应链的成本。

蜜雪冰城采取密集开店策略，店铺之间的距离较短，也能降低运营成本。蜜雪冰城以季度或半年为期，SKU[1]的种类和用料也相对简单，主要是珍珠、椰果等常规奶茶伴侣。

当然，做规模不一定等同于做品牌，蜜雪冰城在规模上可圈可点，"低价"是它最大的标签，但仅有这个标签，不足以产生好的品牌价值。要想做品牌，还得往上走。蜜雪冰城意识到这一点，推出高端品牌"M+"，价格区间提升至20元左右。

资料来源：砺石商业评论.蜜雪冰城的成功秘密是什么？低价才是"消费升级"的真谛，[EB/OL].新浪财经，2020-12-02.

1　Stock Keeping Unit，即库存进出计量的基本单元，可以是以件、盒、托盘等为单位。

9.1　影响价格制定的因素

　　影响商品定价决策的因素很多，其中既有商品价值本身，也有企业内部和外部的诸多因素。一般来讲，影响企业定价决策的因素分为两个方面，如图9-1所示。

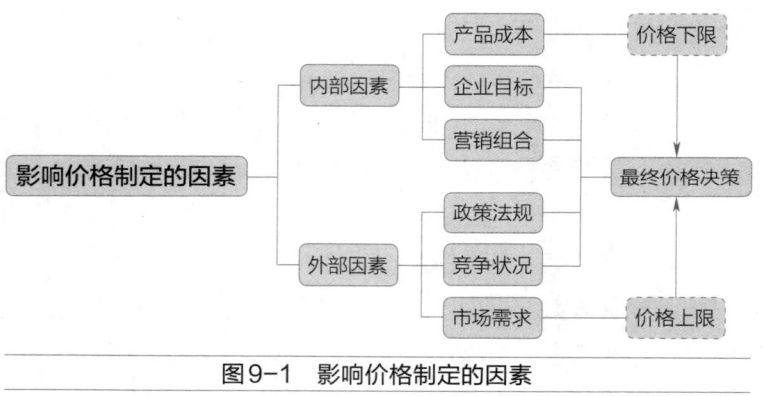

图9-1　影响价格制定的因素

9.1.1　内部因素

1. 产品成本

　　产品成本是企业进行产品定价的基础，也是企业能够为产品设定的价格下限。只有产品价格高于其成本，企业才有利可图，才能保证企业的生存和发展。如果价格不能覆盖生产、分销和管理等方面的成本，就有可能是亏本的，不能给投资人带来相应的回报。从目前商品价格构成的一般情况来看，工业品成本占价格构成的70%~80%；农产品成本差异较大，占价格构成的50%~90%。成本在价格中占有很大比重，因此，成本的变化是影响商品价格变化的最重要原因。

企业的产品成本可分为个别成本和社会成本。个别成本是指单个企业生产产品时所耗费的实际成本；社会成本则是指产业内部生产同种产品的不同企业所耗费的平均成本，即社会必要劳动时间，又称行业平均成本。由于各企业资源情况和技术水平、管理水平不同，其个别成本与社会成本之间必然存在差异。因此，企业在对产品进行定价时，只能以社会成本作为主要依据，再根据个别成本与社会成本之间的差异程度给产品制定合适的价格。

2. 企业目标

企业目标是影响产品定价的第二个主要内部因素。一般来说，企业的整体目标是获取尽可能高的利润，但具体到某一时期为某一产品定价时，企业的目标却有很大差异。归纳起来，企业有以下几种定价目标：

（1）利润导向定价目标。利润是企业生存和发展的必要条件，是企业营销的直接动力和追求的基本目标之一。因此，许多企业都把利润作为重要的定价目标。

① 最大利润目标。指以追求利润最大化为企业的定价目标。为了达到这个目标，企业将采取高价策略。最大利润目标既有单个产品和全部产品之分，也有短期和长期之分。对于单个产品，如果是追求短期利润最大化，企业势必要采取高价策略，以获取超额利润；如果是追求长期利润最大化，不同时期的价格则可能有高有低。对于全部产品，如果是追求长期利润最大化，则并不是每种产品都定高价，产品的价格有高有低，最终实现长期总利润最大化的目标即可。因此，企业在追求最大利润目标时，要充分评估市场需求情况。

一般来说，采取最大利润目标，适合市场销售前景看好，市场容量很大，企业的产品在市场上占据明显的优势，处于绝对有利地位的情况。但是这种目标不可能长期维持，必然遭到多方抵制，引发竞争、对抗、甚至政府干预。

② 适当利润目标。在激烈的市场竞争中，企业为了保全自己，减少市场风险，或者由于实力不足，会把取得适当利润作为定价目标。也就是说，企业不追求最大利润，而是根据行业状况追求适当的利润，这种情况更多地见于居于市场追随者地位的企业。适当的利润目标一方面可以使企业避免不必要的竞争，另一方面由于价格适中，顾客愿意接受，可以使企业获得长期的利润。

（2）销售导向定价目标。指企业以提高市场占有率和销售量为定价目标。企业只有提高了市场占有率，占据更多的市场份额，才能增加产品的销售量，从而获取更多的利润。为了提高市场占有率，企业一般采用低价策略，吸引更多的顾客。但并不是在任何条件下，制定较低的价格都能提高市场占有率，只有当市场对价格比较敏感，而且随着产量的增加和生产经验的积累，单位产品的成本可以显著降低时，企业才可考虑通过低

单元9　价格策略：提升顾客价值

价来实现市场占有率的提高。例如，格兰仕微波炉通过规模经济降低成本，以低价迅速占领市场，从而击退竞争对手。但是市场份额的扩大并不会总是导致利润的增加，某些着眼于未来的企业为了保持和扩大市场占有率，也会降低价格，牺牲眼前利润。

（3）投资收益率目标。即企业以其投入资金的预期收益作为定价目标。计算投资收益率的公式为：

$$投资收益率 = \frac{收益总额}{投资回收年限 \times 总投资额}$$

为达到这一目标，定价时需要在产品成本的基础上加上预期收益。预期的投资收益率一般高于银行存款利率。投资收益目标也有长短期之分。如果是在短期内回收投资，则投资收益率高，定价也高；如果是在长期内回收投资，则投资收益和定价相对降低。一般来讲，以下两种情况可以采用投资收益率作为定价目标：一是企业在行业中实力雄厚，处于主导地位；二是新产品、独家产品以及低价高质量的标准化产品。

（4）生存导向定价目标。如果企业生产能力过剩，或面临激烈的市场竞争，或者由于经营管理不善等原因，造成产品销路不畅，大量积压，甚至濒临倒闭时，就需要把维持生存作为企业的基本定价目标。生存比利润更重要。为了保持企业生存，必须制定一个较低的价格，并希望市场对价格敏感。许多企业通过大规模的价格折扣来保持活力。对于这类企业来讲，只要他们的价格能够弥补变动成本和一部分固定成本，即单价大于单位变动成本，企业就能够维持生存。这种定价目标只是企业在面临困难时的短期目标，长期目标还是要获得发展，否则企业无法生存。

（5）竞争导向定价目标。在市场中，大多数企业对其竞争对手的价格十分敏感。在定价之前，一般要广泛搜集资料，先把本企业产品的质量、特点和成本与竞争对手的产品进行权衡比较，再制定产品价格，以对产品价格有决定影响的竞争对手或市场领导者的价格为基础，采取高于、等于或低于竞争对手的价格出售本企业的产品。在市场份额的争夺中，同行业的竞争是不可避免的，主要集中在价格竞争和非价格竞争两个方面，其中价格竞争更为直接和突出。一般来说，当企业实力较为雄厚，处于行业领先地位时，可以先发制人，主动调整价格，压制竞争对手。

❖ 发凡举例

奥乐齐挑战沃尔玛，它的定价思路是什么？

如果从全球规模来比较，德国奥乐齐（ALDI）超市可以称得上是全球最大的食品杂货店之一。在最受德国人尊敬的企业品牌排行榜中，奥乐齐排名第三，仅次于西门子和宝马。

奥乐齐获得如此地位的原因是其老板对价格执着。在保证质量的前提下，奥乐齐的货品价格要比普通超市低30%~50%。而在这一超低折扣的背后，是一种打破传统的零售模式——"简单"。单一种类的货品大大降低了奥乐齐的物流成本，节省了货架规模，并让奥乐齐与供货商在品质控制和价格谈判时处于绝对优势。例如，在零售巨头沃尔玛的店内有近1.5万种货品，家乐福也有近1.2万种货品出售。而奥乐齐的商品种类在同类的店里是最少的，数量限制在700种以内。单一种类货品的销售量增大时，对于这种货品的采购数量也就比普通超市大很多。供货商无法抗拒奥乐齐为他们提供的没有竞争品牌的销售渠道和规模效应。

相对于沃尔玛1 500平方米的超级大卖场，奥乐齐的平均营业面积只有750平方米，大大降低了房租与水电的费用。一家沃尔玛门店有40~50名员工，奥乐齐店内一般只有4~5名员工。这意味着奥乐齐可以支付员工很高的薪水，但是从整体上又节约了劳动力成本。奥乐齐的劳动力成本仅占其营业收入的6%，而普通超市的员工成本一般要占到总收入的12%~16%。

在奥乐齐和其他德国超市的围剿下，沃尔玛不得不承认失败，宣布全面退出德国市场。在2022年的"全球零售品牌价值100强"排行榜中，奥乐齐位列第13名。

3. 营销组合

除了价格本身，营销组合中的其他要素都是影响价格的内部要素。例如，不同品牌的同类产品，即使质量差异不大，但价格也可能会差异较大，这是因为企业在产品品牌策略上的差异。同一品牌的产品，在不同的地方购买，价格也可能有差异，这则是渠道策略对价格的影响。例如，保健品高昂的价格，更多是因为其较大的广告投入导致促销成本居高不下。因此，营销组合中的产品策略、渠道策略和促销策略都会影响产品的定价。

9.1.2 外部因素

1. 市场需求

市场需求是影响企业定价的最重要的外部因素，它决定着产品价格的上限，即价格不能高到无人问津的程度。市场需求对定价的影响主要考虑供求关系和需求弹性两方面。

（1）供求关系。一般情况下，市场价格以市场供给和需求的关系为转移。供求规律是一切市场经济活动的客观规律，即商品供过于求时价格下降，供不应求时价格上升。在完全竞争条件下，价格完全在供求规律的自发调节下形成，企业只能随行就市定价；在不完全竞争条件下，企业才有选择定价方法和策略的必要和可能。

🔶 博物洽闻

从200元跌至20元，部分芯片价格"雪崩"

2020—2021年，芯片行业供应链被打乱，芯片价格一度出现暴涨，而2022年芯片市场又出现了降价销售的情景，究竟是怎么回事？

某款意法半导体芯片是电子控制系统的核心部件，它曾是2021年最紧俏的芯片产品之一，市场报价一度上涨至每个3 500元左右，2022年从高位下滑至600元左右，降价幅度超过80%。另一型号的芯片在2021年价格维持在每个200元，目前售价仅为每个20元，只有最高价的十分之一。在LED照明产品中使用的发光芯片和驱动芯片的价格也开始回落。

公开数据显示，集中在消费电子领域，尤其是面板用芯片、通信用芯片、模拟芯片等众多大类芯片的价格降幅都不小。大部分在两个月内跌价超过20%，部分芯片降价超过80%。

全球的芯片市场从需求端的角度出发，实际上出现了一种分化的迹象。例如，手机相关类的芯片是过去十年中最火的芯片，随着全球经济的不确定性在增强，很多消费者消费的欲望被遏制了。势必直接传导到上游各类芯片的产业链之间的需求，引发降价。

资料来源：央视财经.200元跌至20元，部分芯片价格"雪崩"［EB/OL］.央视财经，2022-08-15.

（2）需求弹性。需求弹性又称为需求价格弹性，指因价格变动而引起的需求量相应变动的比率，反映需求变动对价格变动的敏感程度。

需求弹性用需求弹性系数来表示：

$$E=\frac{\Delta Q/Q}{\Delta P/P}$$

当$E>1$时，富有弹性；当$E<1$时，缺乏弹性。需求弹性曲线如图9-2所示。

对于富有弹性的产品，价格只要略有变动，就会引起需求量的明显变动，即需求

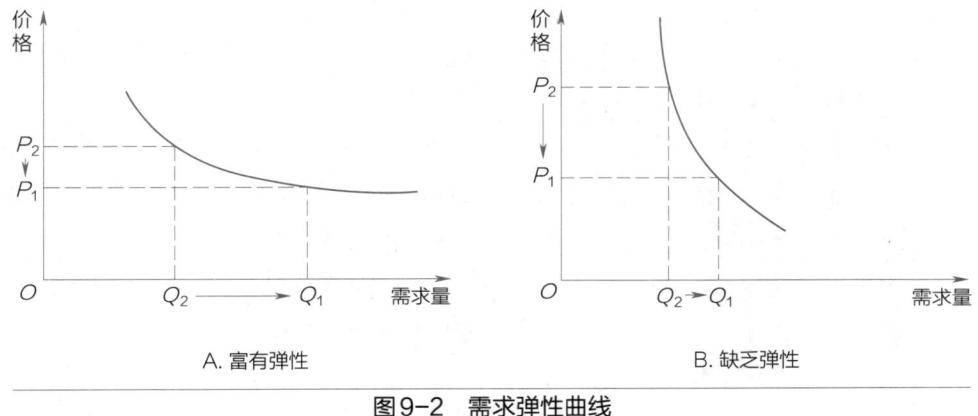

图9-2 需求弹性曲线

量的变动幅度大于价格变动的幅度。只要稍微降低一点价格，就会大幅度增加销售量，从而使总收入增加；反之，稍微提高一些价格则会使销售量大幅减少，总收入也会随之减少。因此，企业对这类产品可采取降价策略，薄利多销，以达到增加利润的目的。

对于缺乏弹性的产品，当价格变动较大时，需求量的变动却并不显著，即需求量的变动幅度小于价格变动的幅度。如果提高产品价格只会引起销售量较小幅度的减少，就会使总收入增加；反之，降低一定的价格，销售量却不会因此增加很多，总收入反而会减少。所以，对于此类产品，低价对需求量的刺激不大，薄利未必能多销，较高的定价往往是有利的。

一般情况下，生活必需品的需求弹性小，奢侈品的需求弹性大；替代品少或替代性弱的产品需求弹性小，替代品多或替代性强的产品需求弹性大；用途越单一的产品需求弹性越小，用途越广泛的产品需求弹性越大。因此，企业给产品定价时应考虑不同产品的需求弹性，切实提高价格决策的有效性。

❖ 发凡举例

什么原因导致陈皮价格上涨？

新会陈皮备受人们的喜爱，它的价格在陈皮市场上可以说是"一骑绝尘"，并且还在一直上涨。新会陈皮为什么一直在涨价？这两三年迎来大涨是由多种因素叠加而成。

（1）新会陈皮市场供不应求。新会陈皮被列入《中国药典》（2020版），市场需求呈现明显的增长势头，目前市场上的新会陈皮供应不足。

（2）新会柑果减产。新会柑树受到超强台风正面吹袭，根系被损坏，导致大面积坏树死树；同时气候异常造成病虫害比往年严重，导致新会柑整体减产。

（3）新会陈皮原料柑果种植成本高，肥料、物流以及人工成本均上升。新会陈皮从新会柑采摘到新会陈皮的陈化都需要人工处理，陈化多年的陈皮翻晒人工成本上升，为了能够盈利，新会陈皮价格上涨也是在情理之中。

（4）果农对陈皮市场积极的态度。种植柑果的果农对收购价格预期较高，不愿意将柑果低价卖出，而导致可收购的柑果越来越少。

2. 竞争状况

产品成本和市场需求决定了产品价格的上限和下限，而竞争对手的多少和竞争的强度对企业确定合适的价格也有着重要的影响。竞争越激烈，对价格的影响也就越大，企业必须采取适当的方式，了解竞争对手的价格和产品质量。如果企业的产品与竞争对手的产品大体一样，则所定的价格也应基本一致；如果企业的产品比竞争对手的产品质量更高，则价格也可以定得更高；如果企业的产品质量比竞争对手的产品质量要差，则价格应定得低一些。竞争对手也可能针对企业的产品价格而调整其价格，或者虽然不调整价格，但调整市场营销组合的其他变量，与企业争夺顾客。对此，企业要时刻关注竞争对手的价格调整策略和措施，并及时做出反应。

3. 政策法规

由于产品价格不仅关系到国家、企业和个人三者之间的物质利益，而且涉及各行各业和千家万户，因此，各个国家都会制定有关产品价格方面的各种政策和法律法规，对产品价格进行管理；或利用税收、金融、海关等手段间接地控制价格。例如，通过反垄断法禁止企业联手操纵价格和为排挤竞争对手而进行低价倾销。我国也制定了《中华人民共和国价格法》来规范企业的定价行为。企业的产品定价要符合国家的各项政策、法律法规。

✿ 正心诚意

经营者定价不能仅强调市场供求，不考虑生产经营成本

2021年以来，我国大宗商品价格持续大幅上涨，一些商品的价格连创新高，对下游企业，特别是中小微企业和个体工商户影响较大。个别不法商贩、游资集团恶意抢购、囤积居奇、哄抬价格，严重扰乱市场秩序，这不利于我国经济恢复发展，市场监管部门对此将严肃处理。在调研和执法检查中发现，一些企业存在将自主定价等同于随意定价的错误观念。对实行市场调节价的商品，经营者应依据生产经营成本和市场供求状况制定价格，而不能仅强调市场供求，不考虑生产经营成本。企业要遵循公平、合法和诚实信用的定价原则，合理定价。同时，经营者的价格行为，包括定价策略、价格标示、运用的价格手段等，都要受到市场监管部门监管。

资料来源：市场监管总局：经营者定价不能仅强调市场供求，不考虑生产经营成本［EB/OL］.证券时报网，2021-09-10.

9.2　价格制定的方法

企业产品价格的高低受市场需求、成本费用和竞争情况等诸多因素的影响和制约，企业在制定价格时应全面考虑这些因素。但是，在实际定价工作中，企业往往只侧重于某一个方面的因素。大体上，企业定价有三种导向，即成本导向定价法、需求导向定价法和竞争导向定价法。

9.2.1　成本导向定价法

成本导向定价法（Cost-Based Pricing）就是以产品的成本为中心来制定价格，是一种按卖方意图定价的方法。其主要理论依据是：在定价时，要先考虑收回企业投入的全部成本，再考虑一定的利润。

产品的成本包括企业生产经营过程中所发生的一切实际耗费，客观上要求通过产品的销售而得到补偿，并且要获得大于企业支出的收入，其中超出的部分就是企业的利润。常用的成本导向定价法有以下三种：

1. 成本加成定价法

成本加成定价法是指在单位产品成本的基础上加上一定比例的预期利润作为产品的

销售价格。销售价格与成本之间的差额即为利润。由于利润的多少是按一定的比例确定的，因此这种定价方法被称为成本加成定价法。其计算公式为：

单位产品价格=单位产品成本×（1+成本加成率）

其中，成本加成率为预期利润占产品成本的百分比。

例如：小明蛋糕店制作的榴莲芝士生日蛋糕的单位成本是80元，成本加成率是40%，则该款式蛋糕的价格为80×（1+40%）=112（元）。

采用成本加成法时，确定合理的加成率是关键。不同的产品应根据其不同的性质、特点、市场环境、行业状况等制定不同的加成率。一般来讲，对于高档商品和生产批量较小的产品，加成比率应适当地高一些，而对于生活必需品和生产批量较大的产品，其加成比率应适当地低一些。

成本加成定价法的优点是简单易行，特别适用于销量与单位成本相对稳定、竞争不太激烈的产品。因为确定成本比确定需求容易得多。只要产品能销售出去，就能实现预期利润。这种定价方法的不足在于它以卖方的利益为出发点，不利于企业降低成本；在定价时没有考虑市场需求以及竞争因素，缺乏灵活性，对市场的适应能力差；加成率是个估计值，缺乏科学的精确性。

2. 盈亏平衡定价法

在销量既定的情况下，企业产品的价格必须达到一定的水平才能做到盈亏平衡、收支相抵。这个既定的销量称为盈亏平衡点，这种价格制定方法就称为盈亏平衡定价法。科学地预测销量和已知固定成本、变动成本是使用盈亏平衡定价法的两个前提。企业产品的销售量达到既定销售量时可实现收支平衡，超过既定销售量时可获得盈利，不足既定销售量时则会出现亏损。其计算公式为：

单位产品价格=产品固定成本/预计销售量+单位产品变动成本

这种方法的优点是计算简便，可使企业明确在达到盈亏平衡时的产品价格及最低销售量。缺点是要先预测产品销售量，若销售量预测不准，成本算不准，价格就定不准，而且它是根据销售量倒过来推算价格的，在现实中，价格高低本身对销售量有很大的影响。

3. 目标利润定价法

目标利润定价法也称投资收益定价法，即企业根据总成本和预计销售量，加上按投资收益率来确定目标利润额并将它作为基础的一种定价方法。投资收益率应高于银行利率。其计算公式为：

$$单位产品价格 = \frac{总成本 + 投资额 \times 投资收益率}{预计销售量}$$

$$= \frac{单位产品成本 + 投资额 \times 投资收益率}{预计销售量}$$

目标利润定价法有一个较大的缺点,即以估计的销售量来计算应确定的价格,把销售量看成是价格的决定因素,忽略了市场需求及市场竞争。如果无法保证销售量的实现,投资收益率就会落空。但是,对于供不应求或者是需求比较稳定的产品、需求价格弹性较小的产品以及一些公用事业、劳务工程项目等,在科学预测的基础上,目标利润定价法是一种有效的定价方法。

❖ 发凡举例

郑州、哈尔滨两个省会城市相继调整房地产市场调控措施引发关注。郑州的众多措施中以"取消认房又认贷"为代表,首套房贷款还清后再购房的,能够按照购买首套住宅享受低贷款利率,减轻了购房者负担,此举有利于更好满足改善性购房需求。哈尔滨的政策是取消限售,这一限售政策主要针对曾经房价过快上涨出现的投机炒房行为。正如哈尔滨市的公告所说,限售等政策已经完成其阶段性调控使命。

还有一些城市也像上述两个城市一样对房地产调控政策进行了调整,大方向亦是将过去过紧的政策放松,同时出台更好满足刚需和改善性住房需求的举措。应该看到,房地产市场需要平稳健康发展,大起大落都不是稳。当一些城市市场出现了一定下行态势,各地出台调控举措是根据市场的变化和新情况作出的调整,是因城施策,一城一策促进房地产市场良性循环和健康发展的具体体现。

促进房地产业良性循环和健康发展有利于为稳定宏观经济大盘发挥积极作用。房地产行业的支柱产业地位没有变,规模大、链条长、牵扯面广,在国民经济、全社会固定资产投资、地方财政收入、金融机构贷款总额中都占有相当高的份额,对于经济金融稳定和风险防范具有重要的系统性影响。

也应注意到,稳楼市不是再让市场出现投机炒作氛围,不能突破"房住不炒"底线。各地采取的稳楼市举措应重在保障住房刚需,同时满足合理改善性需求。

从根本而言,应继续稳妥实施房地产长效机制,同时探索新的发展模式。当前,保障性租赁住房、长租房、老旧小区改造、城市更新等都呈现良好发展态势,深度调整中的房地产行业有望从这些领域中找到新的发展方向。

资料来源:亢舒.大起大落不是稳.[EB/OL].澎湃网,2022-03-27.

9.2.2　需求导向定价法

需求导向定价法（Demand-Based Pricing）是以顾客需求为中心来制定价格的方法。它依据顾客对产品价值的理解和需求强度，而不是依据产品的成本来定价。其特点是能灵活有效地运用价格差异，对平均成本相同的同一产品，可以随市场需求的变化而调价，不与成本因素发生直接关系。其基本原则是：市场需求强度大时，制定高价；市场需求强度小时，可适度调低价格。这种定价方法综合考虑了成本、产品生命周期、市场购买能力、顾客心理等因素。需求导向定价法主要包括认知价值定价法、需求差异定价法和反向定价法。

1. 认知价值定价法

认知价值定价法又称理解价值定价法，它是以顾客需求为导向的一种定价方法。根据顾客心目中对产品价值的认知和理解程度，即产品在顾客心目中的价值观念定价，运用营销组合策略和手段，影响顾客对产品价值的认知。

认知价值定价法的关键和难点，是获得顾客对有关产品价值理解的准确资料。企业如果过高估计顾客的认知价值，其价格就可能定得过高，影响销售量；反之，若企业低估了顾客的认知价值，其定价就可能低于应有水平，使企业收入减少。因此，企业必须通过广泛的市场调研，了解顾客的需求偏好，根据产品的性能、用途、质量、品牌、服务等要素判定顾客对产品的理解价值，制定产品的初始价格。然后在初始价格条件下预测可能的销售量，分析目标成本和销售收入。在比较成本与收入、销量与价格的基础上，确定该定价方案的可行性并制定最终价格。

2. 需求差异定价法

需求差异定价法是指以需求为依据，根据不同的需求强度、不同的购买力、不同的购买时间等因素来制定不同价格的定价方法。这种定价方法首先强调适应顾客需求的不同特性，而将成本补偿放在次要的地位。其好处是可以使企业定价最大限度地符合市场需求，促进产品销售，有利于企业获取最佳的经济效益。例如，不少旅游景点都实行旅游淡季和旺季不同票价的政策。

由于需求差异定价法针对不同需求而采用不同的价格，满足不同的顾客，能够为企业获取更多的利润，因此在实践中得到广泛的运用。但是，实行此方法必须具备一定的条件：第一，市场必须是可以细分的，且不同的细分市场能显示不同的需求强度；第二，要防止高价细分市场的竞争者以较低的价格进行竞销；第三，要确保低价细分市场的买主不会向高价细分市场转售；第四，划分细分市场所增加的开支不能超过高价销售所得；第五，定价差异不会引起顾客的反感；第六，确认所执行的差异定价是合法的。

3. 反向定价法

这种定价方法不是单纯考虑产品成本，而是先考虑需求状况，依据市场调研资料，依据顾客能够接受的最终销售价格确定销售产品的零售价，再逆向推算出中间商的批发价和生产企业的出厂价。逆向定价法的特点是：价格能反映市场需求情况，有利于加强与中间商的友好关系，保证中间商的正常利润，使产品迅速向市场渗透，并可根据市场供求情况及时调整，定价比较灵活。

9.2.3　竞争导向定价法

在竞争十分激烈的市场上，企业通过研究竞争对手的生产条件、服务状况、价格水平等因素，依据自身的竞争实力，参考成本和供求状况来制定有利于在市场竞争中获胜的产品价格。这种定价方法就是通常所说的竞争导向定价法（Competition-Based Pricing）。其特点是：产品的价格不与产品成本或需求发生直接关系。只要竞争对手的价格未变，就应维持原价；反之，虽然成本或需求都没有变动，但竞争对手的价格变动了，则相应地要调整其产品价格。当然，为实现企业的定价目标和总体经营战略目标，谋求企业的生存和发展，企业可以在其他营销手段的配合下将价格定得高于或低于竞争对手的价格，并不一定要求和竞争对手的产品价格保持完全一致。竞争导向定价法主要包括随行就市定价法和密封投标定价法。

1. 随行就市定价法

这是指企业按照行业的平均现行价格水平来定价。实施这种定价方法主要是为了避免挑起竞争。而且，现行价格在人们的观念中常被认为是"合理价格"，一方面易为顾客接受，另一方面也能保证企业获得合理、适度的利润。这种随行就市的定价方法也很普遍，有时是因为成本难以估算，有时是因为难以估计采取进攻性定价会引起对手什么反应。对于小公司而言，追随大公司定价更是一种常规行为。总之，以行业通行价格为基础定价，有利于避免价格竞争给企业带来的风险。

2. 密封投标定价法

密封投标定价法是一种通过买方引导，卖方竞争以取得较低价格的商品定价方法。它一般适用于以下几种情况：第一，大宗产品、配套设备和建筑工程等项目的买卖和承包；第二，征召生产经营协作单位；第三，出租出售小型企业等。

招标方通常只有一个，处于相对垄断地位，而投标方则有多个，相互竞争。标的物的价格由参与投标的各个企业在相互独立的条件下确定，在买方招标的所有投标者中，通常是报价最低的招标者中标，这样一种竞争性的定价方法就是密封投标定价法。

招标价格是企业能否中标的关键性因素。理论上讲，报价最低的企业最容易中标。但是，报价的企业不会将价格水平定得低于边际成本，因为低于边际成本的报价会导致企业亏损。

◈ 正心诚意

企业应警惕隐蔽价格违法风险点

1. "专柜价" "一口价" 无依据

天猫网"布雷××旗舰店"从2016年8月起销售一款"led灯泡"，该商品从上市起销售价格一直为68.00元，在其网页上该商品的价格标示为：专柜价为136.00元，促销价为68.00元（今日特价）。该店所售的此款商品所标的今日特价，该价格标示无依据，也无价格比较。上述价格行为中灯泡的"专柜价"无相关证据支持证明，在"专柜价"与"促销价"之间形成巨大的折扣优惠，诱骗消费者购买，构成"专柜价" "一口价"无依据的价格欺诈行为。

2. 没有成交记录的商品标注"原价"

自营微商店铺"健康商城"对四项商品开展价格促销活动时，在商品销售页面作出如下标价形式：西洋参中切片原价225.00元，市场价55.00元；姜汁洗发水（400 ml/瓶）原价168.00元，市场价59.00元；延钦堂枸杞子（200 g/瓶）原价80.00元，市场价35.00元；阳澄湖大闸蟹1698型4公4母原价1 698.00元，市场价258.00元。经查明上述四项商品在该价格促销活动前实际从未销售过。店铺在上述价格行为中，对从未实际销售过的商品标注"原价"，在"原价"和"促销价"之间形成巨大的折扣力度，诱骗消费者购买该商品，构成没有成交记录的商品标注"原价"类的价格欺诈行为。

3. 虚构原价

静安区愚园路8号的某餐饮公司愚园路店使用印有"新上市"字样的菜单，

菜单上有"+55元得精选猪肘黄金肠拼盘原价79元""+35元得欧陆火腿蛋活力色拉原价38元""+55元得缤纷烤鸡拼盘原价79元"等字样。经查明该店在4月和5月期间分别以55元的价格销售精选猪肘黄金拼盘，35元的价格销售欧陆火腿蛋活力色拉，55元的价格销售缤纷烤鸡拼盘。自菜单使用开始，愚园路店内并未用菜单上所标原价的价格销售上述三种菜品。在上述价格行为中虚构原价，相关商品标示的原价不是"本次促销活动前七日内在本交易场所成交，有交易票据的最低交易价格"，构成虚构原价类的价格欺诈行为。

资料来源：全开明，臧怿. 知名企业价格违法被罚　企业应警惕的4大隐蔽价格违法风险点［EB/OL］. 锦天城律师事务所官网，2021-05-07.

9.3　定价策略与调价策略

在激烈的市场竞争中，企业仅仅依据成本、竞争和需求等因素决定的产品价格，往往并不是产品的最佳价格，而是产品的基本价格。因为它尚未计入折扣、运费等对价格的影响。因此，企业需要对基本价格进行调整和修正，也就是运用各种定价策略和价格调整策略，使价格和市场营销组合中的其他因素更好地结合，促进和扩大销售，提高企业的整体效益。

9.3.1　定价策略

企业主要可以采用的定价策略有以下几种：

1. 新产品定价策略

新产品定价时有一定的难度，尤其是全新产品和革新型新产品，没有竞争对手价格可参考，对顾客的认知价值也难以确定。而新产品价格的高低不仅直接影响新产品能否立足市场，还影响到可能出现的竞争力量。如果定价得当，就可以使其顺利进入市场，打开销路；如果定价不当，就很有可能遭遇失败。因此，新产品定价既要遵从产品定价的一般原则，又要考虑其特殊性。常用的新产品定价基本策略有三种：

（1）撇脂定价策略。又称"撇奶油"定价策略，即在产品刚进入市场的阶段，也就是在产品生命周期的引入期以较高的价格投放市场，尽可能在短期内获得较高的收益。就好像从牛奶中撇取奶油一样，尽快获取产品利益。

这种定价策略有以下几个优点：①在新产品上市之初，竞争对手暂未进入市场，顾客对新产品尚无理性认识，可以利用顾客求新求异的心理，以较高价格刺激消费，提高产品身价，创造高价、优质、名牌的印象，开拓市场。②由于价格较高可在短期内获得较大利润，回收资金也较快，使企业有充足的资金开拓市场。③在新产品开发之初，定价较高，当竞争对手大量进入市场时，便于企业主动降价，增强竞争能力，此举符合顾客对价格由高到低的心理。

这种定价策略的缺点体现在：①新产品刚投入市场时，产品声誉尚未建立，高价格不利于市场开拓、增加销量，不利于稳定和占领市场，容易导致新产品开发失败。②由于价格高，销量可能达不到预期值，反而使利润更少。③高价带来的高额利润容易引来竞争对手，加速行业竞争，使仿制品、替代品迅速出现，迫使价格下跌。此时若无其他有效策略相配合，则企业苦心营造的高价优质形象可能会受到损害，失去部分顾客。④价格远远高于价值，在某种程度上损害了顾客利益，容易招致公众的反对和顾客抵制，容易诱发公共关系危机。

撇脂定价策略主要适用于下列情况：①产品的市场需求较大，且需求缺乏弹性，价格定得高，需求量也不会大量减少。②产品生产能力有限，且较小产量的单位成本不致抵消高价所带来的收益。③市场上没有替代产品，企业拥有专利或技术秘密。④高价不会刺激竞争者蜂拥而至。

博物洽闻

凡勃伦效应

一百多年前，美国经济学家凡勃伦在其著作《有闲阶级论》中提出了炫耀性消费这一论点：消费者购买某些商品的目的，并不仅仅是为了获得直接的物质满足和享受，更大程度上是为了获得心理上的满足。这就出现了一种奇特的经济现象，即一些商品价格定得越高，就越能受到消费者的青睐。这种现象被称为：凡勃伦效应。作为普通消费者，应警惕"凡勃伦效应"，理性消费。

资料来源：简书.凡勃伦效应［EB/OL］.腾讯新闻，2020-04-06.

（2）渗透定价策略。与撇脂定价策略相反，渗透定价是在新产品上市之初企业将价格定得相对较低，吸引大量购买者，以利于为市场所接受，迅速打开销路，提高市场占有率。

此种定价策略的优点体现在：低价容易为顾客所接受，有利于迅速打开销路，借助销售量的增大来降低成本，便于企业获得长期稳定的市场地位。同时，微利不容易引起竞争对手的进入，有利于企业控制市场。其缺点是：企业的投资回收期较长，价格调整空间小，见效慢，风险大，一旦渗透失败，企业将损失惨重。

采取渗透定价策略应具备如下条件：①市场需求富有弹性，对价格很敏感，价格降低时需求量会大幅上升。②企业的生产成本和经营费用随着生产经营经验和销售量的增加而下降。③低价不会引起实际和潜在的竞争。④产品的市场容量较大，行业障碍小，容易进入。

❖ 发凡举例

第一台小米手机：1 999元，一天卖30万台

2020年4月6日，小米迎来十周岁生日。小米创始人通过个人公众号发表文章《凡是过往，皆为序章。小米10年再出发！》，回顾了小米过去10年的创业历程。

2011年1月28日，小米第一次年会，企业创始人告诉全体同事和家属们："未来十年将是移动互联网的十年，这是创业最好的时间点。小米要做世界上最好的手机，但价格不是6 800元，是1 800元，甚至是800元这样的价钱。"后来小米的确做到了。

2011年8月16日，小米正式发布了第一款小米手机，以"探索黑科技，为发烧而生"为宣传语，仅售1 999元。因为"低价高配，性能出众"，小米手机一度被称为"性价比之王"。一句"为发烧而生"的口号吸引了无数发烧友的抢购。2011年9月5日凌晨，小米手机第一次开放预订每人限购一台，仅22个小时就卖出30万台。

在小米发布会上其创始人强调："小米是一家互联网公司，仅支持自家官网预购。"由于小米只在网上销售，没有中间商赚差价，因此，大大降低了手机的价格。

（3）温和定价策略。它介于撇脂定价策略和渗透定价策略之间，即以居中的价格投放市场，既保证企业有稳定的收入，又对顾客有一定的吸引力，使企业和顾客双方对价格都满意。

此定价策略有如下优点：产品能较快为市场所接受，且不会引起竞争对手的对抗；

可以适当延长产品的生命周期；风险较小，有利于企业树立信誉，稳步调价，在正常情况下可按期实现目标利润。其缺点是：比较保守，容易使企业失去高额利润或市场机会。

对于企业而言，以上三种新产品定价策略分别适用于不同的市场条件，具体采用哪一种定价策略，需要综合考虑市场需求、竞争和供给状况、市场潜力、价格弹性、产品特性、企业发展战略等诸多因素才能确定。

2. 产品组合定价策略

大多数企业生产或营销的是多元化的产品，这些产品构成了企业的产品组合，各种产品需求和成本之间存在着内在的相互联系。企业在制定价格策略时，要考虑各种产品之间的关系，以提高全部产品的总收入。产品组合定价从企业整体利益出发，为每种产品分别定价，以充分发挥每种产品的作用。

（1）产品线定价。企业开发出来的通常不是单一产品，而是产品大类，即产品线。当企业生产的系列产品存在需求和成本的内在关联时，为了充分发挥其关联性的积极效应，需采用产品线定价策略。在定价时，先确定某种产品价格为最低价格，它在产品线中充当招徕价格，吸引消费者购买产品线中的其他产品；再确定某种产品价格为最高价格，它在产品线中充当品牌质量象征和回收投资的角色；最后，分别依据产品线中的其他产品的不同角色而制定不同的价格。

另外，企业在定价时必须考虑各种产品的成本差距、顾客对产品的评价、产品间的替代程度和竞争者同类产品的价格水平，以决定产品线上各种产品的价格等级。一般来讲，产品线上两种产品之间的价格差异越小，购买其中较高级产品的顾客就越多；如果其成本差异小于价格差异，则会使企业获取更多的利润。反之，两个产品之间的价格差异越大，购买较低价格的产品的顾客就越多；如果其成本差异大于价格差异，企业获取的利润就越少。所以，企业在进行产品线定价时，要注意确认认知质量的差异情况，使价格差异趋于合理。

（2）选择品定价。许多企业在提供主产品时，还会附带提供一些与主产品关系密切的可供选择的附属产品。例如，顾客在酒店用餐时，除了可以点菜吃饭，还会产生酒水消费等。在此，饭菜是主要产品，而酒水为选择品。企业为选择品定价的策略主要有两种：一是把选择品价格定得低一些，以此招徕顾客，例如，有的酒店对酒水实行低价促销，甚至通过赠送饮料的方式吸引顾客。二是把选择品的价格定得高一些，靠它赢利。例如，有的酒店饭菜价格较低，但酒水价格较高，靠低价的饭菜吸引顾客，靠高价的酒水赢利。

（3）连带品定价。连带品又称互补产品，是指必须与主产品一起使用的产品。如打印机必须与墨盒一同使用、剃须刀片必须与剃须刀架一同使用。连带品定价是指对必须与主产品一同使用的互补产品定价。许多大企业往往是主要产品定价较低，连带品定价较高。以高价的连带品获取利润来补偿主要产品低价所造成的损失。例如，某家用净水器公司对净水器主机制定较低的价格，对它的滤芯制定较高的价格，这不仅增强了主机的市场竞争力，同时也依靠销售净水器滤芯赚钱来保持原有的利润水平。通过这种定价方式，顾客一旦购买了主产品，就必须为互补产品源源不断地付出高额的费用。

（4）产品分步定价。指先向顾客收取固定费用，再根据使用情况收取使用费用，这种定价方法一般为服务性企业采用。一般而言，固定费用应该比较低，以吸引顾客，企业通过可变费用来获利。例如，出租车一般都有起步价，如果行驶里程超过起步价，则要再加上超过里程的计价；手机话费也是每个月支付固定的月租费，然后再按使用情况增收费用。当顾客使用量少时这种策略可以使企业不至于亏本，而顾客使用量大时企业赢利较多。

（5）副产品定价。某些产品在加工过程中会产生副产品。如果副产品没有价值但有处理费用，主产品的定价必须能够弥补这些费用；如果副产品有价值，可根据其价值定价；如果副产品带来的收入能够提高企业在同行业中的竞争地位，则可以降低主产品的价格。

（6）产品系列定价。产品系列定价可以分为两种方法：①将一组产品组合在一起销售。一组产品的价格低于单独购买每件产品的价格总和，通过节约一定费用，来吸引顾客购买其中某些无意购买的产品，增加产品销量。例如，许多化妆品企业都将系列产品做成套装出售，价格比较优惠。②当企业向顾客提供一系列相关的产品时，可视各产品的角色不同来定价。如一家宾馆既为顾客提供住宿、餐饮服务，也提供娱乐、健身服务，那么，可考虑将住宿、餐饮的价格定低些，以吸引顾客，而将娱乐、健身的价格定高些，以获取利润。

3. 价格折扣和折让策略

在实际交易中，为了鼓励顾客及早付款、大量购买、淡季购买等，企业在原制定价格的基础上可酌情降低价格。这种价格调整叫作价格折扣和折让。价格折扣和折让策略实质上是一种优惠策略，可以直接或间接地降低价格，以争取顾客，扩大销量。灵活运用价格折扣和折让定价策略是提高企业销售量的重要途径。

（1）数量折扣。数量折扣是指生产企业鼓励顾客集中购买或大量购买所采用的一种策略。它按照购买数量或金额分别给予不同的折扣比率，购买数量越多，折扣就越大。

例如，顾客购买某种商品在100单位以下，每单位要付10元；购买在100单位以上，每单位只付9元，这就是数量折扣。这种折扣通常有累计折扣和非累计折扣两种。累计折扣是指顾客购买物品累计达到一定数量时给予折扣的方式，其目的在于鼓励顾客经常向本企业购买，培养忠诚客户，建立长期的购销关系。非累计折扣则是顾客一次购买达到规定数量所给予的一种折扣，其目的是鼓励顾客大批量购买，促进产品多销、快销，从而降低企业的销售费用。

　　数量折扣的促销作用非常明显，企业因单位产品利润减少而产生的损失完全可以从销量的增加中得到补偿。此外，销售速度的加快可以使企业资金周转次数增加，流通费用下降，产品成本降低，从而导致企业总盈利水平上升。运用数量折扣策略的难点在于如何确定合适的折扣标准和折扣比例。因此，企业应结合产品特点、销售目标、成本水平、资金利润率、需求规模、购买频率、竞争者手段以及传统的商业惯例等因素来综合制定科学的折扣标准和比例。

　　（2）现金折扣。这是指企业对在规定的时间内提前付款或用现金付款的顾客所给予的一种价格折扣，其目的是鼓励顾客尽早付款，加速资金周转，降低销售费用，减少财务风险。

　　现金折扣一般根据约定的时间界限来确定不同的折扣比例。例如，顾客在30天内必须付清货款，如果10天内付清货款，则给予2%的折扣，这种折扣方式可以简单地表示为"2/10，net/30"或"2/10，n/30"。因折扣带来的回报率通常要比银行利率明显高一些，所以顾客一般都不会放弃；同时可加强卖方的收现能力，减少信用成本和呆账。

　　（3）交易折扣。又称功能折扣，是指生产企业针对经销其产品的中间商在产品分销过程中所处的环节、其所具有的功能、责任和风险的不同而给予不同的价格折扣。

　　交易折扣的比例主要考虑中间商在销售渠道中的地位、对生产企业产品销售的重要性、购买批量、完成的促销功能、承担的风险、服务水平、履行的商业责任以及产品在分销中所经历的层次和在市场上的最终售价等。鼓励中间商大批量订货，扩大销售，争取顾客，并与生产企业建立长期、稳定、良好的合作关系是实行交易折扣的主要目的。交易折扣还可以对中间商经营的有关产品的成本和费用进行补偿，并让中间商有一定的盈利。

　　（4）季节折扣。有些产品是常年生产，季节性消费；而有些产品是季节性生产，常年消费。生产企业为了调节供需矛盾，实现均衡生产，把产品的储存分散到销售渠道或顾客手里，会采用季节折扣的方式。规定在销售淡季给予较优惠的折扣，而在销售旺季则恢复原价。

　　例如，旅游的淡旺季差别十分明显，所以，宾馆、航空公司在旺季时都会维持较高的价格；而在淡季时却给予旅游者较高的价格折扣，以便招徕顾客。季节折扣有利于减轻库存，加速商品流通，迅速收回资金，促进企业均衡生产，充分发挥生产和销售潜力，避免因季节需求变化所带来的市场风险。

（5）推广折让和补贴。推广折让是间接折扣的一种形式，它是指购买者在按价格目录将货款全部付给销售者以后，销售者再按一定比例将货款的一部分返还给购买者。补贴是指企业为特殊目的，对特殊顾客以特定形式所给予的价格补贴或其他补贴。

例如，中间商为促进产品的销售而采取多种促销活动手段，包括刊登地方性广告、设置样品陈列窗、为生产企业开辟销售专柜、举行展销会等时，生产企业给予中间商一定数额的资助或补贴。又如，企业开展以旧换新业务，将旧货折算成一定的价格，在新产品的价格中扣除，顾客只支付余额，以刺激消费需求，促进产品的更新换代，扩大新一代产品的销售，这也是一种补贴的形式。

博物洽闻

围绕价格心理下功夫？

1. 满减（代金券）与心理账户

同样一件商品，标价"1 000元打8折"和"满1 000减200"虽然花的钱是一样的，但给消费者留下的印象却截然不同。这背后其实是"心理账户"的影响，大多数人会把支出、收益划分到心中不同的账户里，这些账户大多不互通。因此，人是主观看待自己的钱，消费者对价格的认知是在与内心账户对比中产生。1 000元的商品打8折，它其实并没有打破消费者的心理账户，还是在同一个范畴里比较。但如果是满1 000减200，给人的感觉则是付出1 000元买商品，又获得一笔200元的"意外之财"。这种"满额返券""满额减"的方法就是将本属于打折的优惠转化成消费者的"意外"获得感，从而打破固有的心理账户，促进销售。

2. 预购、秒杀、团购与锚定效应

除了心理账户，心理学中还有"锚定效应"：人在做决定或下判断前，更容易受到之前的信息影响。在促销中，价格、商品、套餐等因素其实都是沉在消费者心中的"锚"。最典型的"锚"就是"原价"。促销活动中，原价的意义就是抛出去的锚，让人在对比中产生占便宜了的感觉。时间也可以是"锚"，比如临近双十一商品都会有一波涨价，除了在消费者的心里留下一个原价"锚"，更留下"错过等一年""仅限当天"这样的时间"锚"。

从心理账户和锚定效应可见，任何一个商品，消费者对它的价值感知其实都来自对比，相对便宜往往比绝对便宜更重要。利用这一原理常见的价格操作有

单元9 价格策略：提升顾客价值

① "预购"：提前99元预购，上线N天后恢复价格199元。② "秒杀"：限时99元秒杀，N小时后恢复原价199元。③ "团购"：单人购买199元，三人成团价99元。这三种方法都是留下对比的"锚"来促进销售。再对比一下"全场八折"与"两件八折、三件七折、四件六折"这样的阶梯式折扣，最便宜的折扣其实就是用来给消费者对比的"锚"，吸引消费者忽略消费总价而为了达成最低折扣凑单。

3. 定价与比例偏见

消费者被心理账户和锚定效应左右，但人们在主观的对比中，同样还有"比例偏见"：人们对比例或者倍率的变化更敏感。例如，去菜市场买菜，东挑西拣花了100元，跟摊主砍了10元，很开心。买衣服花2 000元，店家给了100元优惠，很多人反而会感觉降太少不是很愉快。100跟10明明差十倍，但感受不同，原因就在比例，前者降价10%，后者只有5%。我们更容易去关注比例而忽视原本实际价格的数量差异。

比例偏见用在定价上的技巧就是：价格低的商品打折，价格高的商品直降。3 000元商品优惠200元，实际打了9.3折，但单标9.3折时折扣力度就并不明显，直降200元看起来则便宜了不少。100元的快餐打8折优惠力度很大，可如果写成直降20元，吸引力就不那么强了。"双十一"常见的定金翻倍就是这一原理的运用。

资料来源：讲解员小秦.中小商家必须知道的7种促销套路〔EB/OL〕.可画网，2020-10-29.

4. 心理定价策略

心理定价策略是根据顾客心理所采用的定价策略。产品价值与顾客心理感受有着很大的关系。企业在定价时可以利用顾客心理因素，有意识地将产品价格定得高些或低些，以满足顾客生理的和心理的、物质的和精神的多方面需求，通过顾客对企业产品的偏爱或忠诚，引导顾客增加购买，从而扩大销售量。具体的心理定价策略包括：

（1）尾数价格策略。指企业制定产品价格时以零头而不是整数结尾，又称零头价格策略或奇数价格策略。采用尾数价格策略容易使顾客产生低价心理，同时还会认为产品经过严格核算后定价，增加对产品价格的信任。例如，将产品价格定在9.98元，就比10元更受顾客欢迎。

（2）整数价格策略。指企业定价时只取整数，不要零头。对于那些无法明确显示其内在质量的商品，顾客往往通过其价格的高低来判断其质量的好坏。在定价时，采用整数价格策略有利于提高产品身价，树立名牌产品形象，与顾客的"一分价钱一分货"的心理相吻合。如流行品、时尚品、奢侈品、礼品等商品，在定价时常采用整数价格，便于使顾客尽快做出购买决策。

（3）声望价格策略。指企业对有较高声誉的名牌高档产品制定较高的价格。声望价格策略可以满足某些顾客的特殊欲望，如对地位、身份、财富、名望和自我形象的追求等，还可以通过高价格显示产品的名贵优质属性。因此，这种策略适用于一些传统的名优产品、具有历史地位的民族特色产品以及知名度高、有较大的市场影响、深受市场欢迎的驰名商标产品。

采用这种定价策略必须慎重，一般商店、一般商品滥用此法时，弄不好会失去市场。

（4）招徕价格策略。是指企业对少数几种商品制定特别高或者特别低的价格，或采取顾客自定价格等方法，以引起顾客的好奇心和关注，以此招徕顾客，或者利用顾客愿意买便宜货的心理吸引人气，从而带动其他商品的销售，加速资金的周转，同时增大销量。例如，超市通常会限时对某些产品实行低价促销，目的是吸引顾客来购买，当顾客购买所谓"特价品"的同时，往往又会顺便购买其他正常价格的商品。

5. 差别定价策略

差别定价是指企业按照两种或两种以上不反映成本费用的比例差异的价格销售某种产品或服务。例如，全国各地的风景区都会针对儿童、学生、老年人、教师、军人等特殊人群推出不同的优惠政策，同时也会在淡旺季或节假日采用不同的收费标准。差别定价主要有四种形式：

（1）顾客差别定价。即企业按照不同的价格把同一种产品或服务卖给不同的顾客，如有些企业对新老顾客使用不同的价格。这种差别定价又称价格歧视，在有些国家要受到法律限制。

（2）产品形式差别定价。即企业对质量和成本相同，但花色、品种、款式不同的产品制定不同的价格，这主要是依据市场对该产品的需求情况而定的。

（3）产品部位差别定价。即企业对于处在不同位置的产品或服务分别制定不同的价格，即使这些产品或服务的成本费用没有任何差异。例如，剧院里虽然不同座位的成本费用都是一样的，但不同座位的票价有所不同；又如，卧铺火车的上中下铺票价不一样等。这种定价是因为人们对产品或服务的偏好有所不同。

（4）销售时间差别定价。即企业对于不同季节、不同时期甚至不同钟点的产品或服务分别制定不同的价格。例如，旅游业在淡旺季定价不同，某些鲜活产品的早晚市价格不同，有些饭店的餐品在同一天的午餐和晚餐时间定价也不同。

实行这种差别定价法必须具备一定条件：①市场必须可以细分，每个细分市场的需求不同；②不存在顾客在不同细分市场的套利行为（低价买入高价卖出）；③竞争对手不可能在某细分市场以低价销售来同企业的较高价格竞争；④细分市场的相关成本低于差别定价所带来的额外收益；⑤价格差别不会引起顾客的不满和抵触情绪；⑥各细分市场的策略不能扰乱整个销售区域的秩序。

9.3.2 调价策略

调价策略是指企业根据客观环境和市场形势的变化而对原有价格进行调整的策略。企业的生产经营状况和市场形势都是在不断地变动的，企业也要采取对应的措施调整产品价格。企业的调价有两种情况：一是根据市场情况的变化主动进行调价，二是在竞争者价格变动后进行应变调价。

1. 主动调价策略

主动调价策略是指企业在竞争对手价格没变的情况下率先降价或提价的策略，主要包括以下几种。

（1）主动降价策略。一般来看，主动降价有以下两种方式：①直接降价。直接降价即直接降低产品价格。例如，随着国内市场规模的进一步扩大，我国工业机器人市场价格不断下降。2013年工业机器人的平均售价为5.2万美元/台，而2018年仅为3.5万美元/台，自2021年以来，工业机器人的价格开始进入千元时代。②间接降价。间接降价即企业保持价格目录表上的价格不变，在维持名义价格不变的前提下降低产品实际价格。企业可以通过送货上门、免费安装、调试、维修以及为顾客提供保险等方式降低实际价格；有时也可通过改进产品功能、提高产品质量的方式降低实际价格；或者增大折扣力度，馈赠礼品等。

企业在主动降价时，首先应估算该产品的需求价格弹性，如果是富有弹性的产品，降价便能收到较好的效果；如果是缺乏弹性，降价则不一定能达成目的。其次，要注意选择降价时机。对此，市场营销学家总结了五条规律：①淡季时降价比旺季时降价有利；②同种产品降价次数太多会失去市场占有率；③短期内降价不足以阻止新品牌的进入；④新品牌降价效果比旧品牌好；⑤在销量下降时降价效果并不理想。

企业在调低价格时，还要控制降价的幅度。降幅太小，不能引起消费者注意，不能增加销售；降幅太大，又可能造成企业亏损，影响消费者信心。所以，恰当的降价幅度是成功降价的关键。降价虽然可以使企业保持或扩大市场占有率，但并非"万用灵丹"，这一策略有很大的风险性。例如，它很容易使顾客产生误解，认为该企业的产品质量低于竞争者的产品质量。同时，降价销售所得到的市场占有率往往是脆弱的、暂时的。因为降价能买到市场占有率，但买不到市场顾客的忠诚，以此吸引来的顾客往往会转向另一个价格更低的企业。此外，如果长期保持低价，会损害企业的收入和利润。因此，在采用主动降价策略的同时，企业应辅以其他营销措施。

❖ 发凡举例

喜茶产品全线降价

2022年2月24日，喜茶宣布完成全面产品调价，年内不再推出29元以上的饮品类新品，并且承诺现有产品在年内绝不涨价。调价后，除了个别城市限定的产品、周边，喜茶主流门店的产品价格已全面低于30元，售价在15~25元的产品已占据喜茶全部产品的60%以上。

早在2022年1月，喜茶就开始了新一轮的价格下调。对比菜单发现，此次价格调整覆盖喜茶在售的芝士茶、果茶、奶茶、纯茶、咖啡等全品类绝大多数产品，调价幅度1~10元不等。对于此次价格的调整，喜茶方面强调，自己从来都不是高价茶饮品牌。在喜茶成长和发展的时间里，主流产品价格长期维持在十几元到二十几元之间。这段时间的逆势调价，得益于其品牌势能、规模优势以及在供应链方面的深耕和积累。

由于上游原材料价格上涨，奶茶、咖啡等行业都迎来了一波终端涨价，喜茶此番逆势降价在中国食品产业分析师看来更多是"降维打击"。"这是整个新中式奶茶进入成熟期的一种打法，既有利于整个行业的有序发展，也满足了新生代消费者对于优质产品的高性价比需求，更匹配了喜茶目前的发展战略。"分析师认为，这样的战略调整不排除喜茶是在为上市做准备，通过降价获得更多的客群，从而覆盖更大规模的市场，获得更高的市场占有率。

（2）主动提价策略。主动提价策略是企业根据客观环境的变化而主动提高产品价格的策略。企业选用此策略通常是基于下列条件的变化：①产品成本上升，阻碍企业获取合理利润，需要通过涨价转嫁负担，这是企业提价的最主要原因；②由于通货膨胀，企业不得不涨价来补偿货币贬值造成的损失；③产品供不应求，企业要通过提价抑制部分需求；④竞争策略的需要，以产品的高价位来显示产品的高品位，这在实力雄厚的大企业中经常采用。

企业采用主动提价策略时也有两种方式可供选择：①直接提价。直接提价即直接提高产品价格。例如，受世界经济大环境影响，2022年国内空调行业、电动车行业中多家企业都直接提高了产品价格。②间接提价。间接提价即企业采取一些方法使产品名义价格保持不变，但实际价格隐性上升。这些方法主要有：缩小产品的尺寸、分量、规格和型号但价格不变。使用便宜的材料或配件做代用品，或使用较为低廉的包装材料，以降低成本。减少或改变产品特点，降低成本。例如，某电器公司简化了许多家用电器的设计，以便与折扣让利销售的商品进行价格竞争。减少价格折扣，改变或减少服务项目，如取消安装、免费送货或长期保修等项目。

在正常情况下，一般是降价容易涨价难，调高产品价格往往会遭到顾客、经销商甚至是本企业销售人员的反对。因此，采用这一策略时必须谨慎而为，对一些技术性问题要给予充分的重视，否则就难以达到预期效果。

首先，要掌握好涨价幅度。如果是差别较大的产品，对消费者吸引力强，需求价格弹性大，提价幅度可以大一些；反之，提价幅度应该小一些。如果是由于成本上升而提价，并且该行业竞争激烈，产品提价幅度一般不宜超过成本上升幅度。实行渗透定价的产品的提价幅度应以不损害市场稳固地位为前提。

其次，要根据各类产品不同情况选择恰当的提价时机。有些行业通常把提价放在通货膨胀时期，而且提价幅度往往高于通货膨胀率，原因是消费者在通货膨胀时期比较容易接受提价。

此外，企业在加价时还应通过各种方式与消费者沟通，如提高产品质量、适当增加产品分量、赠送小礼品等。并通过广告宣传向顾客说明原因，在消费者心目中树立良好的产品形象，以求得消费者的理解与接受。

◈ 博物洽闻

多家食品企业宣布涨价，业绩改善却"道阻且长"

自2021年起，"涨价"成了食品企业的关键词之一，从零食到饮品，甚至调味品等，多家企业宣布进行不同程度的提价。

洽洽食品于2021年10月22日公告，基于公司瓜子系列产品升级带来产品力提升，以及伴随的原料及包辅材、能源等成本上升，公司决定对葵花子系列产品以及南瓜子、小而香西瓜子产品进行出厂价格调整，各品类提价幅度为8%~18%，于2021年10月22日开始实施。

涪陵榨菜则于2021年11月15日公告，基于主要原料、包材、辅材、能源等成本持续上涨以及产品优化升级带来的成本上升，公司决定对部分产品出厂价格进行调整，各品类上调幅度为3%~19%，于2021年11月12日开始实施。

海天味业于2021年10月12日也发布公告称，对酱油、蚝油、酱料等部分产品的出厂价格进行调整，调整幅度为3%~7%，于2021年10月25日开始实施。

2021年下半年官宣涨价的还有多家食品企业。业内人士认为，在成本上升，被动提价的背景下，企业很难改善业绩、利润，只能尽量保住已有的利润空间。

资料来源：北京商报.多家食品企业宣布涨价　业绩改善却"道阻且长" [EB/OL].百家号，2022-02-18.

2. 被动降价策略

被动降价策略是指企业因竞争对手率先降价而做出应变反应的降价策略。

在同质产品市场上，如果一个企业率先降价，其他企业只能随之降价；如果一个企业先开始提价，其他企业如无必要则可以不跟进。而在异质产品市场上，各企业对竞争者价格变动的反应有更大的自由。在综合分析了解竞争者的变价意图、本企业的反应可能对市场竞争格局产生的影响，以及竞争者对本企业反应的再反应等问题之后，可以对竞争者的价格变动采取以下对策：

（1）不予理睬，维持原有的营销组合。有时企业认为，跟随竞争者降价会减少利润，而价格保持不变时市场份额损失并不大，必要时很容易夺回来，可以任凭顾客对本企业产品的忠诚程度决定去留。在这种情况下，企业会选择不予理睬的应对方式。

（2）保持价格不变，修改其他营销策略。当企业认为运用非价格手段竞争比削价更合算时可采用这一策略。在异质市场中，由于顾客要考虑产品品质、服务水平、商标信赖程度等因素，这会抵消一部分对价格的敏感程度。这种情况下，竞争者降价就不可能夺去本企业较多的市场占有率，或者只是夺去较差的市场。企业可以通过进一步改进产品品质、服务质量等，使顾客认为其支付的每一元钱都物有所值，稳定其购买信心。

（3）相应降价策略。当企业认为市场对价格非常敏感，且竞争者降价幅度很大，如果不跟进就会丢失很多市场份额时，会采用这一策略。如果企业无动于衷，则会影响以后的市场竞争和生产经营活动，损害企业的长远利益。至于降低到何种幅度，要在竞争者降价后，根据本企业产品与竞争者产品差别程度、市场占有率、品牌声誉等因素进行具体分析后确定。企业要选择一个恰当的降价幅度，要使销量的增加至少能维持企业原有的利润水平。

究竟采用哪种对策为好，企业应对竞争者和本企业的情况进行深入调查，全面了解后才能做出决定。

 正心诚意

明码标价和禁止价格欺诈

国家市场监管总局于2022年4月公布了《明码标价和禁止价格欺诈规定》（简称《规定》），自2022年7月1日起实施。《规定》明确了经营者在进行价格比较、折价、减价等活动时的具体要求，列举了予以禁止的典型价格欺诈行为，强调在认定价格欺诈行为时应当将当事人的主观恶意作为重要考量因素，并对网络交易经营者的标价行为提出明确要求。

《规定》列举了以下几种典型的价格欺诈行为：①谎称商品和服务价格为政府定价或者政府指导价；②以低价诱骗消费者或者其他经营者，以高价进行结算；③通过虚假折价、减价或者价格比较等方式销售商品或者提供服务；④销售商品或者提供服务时，使用欺骗性、误导性的语言、文字、数字、图片或者视频等标示价格及其他价格信息；⑤无正当理由拒绝履行或者不完全履行价格承诺；⑥不标示或者显著弱化标示对消费者或者其他经营者不利的价格条件，诱骗消费者或者其他经营者与其进行交易；⑦通过积分、礼券、兑换券、代金券等折抵价款时，拒不按约定折抵价款；⑧其他价格欺诈行为。

《规定》要求，网络交易经营者不得实施以下行为：①在首页或者其他显著位置标示的商品或者服务价格低于在详情页面标示的价格；②公布的促销活动范围、规则与实际促销活动范围、规则不一致；③其他虚假的或者使人误解的价格标示和价格促销行为。此外，网络交易平台经营者不得利用技术手段等强制平台内经营者进行虚假的或者使人误解的价格标示。

要消除价格欺诈，就必须明码标价。《规定》对经营者明码标价使用的文字、币种作出规定，要求经营者标示价格时一般应当使用阿拉伯数字标明人民币金额，使用规范汉字标示其他价格信息；可以根据自身经营需要，同时使用外国文字。民族自治地方的经营者，可以依法自主决定增加使用当地通用的一种或几种文字。

价格乱象必须整治，否则不仅消费者的合法权益得不到保护，还会影响到商家之间公平竞争，进而导致市场价格紊乱，干扰市场环境。《规定》不单单是对当前一些价格问题的解答与回应，还从根本上以法治促进市场价格回归有序、公开公平公正。价格诚信在法治的呵护下才能够成为市场各方恪守的交易原则。

一、单选题

1. 按照单位产品成本加上一定比例的预期利润来制定产品销售价格的定价方法被称为（　　）定价法。

   A. 成本加成　　　　　　　　　　　B. 目标

   C. 认知价值　　　　　　　　　　　D. 诊断

2. 投标过程中，投标商对其价格的确定主要是依据（　　）而制定的。

   A. 市场需求　　　　　　　　　　　B. 企业自身的成本费用

   C. 对竞争者的报价估计　　　　　　D. 边际成本的影响

3. 超市经常会推出一些超低价格的促销商品，以带动其他产品的销售，这种定价策略属于（　　）。

   A. 尾数价格策略　　　　　　　　　B. 单一价格策略

   C. 声望价格策略　　　　　　　　　D. 招徕价格策略

4. 当产品市场需求富有弹性且生产成本和经营费用随着生产经营经验的增加而下降时，企业具备了（　　）可能性。

   A. 渗透定价　　　　　　　　　　　B. 撇脂定价

   C. 声望定价　　　　　　　　　　　D. 反向定价

5. 以下不属于主动调价策略的是（　　）。

   A. 直接降价　　　　　　　　　　　B. 直接提价

   C. 间接降价　　　　　　　　　　　D. 相应降价

二、多选题

1. 影响企业定价的内部因素主要有（　　　　）等。

   A. 企业目标　　　　　　　　　　　B. 产品成本

   C. 市场需求　　　　　　　　　　　D. 营销组合

2. 声望价格策略通常适合在（　　　　）时采用。

   A. 产品历史地位高　　　　　　　　B. 企业声誉较好

   C. 产品知名度高、市场影响大　　　D. 消费者对价格较为敏感

3. 差别定价策略包括（　　　　）。

   A. 顾客差别定价　　　　　　　　　B. 产品形式差别定价

   C. 产品部位差别定价　　　　　　　D. 销售时间差别定价

4. 价格折扣和折让策略主要包括（　　　　）。

    A. 现金折扣　　　　　　　　　　　B. 数量折扣

    C. 功能折扣　　　　　　　　　　　D. 季节折扣

    E. 推广折让和补贴

5. 以下定价方法中，（　　　　）属于成本导向定价法。

    A. 目标利润定价法　　　　　　　　B. 随行就市定价法

    C. 盈亏平衡定价法　　　　　　　　D. 成本加成定价法

三、判断题

1. 许多大企业往往是主要产品定价较低，连带品定价较高。（　　　）

2. 利润最大化是企业最为重要的定价目标。（　　　）

3. 尾数价格策略是一种心理定价策略。（　　　）

4. 市场需求是影响企业定价的最重要的外部因素。（　　　）

5. 企业在新产品投入期采用撇脂定价策略的条件之一是产品鲜为人知。（　　　）

四、简答题

1. 成本导向、需求导向和竞争导向这三种定价法的主要不同之处有哪些？

2. 新产品的定价策略可以采用什么创新手段？

3. 针对消费者实行差别定价，消费者会有意见吗？为什么？

◈ **融会贯通**

拼多多低价背后的逻辑

    拼多多，一个拼着买的网站，在一片争议声中高歌猛进。据统计，如今拼多多的用户数已经超过5.36亿，这似乎再次验证了那条市场铁律：低价就是王道！谁能把价格拉下来，谁就能获得更多消费者的青睐。那么，低价背后的逻辑是什么呢？

1. 拼团方式实现以价换量、薄利多销

    "拼购"是拼多多的惯常做法，比如平台上某一款护肤品如果单买要72.9元，如果参与拼单，9.9元就可以拿到手了。这背后的逻辑其实就是以价换量、薄利多销。只要商品销售量足够大，就算一件商品只挣一块钱的利润都可以赚得到钱。为什么拼多多上大部分商品的销售量动辄就是几十万，其原因就在于此。

2. 产地直供模式，没有中间商，直接降低成本

习惯了传统零售模式的大部分消费者，对市面上商品的价格不会提出太多的质疑，但那是成本、品牌、物流多环节叠加的结果，实际上其成本价可能相当低。拼多多以C2M[1]模式改变传统销售的长链路模式，让生产商直接对接消费者，充足的货源再加上低廉的成本价，这使得拼多多有足够的底气以低价销售，靠流量来赚取利润。

3. 拼多多平台运营成本低

现如今，无论是线下门店还是线上网店，竞争压力都与日俱增，日常运营更是需要投入大量成本，而这些成本必定也会相应地体现在商品价格中。相比之下，拼多多因其运营成本较低而竞争压力也相对低一些，特别是其网店不用装修，所有商品的图片只要求主图和详情图，这也意味着卖家可以让出更多的利润，把价格再压低一点。

4. 超低的物流成本给卖家更大的降价空间

随着电商的快速发展，我国的快递产业链、基础设施日益完善，已经把昂贵的快递成本降到了极致。由于商家出货量大，卖家和快递公司可以签下长期协议，寄件单价要比普通运费价格低得多，而且出货量越大，议价能力就越高。所以，卖家的物流成本相对来说是比较低廉的。

5. 低价不仅提高销售量，也给店铺带来流量，从而起到推广作用

线上线下同步开店，有大销量才有大流量，而流量大销量自然会更高。拼多多也遵循这个原则，很多商家为积攒人气和口碑，都会使用低价的方式来获取流量，新开的店铺更是如此。虽然刚开始利润少甚至赔钱，但只要积累了流量，复购率和口碑建立起来，利润自然会增加。

总结起来，拼多多之所以能做到如今的体量，之所以仅用三四年时间就走完了淘宝、京东十多年才走完的路，是它理顺了低价的底层逻辑，击中了大多数消费者的心理。毕竟，没有人会拒绝便宜。

资料来源：品途商业评论.拼多多低价背后的6个秘密［EB/OL］.新浪财经，2020-01-18.

分析思考：拼多多的价格策略是什么？请简述这一策略的利弊，结合案例进行基本分析。

---

1 C2M 是 Customer-to-Manufacturer 的简写，意为"用户直连制造商"。

实训目标　制定公司的价格策略方案。

实训背景　本实训是关于营销组合方案中价格策略部分内容的营销实践。请根据学习小组在单元8中模拟的公司产品营销活动制定一套营销组合方案。

实训要求　结合上一单元模拟公司的实际情况，分产品、分市场逐一制定价格策略方案。

实训步骤　1. 小组模拟创业公司，学习本单元知识。

　　　　　2. 确定模拟公司未来的盈利计划。

　　　　　3. 根据模拟公司业务制定相应价格策略。

　　　　　4. 编制出完整的价格策略方案，进行展示汇报。

实训成果　形成一份具体的价格策略方案。

学有所得　概括本单元的重要知识点

_____

_____

学有所长　概括本单元的重要技能点

_____

_____

学有所悟　在完成本单元内容学习后，对职业素养的感悟

_____

_____

渠道策略：传递顾客价值

学习目标

素养目标

- 遵纪守法，规范经营，增强法治意识
- 树立渠道管理中的责任意识和创新意识
- 养成积极进取、严谨认真的工作作风

知识目标

- 了解分销渠道的含义、作用、类型和模式
- 熟悉传统分销渠道和网络分销渠道的构成
- 掌握分销渠道设计的主要影响因素

技能目标

- 能够根据市场具体情况正确辨识分销渠道的模式
- 能够提出符合企业实际的分销渠道决策建议
- 能够提出符合企业经营特点的数字化分销渠道建议
- 能够根据经营特点进行基本的分销渠道设计

分销渠道的含义与作用

分销渠道的类型

分销渠道概述

整合分销系统

分销渠道系统的发展趋势

中间商的分类

传统分销渠道系统

批发商

零售商

渠道策略：传递顾客价值

网络分销渠道与传统分销渠道的比较

网络分销渠道类型

网络分销渠道系统

直播营销渠道

社交媒体营销渠道

O2O模式

影响分销渠道选择的因素

分销渠道的选择与管理

分销渠道的设计

分销渠道的管理

学习计划

- 知识学习计划

- 技能训练计划

- 素养提升计划

苏宁易购是如何深耕分销渠道的？

2020年5月6日下午，苏宁易购举行2019年度业绩网上说明会。苏宁易购董事长表示公司已经完成智慧零售的转型与变革，从电器市场切换到全品类市场，从单一线下到双线融合，打开了未来增长的天花板。公司将从布局层面转向运营层面，聚焦发展，精耕细作，提质增效。

2019年，苏宁易购全年营业收入为2 692.29亿元，归母净利润[1]为98.43亿元。报告期内，苏宁易购实现商品销售规模3 787.40亿元，同比增长12.47%。家乐福中国被苏宁收购后仅一个季度就实现了7年来首次单季度经营性盈利。随着对万达百货和家乐福中国的收购整合，苏宁易购全场景零售布局正式成型，进入精细化运营、高质量发展的新阶段。基于全场景协同发展，苏宁易购业务基本面呈现多项良性变化。

一方面，小店与大店联动，苏宁易购离消费者越来越近。以"一小时场景生活圈"为理念核心，依托遍布全国300多个城市的前置仓布局，苏宁易购上线"随时"即时配送服务产品，全品类"3公里1小时送达、1公里30分钟送达"成为服务标配。另一方面，"巩固家电、主攻快消、培育百货"的品类发展策略明确并持续推进。苏宁易购快速扩大自主产品的发展，自营业务进一步聚焦，同时通过打造更加开放的供应链生态体系，大力推动开放平台建设，二者相互补充。

2020年4月30日，全场景体验式消费样板店南京新街口苏宁易购云店开业，店内科技、时尚元素交相融合，线上打通云店小程序、苏宁易购App、社群营销、直播营销等渠道，打破时间和空间的限制，受到消费者的认可，门店当日销售破2亿元。

2022年苏宁易购加速零售服务商战略升级，11月4日，全国首个苏宁易家旗舰店在重庆观音桥开业。作为苏宁易购旗下聚焦"家庭场景解决方案"的创新业态，苏宁易家重庆旗舰店是又一次转型升级。苏宁易购持续升级渠道模式，一方面对现有家电产品进行品质化、智能化、套系化升级；另一方面，则重点引入了中央集成、橱柜等前置家装和全屋定制产品，全方位满足消费者单品换新和成套购买需求。

资料来源：张兴旺.中国证券报［EB/OL］.中证网，2020-05-06.

1　指归属于母公司所有者的净利润。

10.1　分销渠道概述

　　分销渠道是连接制造商和消费者间的桥梁。在市场上，大多数产品都不是由生产者直接供应给最终顾客或用户的。在生产者和最终用户之间有大量执行不同功能和具有不同名称的营销中介机构存在，这就是分销渠道。在现代市场竞争中，越来越多的企业认识到分销渠道在企业营销管理中的重要性，正所谓"得渠道者得天下"。

10.1.1　分销渠道的含义与作用

　　分销渠道（Distribution Channels）也叫营销渠道，是指产品由生产者向消费者转移的过程中所经过的各个环节，以及一系列中介机构所构成的通道组合。在这个过程中，生产者（制造商）是分销渠道的起点，消费者（最终顾客）是分销渠道的终点，中间环节由中间商、商业服务机构（如广告公司、咨询公司、储运公司、银行、保险公司等）、经纪人以及企业自己的营销机构等构成。分销渠道的作用如图10-1所示，其中M指制造商，C指顾客，D指中间商。从图10-1中可以直观地感受到分销渠道为企业营销活动带来的好处。

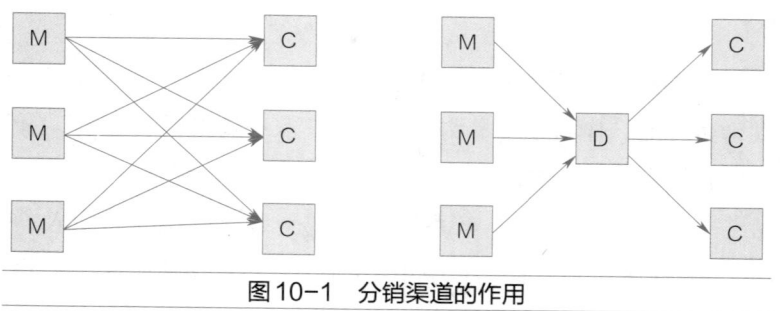

图10-1　分销渠道的作用

　　如果不使用中间商，三个制造商和三个顾客之间将发生总共九次的交易行为，而使用了中间商后，交易行为只有六次，节省了交易成本，更为经济，更有效率。

分销渠道的主要作用是把商品或服务从生产者转移给消费者。在这个过程中，分销渠道中的成员执行了一系列的重要功能：

（1）收集和传递信息。通过中间环节可以了解顾客的需求，收集和传递有关顾客、竞争对手和其他参与者的信息。

（2）促销。所有的渠道成员都有对顾客促销的职责，起到了促进销售的作用。

（3）融资。渠道成员起到了收集和分散资金，共同负担渠道工作中所需费用的融资作用。

（4）分担风险。在执行渠道任务的过程中，渠道成员在不同程度上分担了销售过程中的有关风险。

（5）物流。渠道各成员共同行动，更有效地安排商品的仓储、管理和运输工作，以便更好地满足目标顾客的需求。

（6）配货。中间商可以根据顾客需求将商品按品种、需求分类，进行均衡调节。例如，超市将多种品牌、多种规格的同类商品进行陈列，以满足不同顾客的需求。

10.1.2 分销渠道的类型

分销渠道可以从是否存在中间环节、中间环节的数量、同一层次中间商的数量等角度进行分类。

1. 按分销渠道是否存在中间环节，可以分为直接渠道和间接渠道

直接渠道是指生产者不经过任何中间环节，将产品直接销售给最终消费者或用户的分销渠道。间接渠道是指生产者通过若干中间环节，包括代理商、批发商、零售商等，把产品销售给最终消费者或用户的分销渠道。

按渠道长度来划分，直接渠道相当于零级渠道，没有中间环节。间接渠道可以分为一级渠道、二级渠道、三级渠道。具体类型划分如图10-2所示。

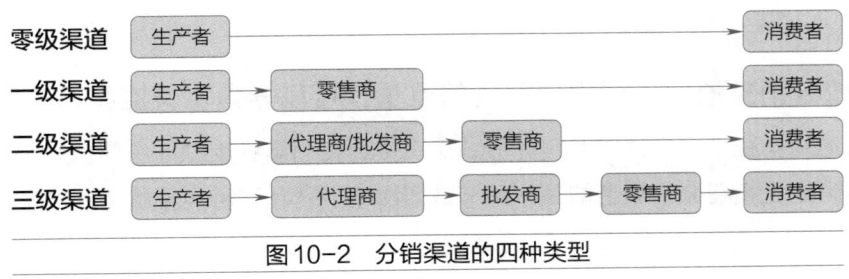

图10-2 分销渠道的四种类型

（1）零级渠道。零级渠道又称直接分销渠道，生产者直接将商品出售给消费者，不通过任何中间环节，这是最短的销售渠道。例如，生产者自派推销员，或是采取直接邮购、电话营销、网上购物、直播营销或者生产者自营零售等方式。

（2）一级渠道。生产者先将产品卖给零售商，再由零售商转卖给消费者。这是只通过一个中间环节的渠道模式。其特点是中间环节少、渠道短，能充分利用零售商的力量，促进产品的销售。

（3）二级渠道。它包括两种情况：一种是生产者选择代理商，由其负责全部市场或者某一目标市场的销售业务，通过它们把产品转卖给零售商，最终出售给消费者。另一种是生产者先将产品卖给批发商，由批发商转卖给零售商，再由零售商将产品卖给消费者。二级渠道是我国消费者市场分销渠道模式中最典型、最常见的形式。这种渠道的特点是中间环节较多，渠道较长，有利于生产者大批量生产，节省销售费用，也方便零售商进货。但由于商品在渠道中停留时间较长，不利于准确把握市场行情，生产者对市场需求变化适应较差；如果中间环节选择不当，则会给生产企业带来较大损失。

（4）三级渠道。这是存在三个中间环节的渠道模式，也是最长的分销渠道。生产者先委托代理商向批发商出售产品，再由批发商转卖给零售商，最后由零售商卖给消费者。在对外贸易中较多采用这一渠道模式，其优点是在异地用熟悉当地市场的代理商为生产者推销产品，有利于迅速打开销路，降低费用；但由于中间环节多，流通时间长，不利于产品及时投放市场，同时，合适的代理商也不易获得。

2. 按分销渠道中间环节的数量，可以分为长渠道和短渠道

长渠道指生产者经过两道以上的中间环节，把商品销售给最终消费者或用户。短渠道是指直接渠道或只经过一个中间环节的渠道。

分销渠道的"长短"是相对而言的，不能仅从形式上判断它们的优劣，企业在选择应用时应权衡利弊，选择适合自身特点的渠道，提高经营效益。例如，联想和戴尔都是IT业的成功企业，联想是通过庞大的营销网络拓展市场的，而戴尔却是绕过分销商等中间环节，按单定制并将产品直接销售到客户手中，通过直销的形式直接与最终消费者或客户打交道。

3. 按分销渠道同一层次中间商的数量，可以分为宽渠道和窄渠道

宽渠道是指在分销渠道的某个环节或层次中，使用同种类型的中间商数目比较多的渠道。窄渠道是指在分销渠道的某个环节或层次中，使用同种类型的中间商数目比较少的渠道。

当前，生产企业纷纷对自己的渠道策略进行调整，重组新的营销渠道，进行渠道变革。在传统的销售渠道中，一级批发商、二级批发商、三级批发商和零售商层次分明，商品在该渠道中有条不紊地流动。而现在的渠道变革则意味着批发商的衰落，在重组过程中，销售渠道变得越来越短。渠道变革的实质是服务，在现代市场营销中，服务越来越重要。有营销学者指出：新的竞争不在于工厂生产什么产品，而在于其产品能提供何种附加利益。附加利益最重要的内容就是服务。在过长的销售渠道中，生产企业远离终端经销商，远离最终客户，由于渠道阻隔，企业很难对终端经销商和最终消费者提供满意的服务。

 正心诚意

认知直销，远离传销

直销是销售人员以面对面的说明方式把产品或服务直接推广或销售给最终消费者，并计算提取报酬的一种营销方式。在不同的公司，这些直接销售人员可以被称为销售商、销售代表、顾问或其他名称，他们主要通过上门展示产品、开办活动或者是一对一销售的方式来推销产品。在我国，对于直销企业和直销行为有明确的规定和管理办法。关于直销企业和正规的直销活动，在中华人民共和国国务院令公布的《直销管理条例》中有详细、明确的说明。

而传销是为了牟取非法利益、扰乱经济秩序所开展的非法经济活动。传销的本质特征包括：①传销的商品价格严重背离商品本身的实际价值，有的传销商品根本没有任何使用价值和价值，服务项目纯属虚构；②传销人员所获得的收益并非来源于销售产品或服务等所得的合理利润，而是他人加入时所交纳的费用。同理，在国务院公布的《禁止传销条例》中有详细的判别和管理说明。

因此，传销和直销有着本质的区别，传销是明令禁止的违法行为。根据《中华人民共和国刑法》的规定，传销组织者会处五年以下有期徒刑或者拘役，并处罚金；情节严重的，处五年以上有期徒刑，并处罚金。作为营销从业人员，必须正确认知直销，坚决远离传销。

10.1.3 整合分销系统

传统分销渠道是由独立的制造商、批发商和零售商组成的，如果各自追求自己利润

单元10 渠道策略：传递顾客价值

的最大化会使渠道的整体效率下降。因此，随着企业营销活动的更新，在实际的渠道运作过程中，出现了将渠道成员通过一体化经营或联合经营整合而成的整合分销系统。在这种模式下，一方面，大公司为了控制和占领市场，实行集中和垄断，往往采取一体化经营或联合经营的方式；另一方面，广大中小批发商和零售商为了在激烈竞争中求得生存与发展，也往往会走联合经营的道路。这种整合分销系统正为越来越多的企业所采用。

整合分销系统主要包括垂直分销系统、水平分销系统和多渠道分销系统三种形式。

1. 垂直分销系统

这是由制造商、批发商和零售商形成的统一体，三方协商、一致行动，对渠道的影响取决于谁的能量和实力最强。最强的一方或者拥有其他各方，或者给其他各方以特许权，或者领导这种营销系统的合作。这种形式可以解决渠道成员之间因不合作而产生的矛盾。垂直分销系统有以下三种主要类型：

（1）公司型垂直分销系统。在公司型垂直分销系统中，渠道领导者依靠所有权来实现对其他渠道成员的控制，统一管理若干制造商、批发商和零售商，控制产品的部分甚至全部的分销渠道，按公司统一的计划目标和管理要求开展生产、批发和零售业务。

（2）契约型垂直分销系统。契约型垂直分销系统是指处于分销体系中不同层次的独立制造商和经销商为了实现其单独经营所难以达到的经营效果，通过签署某些协议而组成的联合体。契约型垂直分销系统的特点是能够将独立但力量弱小的渠道成员组织起来，统一行动，实现规模经济和协作效应，形成强大的整体力量，与其他组织展开竞争。

（3）管理型垂直分销系统。管理型垂直分销系统最接近于传统渠道，因此也是最松散的一种垂直分销系统。通常是围绕一个规模大、实力强的核心企业来构建的。这个核心企业通过其规模、权利和技术专长吸引众多渠道成员参与合作，并对整个渠道实行协调和管理，而这个核心企业就是渠道领导者。管理型垂直分销系统中的渠道领导者既可以是制造商，也可以是中间商。渠道领导者需要在促销、库存管理、定价和商品陈列等方面对渠道成员进行协调或给予帮助和指导，从而建立起关系稳定、目标一致的合作关系。例如，蒙牛公司指导客户进行市场开发、物流、铺货覆盖、整体建设、梯级奖励、价格管理、市场规模建设等活动。

2. 水平分销系统

水平分销系统是指同一层次的两家或多家相互独立的企业，为共同开展和利用市场机会而联合起来形成的渠道系统。这种联合可以是暂时的，也可以是永久的。在联合后，各方在资金、技术、设备和营销方面能够形成优势互补，从而达到最佳协同效果。例如，银行和保险公司联合，实现各自业务在共用联合渠道中的拓展。

3. 多渠道分销系统

随着细分市场和渠道的日益增多和多元化，越来越多的企业开始采用多渠道分销系统。多渠道分销是指企业通过两条或者两条以上的渠道将相同的产品销售给目标市场。如某影视公司主要通过多个渠道来销售其影视产品：影碟出租店、公司品牌直营专卖店、自营在线商店和第三方线上商城等。这种多样性的销售渠道使该影视公司获得了最大化的市场占有率，实现了多元化的市场渗透。

10.1.4　分销渠道系统的发展趋势

分销渠道系统并非一成不变，它会伴随着时间推移和环境的变化而演变。随着信息技术提升、企业管理能力提高和物流体系的不断完善，渠道系统逐渐呈现出扁平化、多元化的特点，并且出现了商流和物流相分离的多渠道模式。

1. 渠道扁平化

传统的分销渠道系统结构一般都遵循"制造商—总经销商—二级批发商—三级批发商—零售商—消费者"的模式，从制造商到零售终端至少需要经过2~3个中间环节。这使产品在最终零售市场上的竞争力被大大削弱。随着市场的发展，渠道逐渐出现扁平化的趋势，这是对多层次分销模式的变革和进步。渠道扁平化产生的原因主要有以下几个方面。

（1）顺应市场竞争需要，强化对渠道成本的控制。制造商希望通过渠道扁平化，减少甚至清除过多的中间分销环节，以削减渠道成本，加强对渠道的控制，保持并提高产品竞争力。

（2）掌握渠道主动权。掌握渠道主动权已经成为制造商在市场竞争中获胜的重要手段，制造商要摆脱对经销商的依赖，就要提高渠道辐射能力，加强对渠道的控制，而扁平化正是实现这些目标的有效办法。

（3）信息技术的发展为渠道扁平化提供了基础。计算机、智能手机和通信技术的发展大大提高了沟通和管理能力，使制造商能够及时方便地与更多的渠道终端保持沟通并处理业务。制造商利用企业内部网络、互联网和手机就可以迅速对渠道终端的订单、应收账款和产品配送情况进行处理和控制，这降低了销售成本，提供了实施渠道扁平化的现实可能性。

2. 渠道多元化

渠道多元化是企业主动采取的一种管理和控制行为。随着消费行为的日益多样化、个性化，市场中必然会出现更多的细分市场。任何单一的营销渠道都不足以覆盖大部分的目标市场群体及零售网点，只有采取渠道多元化的策略，以不同的渠道来占领不同的目标市场，才有可能覆盖更大的市场范围。从实践上看，营销环境的变化也迫使企业不断引入和增加新的销售渠道，渠道多元化在很多行业中都呈现出非常流行的趋势。

3. 商流和物流分离

商流与物流分离是指企业设立两套不同的分支机构体系，分别处理商流与物流业务，同时实施自上而下的统一管理。每个销售订单都需要两套体系中的相关机构相互配合，相互监督，共同执行。商流与物流分离的多渠道模式是未来渠道发展的方向和趋势，其优势包括以下四点：

（1）降低非法侵占的风险。当商流与物流分离后，任何一笔业务的执行都需要经过至少两个不同体系机构的共同操作才能完成。这些机构互不隶属、相互监督、定期对账，这增加了非法侵占的难度。

（2）降低挪用货款的风险。当商流与物流分离后，货款的回收需要这些机构共同参与、相互监督，这增加了任何一方挪用货款的难度。

（3）提高库存周转率，降低库存资金占用的压力。当商流与物流分离后，可以实现商流分散管理，从而优化仓库设置结构，集中调度库存商品，在保证交货及时的同时，减少了企业总体安全库存量。

（4）减少无效运输。物流集中管理可以明显减少由于销售机构争抢货源而造成的重复运输现象，从而降低运费支出，减少运输破损。将物流业务外包，利用第三方物流企业专业化、规模化的优势，可以大大降低物流管理成本。

10.2 传统分销渠道系统

传统分销渠道系统是相对于网络分销渠道系统而言的，它是指由产品从研发生产到最终消费过程中所包含的相对独立的生产者、中间商和消费者组成的分销渠道。在传统分销渠道系统中，中间商扮演着重要角色，是渠道功能实现的重要承担者。

10.2.1　中间商的分类

中间商是指介于生产商与消费者之间，专门从事商品流通活动的经济组织或个人。或者说，中间商是生产商向消费者出售产品时的中介机构。常见的中间商分类方式有以下两种。

1. 按是否拥有商品所有权，可以分为经销商、代理商和经纪人

（1）经销商是指从事商品流通服务并拥有商品所有权的中间商。经销商以自己的名义从事销售，具有价格决策权，从中赚取买卖差价，同时也承担一定的风险。

（2）代理商是指从事商品交易业务，接受生产商委托，但不具有商品所有权的中间商。代理商赚取佣金，销售风险与利益一般由被代理企业承担。

（3）经纪人俗称捐客，其主要职能在于为买卖双方牵线搭桥、协助谈判、促成交易，由委托方支付佣金，不承担产品销售的风险。

2. 按在流通过程中所处地位和所起作用不同，可以分为批发商和零售商

批发商是指专门从事成批商品买卖活动，为转售或生产加工，面对同一商品进行批购和批销的中间商。零售商是指向最终消费者提供日常生活所需商品和服务的机构和组织。这两种渠道成员的特点将在下文中详述。

10.2.2　批发商

以批发经营活动为主的企业和个人被称为批发商（wholesaler）。批发商主要有以下三种类型。

1. 商业批发商

商业批发商也叫独立批发商，是指独立经营、专门从事批发经营活动，拥有产品所有权并承担相应风险的企业或个人。它是批发商最主要的类型。商业批发商按其职能和提供的服务是否完善，又可分为两种：

单元10　渠道策略：传递顾客价值

（1）完全服务批发商。完全服务批发商是指提供批发商的完全职能的批发经营机构。完全服务批发商除了从事商品的交易活动，还承担商品的储存、运输、挑选、拼配、分装、融资及技术咨询和管理服务等。

（2）有限服务批发商。有限服务批发商是指只提供批发商的部分职能的批发经营机构。例如，只提供商品交易和送货职能，而将商品储存等工作委托给专业的仓储公司代理；或是只提供商品交易职能，而将与商品实体转移有关的活动委托给物流公司代理。

2. 代理商和经纪人

不同于批发商，代理商和经纪人对其经营的商品没有所有权，他们所提供的服务比有限服务批发商还要少，他们主要是通过促成商品交易来赚取佣金收入。与商业批发商相似的是，他们一般专门经营某类产品或专门为某类顾客服务。

如前所述，代理商是长期代表买方或卖方的中间商，根据委托人的不同，代理商可分为制造代理商、销售代理商和采购代理商。而经纪人则是为买方或卖方短期服务的中间商，它的主要作用是为买卖双方牵线搭桥，协助他们进行交易谈判。

3. 生产企业的销售机构

随着生产企业规模扩大、实力增强，或者力图更有效地控制产品销售过程，不少生产企业也组建自己的有相对独立经营权的销售组织来自行经营批发业务。这种销售机构目前常见的形式有销售分公司、营业部和销售办事处。例如，我国很多大型汽车制造企业和家电企业都组建了遍布全国的销售分公司。

10.2.3　零售商

零售商是指以零售经营活动为主业的企业或个人。零售商是分销渠道中将商品送达消费者的出口。所以根据消费者市场的特点，零售商也就具有了小批量进货、零星售出、网点分散、经营形式灵活多变的特点。零售商的类型是千变万化的，其新组织形式也是层出不穷。

1. 商店零售商

商店零售商历史悠久，是零售商的主体。其形式繁多，主要类型有以下几种。

（1）百货商店。百货商店是指那些规模较大、经营范围较广、服务项目多，包括较多产品种类和规格的大型综合商店。在过去，百货商店是城市零售商业的主要业态，但近年来它不断受到各种新型零售商的冲击。

（2）专业商店。专业商店通常只经营某一大类商品，但产品的品种却比较齐全，如服装店、书店、文具店、体育用品店等。专业商店较百货商店分布更广、数量众多。

（3）超级市场。超级市场是一种大规模、低成本、低毛利，以消费者自我服务为主的零售经营形式。其毛利率很低，通过商品的快速周转，获得投资回报。在我国，超级市场发展很快，不少超级市场还通过连锁经营的形式扩大经营规模，降低采购成本，使自身更具竞争力。

（4）便利商店。便利商店是指居民区附近的小型商店。其特点是经营品种有限，主要经营购买频繁的方便商品，如日化用品、食品饮料、小百货等。便利店营业时间长，可以满足消费者的不时之需。

（5）仓储商店。仓储商店是一种以大批量、低成本、低售价和微利促销为特点的连锁式零售商店。它一般以会员制为基本的销售方式。以工薪阶层和集团采购为主要服务对象，通过从厂家直接进货降低成本来获得低廉价格；并且通过仓库式货架陈设商品、选址在次级商业区或居民区、大包装供货等形式来降低成本。

（6）折扣商店。折扣商店是以折扣价格出售标准产品的零售商店。一般经营流行品牌的商品，提供尽可能少的服务和简单的营业设施，采用自动式售货、选址远离市中心等方式来降低营业费用，以达到薄利多销的目的。

2. 无店铺零售商

无店铺零售又称无固定地点销售，是指生产商和经销商不通过商店，直接向消费者提供商品和服务的一种现代营销方式，是社会经济发展的产物。对于企业来说，无店铺零售的中间环节少，成本相对较低，资金回笼快，风险系数小，适销产品广，经营简单易行，营销不受时空限制，对中小企业尤其有吸引力。对于消费者来说，无店铺零售省时省力且有价格、服务优势，促销方式也比传统商铺更灵活，同样一种产品，来自无店铺销售商的推介一般更详细、更具个性化。

3. 零售组织

随着市场竞争的加剧，为了降低成本，越来越多的企业联合起来，形成零售组织，采用团体零售的形式，主要包括以下几种类型。

（1）连锁商店与连锁经营。连锁商店是指在一个总公司的控制下统一店名、统一管理、统一经营的商业集团。这种零售组织形式的优势有：统一的采购和配货可获得价格优势，并有效减少运输、仓储费用；在存货控制、定价及促销等方面进行统一规范、科学管理，既能降低管理费用又能提高效率，如统一做广告，各分店均受益。

连锁经营是一种商业组织形式和经营制度，是指经营同类商品或服务的若干个企业，以一定的形式组成一个联合体，在整体规划下进行专业化分工，并在分工基础上实施集中化管理，把独立的经营活动组合成整体的规模经营，从而实现规模效益的一种经营模式。

连锁经营具体有三种形式：①特许加盟。由拥有技术和管理经验的总部指导传授加盟店各项经营的技术经验，并收取一定比例的权利金及指导费，此种契约关系即为特许加盟。②直营连锁。直营连锁是指总公司直接经营连锁店的经营形态，即由公司本部直接经营投资管理各个零售点，此连锁形态并无加盟店的存在。直营连锁的主要任务在"渠道经营"，意指通过经营渠道的拓展从消费者手中获取利润。③自愿加盟。自愿加盟即自愿加入连锁体系的商店。在自愿加盟体系中，商品所有权属于加盟店，运作技术及商店品牌则归属于总部。

（2）自愿连锁店和零售合作社。面对来自团体连锁商店的竞争，有些独立商店也联合起来，开始组成自愿连锁商店和零售合作组织。前者是由批发商牵头组成的以统一采购为目的的联合组织；后者则是独立零售商按自愿互利原则成立的统一采购组织。它们不同于团体连锁商店，主要在于这两种组织中成员的所有权是各自独立的。

（3）特许经营组织。特许经营是当今零售业和服务业最有潜力和效率的经营组织形式，它不仅适应社会化生产和现代消费的客观要求，也能以低成本标准化的经营达到快速扩张业务范围、实现企业经营规模化的目的。特许专卖权的所有者通常都是享有盛誉的著名企业，特许专卖权的基础一般包括独特的产品、服务，生产的独特方式、商标、专利，或者是品牌良好的声誉。

特许经营是指特许授予人在一定的期限内向授许人提供有形或无形的资产、管理方式、训练以及经营技巧等的一种合作经营方式。授许人应先付一笔首期特许费，此后每年按销售收入的一定比例支付特许费。这是一种持续的契约关系。

（4）消费合作社。消费合作社是由消费者自愿投资入股成立的零售组织，其目的是避免中间商的剥削，保护自己的利益。消费合作社通过投票的方式进行决策，并推选出合适的人员进行管理。社员们按购货额分红，同时也可获得较低的商品价格。

（5）商店集团。它是将几种不同的零售商品类别和形式组织在一起，并将其销售、管理功能综合为一个整体的组织形式。通常是在一个控股公司的控制下包括若干个商店，多元化经营。

10.3　网络分销渠道系统

网络分销是指企业充分利用互联网的渠道特性，在网上建立产品分销体系，实现将产品从生产者转移到消费者的过程。

网络分销渠道是基于互联网时代人们生产和生活方式的改变所产生的渠道新类型。从企业角度来看，网络分销渠道体系能使企业在激烈的市场竞争中占得先机，促进产品信息传递，实现网上销售。从消费者角度来看，网络分销渠道已然变成更便捷地获取产品信息和实现产品购买的重要渠道。

10.3.1　网络分销渠道与传统分销渠道的比较

与传统分销渠道相比较，网络分销渠道有着显著的新特点：①从渠道的构成角度分析，网络分销渠道也可以分为直接分销渠道和间接分销渠道，但传统渠道中"批发商"和"零售商"的概念，在网络分销的渠道中由"商务中介网站"所取代。②从渠道的功能角度分析，网络分销渠道主要承担谈判（如在线谈判、咨询、谈判等）、订货、结算、物流配送四大功能。③从渠道的作用角度分析，网络分销渠道具备传统渠道所不具备的大量信息传递、快捷的产品销售与理想的售后服务"场所"（网络客服）等特点。④从渠道的成本角度分析，网络分销流通环节的减少带来了渠道成本的降低，同时还能节省客户管理的费用。

❖ 发凡举例

大润发的渠道转型

大润发是一家大型连锁超市，以"新鲜、便宜、舒适、便利"为经营理念。2016年年底，大润发在国内市场拥有365家门店。在网络零售的冲击下，大润发的年盈利率不断下滑，门店拓展速度有所放缓，全年新开门店总数从2011年的42家下降至2017年的11家。2017年11月，大润发被阿里巴巴收购，开始深度转型。

被收购前，大润发于2014年推出了B2C在线全品类综合购物平台——飞牛网。但由于消费流量不足、物流配送系统欠缺、网站运营技术不成熟、产品品类

少等因素，飞牛网从2014年正式运营开始就连续亏损，最后以失败告终。被收购后，凭借阿里巴巴旗下的淘宝和天猫两大电商平台，大润发的电商业务重获新生。

全国已有上百家大润发门店进行了"天猫新零售升级改造"，实现了线上线下业务的深度整合。在线下业务方面，门店内均设有专门的天猫超市商品货架，价格与天猫平台保持一致。为了实现双向引流，到大润发购物的消费者有机会获得天猫购物红包，而在天猫平台上，消费者也可以领取大润发的优惠券。在线上业务方面，大润发借助手机淘宝主推"新鲜食材＋快捷配送"服务，除了将门店与淘宝平台对接，在商品供应和配送上也与盒马鲜生实现渠道统一。

资料来源：王永贵.市场营销［M］.北京：中国人民大学出版社，2019.

10.3.2　网络分销渠道类型

根据电子商务的销售资源，网络分销渠道可分为线上直销渠道和线上间接分销渠道。

1. 线上直销渠道

线上直销渠道常见的模式包括独立商城、第三方平台直销等。

（1）独立商城。独立商城是指企业自建独立电子商务官方销售网络，通过自建平台直接将产品销售给客户。这里的客户一般包括公司或政府客户、互联网中间商、线下中间商、终端消费者等。

（2）第三方平台直销。第三方平台直销是指企业入驻第三方网络平台，直接在平台上开展网络营销活动。最常见的类型是企业官方旗舰店，如小米在京东、天猫等电商平台开设的自营旗舰店；鸿星尔克、维达在抖音直播平台设立的官方旗舰店等。

2. 线上间接分销渠道

线上间接分销渠道也称网络间接分销，是指企业通过互联网中间商进行销售。企业直接面对的是互联网中间商，或者是在第三方销售平台拥有店中店的代理商。常见的线上间接分销渠道包括以下几种。

（1）综合性电商平台。综合性电商平台是指销售种类多样、销售类目齐全的大型电商平台，阿里巴巴、京东、拼多多、当当网、淘宝等均属于这类平台。在综合性电商平台上会入驻大量第三方中间商进行代理销售，是线上间接分销渠道最主要的分销模式。

（2）垂直电商平台。垂直电商平台是指以某类目产品销售为主的专业性产品分销第三方中间商。垂直领域的优势在于专注和专业，能够提供更加符合特定人群的消费产品，满足某一领域用户的特定习惯，因此能够更容易取得用户信任。由于对渠道的整合效果更好，商家便利性更高，垂直电商平台分销成了备受关注的分销模式，如以化妆品销售为主的聚美优品、以包类产品销售为主的麦包包等。

（3）兑换平台。兑换平台是指积分兑换商城平台，主要是为商家提供低成本拓展销售的途径，往往体现为各大网站的附加平台或推广活动。如招商银行信用卡积分兑换平台、中国移动积分商城等就属于此类平台。

博物洽闻

新 零 售

新零售（New Retailing）是指企业以互联网为依托，运用大数据、人工智能等先进技术手段，对商品的生产、流通与销售过程进行升级改造，重塑业态结构与生态圈，并对线上服务、线下体验以及现代物流进行深度融合的零售新模式。其特征包括以下几点：

（1）生态性。"新零售"的商业生态构建涵盖网上页面、实体店面、支付终端、数据体系、物流平台、营销路径等诸多方面，并嵌入购物、娱乐、阅读、学习等多元化功能，进而推动企业线上服务、线下体验、金融支持、物流支撑等能力的全面提升。

（2）无界化。企业以"全渠道"方式清除各零售渠道间的种种壁垒，打破传统经营模式下所存在的时空边界、产品边界等现实阻隔，促成人员、资金、信息、技术、商品等的合理顺畅流动，进而实现整个商业生态链的互联与共享。

（3）智慧型。新零售商业模式是为了满足人们对购物过程中个性化、即时化、便利化、互动化、精准化等要求而产生的"智慧型"的购物方式。未来，智能试装、隔空感应、拍照搜索、语音购物、VR逛店、无人物流、自助结算、虚拟助理等图景都将出现在新零售模式中。

（4）体验式。新零售往往会将产品嵌入到所创设的各种真实生活场景之中，赋予消费者全面深入了解商品和服务的直接机会，从而触发消费者视觉、听觉、味觉等方面的综合反馈，也使线下平台的价值得以进一步挖掘。

资料来源：杜睿云，蒋侃.新零售的特征、影响因素与实施维度[J].商业经济研究，2018.

单元10 渠道策略：传递顾客价值

10.3.3　直播营销渠道

近年来，直播已经成为各个企业或品牌商开展营销活动的一种重要渠道。直播是以视频的形式向用户传递信息，其表现形式不仅立体化，还能实现实时互动，更容易吸引用户的注意力，所以获得了很多人的青睐。随着直播行业的蓬勃发展，企业/品牌商也纷纷运用直播来开展营销活动，实现销售渠道的开拓和销售额的提升。

直播营销可以绕过传统的中间商渠道，直接实现商品和消费者对接，让更多人了解企业的产品和服务。它不同于以前的电视营销方式，是结合了主播自身的特点和粉丝的消费习惯等因素所进行的更有针对性的推广。随着平台对直播活动的持续投入，用户通过直播购物习惯的逐渐养成，直播营销产业链渐渐成型，再加上5G技术的进一步普及和运用，直播营销渠道将持续发展。

从消费者的角度来说，"线上"已成为最主要的购买渠道之一。对于企业来说，为了达到销售额提升的需求，厂商应积极应对市场以及消费者的变化，转战线上市场。直播营销正是当前零售形势下的热门销售渠道，例如，家电行业里许多传统营销渠道架构非常完善的企业已纷纷布局直播营销，如格力、美的、海尔、海信、TCL、创维、老板电器、九阳等。除了各大家电厂商进军直播领域，阿里、京东、拼多多等传统电商平台也在直播渠道上发力。

✦ 正心诚意

直播营销不应忽视诚信经营

2020年11月27日，某前知名网络主播在其社交账号上正式回应"燕窝造假事件"，向公众道歉。同时，该主播承诺会召回全部问题产品、承担赔偿责任，并承认在直播间推广销售时确实存在夸大宣传的情况。这款产品实为一款燕窝风味饮品，燕窝成分不足每碗2克，不应当作燕窝制品进行推广。在回应中，该主播提出先行赔付方案，召回直播间销售的全部产品，承担退一赔三责任。

"燕窝造假事件"说明：作为网络营销的新潮流，直播营销活动中诚信经营的底线不能被逾越，公平竞争的商业本质不能被改变，消费者的权益不能被侵害。一旦触碰道德和法律的底线，必将付出惨痛的代价。

10.3.4　社交媒体营销渠道

1. 社交媒体营销的含义

社交媒体营销也称社会化媒体营销，是指利用社会化网络、在线社区、百科或者其他互联网协作平台和媒体来传播和发布资讯，进行营销、公关和客户关系开拓及维护的一种方式。常见的社交媒体工具包括微博、微信、线上社区、短视频平台等。其营销过程主要是将文字、图片和视频等内容通过上述自媒体平台或者组织媒体平台进行发布、传播和互动，从而实现营销的目的。因此，社交媒体营销的基础是关系链。

2. 社交媒体营销对传统营销渠道的影响

一方面，社交媒体营销的发展进一步推动了营销渠道扁平化的进程，打破了在传统营销渠道构建中需要多个中间商参与的局面，促使企业的整个渠道网络向着短渠道、窄渠道的方向发展。随着渠道规模的变化，企业的渠道成本也将大大降低，广大消费者也会从中获得更低的购买价格。另一方面，由于社交媒体营销需要各类互联网社交平台作为技术支撑，企业需要投入更多的精力和成本在平台和账号运营上，这增加了企业经营的复杂性。由于社交媒体进入门槛低、运营竞争激烈、营销环境不成熟，企业通过社交媒体平台建立起来的营销渠道往往不够稳定，这提高了企业的经营风险。

3. 常见社交媒体营销渠道形式

（1）微营销渠道。微营销是常见的社交媒体营销的一种，是传统营销与现代网络营销的结合体，是以移动互联网作为主要沟通平台，通过微博、微信等应用配合传统网络媒体和大众媒体，通过可管理的线上线下的沟通建立和强化与顾客间的关系，实现顾客价值的一系列过程。

微营销渠道对企业构建数字营销渠道架构产生了较大影响，越来越多的企业成立专门的部门用于构建基于移动互联终端的微营销渠道，将渠道链设计得越来越短，甚至变成仅有生产企业、微营销平台、消费者三方的简单模式。此外，伴随着行业的发展，微营销也促使营销渠道变得越来越宽。

（2）社群营销渠道。社群营销是在网络社区营销及社会化媒体营销基础上发展起来的用户连接及交流更为紧密的网络营销方式。社群营销渠道主要通过连接、沟通等方式实现用户价值，其特点可以概括为：①以用户为中心，以口碑为媒介；②品牌传递的信息更具体，目标人群更可控；③企业和消费者能够在互动中实现共赢；④传播信息呈现方式更具多样性。

社群营销渠道拓宽了企业的销售渠道，它真正地从向顾客传递品牌和产品价值着手，构建了一个以信息、社交甚至情感为纽带的关系网，达到了产品销售滚雪球式增长的效果。

10.3.5　O2O模式

电商平台的快速发展不断冲击着传统的分销渠道系统，也孕育了新的分销渠道模式——O2O模式。

1. O2O模式的含义

O2O模式又称离线商务模式，是指通过线上营销和线上购买，带动经营和消费。O2O通过促销、打折、提供信息、预订服务等方式，把线下门店的消息推送给互联网用户，从而将他们转换为自己的线下客户，主要适用于在线下门店消费的产品和服务。如餐饮、健身、摄像、电影演出、美容美发等。

2. O2O模式的发展背景

在电子商务B2B/B2C的商业模式下，顾客在线拍下商品，卖家打包商品，由物流企业把商品派送到顾客手上，完成整个交易过程。由于消费者大部分的消费仍然是在实体店中实现的，企业开始研究如何把线上的消费者再吸引到线下实体店进行消费，由此诞生了O2O模式。

一方面，O2O模式可以提高商业效率，单纯的线下实体店存在诸如信息不对称、交易成本过高等弊端，而单纯的线上模式也存在物流配送成本高、商品不能及时获取等问题，二者结合起来可充分发挥双方优势。另一方面，O2O模式可以更好地提升客户体验，因为线下实体店的体验性是线上渠道无法实现的。在中国，苏宁易购作为传统零售企业较早涉足O2O模式，它在线上有电商网站，在线下有实体门店，两者相互配合促进。随后，天猫、京东这些以线上电商为主的企业也开始建设线下实体门店，如天猫小店、京东小店等。

3. O2O模式的类型

在目前的营销实践中，O2O模式包括以下四种不同的类型：

（1）Online to Offline模式：线上交易，线下消费体验。这是最早的O2O模式，如前所述，已比较成熟，多适用于线下实体店。

（2）Offline to Online模式：从线下营销到线上交易。随着智能手机的日渐普及，很多企业通过线下促销活动引流，在线上实现交易。

（3）Offline to Online to Offline模式：从线下营销到线上交易，再到线下消费体验。在该模式下，企业的很多营销活动在线下开展，在线上完成交易，然后再引导客户在线下进行消费体验。例如，电信企业组织的"预存话费100元送价值100元的花生油""新生开卡送智能音箱"等活动。

（4）Online to Offline to Online模式：先在线上交易或营销，再到线下消费体验，转而再到线上交易或营销。例如，某消费者玩一款网游，该游戏与线下的知名餐饮品牌组织联名活动，出售含有某套餐的限定道具，他/她在游戏中购买了这一道具，按提示到线下的餐饮实体店消费，然后再回到线上使用那个限定道具，装饰游戏角色。

博物洽闻

全渠道营销

全渠道营销是指企业为了满足消费者在任意时间、任意地点，采用任意方式购买的需求，采取实体渠道与网络渠道相整合的方式营销产品或服务，为顾客提供无差别的购买体验。实体渠道包括自营实体店、中间商实体店等；网络渠道包括传统电子商务渠道、移动电子商务渠道等。前者是基于计算机和有线互联网的连接，后者则是基于智能手机、笔记本电脑和无线移动通信网络的连接。传统电子商务渠道包括自建官方B2C商城、进驻电子商务平台（如淘宝、天猫、京东、拼多多等）。移动电子商务渠道包括自建官方移动商城、自建App商城、微商城、移动商务平台（如微店、小程序等）。

10.4 分销渠道的选择与管理

在激烈的市场竞争中，分销渠道决策是企业最重要的决策之一，它将直接影响所有的其他营销决策。同时，随着市场情况的变化，渠道也不是一成不变的，因此，企业在选择或设计分销渠道时需要考虑多重因素，并对确定的分销渠道方案进行有效管理。

分销渠道的
选择

10.4.1 影响分销渠道选择的因素

要对企业的分销渠道进行设计，必须先分析影响分销渠道选择的因素，主要涉及以下几类。

1. 目标市场因素

目标市场因素是企业选择分销渠道时首先应考虑的问题，不同的市场情况下应选择不同的销售渠道。对于市场规模大、用户分布分散和用户单次购买量少、购买频率高的两类目标市场，宜采用长渠道；对于市场规模大、用户分布集中和用户单次购买量大、购买频率低的两类目标市场，可采用直接分销的短渠道。例如，毛巾、香皂等日用品市场规模大、用户分布分散、购买频率高，宜采用长渠道。

2. 产品因素

产品特性不同，企业应选择不同的分销渠道。①一般情况下，产品价格昂贵，其销售渠道大多较短、较窄；产品价格较低，其销售渠道大多较长、较宽。例如，高档服装一般在专卖店里或高级服装店出售。②体积小重量轻的产品宜选择较长较宽的销售渠道，反之，笨重和大件的产品宜选择较短的销售渠道；例如，重型机器由于运输搬运麻烦，选择较短的分销渠道。③款式多变、时尚程度较高的产品，易腐易损的产品，标准化程度低的产品，都宜选择较短的渠道；反之亦然。

3. 企业因素

企业因素是选择分销渠道的立足点，若企业实力较强，可选择较短的分销渠道，可自由选择中间商，甚至可以建立自己的销售系统，直接销售；反之，实力较弱的企业则可选择较长的分销渠道。若企业销售能力强，销售经验丰富，则可以选择较短的渠道；反之，则选择较长的渠道，依靠中间商来销售产品。若企业的服务能力较强，能为最终客户提供较多的服务，则可选择较短的分销渠道，甚至进行直接销售；反之，也要选择长渠道。若企业想有效控制分销渠道，则应选较短的渠道；反之，则可选较长的渠道。

4. 中间商因素

不同类型的中间商有各自的优势和劣势，选择分销渠道时要考虑不同中间商的特点。中间商的质量也直接影响企业的产品销路和经济效益，企业选择分销渠道时要慎重考虑中间商的因素。如果在本行业中，难以寻觅符合要求的中间商，则只能采取直销的方式。如果中间商能提供顾客满意的服务，则可以选择较长的渠道；若不能，只能采取直销的方式。

5. 环境因素

分销渠道的选择还受到经济、技术、法律环境等营销环境因素的影响：当经济萧条时，为了降低售价，生产商应采用较短渠道，尽量减少流通环节。技术上的革新可以缩短或延长分销渠道。例如，保鲜技术的发展延长了易腐产品的分销渠道。选择分销渠道时还要注意避免与法律法规产生冲突。

10.4.2　分销渠道的设计

分销渠道的设计是指在创建全新市场分销渠道或改进现有渠道的过程中所做的决策，通常需要考虑以下几个方面的问题。

1. 确定渠道的目标与途径

渠道目标是指企业预期达到的渠道服务水平，渠道设计的中心问题是确定到达目标市场的最佳途径。每一个生产者都必须在顾客、产品、中间商、竞争对手、企业效果和环境等因素的限制下确定其渠道目标与途径。

2. 确定各主要渠道选择方案

（1）确定渠道的长度。确定渠道的长度是指决定分销渠道的长短，也就是确定是否需要中间商，需要几个层次的中间商的问题。现实中，如何确定渠道的长短，主要根据影响渠道选择的因素和企业的渠道目标来决策。长短渠道各有利弊，建立短渠道要求企业有较强的资金和营销实力，这样才能独立完成仓储、运输及推销等环节的活动，但企业对渠道的控制能力较强。采用长渠道，利用较多层次的中间商来销售产品可以减轻企业在资金和人力资源上的压力，但企业对渠道的控制能力比较弱。对于生产企业而言，是否需要中间商，需要几层中间商，不仅取决于企业自身的条件，还取决于企业如何做才能获得较高的利润。

（2）确定渠道的宽度。确定渠道的宽度就是确定在每个渠道层次使用多少中间商，一般有三种方式可供选择：

① 密集型分销。密集型分销是最宽的渠道，即生产者选择尽可能多的分销商来推

销产品，以达到快速进入目标市场或扩大市场占有率的目的。采用这种方式，消费者能随时随地方便地购买产品，特别适用于消费品中的便利品、标准化的工业品和通用程度较高的产品；但是这种方式的分销成本较高，且不易控制。

② 独家分销。独家分销是最窄的渠道，即生产者在某一地区只选择一家中间商来经销或代理企业的产品，并要求中间商不得经营其他竞争品牌的产品。这种方式容易控制产品的售价、促销活动和服务，提升产品形象，获得较高利润，但过分依赖中间商对于生产企业来说存在一定的风险。这种策略适用于名牌产品、新产品和专业技术性强的产品。

③ 选择性分销。选择性分销介于密集型分销和独家分销之间，即制造商在某一地区有条件地选择若干最合适的中间商来推销自己的产品。这种方式适用面较广，尤其适用于消费品中的选购品和特殊品（如家电、小电器、家具等）以及工业用的零部件等。一方面，选择性分销比独家分销面积广，有利于开拓市场、增加销量；另一方面，选择性分销也比密集分销节省费用，便于管理和控制，有利于增进与经销商之间的相互了解和联系，帮助经销商提高销售水平。

一般来说，分销渠道宽度的选择主要取决于产品类型。需要注意的是，企业在市场成熟度的不同阶段，可调整采用不同的渠道宽度策略。

（3）确定渠道成员的权利和责任。生产者在决定使用中间商来销售产品后，必须同中间商就价格政策、销售条件、区域权利等方面达成共识。

① 价格政策。价格政策关系到各成员的经济利益，适当的价格政策可以避免或减少渠道冲突，提高中间商的积极性。因此，生产者制定价格政策时要慎重仔细，确保公平。

② 销售条件。销售条件主要指付款条件和生产者对产品的保证。大多数生产者对于付款较早的分销商会给予现金折扣。生产者也可以向分销商提供有关商品质量或价格等方面的担保。

③ 区域权利。区域权利是指生产企业给予中间商在某一区域的专门销售权。中间商一般都希望自己取得某一区域的完全销售权，即独家经销代理的权利，以提高自己的业绩。

3. 评估主要渠道方案

（1）经济性。评估一个渠道方案时，经济性标准最为重要，不仅要考虑其能否导致较高的销售额和较低的成本费用，还要看其能否确保最大利润。

（2）控制性。使用代理商无疑会增加控制性问题，因为代理商是独立的企业。代理商所关心的是自己如何取得最大利润，这与生产企业不完全一致。

（3）适应性。这是指是否具有适应环境变化的能力，即应变力如何。

探索渠道变
革 将创新
融入灵魂的
格力电器

4. 渠道设计创新的趋势

从渠道变化的走向来看，企业在渠道设计创新方面有以下几个趋势。

（1）渠道设计的规模从单一渠道向多渠道发展。通过设计多个渠道来共同满足一个细分市场，或者通过不同的渠道满足不同的消费端，都能够提高企业渠道的竞争力。同时，随着移动互联网技术的发展，多渠道已经延伸到渠道碎片化的层面。由于消费者的时间碎片化，企业可以通过多个渠道与消费者进行沟通交流，借助移动社交媒体，通过文字、图片以及视频等方式进行产品促销，并通过移动支付等便捷方式实现快速的线上交易，从而实现全渠道的创新设计，这种渠道设计更加符合消费市场的需求，使企业摆脱单一渠道的设计困境，实现多渠道利用的高效率模式。

（2）渠道设计的重心向销售终端转移。随着市场格局的变化，渠道的重心逐步转移到销售终端，销售终端获得了举足轻重的地位，消费者成了稀缺资源，渠道之间的竞争越发激烈。所以在进行渠道设计时，重点要从前端逐步转移到销售终端。如何通过创新的渠道设计提高企业在销售终端的竞争力，如何吸引消费者的注意力并让消费者产生购买动机，是渠道设计的关键所在。

（3）渠道设计的层级由金字塔向扁平化转变。传统渠道设计的结构大多呈金字塔形，这种多层级的渠道设计存在几个缺点：①渠道之间的沟通效率较低，不利于渠道形成价格优势；②企业难以控制距离较远的渠道成员；③渠道之间的信息不能及时反馈；④不能有效执行和落实渠道政策。渠道扁平化的层级设计成为未来主要的创新方向，通过更短的渠道结构可以简化渠道的销售过程，降低渠道的交易成本，使企业能够更加灵活地针对不同的用户和市场采用不同的渠道策略，获得更大的盈利空间，提高消费者的可感知价值。

❖ 发凡举例

永辉超市零售渠道发展的四个阶段

作为国内知名零售企业，永辉超市零售渠道的发展可以概括为以下四个阶段：

（1）单渠道零售阶段（1998—2003年）。在这一阶段，永辉超市只通过一种渠道（即实体门店）向顾客提供产品及服务。永辉超市一直在整合企业内部资源，尽量满足消费者的需求并努力提升门店绩效。

单元10 渠道策略：传递顾客价值

（2）多渠道零售阶段（2004—2008年）。随着信息技术的不断发展，在渠道转型压力和外部资源支持下，永辉超市通过自建并列渠道，实现了多渠道加速发展。永辉超市确立了以生鲜为主的多元化零售策略，迈出了关键性的第一步。

（3）跨渠道零售阶段（2009—2015年）。永辉超市与京东在电商运营和物流配送等方面进行战略合作，并入驻"京东到家"移动App，开展线上业务，实现双方的优势资源互补。永辉超市通过差异化渠道资源互补与资源共享，将线下渠道与合作方的线上资源进行跨渠道整合。整合后消费者可以在不同的渠道方便快捷地进入企业。

（4）全渠道零售阶段（2016年—至今）。永辉超市通过战略合作逐步构建了价值链生态体系，涵盖了"云超、云创、云商、云金"四个主要业务。永辉超市搭建线上渠道，强化供应链优势，实现线上线下的全渠道深度融合，通过构建"生鲜＋超市＋餐饮"的全渠道产业链，实现了与全渠道利益相关者的互利共赢。

资料来源：李玉霞，庄贵军，卢亭宇.传统零售企业从单渠道转型为全渠道的路径和机理——基于永辉超市的纵向案例研究［J］.北京工商大学学报（社会科学版），2021.

10.4.3　分销渠道的管理

分销渠道方案确定后，企业还必须对渠道进行有效的管理，主要涉及渠道成员的选择、激励和绩效评估，还要进行渠道整体调整。只有对分销渠道进行有效管理，才能使其更好地发挥效用。

1. 渠道成员的选择

渠道成员的选择影响到企业的分销效率与成本，以及企业在消费者和用户心目中的品牌形象和产品定位。所以，生产企业在选择渠道成员时要注意评价中间商的情况，如中间商地理位置、业务范围、产品知识、经营时长、盈利情况、偿付能力、合作态度、文化价值观、形象和声誉等。

2. 渠道成员的激励

为促使渠道成员发挥良好的效用，生产者应建立完善的激励机制，使生产者和中间商的整体利益最大化。具体措施包括：

（1）向中间商提供适销对路、物美价廉的产品。这种产品符合生产者和中间商的共同利益，是深受中间商欢迎的。因此，企业应根据市场需求和中间商的要求，经常地、合理地调整生产计划，改进生产技术，提高产品质量，改善经营管理，以更好地配合中间商的产品需求。

（2）合理分配利润。企业应充分运用定价的策略和技巧，考察各中间商的进货数量、信誉、财力、管理能力等诸多因素，充分尊重中间商的利益，对不同情况的中间商区别对待，分别给予不同的折扣和让利。同时，企业的定价策略还应充分考虑市场需求和中间商利益，根据实际情况的变化随时做出相应的调整。

（3）对中间商进行促销支持。生产企业可以承担全部或部分宣传推广费用，以协助中间商推销产品；还可以经常派人协助中间商进行营业推广，安排商品陈列，帮助中间商培训销售人员，举办产品展览会及操作演示等。

（4）融资支持。生产企业可灵活运用付款方式，为中间商提供部分融资服务。例如，可以采取售后付款或先付部分货款等产品售出再结算方式，以解决中间商资金不足的问题。这样可以促使中间商放手进货，积极推销产品。

（5）提供市场信息。企业应将其掌握的市场信息及时传递给中间商，以便中间商及时调整和制定营销策略；同时，企业也应注重中间商反馈回来的市场信息，及时地改进产品或调整市场策略。双方信息的有效沟通将会使企业更灵活地适应市场需求。

3. 对渠道成员的绩效评估

企业要对中间商进行有效管理，还必须制定一定的考核标准，来检查、衡量中间商的表现，以肯定先进、鞭策落后的中间商。通过检查，有利于及时发现问题、分析原因并采取相应的改进措施。这些评估标准有销售额、销售增长率、平均存货水平、交货速度、合作程度等，其中比较重要的是销售额。企业还可以进行动态分析比较，进一步分析各个不同时期各个中间商的销售情况，找出绩效变化的原因，采取相应措施提高中间商的销售水平。

4. 渠道整体调整

为了适应瞬息万变的市场需求，确保分销渠道的畅通和高效率，生产企业要根据环境的变化对其分销渠道进行调整。具体调整方式有三种。

（1）增减渠道成员。这是指在某一渠道中增加或减少个别中间商，这是最常见的渠道调整方式之一。生产企业在增加或减少中间商时，要注意对产品销售和企业收益的影响种类和程度，以及渠道其他成员的反应。同时，还要考虑采取相应措施，避免出现一些不必要的矛盾。

（2）增减渠道。即增加或减少某一渠道模式，而不是增减渠道里的中间商，这也是常见的渠道调整方式之一。这种方式是在对分销渠道绩效评估的基础上增加绩优渠道，剔除绩差渠道。但要注意的是，渠道的增减可能给整个渠道带来震荡，要采取预防措施。

（3）调整全部渠道。这是指对原有分销体系、制度进行完全的调整，即改变整个企业的分销渠道系统。此类调整不仅难度较大，而且会引起市场营销组合因素的一系列变化，因此风险很大，采取这种方式的企业要慎重地详细论证，尽量减轻渠道调整时的损失和代价，加快渠道资源整合。

◈ 正心诚意

格力电器：创新驱动，敢为人先，责任担当

格力在暖通空调领域持续深耕核心科技并屡获权威认可。2020年，格力自主研发的"大容量高效离心式空调设备关键技术及应用"荣获国家技术发明奖。在中国制冷学会编写的《中国制冷辉煌之路——新中国成立70周年制冷空调行业创新成果汇编》中，格力10项核心创新成果入选，涉及家用空调、商用暖通设备、压缩机等领域，是技术入选数量最多的企业。截至2022年11月，格力拥有35项"国际领先"技术，累计申请专利超过10万件，其中发明专利5万余项。

2020年年初的新冠疫情期间，格力共向武汉捐赠净化器和空调2 525台，价值1 612万元；公司内部募集善款近600万元；格力多个销售公司陆续向各地捐赠价值超过1 000万元的杀病毒空气净化器。在多年空气净化器杀毒技术的沉淀积累下，格力科研团队仅用55天就自主研发出能杀灭病毒的"猎手"系列空气净化器，并将首批60台"猎手"第一时间捐赠给武汉市定点医院，以核心科技守护医护人员健康。

新冠疫情暴发以来，线下市场承压明显，诸多企业转战线上，直播营销呈现出井喷式热潮。格力以直播为切入点，联动"格力董明珠店"和线下百万经销商，创造性地提出并打造"线上下单+线下体验"的格力新零售模式，在渠道创新的新赛道上积极求变跑出"加速度"，于危机中育新机。

资料来源：雷爱侠.格力电器通过科技创新和渠道创新强势复苏［EB/OL］.光明网，2020-08-31.

一、单选题

1. 分销渠道的作用不包括（   ）。

   A. 收集和传递信息   B. 促销

   C. 融资   D. 合理定价

2. 生产者直接邮购、电话营销、网上购物、直播营销等都属于（   ）。

   A. 零级渠道   B. 一级渠道

   C. 二级渠道   D. 三级渠道

3. 连锁经营的形式不包括（   ）。

   A. 特许加盟   B. 直营连锁

   C. 自愿加盟   D. 便利加盟

4. 影响分销渠道的重要因素包括国际市场、产品、企业、中间商和（   ）。

   A. 消费者   B. 法律法规

   C. 环境   D. 技术

5. 将线下购买与线上营销相结合，带动经营和消费的新模式是指（   ）模式。

   A. 宽渠道   B. 短渠道

   C. 微营销   D. O2O

二、多选题

1. 下列属于三级渠道常见成员的有（   ）和消费者。

   A. 生产者   B. 代理商

   C. 批发商   D. 零售商

2. 常见的社交媒体营销渠道有（   ）。

   A. 微博   B. 微信

   C. 社群   D. 商家网络营销

3. 下列商品中，适宜选用短渠道销售的有（   ）。

   A. 鲜活商品   B. 日用百货

   C. 机器设备   D. 文具用品

4. 垂直分销系统的类型主要包括（   ）。

   A. 公司型垂直分销渠道   B. 契约型垂直分销渠道

   C. 多元型垂直分销渠道   D. 管理型垂直分销渠道

5. 下列属于网络间接分销渠道形式的有（　　　　）。

    A. 自建独立商城   B. 综合性电商平台

    C. 垂直电商平台   D. 兑换平台

三、判断题

1. 直接渠道是指生产者不经过任何中间环节，将产品直接销售给最终消费者或用户的分销渠道。（　　）

2. 传销是一种非法行为，必须与直销模式区分开来。（　　）

3. 代理商对其经营的商品没有所有权，他们主要从事商品交易业务，赚取佣金。（　　）

4. 独家分销是最宽的渠道，即生产者在某一地区只选择一家中间商来经销或代理企业的产品，因此中间商的经销权限最大。（　　）

5. 诚信经营是直播营销渠道开展工作必须遵守的基本底线之一。（　　）

四、简答题

1. 网络分销渠道有哪些特点？

2. 什么是中间商？中间商有哪些类型？

3. 分销渠道设计的影响因素有哪些？主要步骤是什么？

❖ **融会贯通**

小米公司渠道营销三部曲

    小米公司成立于2010年4月，是一家专注于高端智能手机、互联网电视及智能家居生态链建设的创新型科技企业。小米采用以网上直销为主、电商销售与运营商合作为辅的销售渠道模式，取得了领先同行业其他手机品牌的销量。

    在发展初期，小米手机产品全部采用线上方式进行销售，该渠道模式具有成本低、传播迅速的特点，并造就了小米的"销售奇迹"。其优点包括：①网络直销成本较低，公司可以将节省的大部分渠道管理、维护的成本返利给消费者。②企业可以直接了解客户的需求，进而完善自己的产品。③线上销售可以获得大量、有用的用户信息。但是，随之而来的还有网络直销带来的一些问题。小米手机在发售后不久就出现了由于大量消费者在短时间内刷新小米官网，一度造成官网无法打开的问题。在出现售后问题时，它的售后服务并不及时。完全依托网络的销售模式导致用户在整个过程中完全看不到真实的手机，会降低购买欲望。

对此，小米手机增加了新渠道。2012年至2015年，小米手机的主要模式有以下三种：

（1）以自有网络渠道为主。根据小米手机的渠道战略，小米手机优化了自有渠道，消费者仍然可以到小米手机官网定制购买。随后，小米手机授予了淘宝、京东、苏宁易购等平台线上销售特权。

（2）增加手机运营商渠道，制定合约机。为了解决渠道问题，小米手机先后与中国联通及中国电信合作，通过电信服务商的实体营业厅和在线营业厅售卖小米手机。

（3）扩展社会渠道。小米手机在网络销售之外开辟新的渠道，苏宁易购成为小米手机的首家社会电商渠道销售商。"小米之家"入驻苏宁易购线下门店，用户能够在苏宁线下门店购买包括小米智能手机、智能硬件在内的全系列产品。

小米不断拓宽线下渠道，在全国范围内广泛布局"小米之家"旗舰店，但不能与常年鏖战线下的OPPO、vivo等国产品牌相比。在此形势之下，小米提供了直供模式。按照小米的说法，直供是没有中间商赚差价，个人卖家直接向小米官方订货的模式，官网报价、官网发货。

分析思考：

1. 小米手机最初的分销渠道是怎样的？后来它进行了哪些调整？

2. 以学习小组为单位进行研讨，手机可以有哪些销售渠道？

❖ 笃行致远

实训目标　为红豆集团旗下的红豆居家系列产品设计分销渠道方案。

实训背景　红豆居家提出以家为中心点，以半径500米画一个圆，所有在这个圆内的活动区间的穿着，都是属于居家服饰的产品范围。其产品涵盖范围广，包括内衣、文胸、居家服、内裤、袜子各类居家服在内的所有服饰。

红豆居家产品定价以平价为主导原则，实行全国统一零售价。产品从价位上分为三个档次区间：基本款、促销款、精品款，在相应产品销售淡旺季以及特殊节日还将开发一些适时适销产品，价格可相对较低或较高。

江苏省是红豆品牌市场基础最好的省份，红豆居家以江苏为重点，迅速向周边省份发展。首先，以苏南发达乡镇、苏北二、三线县城一些面积较大，影响力较好的店铺为重点进行推广。这些地区的特点是经济较为发达，收入与消费水平较高，相对容易导入"居家服饰"的消费理念。然后，选用加盟为主，自营为辅的战略，迅速打开全国市场，逐步进入安徽、山东、河南等周边区域市场，主要开发模式包括加盟连锁店（二类商圈）、大型超市（店中店）、大型居民社区、特殊消费群体（如学校）、商场等。

根据规划，红豆居家将发力全渠道营销，扎实推进信息化项目建设，目前红豆居家拥有上千家门店，同时在"红豆商城App"中搭载新品发布、会员服务、门店查询等功能，未来还将集成直播、游戏、互动等快捷化服务，让消费者足不出户亦可感受一站式的消费体验。

实训要求　1. 按既定分组进行实训任务分工，开展产品详细调研。

2. 以红豆居家系列产品作为载体，为公司制定符合实际情况的分销渠道规划。

实训步骤　1. 分组复习本单元知识。

2. 查阅公司未来的产品区域拓展计划，确定公司的渠道发展方向。

3. 设计"线上+线下"相结合的分销渠道。

4. 编制出完整的全渠道策划方案。

5. 分组制作PPT，并汇报展示。

实训成果　形成基于红豆居家系列产品的分销渠道方案及PPT。

❖ 跬步千里

学有所得　概括本单元的重要知识点

_____

_____

学有所长　概括本单元的重要技能点

_____

_____

学有所悟　在完成本单元内容学习后，对职业素养的感悟

_____

_____

促销策略：沟通顾客价值

单元 11

学习目标

素养目标

- 在促销组合策略的执行过程中提升大局观念和思辨精神
- 培养创造性思维能力，进行促销综合创新
- 树立诚信意识，具备诚信服务、德法兼修的营销素养

知识目标

- 掌握促销组合及整合营销传播的概念
- 了解人员推销的含义、特点和过程
- 了解广告的概念和类型，掌握广告的主要内容
- 熟悉销售促进的工具和注意事项
- 了解公共关系的主要内容和危机公关的处理方式

技能目标

- 能够为企业的产品或服务制定科学合理的促销组合策略
- 能够运用人员推销的相关知识开展基本的推销活动
- 能够运用广告的相关知识制定简单的广告策划活动
- 能够根据营销活动的具体需要制订并实施销售促进计划
- 能够根据企业经营实际情况提出相应的公共关系活动建议

提要钩玄

促销策略：沟通顾客价值

- 促销组合与整合营销传播
  - 促销组合
  - 整合营销传播
- 人员推销
  - 人员推销概述
  - 人员推销程序
  - 互联网营销师认知
- 广告
  - 广告的概念和类型
  - 广告活动的构成要素
  - 新媒体广告
  - 广告文案
- 销售促进
  - 销售促进概述
  - 销售促进的工具
  - 销售促进的注意事项
- 公共关系
  - 公共关系概述
  - 公共关系专题活动
  - 危机公关处理

学习计划

- 知识学习计划

- 技能训练计划

- 素养提升计划

从"加油吧白衬衫"中学习整合营销传播

2020年毕业季，应届高校毕业生共874万人，同比增长4.8%。值此时间节点，天猫打通线上线下渠道，运用多元营销手段开展"加油白衬衫"整合营销传播活动，与毕业生建立起全方位情感沟通桥梁，深化了温情的年轻化品牌形象。本活动内容主要包括以下几方面：

1. 创意公益广告的线上传播

2020年7月13日，天猫在新浪微博平台发布公益性广告短片《加油白衬衫》，正式拉开本场营销活动的帷幕。短片以毕业典礼开场，以女主人公第一人称的视角讲述她艰难的求职经历，扩展到穿着白衬衫求职却四处碰壁的毕业大学生群像，展示这些学生的心路历程，呈现毕业生和职场人的共同记忆。广告结尾讲述了八位名人的"白衬衫"故事，展示了他们从艰辛坎坷到辉煌成功的奋斗人生。接着旁白念出广告语："每个人的开始都是一件白衬衫，每件白衬衫都将写满未来"，激发观看者拼搏奋斗的勇气和对于未来的信心。通过直戳痛点的故事、极具穿透力的文案，品牌有效触发了目标消费者的集体情绪。短片上线后网友纷纷评论转发，分享自己的毕业感慨与职场故事。

2. 线下艺术展

为从更多渠道接近毕业生，品牌将"白衬衫"这一核心意象投射到毕业生的生活场景中，在上海徐家汇地铁站内举办了为期两周的线下白衬衫艺术展览，强化毕业生对此次活动的认知。本展览由两部分组成，一是对广告里八位名人故事中出现的白衬衫做了实物展示；二是设置了一台"白衬衫公益贩卖机"，与投入硬币换得商品的传统贩卖机运行逻辑不同，毕业生投入简历可以免费兑换一件白衬衫，具有很强的交互性与体验性。

3. 跨平台联名传播

品牌还联合职场垂直类社会化媒体领英开展了"加油白衬衫"的话题讨论，邀请知名企业总裁为大学生分享职场领域的相关话题，更引入百名资深名企职场人，为应届生在线提供一对一面试、求职免费辅导和行业经验分享，用公益活动的形式解决用户的实际问题。

4. 电商平台的短期销售促进

天猫平台内，品牌联合商家打造了"加油白衬衫"主题会场，运用销售促进手段引导目标用户下单购买，大学生上传毕业照和毕业证书参与即可解锁"0.01元购物""买一送一"等权益。

资料来源：王一丹.整合营销传播视角下的品牌营销活动探析——以天猫"加油白衬衫"活动为例［J］.北方经贸，2021（12）：39-42.

营销启示：

本场整合营销传播活动以品牌形象构建为导向，以内容创意为核心，联合多种媒介触点，在活动的不同阶段运用多种营销方法，实现以消费者为中心的多元触点、多种场景的全时全景式品牌传播。

11.1 促销组合与整合营销传播

11.1.1 促销组合

促销是指企业通过人员和非人员的方式与消费者进行信息沟通，引发、刺激消费者的消费兴趣和欲望，促使其产生购买行为的活动。促销在企业营销中有着传递信息与强化认知、突出特点与诱导需求、指导消费与扩大销售、产生偏爱与稳定销售等重要意义和作用。

促销组合（Promotion Mix）又称营销传播组合（Marketing Communications Mix），是企业根据产品特点和营销目标，综合考虑各种影响因素，对各种促销方式的选择、编配和综合运用，以使企业的全部促销活动相互配合、协调一致，最大限度地发挥整体效果，从而顺利实现企业促销目标。

1. 促销组合的内容

促销组合一般包括人员推销、广告、销售促进和公共关系四种促销工具。

● 人员推销：通过公司的销售队伍进行个人展示，以达到销售产品和建立顾客关系的目的。

● 广告：由特定的赞助商采用付费形式，对观念、产品或服务进行的非人员展示和促销。

- 销售促进：以短期激励方法促进产品或服务的销售。
- 公关关系：和与公司有关的不同公众建立良好的关系，进行有利的宣传，形成良好的企业形象，并及时处理和阻止不利的谣言、报道和事件。

互联网和数字经济的迅速发展催生出一系列先进的数字技术。在数字技术的加持下，传统促销工具和方式也得以革新。数字营销（Digital Marketing）已全面渗透到上述四种促销工具和促销活动中，成为推动促销组合迭代更新的重要力量。典型的数字营销方式是新媒体营销，如微博营销、微信营销和社群营销等，通过数字化的互动沟通挖掘潜在意向客户，最终达成促销的目标。

上述促销工具均需要包含三个要素：目标顾客、传播渠道和传播内容。三要素中，持续创新变化的主要是传播渠道。未来，随着经济和科技的不断发展和提升，还将出现更多的新的传播工具、新的概念，需要看清其本质并有效地运用它们。

❖ **发凡举例**

谢谢你为湖北拼单

互联网时代，人们开始愈发依赖线上购物。由于其生动有趣的形式，主播和网友亲切友好的互动，以及低价等优惠策略，直播营销成了人们喜闻乐见的购物方式，作为新兴产业有着强大的活力和发展空间。为了推动湖北经济的发展，2020年4月，央视新闻新媒体共组织了两场"谢谢你为湖北拼单"公益直播活动，营销总额超亿元。此次公益直播的成功，一是由于诉诸了疫情期间人们心系湖北的情感，大家普遍愿意为湖北的经济复苏贡献自己的绵薄之力。二是因为这场直播是由中央广播电视总台"央视新闻"客户端联合淘宝平台发起，突破了媒体的壁垒，是此次直播的一大看点。多重因素共同作用，使这次公益直播成功出圈，口碑成绩双丰收。

资料来源：张钢. "谢谢你为湖北拼单"文化带货获赞 [EB/OL]. 人民网，2020-04-17.

---

2. 促销组合策略

促销策略从总的指导思想上可分为推动（push）策略和拉引（pull）策略，如图11-1所示。

推动策略侧重运用人员推销的方式，把产品推向市场，即从生产企业推向中间商，

单元11 促销策略：沟通顾客价值

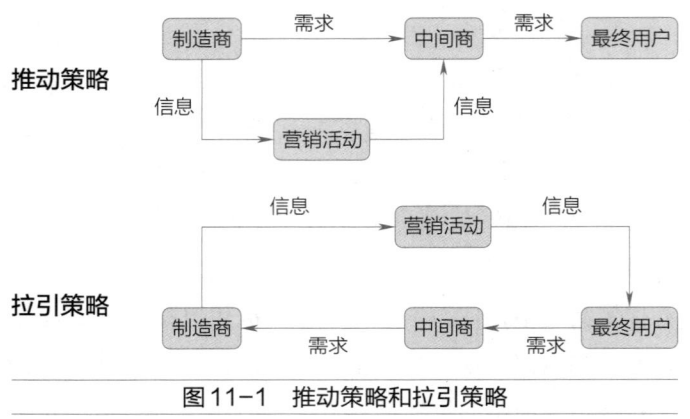

图11-1　推动策略和拉引策略

再由中间商推给消费者。推动策略一般适合于单位价值较高、性能复杂和需要示范的产品，根据用户需求特点设计的产品，流通环节较少、流通渠道较短的产品，市场比较集中的产品等。

　　拉引策略是指企业主要运用非人员推销方式把顾客吸引过来，使消费者对本企业的产品产生需求，以扩大销售。对单位价值较低的日常用品，流通环节较多、流通渠道较长的产品，市场范围较广、市场需求较大的产品，常采用拉引策略。有些小型企业只选择一种策略，而多数大公司则往往把两种策略结合起来使用。

3. 影响促销组合的因素

　　人员推销、广告、销售促进和公共关系各有特点，适应于不同企业、不同产品、不同时机、不同场合的促销需要。选择促销组合时应考虑以下一些影响因素：

　　（1）营销目标。企业是以长期运营占领市场为主，还是以短期运营快速收获现金为主；是以产业市场为主，还是以消费市场为主；这些都会影响到促销策略的选择。

　　（2）产品类型。消费品和工业品各有特点，必须采用不同的促销组合。消费品宜以广告为主，辅之以销售促进、人员推销和公共关系；工业品则宜以人员推销为主，辅之以销售促进、广告和公共关系。如图11-2所示。

　　（3）促销对象。促销对象是消费者，还是工业用户、政府机构、商业组织；是专业技术人员，还是一般普通人员。促销对象不同，促销策略的重点也有所不同。

　　（4）产品市场生命周期。产品在生命周期的不同阶段，促销目标不同，促销组合也应不同，如表11-1所示。

　　（5）市场状况。从市场范围来看，小规模的本地市场应以人员推销为主；大规模的市场则宜以广告为主。从市场集中程度来看，如果消费对象相对集中，可采用人员推

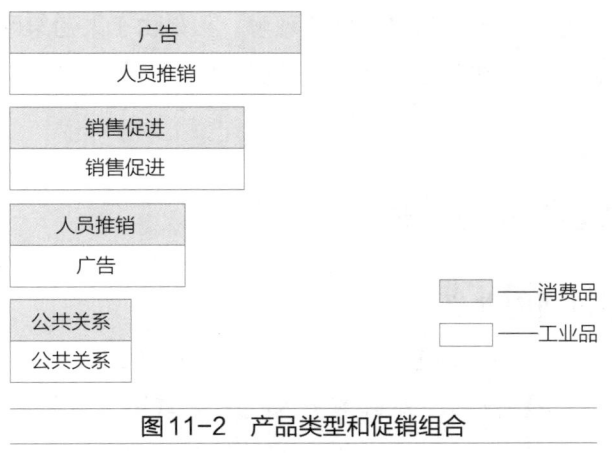

图11-2　产品类型和促销组合

表11-1　产品生命周期与促销组合

产品生命周期	促销目标	促销手段	
		消费资料	生产资料
引入期	促使消费者和用户了解、认识产品	广告为主，人员推销为辅	人员推销为主，广告为辅
成长期	促使消费者对产品产生偏爱	广告	人员推销
成熟期	巩固已有的市场占有率	销售促进	人员推销
衰退期	保持市场份额，平稳退出	销售促进	人员推销、销售促进

销；反之，宜选择广告、销售促进等。从顾客的数量来看，如果用户行业广泛、顾客数量多，应以广告为主；反之，宜用人员推广。

（6）竞争状况。竞争的强弱也影响促销组合，在市场竞争激烈时，企业需要投入更多的促销预算，并且要根据竞争对手所采取的促销组合策略调整或改变自己的促销组合。

（7）促销预算。不同促销手段的费用是不一样的。有的费用开支较大，如大型广告、大型展销会和新闻发布会等；有的费用开支较少，如新媒体促销、销售点广告和商场展销等。企业应该根据自身财力的状况，确定适当的促销组合策略。

（8）营销组合。在企业营销组合中，促销组合所起的作用是通过信息传播促进和帮助销售，因此，它必须依赖于企业的产品策略、价格策略和渠道策略。这些策略既影响着促销组合策略的制定，同时也影响着促销组合作用的发挥。例如，某企业制定了正确

单元11　促销策略：沟通顾客价值

的促销组合策略，信息已经被消费者接受和理解，但是由于渠道策略不正确，消费者在自己经常光顾的商店里不能买到该商品，促销的作用就不能很好地发挥出来。

11.1.2　整合营销传播

1. 整合营销传播的含义

为了应对日益激烈的市场竞争和不断发展变化的传播环境，从20世纪80年代起，以唐·舒尔茨教授和汤姆·邓肯博士为代表的营销学者所倡导的整合营销传播（Integrated Marketing Communication，IMC）理论逐渐进入研究视野。随着理论自身的完善和发展，整合营销传播的价值，尤其是它对传统营销观念的变革获得越来越多的认同。

被誉为"整合营销传播之父"的舒尔茨教授对整合营销传播提出一个更为完整的定义，即：整合营销传播是一个可用来计划、发展、执行和评估与消费者、客户以及其他目标相关的外部与内部受众相联系的协调、可测量、可劝服的品牌传播项目的战略商业过程。"一种形象，一个声音"是对整合营销传播的精练概括。

2. 整合营销传播的原理

由于人员推销、广告、销售促销、公关关系等促销工具在顾客购买决策阶段中所能发挥的传播能力和效果不同，所以要将其加以整合并取长补短，以期达到最优的传播效果。这是整合营销传播的核心原理。

现在的整合营销传播则是在数字营销技术的加持下，对传统的促销工具进行整合。整合营销传播既是一门技术，也是一门艺术。例如，某产品的整合营销团队在腾讯视频的热剧开头插入15秒的视频广告，用简短有力的文字与生活场景来表达品牌历史和产品特性；在今日头条的新闻信息流中插入四分之一屏的平面海报来告知客户产品特性、价格和销售促销；在新浪微博用140个字和配图来简述企业新产品发布的情况，并让企业与客户在百度、知乎上用简短而多轮的问答来进行沟通（其间可能也有激烈的多方互动与挑战）；在《××财经周刊》上发表公关软文介绍品牌故事和创始人传奇，娓娓道来；利用微信公众号向粉丝推送带奖励政策文字和二维码的海报来吸引客户登录、购买和转发。可以说，数字时代的整合营销传播创新驱动了"人"和"钱"的分配迭代。

宝洁引领的整合营销传播实战迭代：POES模型

2013年前后，宝洁开发了一个POES模型，由付费媒体（Paid Media）、自有媒体（Owned Media）、赚得媒体（Earned Media）和销售平台（Sales Platform）组成，得到了营销界的广泛认可和使用。付费媒体是企业需要付费购买才能使用的媒体，包含传统广告和数字营销等需要向媒体方付费的媒体。自有媒体是企业自己拥有，不需要付费购买就能使用的媒体，包含企业的官方网站（手机端/电脑端）、官方App和新媒体账号等。赚得媒体是既不需要付费购买，也不是自己拥有，而是因为客户或合作伙伴的口碑传播、二次传播而让企业受益的媒体，包含公共软文、在社交媒体上由客户发出的评论、分享和二次传播等。因为这些在媒体上的信息是由客户自发产生和自发传播的，且企业不需要付费购买，所以被称为赚得媒体。销售平台包括所有线下和线上的销售场景，如传统线下实体店、线上的天猫店、淘宝店、微店、社群销售（微信群和QQ群）等，甚至也包含驱动客户重复购买和老客户带新客户的工具和平台。

POES模型的操作逻辑是：先通过付费媒体解决客户的认知问题，然后通过自有媒体和赚得媒体解决客户的兴趣和二次传播问题，最后通过销售平台解决客户的购买问题。

11.2　人员推销

11.2.1　人员推销概述

1. 人员推销的含义

人员推销是指企业的销售人员用面对面沟通的方式向潜在顾客作口头宣传，以达到推销产品，满足消费者需求，实现企业营销目标的一种直接销售方法。人员推销是一种最古老的销售方法，但由于这种方法有着独特的优点，因此，在现代市场营销中它仍然是重要的促销工具。

2. 人员推销的特点

（1）机动灵活，适应性强。推销人员本身就是信息传递的媒介，可以根据面对的具体对象随时调整信息传播的方式和内容，适应各种不同的情况。

（2）区别对待，针对性强。推销人员可以根据选定的不同对象，制定不同的推销策略，并配合广告和其他促销手段，更好地实现销售效果。

（3）双向沟通，反馈性好。人员推销属于信息的双向沟通，信息可以迅速地在推销员和对象双方之间交流，一方面可以使推销人员对顾客的异议进行解释和说明，另一方面也可以及时地将意见反馈给企业的有关部门，使其做出适当的调整。

（4）促成交易，一步到位。在人员推销中，传递信息与促成交易是融为一体的，推销人员在传递信息的同时可以根据顾客的情况适时地提出销售建议，从而促成交易。

（5）收集信息，兼做服务。推销人员在推销商品时可以进行市场调研，收集市场信息，同时还可以兼做一些商业性业务和售后服务工作，如签约、收款、送货、安装和维修等。

（6）费用较大，对人员要求高。推销人员是信息的载体，因此，单位信息的传播成本较大，推销人员必须具备丰富的专业知识和较强的人际沟通能力，才能胜任该项工作。

3. 人员推销的基本形式

（1）上门推销。上门推销是最常见的推销形式。它是由推销人员携带产品的样品、说明书和订单等资料走访顾客、推销产品。这种推销形式可以针对顾客的需要提供有效的服务，方便顾客，可为顾客广泛认可和接受。这是一种积极主动的、名副其实的"正宗"推销形式。

（2）柜台推销。又称门市推销，是指企业在适当的地点设置固定的门市，或派出人员进驻经销商的网点，接待进入门市的顾客，介绍和推销产品。柜台推销与上门推销正好相反，它是等待顾客上门的推销方式。由于柜台里的产品种类齐全，能满足顾客多方面的购买要求，为顾客提供较多的购买方便，并且可以保证商品安全无损，顾客比较乐于接受这种方式。柜台推销适合于零星小商品、贵重商品和容易损坏的商品推销。

（3）会议推销。它指的是利用各种会议向与会人员宣传和介绍产品，开展推销活动。例如，在订货会、交易会、展览会和物资交流会等场合上推销产品均属于会议推销。这种推销形式接触面广，推销对象集中，可以同时向多个推销对象推销产品，成交额较大，推销效果好。

（4）电话推销。电话推销是推销人员通过电话向潜在客户展示产品或服务，以达到获取订单、成功销售的目的。这种方法在用以联系距离较远的顾客，或为现有顾客服务方面有一定的优势，因为推销人员可以坐在办公室里开展业务，扩大销售面，减少出差和旅行方面的费用。

（5）线上推销。线上推销按通俗的意义来讲就是销售人员以互联网为基础开展的推广活动。在"互联网+"时代，这种方式正逐渐变得不可或缺，成为每个品牌传播的必经之道。其主要特点是成本低、效率高、传播广、效果好、及时性强。

◈ 博物洽闻

机器人推销电话是创新还是骚扰？

"先生，买房吗？""姐，最近有学习英语的需求吗？"……移动通信时代，被推销电话骚扰已成为很多人都经历过的烦恼。不少饱受骚扰电话之苦的人发现，各家销售公司似乎已更新了技术，自己接到的骚扰电话好像不是真人打来的。经调查，目前用人工智能代替真人客服进行电话推销的软件已得到广泛使用。与传统电话销售的运营模式相比，使用AI拨打推销电话可以弥补真人销售"跟进困难、培训成本高、员工离职快、重复单调性工作引发员工情绪不稳定"等常见问题。然而，对于接电话的人而言，这却是烦恼之源。2018年11月，工信部公布了《关于推进综合整治骚扰电话专项行动的工作方案》，对骚扰电话产业问题进行了整治并作严格规范。专门打"骚扰电话"的电销机器人已不再是一个技术问题，而是一个社会伦理问题。

随着人工智能技术的快速发展和应用，电话对话机器人的可用度有了很大的提升，在需要较多人工重复工作的服务沟通场景，如智能服务、金融、物流、医疗等领域得到了快速应用，产生了巨大的社会和经济效益。如果把AI技术比作一种武器，其最终作用的好坏，取决于使用它的人以及使用的方式。企业不应该为了追求商业利益，损害部分人的利益（包括商业的利益以及个人隐私的其他权益），应该建立追求共赢的商业逻辑。这需要社会和产业界共同倡导价值创造理念，并通过更多的法律法规来加强规范和监督。

资料来源：机器人打推销电话是创新还是骚扰？［EB/OL］.新华网，2018-12-09.

4. 人员推销的推销对象

推销对象是人员推销活动中接受推销的主体，是推销人员要说服的对象。推销对象有消费者、生产用户和中间商三类。

单元11 促销策略：沟通顾客价值

（1）向消费者推销。推销人员向消费者推销产品，必须对消费者有所了解。为此，要掌握消费者的年龄、性别、民族和职业等基本情况，进而了解消费者的购买欲望、购买能力、购买特点和习惯等，并且要注意消费者的心理反应。针对不同的消费者施以不同的推销技巧。

（2）向生产用户推销。将产品推向生产用户的必备条件是熟悉生产用户的有关情况，包括生产用户的生产规模、人员构成、经营管理水平、产品设计与制作过程以及资金情况等。在此前提下，推销人员还要善于准确而恰当地说明自己产品的特点、优势和利益，以满足其需要。同时推销人员还应帮助生产用户解决疑难问题，以取得用户信任。

（3）向中间商推销。与生产用户一样，中间商也对所购商品具有丰富的专业知识，其购买行为也属于理智型。这就需要推销人员具备相当的业务知识和较高的推销技巧。在向中间商推销产品时，首先要了解中间商的类型、业务特点、经营规模和经济实力以及他们在整个分销渠道中的地位；其次应向中间商提供有关信息，给中间商提供帮助，建立友谊，促进销售。

11.2.2　人员推销程序

虽然没有两个完全相似的推销情境，也没有两个推销员会按完全相同的方法去完成自己的推销任务，但大多数推销员是按如图11-3所示的六步推销程序去执行推销任务的。

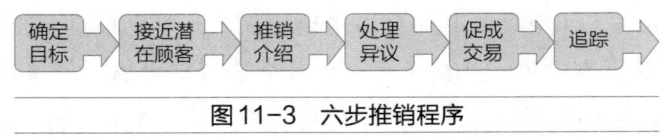

图11-3　六步推销程序

1. 确定目标

人员推销的第一个步骤就是要先研究潜在消费者，选择可能成为顾客的人，即潜在顾客。这些潜在顾客可直接从对消费者、产业会员调研，以及公共档案、电话号码簿、工商会员名单、公司档案分析等途径获得。

2. 接近潜在顾客

接近潜在顾客时首先要给对方一个良好的第一印象。推销人员与潜在顾客的第一次接触往往是能否成功推销产品的关键。至于具体的途径，最好的方法就是要立足于对潜在顾客的了解。凡是能了解每个顾客特殊情况的推销人员，大都能给顾客留下良好的第一印象，从而达成交易。

3. 推销介绍

在很多情况下，这一阶段除了对产品进行实际推销介绍，还包括产品展示。在这一过程中，推销人员应指出产品的特点和利益，以及他们如何优于竞争者的产品，有时甚至也可指出本产品的某些不足，或可能出现的问题及如何减免和防范。在展示产品时，推销人员还可以请潜在顾客亲自演练或使用展示品。这种展示和使用必须把重点放在推销介绍时所指出的特点上。

4. 处理异议

在推销过程中，潜在顾客任何时候都可能提出异议，这就给推销人员提供了与顾客进一步接触的机会，可充分展示本企业产品的优势或公司提供的特别服务。潜在顾客所提异议可分为两类：一类是必须在成交前加以解决的问题；另一类需要进一步沟通才好处理。

5. 促成交易

一旦对潜在顾客所提异议作出让其满意的回答后，推销人员就要准备达到最重要的目标——成交，即使顾客同意购买自己推销的产品。此时推销员必须确保在成交前没有遗留重要的问题，而且推销人员不应与消费者再发生争议。许多有经验的推销人员会以顾客已打算购买的假设为依据，向顾客提出如"您希望什么时候送货？""您要买标准型还是豪华型？"等问题。这样可以促使犹豫不决的潜在顾客立即作出购买决定。

6. 追踪

在商品售出后，推销人员必须进行追踪，以确保产品按时、保质地送达消费者手中，并确保商品能处于正常的使用状态。这种追踪能给顾客留下一个好印象，并为未来的推销铺平道路，它是推销过程中的重要一环。推销人员的责任并不随销售工作的结束而结束，它将随着推销人员与顾客之间保持良好、有效的互动关系而延续下去。

11.2.3 互联网营销师认知

如今，数字化促销正在以新的形式接触和吸引顾客。有人曾预言，互联网将是人员推销的终结者，因为销售人员最终会被网站、在线社交媒体、手机 App、视频会议和其他直接联络顾客的工具所取代。然而，使用互联网并没有改变销售的本质。互联网技术帮助销售人员采取新的形式去接触和吸引顾客。数字化和社交媒体技术让销售团队变得更有效率，提高了投入产出比。但是，数字化技术并非万能，有些销售情境仍需要顾客与销售人员面对面地进行互动交流。因此，销售人员不可以完全依赖数字化技术，必要时仍需面对面接触、倾听和吸引顾客。在数字化技术的加持下，新的销售人员岗位——互联网营销师应运而生。

1. 互联网营销师的概念

2020 年 7 月 6 日，人社部等相关部门发布了互联网营销师等 9 个新职业信息，同时在互联网营销师职业下增设直播销售员工种。

互联网营销师是指在数字化信息平台上，运用网络的交互性与传播公信力，对企业产品进行营销推广的人员。他们的主要工作任务包括研究数字化信息平台的用户定位和运营方式；接受企业委托，对企业资质和产品质量等信息进行审核；选定相关产品，设计策划营销方案，制定佣金结算方式；搭建数字化营销场景，通过直播或短视频等形式对产品进行多平台营销推广；提升自身传播影响力，加强用户群体活跃度，促进产品从关注到购买的转化率；签订销售订单，结算销售货款；协调销售产品的售后服务；采集分析销售数据，对企业或产品提出优化性建议。

2021 年 11 月 25 日，人社部、中央网信办、国家广播电视总局共同发布了互联网营销师国家职业技能标准。

根据标准互联网营销师职业分为选品员、直播销售员、视频创推员、平台管理员四个工种。其中，选品员、直播销售员、视频创推员三个工种设五个等级，分别为五级 / 初级工、四级 / 中级工、三级 / 高级工、二级 / 技师、一级 / 高级技师。平台管理员设三个等级，分别为五级 / 初级工、四级 / 中级工、三级 / 高级工。

虽然各工种间的职业方向与职位功能存在很大差异，但他们彼此之间相辅相成，共同构成了互联网直播营销的完整链条。

2. 互联网营销师的管理规范

直播电商是指利用即时视频、音频通信技术同步对商品或者服务进行介绍、展示、说明、推销，并与消费者沟通互动，以达成交易为目的的商业活动。电子商务直播营销人员是指在直播电商营销活动中，推广商品或服务的人员。

在目前的实践或狭义理解下，互联网营销师一般是指从事电子商务直播的营销人员。

2020年7月，浙江省电子商务促进会发布团体标准《电子商务直播营销人员管理规范》。该规范明确了互联网营销师的基本职责和底线，对电子商务直播营销人员从资质、能力、行为等方面提出了规范要求。

2022年6月22日，国家广播电视总局、文化和旅游部共同联合发布《网络主播行为规范》。这是为进一步加强网络主播职业道德建设，规范从业行为，强化社会责任，树立良好形象，共同营造积极向上、健康有序、和谐清朗的网络空间而制定的行为规范，也对互联网营销师的管理提供了新的标准。

互联网营销师国家职业技能标准明确要求，互联网营销师要遵纪守法，诚实守信；恪尽职守，勇于创新；钻研业务，团队协作；严控质量，服务热情。

✿ 正心诚意

偷逃税6.43亿！某知名主播被追缴并处罚款共13.41亿元

2021年12月20日，国家税务总局公布：浙江省杭州市税务局稽查局查明，某网络知名主播在2019年至2020年期间，通过隐匿个人收入、虚构业务转换收入性质虚假申报等方式偷逃税款6.43亿元，其他少缴税款0.6亿元，依法对该主播作出税务行政处理处罚决定，追缴税款、加收滞纳金并处罚款共计13.41亿元。

平台经济是经济发展的新业态，在更好地满足消费者需求、促进新旧动能转换、推动经济高质量发展等方面发挥了积极作用。在平台经济快速发展过程中，部分网络主播的税收违法行为扰乱了税收征管秩序，破坏了公平竞争的市场环境。为此，市场监管总局对直播带货平台提出六点要求：

一要增强质量意识，筑牢直播经济持续健康和高质量发展的基础。二要做学法守法模范，落实产品质量法、标准化法、消费者权益保护法、电子商务法等法律法规的具体要求，切实增强守法合规的自觉性，依法依规规范发展。三要立行立改，各直播带货平台要迅速对直播带货产品质量进行自我对照和全面检查。对有质量问题的产品和带货主播，要第一时间进行处置，同时要举一反三，防范其他质量问题发生。四要争创"品质直播"，围绕强化平台内部产品质量管控，建章立制，并发挥信用的惩戒力和约束力，努力为消费者提供高品质产品和服务。五要建立消费投诉"绿色通道"，及时回应、处理消费者投诉举报。六要积极配合相关政府部门做好产品质量监管工作。

资料来源：孔德晨.六大要求促直播经济健康规范发展［EB/OL］.人民网，2021-03-19.

　　　　单元11　促销策略：沟通顾客价值

11.3 广告

11.3.1 广告的概念和类型

"广告"一词源于拉丁语Adverture，原意为唤起大众对某种事物的注意，英文为Advertising，其含义是引起别人注意，通知别人某件事。汉语的广告就是取自"广而告之"之意，即广泛地告知公众某种事物的一种宣传活动。

广告可分为广义和狭义两类。广义上的广告定义范围很大，凡是能唤起人们注意、告知某项事物、传播某种信息、宣传某种观点或见解的，都可以称为广告，如政府公告、公共利益宣传、教育通告、各种启事、标语、口号和声明等。它既包括经济（商业）广告，又包括非经济广告，可概括为"有目的地唤起人们注意或影响观念的特殊信息传播方式"。狭义上的广告指经济广告，是广告主体有目的地通过各种可控制的能进行有效大众传播的媒体所发布的，旨在促进商品销售和劳务提供的付费宣传信息。

经济（商业）广告是商品经济的产物，其发展水平既取决于各个不同时期商品经济的发展水平，同时还取决于同时期科学技术发展的水平。按照不同的广告目标，可将经济广告分为通知性广告、劝说性广告和提示性广告。

（1）通知性广告（Informative Advertising）。通知性广告的目标又分为多种，包括介绍一种新上市的产品，说明某种产品的新用途和使用方法，介绍本企业提供的各项服务，纠正顾客对产品或企业的误解，减少顾客的顾虑，以及树立企业形象和品牌形象等。通知性广告适用于产品生命周期中的投入期，主要目标是为了建立初始需求。

（2）劝说性广告（Persuasive Advertising）。主要用于产品的成长期，这个时期顾客需求的特点是选择性需求，即对某一种产品有需求，但还没有形成品牌偏好，可在不同品牌中进行选择。此时广告的主要目标应是劝导顾客购买自己的产品，突出产品优势和利益，促使顾客形成品牌偏好。

（3）提醒性广告（Reminder Advertising）。适用于产品成熟期，广告目标是提醒顾客购买。对于众所周知，早已处于成熟期的产品，它的广告目标不是介绍和劝说消费者购买，而是提醒他们别忘了购买这种产品，以保持较高的知名度。

11.3.2　广告活动的构成要素

广告作为大众传播的一个重要分支，必须具备以下四个要点，即由谁告知、告知什么、告知给谁和怎么告知，这就构成了广告活动的四个基本要素：广告主、广告信息、广告受众和广告媒体。

1. 广告主
广告主是广告活动的主体，是指为推销商品或者提供服务，自行或者委托他人设计、制作、发布广告的企业法人、其他经济组织或个人。

2. 广告信息
广告信息是广告活动的内容，一般是指商品信息、服务信息和观念信息等。

3. 广告受众
广告受众是广告活动的客体，是广告信息的传播对象，主要指工商企业商品的购买者或流通业及其他单位的用户和个人。

4. 广告媒体
广告活动是一种有计划、有目的的大众传播活动，其信息的传播必须借助一定的媒体来实现。广告媒体就是这个传播信息的中介工具，所以广告媒体又称广告媒介。广告媒体是沟通生产者与消费者之间的桥梁，是传播信息的运载工具，也是广告主与广告对象之间起媒介作用的物质手段。其表现形式有报纸、杂志、广播、电视、户外广告以及新媒体广告等。

在一个完整的广告活动中，主要是根据广告主的利益而进行商品和服务信息的传播，广告主是整个广告活动的主体；广告信息是广告的内容和核心；广告对象是产生广告效益的基础；广告媒体是广告信息的载体，是沟通产销渠道、传授新知识和新技术的工具。总之，广告的四个基本要素是相辅相成、休戚与共、互为一体的关系，缺一不可。合理地利用四者之间的相互关系，是做好广告设计的前提条件。

"创可贴"广告

"创可贴"广告，简单而言，就是在电视剧或网剧的播放过程中，看似不经意间（实则经过严格考量而设定）从屏幕中跳出来的一小句弹幕式文案，其形式就像创可贴一样。这种广告既追着剧情走，又能与观众一起互动吐槽。让观众在有趣追剧的同时，还能有效地接收和记住产品卖点。

"创可贴"广告可分为两种形式，一种为"字幕贴"，也被称为"贴片广告"，以"贴片"的形式出现。"贴片广告"通常是将品牌拟人化，以简短的文字对剧情进行解读或吐槽。另外一种为"效果贴"，俗称"弹幕广告"，就是把剧情中的槽点结合广告，通过滚动弹幕的形式播出，使观众不会跳出剧情，减少观众对广告的抵触心理。

11.3.3 新媒体广告

在"互联网+"时代下，广告出现了新的形式，即新媒体广告。新媒体是指数字网络出现之后的媒体形态。凡是利用数字技术、网络技术，通过互联网、宽带局域网、无线通信网等渠道，以计算机、手机、数字电视机等数字或智能终端为载体，向用户提供信息和服务的传播形态，都可以看作是新媒体。

1. 新媒体广告的特点

新媒体的不断涌现为广告主提供了直接向受众和消费者传播信息的新的传播渠道，社交化的传播又让新媒体广告的效果得以倍增。数字化的新媒体技术为广告内容的表现提供了更为丰富的方式。在大数据的支持下，新媒体广告主可先分析设备型号、地理位置、关注领域、兴趣爱好等用户属性，再以此为基础进行分众化、精细化的广告投放，大大提升广告的精准度。

新媒体广告具有以下新特点：

（1）互动性。传统广告的传播方式是从广告传播者到广告受众的单向传播，这主要是由广告传播的载体所决定的。传统广告的受众听到和看到的信息都是传播者精心安排好的内容，在这种状态下很难形成互动。而新媒体打破了这种传统的单向传播模式，广告受众可以通过社交传播媒体进行点赞、评论、分享，与新媒体广告传播者进行深入的交流和互动，促成广告的二次传播，提高广告的影响力。

（2）多样化。①新媒体广告的表现方式越来越多样化，可以将文字、声音、图片、动画、超链接等形式结合起来，以丰富的表现带给受众多感官的刺激。②新媒体广告的受众层次也越来越多样化。广告在设计与制作时也不再只以大众群体的喜好为依据，还会兼顾小众群体的品位、特点，使广告信息的传播更加有效和精准。③新媒体广告的传播渠道也呈现多样化的特点。新媒体本身就是多种媒体形式的总称，仅视频类广告，就有网络视频、网络电视、公交移动电视、楼宇电视、视频直播等多种多样的传播渠道可以选择。广告主要考虑如何选择广告媒体，定位目标受众。

（3）融合性。受传统传播媒介的限制，传统广告信息传播的内容、形式、时间和时段都是有限的，但数字媒体上的新媒体广告突破了时间和空间的限制，也突破了具体形式的限制，不同的新媒体广告类型之间的差异不再明晰可辨，体现出融合发展的新趋势。

2. 新媒体广告传播

在新媒体环境下，广告形态伴随着"互动性强""消费者主导"等特点，因此在新媒体广告传播中要强调精准定位、内容为王和整合传播。

（1）精准定位。无论媒体环境怎样变化，传播技术怎样发展，对广告受众的细分和准确定位依然是广告传播的关键。在大数据技术下，互联网平台可以根据受众信息精准定位受众需求，为广告受众推送个性化的定制服务，这是新媒体广告优于传统广告之处。针对受众移动性、多层级、个性化的新生活形态，新媒体广告基于新媒体高传输速度、互动性、个性化、定制化服务等优势，将受众的特性与产品、品牌更好地匹配起来，针对不同特征的人群和其不同的生活轨迹，让广告主精确地找到目标受众，这样可以提高广告效率，降低传播成本。

（2）内容为王。内容化是新媒体环境下广告的一个重要特点。在新媒体平台上，广告企业对广告信息传播的控制力不断变弱，广告自身的质量越来越重要。因此，广告传播者必须改变传统的广告策略，将广告创意融入媒体，使广告看起来就像是媒体资信或娱乐内容的一部分，让受众在愉快的体验中自发扩散广告，带动品牌的传播和产品的销售。当广告融入媒体并成为媒体内容的有机构成部分后，广告就不再是不受欢迎的硬植入，而是观众需要和感兴趣的资信，这时的观众将不再是观看广告，而是在亲身体验广告。

（3）整合传播。广告主在投放广告时，通常会采用多样化的传播渠道拓宽与消费者双向沟通的路径，传递统一的产品信息，树立稳定的品牌形象，最大化地提升消费者体

371

验，实现广告信息的有效传递。所以从广告投放的角度来看，应注重多种传播方式的整合。例如，新媒体广告和传统广告各有千秋，优点与缺点并存。对它们加以组合运用，可以扬长避短，优势互补，从而达到更好的广告传播效果。

整合传播将成为主要的广告投放方式。如何抓住社交网站、微博、视频网站、微信、App等近年来兴起的数字触点，通过新的营销方式将其整合进广告投放的全媒体战略之中，是广告营销推广策划的重点内容之一。

◈ 正心诚意

上海致力于建设"国际数字广告之都"

近年来，"放管服"改革进一步激发了广告市场活力，上海数字转型市场动力强劲、发展技术环境优越、人才资源优势丰富，广告数字化转型条件成熟。截至2021年11月，全市经营范围有广告业务的企业55.8万户，其中主营广告企业7.6万户、外商投资广告企业8 403户，全市年广告营收近2 000亿元，互联网媒体广告发布收入占比超过60%，互联网头部企业在上海设立双总部或分支机构，创新型数字技术公司和创意热点明显增多，数字广告新的产业动能正在形成，新兴要素成为发展重要力量。上海市市场监管局、市经济信息化委联合发布《关于推动上海市数字广告业高质量发展的指导意见》，将合力聚焦数字广告业，强化科技创新、提升创意水平、推进产业集聚、促进国际交流，共同推动上海数字广告业高质量发展。

资料来源：许婧，建设"国际数字广告之都"！上海发布全国首个数字广告业指导意见［EB/OL］.人民网，2021-12-14.

11.3.4 广告文案

1. 广告文案的概念

广告文案是指以语言文字进行广告信息内容表现的形式。广告文案也有广义和狭义之分，广义的广告文案就是指通过广告语言、形象和其他因素，对既定的广告主题、广告创意所进行的具体表现。狭义的广告文案则是指表现广告信息的语言文字构成。

2. 广告文案的基本构成

广告文案是广告内容的文字化表现，因此，广告文案的创作要求有较强的应用写作能力。广义的广告文案是指广告作品的全部，它不仅包括语言文字部分，还包括图画等部分。狭义的广告文案仅指广告作品的语言文字部分。

在广告设计中，文案与图形同等重要，图形具有更为直接的冲击力，文案则具有较深的影响力。狭义的广告文案是广告内容的文字化表现，由广告的标题、正文、口号和随文组成。

（1）广告标题。广告标题是广告文案的主题，往往也是广告内容的诉求重点。它的作用在于吸引人们对广告的注意，引起人们对广告的兴趣。只有当受众对广告标题产生兴趣时，才会阅读正文。广告标题的设计形式有：情报式、问答式、祈使式、新闻式、口号式、暗示式、提醒式等。广告标题撰写时要简明扼要，易懂易记，传递清楚，个性新颖。广告副标题是广告标题的补充，起一个画龙点睛的作用。

（2）广告正文。广告正文以客观的事实、具体的说明来增加消费者对产品及服务的了解与认识。广告正文的撰写要实事求是、通俗易懂。不论采用何种题材式样，都要抓住主要的信息来叙述，要言简意明。

（3）广告口号。广告口号是战略性的语言，目的是经过重复来使广告受众明白它与众不同的特点，使消费者掌握商品或服务的个性。它已成为推广商品不可或缺的要素。广告口号常用的形式有：联想式、比喻式、许诺式、推理式、赞扬式、命令式等。广告口号的撰写同样要注意简洁明了、语言明确、独创有趣、便于记忆、易读上口。

（4）广告随文。广告随文是指向广告受众传达企业名称、地址、购买商品或接受服务的方法的附加性文字。因为是附加性文字，它在广告作品中的位置一般是居于正文之后，因此，也称广告附文、尾文。

❀ 发凡举例

叮！请查收一条来自宋朝的广告！

在宋代，我国的商业活动非常繁荣。在各个大城市都有固定的早市和夜市，而且在乡间还有草市。在市中，店铺林立，人来人往，相当热闹。在当时就有一些店铺开始采取广告的形式来招揽生意。

刘家功夫针铺是北宋济南刘家功夫针铺雕刻铜版印刷广告。它长13.2厘米、宽12.4厘米，铜版的上方标明："济南刘家功夫针铺"，中间是白兔捣药的图案，于图案左右标注"认门前白兔儿为记"，下方则刻有说明商品质地和销售办法的广告文字："收买上等钢条造功夫细针，不误宅院使用，转卖兴贩别有加饶，请记白"，如图11-4所示。

跟着宋代商家学做广告

图11-4　济南刘家功夫针铺商标（拓版、演示版）

这则广告是我国古代广告技术重大发展的标志，它包含构成商品广告设计的最基本要素，既含有商标、标题，又有商品介绍内文，是相当完整的古代平面设计广告作品。在一千多年前就有这样成熟的商品广告意识，实属难能可贵。

3. 广告文案的创作技巧

在知识爆炸的后信息社会，注意力资源已经成为十分稀缺的经济资源。如何通过广告文案获取消费者注意力并占据消费者心智，已成为企业营销的重点。广告文案的创作技巧包括以下内容：

（1）语感，让文案具备可读性。可读性强的文案，会被大众所记住，会为人所称道，会成为标杆化的表达。这种文案往往更加鲜活，具备美感，有着更为丰富的内涵，如此才能成为经典，才能历久弥新。

（2）视觉感、联想感，让文案表达具象化。文案是给大众看的，过于复杂、难以理解、假大空的内容都是低级文案，而那些善于制造联想，让人"秒懂"产品卖点的文案，才是上乘作品。文案是与大众沟通的一条途径，但消费者往往没有那么充足的时间去听长篇大论，所以文案要在有限的时间和有限的注意力场景下，最迅速、最高效地达成沟通。视觉感和联想感能过滤并简化复杂信息，让消费者迅速接收到关键信息，这正是其有效的秘密。文案的表达要让受众能联想到具象的画面，因此要杜绝"大""宽""泛"，要通过细微而具体的场景或比喻，引导出受众的联想能力，形成视觉感。

（3）复杂的产品要简单说明，简单的产品要复杂说明。复杂产品，要想让消费者在第一时间内理解到产品的功能、属性、效用，就需要进行尽可能地简化说明，比如高度提炼和概括、人格化、联想匹配等，因为消费者很容易面对太过复杂的密集信息，陷入理解困难。简单化的文案能让他们快速形成认知。如果本身就是消费者相当熟悉的产品（如日常用品），就需要通过精心设计的文案去赋予其额外的意义和价值感。例如，天猫超级品类日水品类专场的文案"精致生活准则第一条，即使一瓶水，也要符合我的审美。"就将日常饮用水的选择赋予个人审美和格调，成功赋予了消费者需求新方向。

（4）好文案需要精雕细琢。精雕细琢是指对文案在多个方面进行不断试错，包括内容、风格、语感、基调、用词、语序、断句、甚至标点，从而最终确定最好的那一组文案。写文案要有一颗"匠心"——方寸之内，斤斤计较，不断地去推翻、重建、完善，才能成就"正中红心"的优秀广告作品。

◈ 正心诚意

《国家宝藏》和《如果国宝会说话》中的精美文案

六百年倏忽而过，站在人类历史世界文明的格局上，绘于其上的海水江崖纹饰，不仅只在寓意江山安定，也将赋予山水相依，守望相助的全新时代内涵。——《国家宝藏》

四方上下曰宇，往古来今曰宙。中国有世界上现存最早的星图，最古老的观象台，最完整的天象记录。一直到今天，人类探索宇宙的脚步，也从未停止。黑格尔说："一个民族要有一群仰望星空的人他们才有希望。"透过这成百上千颗依然高悬于穹顶之上的星辰，我看到了那些仰望星空的人。——《国家宝藏》

有时，最具挑战的事，也是让你成长最快，最有成就感的事。上坡的路往往是最难爬的，人生中最难爬的也是上坡的那个路，当你觉得累，当你觉得痛苦，那意味着你在走上坡路。——《国家宝藏》

它已经数千年，不曾盛酒，却依然盛满，时光之酒的狂野。迷醉了此刻中国三千年前被镌刻于方寸之间深埋于地下，三千年后和这泥土连结的九百六十万平方公里的土地，都被它命名叫作中国。——《如果国宝会说话》

我们乘着时代的风云，以微毫诠释盛大，且歌且舞而来。我们曼妙丰姿里，就是生命；我们轻盈飞过处，就是天空。——《如果国宝会说话》

我们凝望着最初的凝望，感到另一颗心跨越时空，望见生命的力量之和。六千年，仿佛刹那间，村落成了国，符号成了诗，呼唤成了歌。——《如果国宝会说话》

11.4 销售促进

11.4.1 销售促进概述

1. 销售促进的概念

销售促进又叫营业推广，是指除人员推销、广告和公共关系之外的其他促销形式，是在短期内刺激顾客或中间商迅速而大量地购买某种特定产品或服务的促销活动。典型的销售促进活动一般适用于短期的和额外的促销工作，其着眼点往往在于解决一些更为具体的促销问题，因而销售促进是一种不经常的、无规则的促销活动，其短期效果比较明显。

2. 销售促进的特点

（1）短期性。这是销售促进最主要的特点。销售促进适用于新产品上市、重要节假日等短暂时期，它能有效地吸引新的消费者，或是破坏消费者对竞争对手产品的品牌忠诚。

（2）非规则性。销售促进不像人员推销、广告和公共关系那样经常出现，而是用于短期和额外的促销工作，其目的是解决一些更为具体的营销问题。

（3）灵活性。销售促进的形式非常多，这些方式各有各的长处和特点，可以根据企业经营产品的不同和市场营销环境的变化而加以灵活地选择和运用。

11.4.2 销售促进的工具

有许多销售促进工具可以用来完成销售促进目标。不同的销售促进对象各有适用的销售促进工具，如表11-2所示。

表11-2 销售促进工具

销售促进对象	销售促进工具
消费者	样品、赠品、折扣优惠、赠券、有奖销售、特价包装等
中间商	折扣鼓励、现金折扣、免费赠品、经销津贴、推销竞赛等
推销人员	红利提成、特殊推销奖金等

1. 对消费者的销售促进工具

（1）样品。样品是指向消费者提供产品的货样或试用品。有些样品是免费的，有些样品公司仅收一些工本费。样品可挨家挨户地递送、邮寄或摆在商店分发，随同另一种产品附赠。赠送样品是最有效但也是最昂贵的介绍新产品的方法。

（2）赠品。赠品主要是指能够向消费者传递企业有关信息的精美小物品，如赠送印有本企业名称、地址、电话号码，带有企业标语的日历、台历、笔、记事本等，以刺激顾客的购买行为。赠品的形式灵活多样，主要有：①随货赠送赠品：购买某一商品则免费得到相应的赠品。②批量购买赠品：购买企业产品的数额达到既定批量，或购买本商店商品的金额达到一定标准时可以免费得到赠品。③随货抽奖赠品：并非所有商品都随货赠送物品，而是其中少数商品内装有赠品。

（3）折扣优惠。企业或产品推销者事先通过多种方式将折扣优惠券发到消费者手中，使消费者在购买某种商品时，可凭券免付一定金额的钱款。折扣优惠券可以附在其他商品中赠送，也可附在广告中赠送。一般来说，折扣优惠券的持有者通常是对企业有直接或间接贡献的消费者，或者是社会影响较大，与企业业务关系密切的长期顾客，也有一部分是企业要争取的新顾客。

（4）赠券。当消费者购买某一商品时，企业给予一定数量的交易赠券，购买者将赠券积累到一定数额时，可以到指定地点或网站换取赠品。赠券的实施可以刺激消费者大量购买本企业的产品，扩大企业的市场占有率，但对于小批量购买的消费者来说，吸引力不大。

（5）有奖销售。顾客在购买产品或服务后，可以按一定的消费金额领取一定数量的兑奖券，参加企业抽奖活动，若中奖则可领取奖金或实物。这种方式是通过给予奖励的刺激来吸引消费者的注意及参与，最终达到促成购买的目的。

（6）特价包装。以低于正常水平的价格向消费者提供产品，这种价格通常在标签或包装上标明。它有多种形式，包括：减价包装——即减价供应的单个包装（如买一送一），或组合包装——把两件相关的产品包装在一起。特价包装对刺激短期销售效果较好，有时其优惠力度甚至超过了折扣优惠。

除上述这些方式外，还有购买点陈列与展示、免费试用、产品保证、抽奖及游戏等，其作用也很明显。

2. 对中间商的销售促进工具

（1）折扣鼓励。折扣鼓励主要是指生产企业对第一次进货或大量进货的中间商给予购货折扣。另外，若中间商登广告，可以给予广告折扣；若中间商为产品办展销会，则可以给予陈列折扣等。这些都是对中间商合作的折扣鼓励。

（2）现金折扣。现金折扣是指在普遍使用商业信用和消费信贷的市场上，企业为鼓励中间商用现金购货，对此类中间商给予的一定折扣。在正常情况下，企业应该预测折扣率与资金周转速度、折扣率与利息支出变动的比例关系，寻找盈亏均衡点，在此基础上确定现金折扣率。

（3）推销竞赛。推销竞赛是指企业对业绩优秀的中间商进行特殊鼓励。这种推销竞赛对优胜者的奖励可以是现金，也可以是物品，还可以是提供旅游机会等。

（4）经销津贴。为促进中间商购买本企业产品，鼓励其对购进产品开展促销活动，企业可给予中间商一定的津贴，主要包括新品津贴、清货津贴、广告津贴和降价津贴等。

（5）免费赠品。免费赠品是指企业为了加强与中间商的感情，赠送附有企业名称的各种礼品。礼品一般为挂历、笔、拎包、晴雨伞等。

3. 对推销人员的销售促进工具

（1）红利提成。红利提成的做法主要有两种：一是推销人员的固定工资不变，在一定时间内（通常是季末或年度终了），从企业的销售利润中提取一定比例的金额作为奖励发给推销人员。二是推销人员没有固定工资，每达成一笔交易，推销人员按销售利润或销售额的多少提取一定比例的金额，销售利润或销售额越大，提取的比率也就越高。

（2）特殊推销奖励。企业给予推销人员一定的金钱、礼品或直接赠送本企业的产品，以鼓励其努力推销行为。

❖ 正心诚意

扩内需、促消费，无锡政府有妙招

为充分惠及市民和商家，进一步释放消费潜力，2020、2021两年，无锡市先后推出"锡惠有你"和"2021无锡太湖购物节"惠民消费券活动，累计向市民派发299.7万张消费券，面值达1.35亿元，共有159.8万市民到店使用消费券，推动线下消费16.9亿元，惠及实体商户超过8 000家。"惠民消费券""消费抽大奖"一度成为锡城热点话题，市民、商家好评不断，消费市场回流明显。"锡惠有你"惠民消费券活动、"2021无锡太湖购物节"分别获评为当年的无锡市民心工程金奖。

2022年，为推动消费市场加快恢复，无锡市在抓好疫情防控的前提下，精心策划"2022无锡太湖购物节"惠民消费券活动。各重点商圈、商业银行配合"2022无锡太湖购物节"推出一系列优惠活动，促销贯穿全年、覆盖全市，优惠叠加、盛况空前。首批价值1 200万元的消费券通过中国银联"云闪付"平台"无锡消费券"专区开抢，每人每轮可领取1张餐饮消费券和1张百货零售券，最高价值300元，消费券有效期21天，可在市区参与活动的餐饮商户、百货商超使用，用券消费还能抽取大奖。同时，无锡市还针对个人购买新能源汽车推出汽车消费券，有购车意向的市民可在活动专区申领最高3 000元的汽车消费券。

资料来源：无锡资讯通."2022无锡太湖购物节"惠民消费券活动即将呈现，数千万元消费券蓄势待发［EB/OL］.无锡商务公众号，2022-04-27.

11.4.3　销售促进的注意事项

销售促进的注意事项主要包括以下两点。

1. 严禁弄虚作假

销售促进的主要对象是企业的潜在顾客，因此，企业在销售促进全过程中一定要坚决杜绝徇私舞弊的短期行为发生。在市场竞争日益激烈的条件下，企业信誉是十分重要的竞争优势，企业没有理由自毁商誉。本来销售促进这种促销方式就有一些贬低商品之意，如果再不严格约束企业行为，那将会产生失去企业长期利益的巨大风险。因此，弄虚作假是销售促进中的最大禁忌。

2. 注重推广中后期宣传

开展销售促进活动的企业比较注重推广前期的宣传，这非常重要。但是不应该因此忽视推广中后期的宣传。在销售促进的中后期，一个十分重要的宣传内容是销售促进中的企业兑现行为。这是消费者验证企业推广行为是否具有可信性的重要信息源。所以，令消费者感到可信的企业兑现行为，一方面有利于唤起消费者的购买欲望，另一方面可以换来社会公众对企业良好的口碑，树立企业的良好形象。

博物洽闻

简单有效的"再来一瓶"活动，是怎么样消失的？

"再来一瓶"曾经是最简单粗暴有效的促销方法，被康师傅发扬光大，几乎被所有的大众饮料品牌都曾沿袭运用。但如今它已不见踪影，原因在哪里？

1. 影响企业利润

随着劳动力和原材料成本的压力加大，以及渠道商配合上的问题，选用此方法会对企业利润带来很大的负面影响，很难长期坚持。

2. "再来一瓶"隐患众多

先是网络上出现各种"秘籍"，用来看是不是有中奖的瓶盖；后又出现了专门大量生产假冒中奖瓶盖来兑换的厂家，这导致了户中奖瓶盖兑换难，有些门店开始不接受消费者兑换的恶性循环。

3. 粉丝经济崛起，影响力大于促销

随着各大品牌争相面世，饮料企业们发现，来自消费者的情感共鸣对销量的拉动远比促销来得持久和稳定。因此，粉丝经济、流量经济取代了价格战。

4. 促销活动多样化取代单一化

各大饮料企业的促销活动不断推陈出新，单一的"再来一瓶"促销模式已经远远满足不了激烈的市场竞争，促销活动变得丰富多彩起来。

5. 二维码时代，扫一扫参加活动

不少饮料都还是有优惠活动的，但是已经不是"再来一瓶"的模式了，如在饮料瓶盖内侧印上二维码，消费者可以通过扫码的方式进行抽奖。

资料来源：商之家. 简单有效的"再来一瓶"活动，是怎么样消失的？［EB/OL］. 搜狐网，2020-07-10.

11.5 公共关系

11.5.1 公共关系概述

1. 公共关系的概念

公共关系是指组织为改善与社会公众的关系，增进公众对企业的认识、理解和支持，树立良好的组织形象而采用的一系列信息传播活动。从市场营销学的角度来谈公共关系，即营销公关，只是公共关系的一小部分。

2. 公共关系的特点

公共关系作为促销组合的一个重要组成部分，具有自己的特点：

（1）注重长期效应。公共关系要达到的目标是树立企业良好的社会形象，创造良好的社会关系环境。实现这一目标并不强调即刻见效，而是一个长期的过程。企业通过各种公共关系活动树立良好的产品形象和企业形象，从而长期地促进销售和占领市场，并能获取吸引投资、吸引优秀人才等多方面的成效。

（2）注重双向沟通。公共关系的工作对象是各种公众，包括企业内部和外部公众两大方面。它强调企业与公众之间的真情传播与沟通。企业内部和外部的各种关系如果处理得当，企业会获得良好的发展环境，取得公众的依赖和支持，企业通过公共关系积极顺应公众意见，接受监督，也有利于企业全面考虑问题，追求更高的社会形象目标。

（3）注重间接促销。公共关系并不是直接介绍和推销商品，而是通过积极参与各种社会活动，宣传企业宗旨、联络感情和扩大知名度，从而加深社会各界对企业的了解和信任，达到间接促进销售的目的。

3. 公共关系的原则

企业开展公共关系，应遵循以下原则：

（1）真实性原则。是指企业开展公共关系工作要以事实为基础，客观、公正和全面地传递信息，沟通情况。企业公共关系旨在沟通企业与社会公众之间的联系，树立企业良好形象，因此，信息的真实性、准确性和可靠性就成为企业公共关系工作成功的基本前提。

（2）平等互利原则。是指企业与公众平等相处、共同发展、利益兼顾，以求得共赢。公共关系强调主体与客体权利和义务的平等，尊重企业与公众的共同利益和各自的独立利益。否则，就无公共关系可言。

（3）整体一致原则。是指企业从社会和企业全局的角度审视公共关系工作，评价其经济效益，明确自身的责任和义务，迎合公众的长远利益和根本利益。一个企业要保证自身的长远利益，求得稳定发展，就必须顾及社会的整体利益，取得公众的支持和合作，这也是公共关系职业道德的基本要求。

（4）全员公关原则。是指企业的公共关系工作不仅依靠专门的公关机构和专职人员的努力，还要依靠企业各部门的密切配合和全体员工的共同关心和参与。树立企业形象不是企业哪一个单一员工的事，也不是单一部门能够完成的工作。企业形象是通过企业所有人员的集体行为表现出来的，是企业个人形象的总和。每一个员工都是企业的形象载体，都有责任在对外交往中维护企业的整体形象。

4．公共关系在营销中的作用

作为促销的主要手段之一，公共关系的短期促销效果往往并不十分显著，但它仍然具有其他促销手段无法替代的作用。公共关系在营销中的作用主要表现在以下几个方面：

（1）信息收集，提供决策支持。借助公共关系，企业可采集到大量相关信息，这不仅可以帮助企业密切关注环境变化，而且能够引导企业有针对性地调整各项营销决策，改善营销工作效果。

（2）对外宣传，塑造良好形象。作为企业的宣传手段，公共关系通过向公众传递有关信息，可加深公众对企业的理解和认识，为企业塑造良好形象，赢得舆论支持。成功的公共关系不仅可以提高企业的美誉度和知名度，还可以消除公众的误解，化害为利。

（3）协调关系，加强情感交流。公共关系可帮助企业妥善处理与社会公众的关系。交际、沟通是理解和信赖的基础，而公共关系正是企业与公众沟通的桥梁，由于公共关系强调与公众的平等对话，给予公众充分的尊重，使得公众可以与企业进行深入的情感交流，这使得企业可以获得公众的深度支持。

（4）服务社会，追求社会效益。公共关系活动更多的是通过服务社会、造福公众而展现出自身的意义和价值，企业因此确保了社会效益目标的实现，同时自身的无形资产也得到了增值。

5．公共关系的构成要素

公共关系的构成要素可以分解为运作主体——社会组织、运作客体——公众、运作手段——信息传播三大板块。

（1）社会组织。社会组织是一个群体，它是人们按照一定的目标、任务和形式建立起来的协调力量和行动的合作系统。从市场营销的角度来说，公共关系的运作主体指的是主动开展公共关系活动，向社会公众施加影响的各类企业。

（2）公众。公众是指任何因面临某个共同问题而形成并与社会组织的运行发生一定关系的组织、群体或个人。它们是公共关系活动的直接对象，公共关系的一切活动都是围绕了解公众、与公众沟通和满足公众而开展的。不同组织有不同的公众，甚至同一个组织的不同公共关系活动，其公众也大不相同。以工业企业为例，其公众有员工、社区、股东、顾客、政府、媒介、竞争者、供应商和经销商等。

（3）信息传播。信息传播是公共关系主体与客体的中介，是联系企业与公众的纽带与桥梁。公共关系的传播以引起公众赞同进而产生合作为己任，高度重视与公众之间的信息交流与反馈。公共关系的信息传播过程是社会组织与公众之间的双向沟通过程，信息反馈的介入使公共关系的信息传播具有了明显的互动性。

11.5.2 公共关系专题活动

公共关系专题活动是指社会组织为了某一明确目的、围绕某一特定主题而精心策划的公共关系活动。公共关系专题活动是社会组织与广大公众进行沟通、塑造自身良好形象的有效途径，因此，国内外许多组织经常策划公共关系专题活动来扩大影响、提高声誉。

在实践中，公共关系专题活动必须具备几个基本特征：第一，必须有明确的主题，而且每次通常只有一个主题；第二，必须经过精心策划，离开了策划将无法保证这些活动正常举办；第三，通常与某种类型的公众进行重点沟通；第四，必须是针对某个明确的问题而开展的，具有极强的针对性。

公共关系专题活动对于改善组织的公共关系状态有极为重要的意义。它往往能够使组织集中地、有重点地树立和完善自身的形象，扩大自己的社会影响，使组织形象出现意想不到的飞跃，是塑造组织形象的有力驱动器。

常用的公共关系专题活动有以下几种：

1. 赞助活动

赞助活动是指社会组织以不计报酬的捐赠方式出资或出力支持某项社会活动、某种社会事业。开展赞助活动是组织对社会做出贡献的一种表现，如今，越来越多的组织认识到自身的发展离不开社会的支持，作为社会的一员，自己也应对社会的发展承担一定的责任和义务，为社会贡献一份力量。

赞助活动的目的主要有如下几个方面：①出资赞助社会公益事业，提高社会效益。②关心和支持社会公益事业，树立企业的良好形象，承担企业的社会责任和应尽义务。③赢得社会公众的信任，谋求社会公众的好感，增进感情的交流。④提高企业知名度，增强企业商业广告的说服力和影响力，扩大影响。

❖ 发凡举例

企业赞助冬奥，口碑与销量齐升

2022年，北京冬奥会打响了新年品牌营销的第一枪。作为全球领域关注度最高的体育赛事之一，奥运会能吸引全球约三分之二的人口关注，这对品牌营销价值不言而喻。北京冬奥组委会成功签约安踏、伊利等45家赞助企业。各企业想尽办法借势体育事件、运动员话题，与自家产品和服务进行关联，从而达到借力传播的效果。例如，某饮料品牌推出了蕴含冬奥冰雪元素的新包装"北京2022年冬奥会冰雪罐"。在罐装上分别印上运动造型，将冬奥会15个官方竞技项目巧妙呈现于罐身，如花样滑冰、短道速滑、跳台滑雪、钢架雪车等。又如，某奶制品品牌策划了一场联动营销，其旗下的植物营养奶品牌"植选"以"京韵冬奥"为主题，重磅邀请了京剧裘派嫡系第四代传承人与跨次元虚拟偶像，将国粹文化与数字科技梦幻联动起来。一场冰雪盛宴的开启，各品牌通过赞助商的身份参与到冬奥会之中，用创意发生碰撞，探索体育营销新可能。

资料来源：TobyLu.拿下45家赞助商，冬奥营销"卷"起来了？[EB/OL].澎湃新闻，2022-02-16.

2. 庆典活动

庆典活动是指组织在其内部发生值得庆祝的重要事件时，或围绕重要节日而举行的庆祝活动，一般将其作为一种制度和礼仪。它可以是一种专题活动，也可以是大型公共关系活动的一项程序。随着社会的发展，能够举办庆典的节日越来越多，这必然使社会各界举行庆典活动的机会越来越多。因此，现代组织的管理者应想尽办法利用各种庆典活动让自己广为人知。显然，这与现代公共关系为组织扩大知名度、提高美誉度的思路相吻合。

在形式上，庆典活动一般分为开幕庆典、闭幕庆典、周年庆典、特别庆典和节庆活动五种。

（1）开幕庆典。即开幕（开张、开业等）仪式，是指第一次与公众见面、展现组织新风貌的各种庆典活动，包括各种博览会、展览会、运动会和各种文化节日的开幕典礼。举行一个热烈、隆重、特色鲜明的开幕典礼，能迅速提高组织的知名度，为组织塑造良好的形象，给社会公众留下深刻而美好的记忆。

（2）闭幕庆典。闭幕庆典是组织重要活动的闭幕仪式或者活动结束时的庆祝仪式。闭幕庆典是各种活动的尾声，重要程度和隆重程度比开幕庆典弱，更多的是强调活动的有始有终、圆满结束。有的活动从不同的角度来看，既可以作为闭幕式，也可以作为开幕式处理，如公路的建成也就意味着开始通车，如何开展庆典活动，要根据其内涵和意义来选择。

（3）周年庆典。周年庆典是指组织在发展过程中的各种周年纪念活动，包括组织"生日"纪念，还包括组织或企业之间友好关系周年纪念、某项技术发明或某种产品的问世周年纪念等。组织利用周年庆典举办庆祝活动，对振奋员工精神、扩大宣传效应、协调公众关系、塑造企业形象等都有重要的意义。特别是利用周年庆典举行公众联谊活动，可以沟通关系，加深感情，或通过制造新闻产生轰动效应。

（4）特别庆典。特别庆典是指组织为了提高其知名度和声誉，利用某些具有特殊纪念意义的事件或者为了某种特定目的策划的庆典活动。组织可以根据自己的具体情况推出新的内容，尤其要抓住具有里程碑意义的事件进行策划。没有哪一年是没有特殊事件可供纪念的，关键是注意选择时机，策划组织具有独特创意的特别庆典活动。

（5）节庆活动。节庆活动是指组织在社会公众重要节日时举行或参与的节庆活动。节庆活动一般可分为两种：一种是组织利用节日为社会公众举办的各种娱乐、联谊活动，免费或优惠提供服务，目的在于联络感情、协调关系；另一种是组织积极参与当地社区举办的集体庆祝或联欢活动，如准备锣鼓、花灯、彩车、龙灯等项目参加聚会或演出，目的在于塑造组织积极参与社会活动的形象。

3. 新闻发布会

新闻发布会又称记者招待会，是指以某一社会组织的名义邀请新闻机构的有关记者参加，由专人宣布有关重要信息，并接受记者采访的具有传播性质的一种特殊会议。通过新闻发布会，组织可以将有关信息迅速传播扩散到公众中去。在新闻发布会上，不仅可以公布本组织的一些重大新闻（如方针、政策、措施等方面的新举措），加强公众对组织的认可，还可以利用新闻发布会的影响力妥善处理一些棘手的问题，以达到澄清事实、说明原委、减少误会、求得谅解等效果。新闻发布会是一种二级传播，首先通过记者招待会，以人际沟通和公众传播的方式将信息告知记者，然后由记者以大众传播的方式进一步将消息告知社会公众。例如，2022年5月26日，华为下一代数据中心发布会以"智简DC，绿建未来"为主题，在东莞松山湖成功举办，借助新闻发布会，华为向大众展现了不断创新、不断突破的品牌形象。

4. 开放组织活动

开放组织活动是指将组织内部有关场所和工作程序对外开放。它可以让公众亲眼看到组织整洁的环境、先进的工艺、现代化的厂房设备、科学的管理制度、高素质的人员以及对社区和社会所做的贡献，还可以通过组织历史等资料向公众立体、全面地展示组织的过去、现在和未来前景。

开放组织活动是公共关系活动中的重要手段之一。它是组织通过直接的人际接触来传递组织信息，谋求社会公众的好感与信任的最有效手段之一，组织利用开放的机会接待来访者，直接向来访者展开宣传攻势，证实组织存在的价值，同时最直接地了解公众的看法，这样不仅可以得到公众的理解、信任与好感，而且可以做到双向沟通，是提高美誉度的最好契机。

❀ **发凡举例**

中石化公众开放日，让消费者了解加油站里计量的"秘密"

2022年5月20日是第23个"世界计量日"，中国石化山西石油朔州西关加油站开展了"计量守护权益、服务提升体验"的公众开放日活动。加油员化身主播，以网络直播的形式带领网友走进加油站，一同了解计量的"秘密"。

"加油机油量是根据计量器计算出油的，并不会因为加油员手中的动作而有所减少；同样，跳枪受加油枪内气压影响，如果加油速度快或油气过重，油枪头受感应就会自动跳枪。"现场，加油站高级技师的解答让不少网友大呼："原来如此，长知识了！"活动中，网友跟随主播的镜头"近距离"地观看了加油机内部结构和工作原理，了解了中石化企业日常保障油品数质量的"三道"管控措施；在主播的演示下，网友了解了"看、闻、摇、摸"的油品质量检测方法，"云体验"了"易捷加油App"无卡支付、智能洗车带来的快捷方便。中石化的主播还与网友热情互动，对日常生活中消费者容易产生疑虑的问题进行了专业解答，普及石油小知识、油品鉴别常识和选购要点。

此次公众开放日活动，拉近了企业与消费者的距离，搭建起了双方彼此沟通的桥梁，展示了中石化"创新、绿色、开放、洁净"的企业新名片，让消费者感受企业确保计量准确、质优量足所做的努力。

资料来源：边伟涛，秦晓耕.中石化公众开放日，让消费者了解加油站里计量的"秘密"[EB/OL].人民网－山西频道，2022-05-21.

11.5.3　危机公关处理

真诚永不
过时

　　危机公关是指任何社会组织为了处理给公众带来损失、给企业形象造成危害的危机事件，以及预防、扭转或改变组织发展的不良状态所采取的公共关系策略与措施，也就是组织从公共关系的角度对危机的产生、发展和变化采取或实施的有针对性的一系列控制行动，其内容主要是对危机事件进行预防和处理。

1. 危机处理的原则

（1）预测的原则。预测的原则是指分析研究某些引发危机的线索和因素，估计将会遇到的问题以及危机发生后事件发展的程度和方向，从而制定多种可供选择的应变措施。一般情况下预测的主要内容有：有多少可能发生的危机事件；各种危机事件的性质；危机的影响范围、发展方向、发展速度等。当对这些状况有所预测后，公关部门应立即向组织决策层、各职能部门传递信息，以加强协作，及时妥善处理危机事件。

（2）实事求是的原则。组织在处理危机事件的时候，无论是对内部公众，还是对新闻记者、受害者、上级领导等，都不能隐瞒事实真相，要实事求是，以争取主动，求得公众的了解和信任；反之，则对组织不利。

（3）应急的原则。"危机发生的第一个24小时至关重要。"危机事件一旦发生，极易出现人心散乱的危险局面。如何引导舆论、稳定人心便成为处理危机事件的一项重要任务。因此，对可能出现的情况应分别制订应急计划和应对措施，对正在发生的危机事件要及时处理、及时报告并与新闻界取得联系，及时做好报道工作。

（4）积极行动的原则。危机发生后，公共关系人员要迅速行动，及时赶到现场，迅速查明事实，及早采取措施。接待公众时，要尽其所能地给予帮助。

（5）勇于承担责任的原则。组织与利益公众之间的关系一旦发生危机，最见成效的办法就是协调好各种利益关系，尤其要注意受害者的利益，利益协调的好与坏直接关系到组织舆论状态的改变和形象的改变。公众一般会关心两个问题：一个是物质层面的问题，组织应首先主动承担损失和责任，及时向受害者与所有公众道歉，并切实采取措施补偿损失。另一个是精神层面的问题，组织应该站在受害者及所有消费者的立场上表示同情和安慰，必要时还应通过媒体向社会公众发表致歉公告，以解决深层次的心理情感问题，赢得公众的谅解和信任。若在危机面前百般推诿，强词夺理地进行狡辩，则会产生非常不好的影响。

2. 危机处理的一般程序

在危机中进行公共关系工作，这是公共关系的一种特殊表现形态，是组织公共关系水平的综合体现。有效的危机公关是组织自我保护、维护形象的客观要求，它对于防止组织形象受损、维护已有的公共关系工作成果有着不可替代的作用。同时，有效地开展危机公关活动有助于在广大公众心目中树立一种特殊的危机公关形象，有助于提高组织的公共关系水平，提高组织成员的公共关系意识。因此，不能把危机事件完全看成坏事，它也可以转变为好事。企业组织必须制定出一个反应迅速、正确有效的危机处理程序，以避免情急之中的盲目性和随意性，防止公关危机中的重复和空位现象。

（1）采取紧急措施，防止事态发展。组织遭遇突发性公关危机的关键时刻，需要冷静地采取紧急措施，防止事态的蔓延。现代社会信息传播高度发达，任何组织的公关危机事件都有可能被迅速传播，如不加以紧急控制，就可能使组织损失惨重。采取紧急措施一方面可以使组织的形象与声誉损失降到最低点；另一方面可以赢得宝贵的时间，以使组织能及时调查危机事件的真相并妥善处理。

（2）坦诚告知，表明诚意。组织一旦发生危机，便会受到社会与公众的关注，人们急于了解危机发生的真相，作为舆论的代表，新闻界必然要来采访。此时，组织只有两种态度：一种是掩盖问题，隐藏真相；另一种是坦诚告知，表明诚意。事实证明，隐瞒事情真相，往往会助长公众的怀疑，扩大危机的波及面，最后势必无法处理危机；而坦诚告知并表明诚意才是最佳的选择。

（3）调查情况，收集信息。突发性公关危机的处理要建立在针对事件真相采取相应、得体的公共关系措施的基础之上，因此，对危机事件真相的调查就显得非常重要。在危机得到初步控制后，就要立即展开对危机的范围、原因和后果的全面调查，查明原因是为危机处理决策提供依据，也是成功处理危机的关键所在。

（4）针对对象，确定对策。在对危机事件真相调查分析的基础上，就可以针对不同的对象确定相应的对策，如表11-3所示。

表11-3　危机公关对策

危机公关对象	危机公关对策
组织内部相关成员	• 迅速成立处理危机事件的专门机构，由一名本组织的主要负责人担任该机构的领导。 • 判明情况，采取措施，通告组织内部全体人员，以统一口径共同行动。 • 可以奖励处理危机事件有功的人员，处罚事件的责任者，并通告有关部门，以求得理解和支持
受害者	• 设专人负责与受害者接触，在整个事件处理过程中不随意更换。 • 认真了解受害者的情况，实事求是地承担对应的责任并诚恳地道歉。 • 冷静倾听受害者的意见，及时了解赔偿损失的相关要求。 • 给受害者尽可能多的安慰和同情，并尽可能提供他们所需要的服务，满足合理要求
上级主管部门	• 危机事件发生后，及时向上级主管部门汇报，不能文过饰非，更不能歪曲真相、混淆视听。 • 在事件处理过程中应定期报告处理情况，及时求得主管部门的支持和指导。 • 事件处理后要形成详细报告，报告内容包括处理经过、解决办法和今后的预防措施

危机公关对象	危机公关对策
业务往来单位	• 尽快如实地传递事件发生的信息。 • 以书面的形式通报正在采取何种对策。 • 如有必要，应派专人到各单位去当面解释。 • 在事件处理过程中，定期向各单位通报处理情况
其他公众	• 通过各种渠道向其他公众介绍事件经过、处理方法和今后的预防措施。 • 如果有人来访，不能拒绝，对于来访人提出的问题，要坦诚回答，不能隐瞒事实真相。 • 应根据事件的性质和造成损害的程度，以组织或个人名义向其他公众表示歉意

（5）评价总结，改进工作。组织在平息危机事件后，一方面要注意从社会效应、经济效应、心理效应和形象效应等方面评估消除危机的有关措施的合理性和有效性，并实事求是地写出处理报告，为以后处理类似事件提供依据；另一方面要认真分析事件发生的深刻原因，收集公众对组织的看法、意见和议论，总结经验教训，以便改进组织工作，从根本上杜绝类似事件再度发生。

✦ 固本培元

一、单选题

1. 促销工作的核心是（　　）。
   A. 出售商品　　　　　　　B. 沟通信息
   C. 奖励良好关系　　　　　D. 寻找顾客

2. 对单位价值高、性能复杂、需要做示范的产品，通常采用（　　）策略。
   A. 广告　　　　　　　　　B. 公共关系
   C. 推式　　　　　　　　　D. 拉式

3. 在新媒体环境下，（　　）不是广告传播强调的内容。
   A. 精准定位　　　　　　　B. 内容为王
   C. 资金使用　　　　　　　D. 整合传播

4. 公共关系目标是使企业（　　）。
   A. 出售商品　　　　　　　B. 盈利

C. 广结善缘 D. 占领市场

5. 事先通过多种方式将折扣优惠券发到消费者手中，使消费者在购买商品时，凭券免付一定金额钱款的销售促进工具是（　　　）。

   A. 赠品 B. 折扣优惠

   C. 赠券 D. 有奖销售

二、多选题

1. 促销的具体方式包括（　　　）。

   A. 市场细分 B. 人员推销

   C. 广告 D. 公共关系

   E. 销售促进

2. 促销策略从总的指导思想上可分为（　　　）。

   A. 组合策略 B. 单一策略

   C. 推动策略 D. 拉引策略

3. 人员推销的对象包括（　　　）。

   A. 消费者 B. 生产用户

   C. 中间商 D. 同行企业

4. 广告文案的基本构成有（　　　）。

   A. 广告标题 B. 广告副标题

   C. 广告正文 D. 广告口号

   E. 广告随文

5. 下列属于公共关系专题活动的有（　　　）。

   A. 赞助活动 B. 庆典活动

   C. 新闻发布会 D. 开放组织活动

   E. 开业抽奖

三、判断题

1. 没有两个完全相似的推销情境，也没有两个推销员会按完全相同的方法去完成自己的推销任务。（　　）

2. 在一个完整的广告活动中，广告信息是主体。（　　）

3. 企业在销售促进全过程中，一定要坚决杜绝徇私舞弊的短期行为发生。（　　）

4. 危机公关的内容主要是对危机进行处理。（　　）

5. 对单位价值较低、流通环节较多、流通渠道较长、市场需求较大的产品，常采用拉引策略。（　　　）

四、简答题

1. 数字经济时代下，应该如何理解整合营销传播的含义和内容？
2. 要想成为一名合格的互联网营销师，需要具备哪些职业道德和基础知识？
3. 好的广告文案需要具备哪些基本特质？请举例说明。

❖ 融会贯通

农产品+直播，打通入城的数字渠道

当直播逐渐成为一种生活方式时，农民也拿起手机，在田间地头搭起一个个直播间，"农产品+直播"掀起了农业电商的新革命。

场景化、接地气的农业直播，不仅让全国网友对"三农"有了更深刻的认识，也让更多农产品走出乡村，闯出新市场，实现了精准的产销对接。每一位点开直播间的人，都可以说是该产品的潜在用户。直播可以把商品更直观、真实地展现给消费者，让他们看到农产品真实的种植过程、生长情况，以及后期加工的情况，这些是修饰过的广告图文无法比拟的，解决了农产品信任问题。农产品，特别是食品是容易让人产生临时性、冲动型消费的商品，直播恰恰是最容易引发"跟风效应"的营销模式。正是这个原因，近年来网络上涌现出一大批"网红"农产品，拉动了农产品的销售。

用好"农产品 + 直播"，使之在农产品销售乃至品牌建设中发挥最大的功效，需做好以下三点。

第一，选好直播平台。网络直播平台数量众多。农业直播要选择适合农业的直播平台，如综合类、户外类、休闲类的直播平台。农业直播的受众面相对比较广，应该尽量选择人数多和质量好的平台，这有利于打开市场。

第二，讲好农业故事。直播看上去简单，但如果缺乏专业的策划，不容易激发消费者的购买欲。直播不应该只是简单的吃喝玩乐，需要不断地在直播形式和内容上进行创新，挖掘农产品的文化内涵，增强消费者对农产品的了解，把产品的文化元素、经济价值体现出来。要发掘能够引起网友共鸣的情感营销故事，更好地与用户建立情感联系。

第三，做好品牌建设。直播不光是为了卖出农产品，更是农民建立产品品牌的机遇。但要把"网红"做得长久，除了农产品自身"底子好"，还需要把"农产品＋直播"进一步提升为"品牌＋直播"，在长期的直播过程中一步步强化品牌传播，不断巩固买卖双方的信任，从而让消费者从认同某样农产品到认同某个品牌，才能最终实现长久的营销。

资料来源：都怡文，祁坤，陶岚．"农产品＋直播"：农业电商新模式［J］．江苏农村经济，2018（06）：67-68.

分析思考：

1. 基于上述材料和相关互联网资讯，选取所在市某农产品，阐述所在市该如何做好农产品电商化？

2. 结合本单元及前面单元的所学内容，以所在地的农特产品为例，撰写直播营销文案脚本（5分钟左右）。

❈ 笃行致远

实训目标 学生以小组为单位，选择百雀羚长图广告《一九三一》作为研究对象，收集相关资料，进行分析，以达到掌握广告策略的学习目标。

实训背景 百雀羚诞生于1931年，是中国历史最为悠久的著名护肤品牌之一。如今，百雀羚由"天然不刺激"升级为"科技新草本"的全新品牌定位，以科技赋能草本，最大化激发草本的护肤潜能。2017年，百雀羚成为国际化妆品化学家联合会（IFSCC）在中国的首个金牌会员，并多次在IFSCC上屡获奖项。在"Brand Finance全球最有价值的50个化妆品和个护品牌"排行榜中，百雀羚连续3年入选，并于2021年成为唯一跻身全球top15的中国美妆品牌。

作为国产护肤品牌，百雀羚面临国内外护肤品市场的激烈竞争。近年来，百雀羚在品牌定位和广告宣传上尝试"年轻化"。2017年5月，百雀羚以一则民国风的长图广告《一九三一》在社交媒体刷屏。这则广告目的是推广母亲节定制款护肤套装"月光宝盒"。广告采用一镜到底的形式进行故事叙述，以1931年的上海西式洋楼为背景徐徐展开，身着绿色旗袍、妆容精致的女主角在腿上隐藏手枪，穿过繁华的上海街区，老上海中西碰撞的风情与文化也跃然画中，最后女主角将名为"时间"的黑衣男子一枪毙命，广告词"我的任务就是与时间作对"让人记忆深刻。

实训要求　1. 以小组为单位，从广告创意、广告目标、广告信息、广告效果等角度对百雀羚长图广告《一九三一》展开分析。

2. 分析报告框架如下：①着重介绍广告作品，如广告名称、广告发布媒介、广告发布时间、广告主情况简介等。②详细阐述广告的主题及其提炼过程。③描述该广告创意。④对该广告进行综合评价，如广告调查内容是否合理，广告主题提炼是否准确，创意表现是否恰当，创意是否将广告主题向目标对象进行有效传播等。

实训步骤　1. 网上搜寻百雀羚长图广告《一九三一》相关资料并进行整理。

2. 按照分析报告框架要求，撰写《百雀羚长图广告〈一九三一〉分析报告》。

3. 制作PPT，分组汇报和展示。

4. 小组互评，教师点评。

实训成果　形成百雀羚长图广告《一九三一》分析报告。

❖ 跬步千里

学有所得　概括本单元的重要知识点

_____

_____

学有所长　概括本单元的重要技能点

_____

_____

学有所悟　在完成本单元内容学习后，对职业素养的感悟

_____

_____

[1] 周玉泉，张静，袁玉玲.市场营销立体化教程［M］.南京：南京大学出版社，2015.

[2] 肖涧松.现代市场营销［M］.3版.北京：高等教育出版社，2020.

[3] 陈国胜，陈凌云.数字营销［M］.大连：东北财经大学出版社，2021.

[4] 勾俊伟，刘勇.新媒体营销概论［M］.2版.北京：人民邮电出版社，2019.

[5] 菲利普·科特勒，陈就学，伊万·塞蒂亚万.营销革命5.0：从传统到数字［M］.北京：机械工业出版社.2022.

[6] 王鑫，张晓红.数字营销基础［M］.北京：高等教育出版社，2021.

[7] 菲利普·科特勒，加里·阿姆斯特朗.市场营销：原理与实践［M］.17版.楼尊，译.北京：中国人民大学出版社，2020.

[8] 迈克尔·希特，杜安·爱尔兰，罗伯特·霍斯杰森.战略管理：概念与案例［M］.刘刚，张泠然，梁晗，等，译.北京：中国人民大学出版社，2021.

[9] 肖建玲，杨英.渠道开发与管理［M］.3版.北京：中国人民大学出版社，2021.

[10] 周秀兰.营销伦理［M］.成都：西南交通大学出版社，2017.

[11] 林小兰.市场营销基础与实务［M］.北京：电子工业出版社，2020.

[12] 杜国清，陈怡.品牌传播理论与实务［M］.北京：中国传媒大学出版社，2018.

[13] 毕思勇.市场营销［M］.5版.北京：高等教育出版社，2020.

[14] 郑佳.品牌管理［M］.北京：电子工业出版社，2021.

[15] 刘常宝.品牌管理［M］.3版.北京：机械工业出版社，2019.

[16] 谷虹.智慧的品牌：数字营销传播金奖案例2019/2020 ［M］.广
     州：暨南大学出版社，2021.

[17] 李先国，杨晶.渠道管理 ［M］.北京：中国人民大学出版社，
     2021.

[18] 周安华.公共关系：理论、实务与技巧 ［M］.6版.北京：中国
     人民大学出版社，2019.

[19] 李国威.跑赢危机：全媒体时代的公关自救指南 ［M］.北京：
     中信出版社，2021.

[20] 胡超.极简市场营销 ［M］.北京：北京联合出版公司，2021.

徐汉文，教授，无锡商业职业技术学院党委副书记、院长，市场营销中国特色高水平专业群带头人、市场营销专业国家级教学团队带头人，国家精品在线开放课程"商务礼仪"负责人，首届全国教材建设奖全国优秀教材二等奖获得者。长期从事企业经营管理研究与教学，主编国家规划教材5部，获国家教学成果一等奖1项、二等奖2项。曾多次兼任中国商业联合会培训专家、全国职业院校技能大赛市场营销技能赛项专家、裁判长等，被红豆集团等企业聘为高级培训讲师。

袁玉玲，副教授，市场营销专业国家级教学团队骨干教师。从事市场营销及相关课程的教学与研究30余年，主编、参编《市场营销策划》《市场营销》《商务礼仪》等多部教材，其中国家规划教材2部，荣获首届全国教材建设奖全国优秀教材二等奖1项。长期从事企业员工培训、营销策划与管理咨询，先后服务企业70余家，具有深厚的理论功底和丰富的营销实战经验。

郑重声明

高等教育出版社依法对本书享有专有出版权。任何未经许可的复制、销售行为均违反《中华人民共和国著作权法》，其行为人将承担相应的民事责任和行政责任；构成犯罪的，将被依法追究刑事责任。为了维护市场秩序，保护读者的合法权益，避免读者误用盗版书造成不良后果，我社将配合行政执法部门和司法机关对违法犯罪的单位和个人进行严厉打击。社会各界人士如发现上述侵权行为，希望及时举报，我社将奖励举报有功人员。

反盗版举报电话　 (010) 58581999　 58582371
反盗版举报邮箱　 dd@hep.com.cn
通信地址　 北京市西城区德外大街 4 号　 高等教育出版社法律事务部
邮政编码　 100120

读者意见反馈

为收集对教材的意见建议，进一步完善教材编写并做好服务工作，读者可将对本教材的意见建议通过如下渠道反馈至我社。

咨询电话　 400-810-0598
反馈邮箱　 gjdzfwb@pub.hep.cn
通信地址　 北京市朝阳区惠新东街 4 号富盛大厦 1 座
　　　　　　高等教育出版社总编辑办公室
邮政编码　 100029

防伪查询说明

用户购书后刮开封底防伪涂层，使用手机微信等软件扫描二维码，会跳转至防伪查询网页，获得所购图书详细信息。

防伪客服电话　 (010) 58582300

资源服务提示

授课教师如需获得本书配套教辅资源，请登录"高等教育出版社产品信息检索系统"(http://xuanshu.hep.com.cn/)，搜索本书书名进行下载，首次使用本系统的用户，请先注册并进行教师资格认证。

高教社市场营销专业教学研讨交流 QQ 群：20643826